É. Renault

Toulouse 1940-1944

DU MÊME AUTEUR

Les Ministres de la République 1871-1914, Presses de la Fondation nationale des Sciences politiques, Paris, 1982.

Les Juifs à Toulouse et en Midi toulousain au temps de Vichy, Presses universitaires du Mirail, Toulouse, 1996. Ouvrage écrit avec la collaboration de Chantal Benayoun, Sylvaine Guinle-Lorinet et Éric Malo.

JEAN ESTÈBE

Toulouse 1940-1944

PERRIN

ISBN : 2-262-00091-3

1

Toulouse 1940

Le 4 septembre 1939, au lendemain de la déclaration de guerre, le maire socialiste de Toulouse, Ellen-Prévot, lançait à ses concitoyens une proclamation qui commençait par ces mots : « La paix est vaincue [1]. » Le regret d'une paix qui n'avait pu être sauvée l'emportait clairement sur le désir de gagner la guerre dans une formule peu apte à éveiller les énergies. Ce ton affligé ne correspondait guère à la détermination d'un peuple décidé à en finir avec Hitler et nullement démoralisé, contrairement à une légende persistante [2]. Mais l'énergie, qui ne manquait pas, fut fort peu mobilisée dans les huit mois qui suivirent, où les armées de la « drôle de guerre » restèrent face à face sans engager le combat. Un conflit sans effusion de sang : quelle heureuse innovation, estimaient maints responsables politiques, hantés par le souvenir des tranchées ! C'est dans cet esprit que, le 2 février 1940, un homme de qualité, Raymond Naves – brillant universitaire et futur martyr de la Résistance –, écrivait un article pour le journal de son parti, *Le Midi socialiste*. Constatant que, sur le front, les armées adverses restaient l'arme au pied, il se félicitait de cette inaction dans laquelle il voyait un « progrès humain ». Convaincu, semble-t-il, de la victoire, Naves craignait qu'après la guerre on ne se montrât trop dur avec l'Allemagne, ne songeant une fois de plus qu'à l'affaiblir et à la démembrer ! Il proposait donc d'ores et déjà un projet de paix fondée sur l'amitié et la coopération entre les États [3]. Son article n'eut aucune influence puisqu'il fut intégralement censuré ; mais il fut conservé à la préfecture : c'est un document révélateur du climat de l'époque.

Du côté des radicaux, battus par les socialistes en 1936, mais toujours puissants grâce à leur grand journal *La Dépêche*, on partait de prémisses différentes pour aboutir à des conclusions identiques. Animé du seul souci de la grandeur française, le directeur du quotidien toulousain, Maurice Sarraut, l'homme politique le plus influent de la région, se félicitait de la stratégie immobiliste conçue par son grand ami le général Gamelin. Il y voyait le meilleur gage de succès pour la France, puissance forte et unie. En face d'elle une Allemagne en proie aux pires difficultés économiques et morales, dirigée par un malade mental, devait tôt ou tard, affirmait-il, sombrer dans le chaos [4].

Il est facile après coup d'ironiser sur le manque de perspicacité des personnalités régionales, mais il faut constater que des jugements de ce genre n'étaient pas isolés. Du côté des élites politiques, le président du Conseil lui-même, Édouard Daladier, s'était exclamé à la Chambre le 22 décembre 1939 qu'il se réjouissait du faible nombre des pertes : « En décembre 1914, il y avait 450 000 tués... A la date du 30 novembre, armées de terre : 1 136 tués ; forces navales : 256 tués ; forces aériennes : 42 tués. Je continue à préférer la situation de décembre 1939 à celle de 1914 [5]. » Son de cloche assez semblable chez les élites intellectuelles : ainsi Jean-Paul Sartre, mobilisé en Alsace à la date du 5 décembre 1939, esquissait une théorie de la « guerre-paix » conçue comme la nouvelle forme des conflits entre grandes puissances, « guerre dans laquelle les adversaires sont animés du souci de ne pas faire la guerre ». Sartre n'y voyait ni un progrès humain, ni une stratégie favorable aux seuls Français, mais une méthode où chaque belligérant cherche à nuire à l'ennemi par le chantage et l'usure économique [6].

Les Toulousains ordinaires, qui n'avaient ni les compétences politiques d'un Sarraut ou d'un Daladier, ni les vastes perspectives d'un Naves ou d'un Sartre, ne voyaient aucune raison de douter du bien-fondé de la stratégie française. Cette guerre qui n'en était pas une donnait bien une certaine sensation d'inquiétude, mais elle durait depuis sept mois et on pouvait l'imaginer s'étirant sur des années.

Cette torpeur prit fin avec la nouvelle de l'offensive allemande du 10 mai 1940. Le 11 mai, *La Dépêche* titrait sur l'invasion de la Belgique, de la Hollande et du Luxembourg. Mais on n'en avait pas encore fini avec les illusions : pendant un mois, les lecteurs de la presse régionale furent en effet soumis à un régime de douche écossaise ; les nouvelles des succès remportés par l'ennemi ne pouvaient pas être cachées, mais elles alternaient avec des contre-vérités lénitives. Ainsi apprenait-on le 15 mai que l'ennemi avait atteint la Meuse, pour découvrir le lendemain que les Français contre-attaquaient et « brisaient l'assaut des chars allemands ». Pourtant, le 18, le communiqué officiel signalait une attaque massive des *Panzer* qui se développait en Belgique dans la région d'Avesne et de Vervins. En deuxième page, *La Dépêche* reconnaissait que le front de la Meuse avait été percé, mais en affirmant que l'infanterie allemande ne pouvait pas suivre. Comment se repérer dans cet entrelacs de demi-vérités et de mensonges ? Le souvenir de la valeur des soldats de 1914 pouvait donner quelque crédit aux bobards officiels, mais l'esprit critique, très vif ici, comme c'est généralement le cas en France, laissait entrevoir l'étrange défaite. Pourtant, malgré les informations angoissantes, la guerre aurait pu paraître presque abstraite dans une ville éloignée des champs de bataille. En fait, un tel répit ne dura qu'un instant, car Toulouse fut très vite rejointe par les réalités de l'heure avec l'arrivée massive des réfugiés belges.

L'EXODE

En effet, après une brève hésitation – on pensa un moment fermer la frontière –, le gouvernement avait décidé d'accueillir les Belges fuyant l'invasion de leur pays. On s'efforça de les répartir de manière ordonnée en appliquant peu ou prou le plan d'évacuation prévu de longue date. Celui-ci avait déjà été utilisé dès les débuts de la guerre et il avait permis l'installation des frontaliers du Nord-Est dans les bourgs et les villages du Gers. La Haute-Garonne, associée à d'autres départements du Midi, devait servir de réserve en cas de besoin. C'est donc dans un ordre relatif que des milliers de Belges furent d'abord installés dans la région toulousaine. Cent neuf agents de police, des militaires et fonctionnaires belges collaborèrent avec les services français.

La majeure partie des Belges fut d'abord évacuée par voie ferrée. Aussi l'activité de la gare Matabiau fut-elle d'emblée extraordinaire : elle devait rester le centre vital de Toulouse jusqu'aux derniers mois de 1940. Son hall était rempli jour et nuit par une foule agitée et ses abords couverts de gens qui attendaient un gîte sans savoir comment ils allaient le trouver.

Les convois se succédaient à un rythme hallucinant. Après un arrêt où un repas était distribué, la plupart des trains chargés de Belges repartaient en direction de Montpellier. Les réfugiés qui s'arrêtaient à Toulouse devaient, en principe, être dispersés vers Saint-Gaudens, Villemur, Luchon et Revel. En fait beaucoup restaient sur place, soit à cause d'un défaut d'organisation, soit parce qu'ils préféraient s'installer provisoirement dans une grande ville. Une chronologie simplifiée du passage des Belges à Toulouse donne une idée de l'ampleur et de la soudaineté de ce premier exode. C'est le 15 mai à 18 heures que le premier train de réfugiés belges arriva en gare de Toulouse, quatre autres convois se succédèrent au cours de la nuit, avec un total de six mille personnes, ravitaillées (et parfois soignées) lors de leur halte. Le 16 mai le consul de Belgique, Courtois, directeur d'une banque régionale bien connue, installait un service d'accueil avec des aides munis de brassards ; il se proposait de procurer immédiatement des emplois aux réfugiés qui souhaitaient gagner leur vie en Haute-Garonne. Il eut fort à faire les jours suivants, car les services officiels comme les organisations bénévoles, sans être tout à fait débordés, ne contrôlaient plus très bien la situation. Ainsi, dès le 16 mai, on enregistre 5 convois et 5 900 personnes, mais le chiffre réel des évacués est sans doute bien supérieur ; le 18 mai, 15 trains et 14 379 réfugiés, le 22 mai, 23 250 personnes en 22 convois... le 27 mai, 27 trains chargés de Belges et, pour la première fois, deux convois de Français...

Au total, sans tenir compte des dizaines de milliers d'entre eux qui ne firent que passer, les services responsables recensèrent quarante mille Belges, qui s'installèrent plus ou moins durablement en Haute-Garonne. Deux à trois mille furent hébergés à la cité du Récébédou, à peine terminée en 1940, destinée à loger les ouvriers de la Poudrerie, et qui devait devenir quelques semaines plus tard un camp de concentration peuplé de Juifs. Le proviseur du lycée de garçons, rue Gambetta, qui n'avait été averti de rien, vit arriver une foule de Belges, deux mille personnes environ, qui se massèrent devant la porte de son établissement. Au bout d'une heure, il reçut l'ordre de les loger et dut improviser de vastes dortoirs.

Entre-temps, les communiqués se succédaient, rédigés dans une langue de bois qu'on apprit vite à décrypter. Le 19 mai on apprend que le maréchal Pétain est entré au gouvernement et que, le même jour, « l'aviation allemande a subi une hécatombe ». Le 5 juin la défaite de Dunkerque devient « l'embarquement réussi de 335 000 Français et Britanniques ». L'entrée au gouvernement du général de Gaulle, parfait inconnu pour la plupart des Toulousains, n'est pas signalée par le quotidien toulousain, mais la radio en fait état. Le 15 juin les Toulousains apprennent que « les troupes couvrant Paris se sont repliées sur de nouvelles positions », termes pudiques pour avouer que la capitale est tombée.

Depuis plusieurs jours ce sont des réfugiés français qui refluent vers le Midi. Six à huit millions d'habitants de la moitié nord de la France se déversent au sud de la Loire et bien au-delà. Ils arrivent par train mais aussi par la route. Aussi les autorités sont-elles vite submergées : alors que l'accueil des Belges s'était fait dans des conditions relativement ordonnées, l'exode des Français aboutit à un désordre indescriptible. Pour beaucoup, Toulouse est un terminus car ils imaginent mal qu'on puisse aller plus loin. Ils racontent aux Toulousains leurs épreuves : le mitraillage des colonnes de civils par les avions allemands équipés de sifflet terrifiants, les véhicules abandonnés faute d'essence, les enfants perdus dans la cohue, les familles éparpillées. *La Dépêche* ouvre donc une rubrique intitulée « Recherches », ouverte aux réfugiés désireux de retrouver leurs parents. Cette rubrique va couvrir plusieurs colonnes du journal et, certains jours, une page entière jusqu'au mois de septembre.

Chaque réfugié a vécu son odyssée particulière. Les témoins que nous avons pu interroger, réfugiés ou toulousains, étaient des enfants à l'époque. Curieusement, ils n'ont retenu que les épisodes curieux ou amusants d'une équipée qui a dû angoisser leurs parents. Ainsi une Parisienne âgée de dix ans en 1940 qui, après un parcours « bizarre », se retrouve dans un village au sud de Toulouse, où elle passe un été très gai en compagnie de jeunes militaires wallons dont les chansons retentissent dans toute la maison.

Un petit garçon d'une famille très aisée qui possédait une vaste propriété du côté de Revel voit arriver toute une parentèle, une dizaine de cousins et de cousines fuyant l'invasion : un merveilleux phalanstère d'enfants s'installe pour l'été avec nurse, bonne, jouets et bicyclettes.

Un Toulousain de famille plus modeste qui avait huit ans au moment de l'exode n'en a pas non plus conservé de souvenirs dramatiques, bien au contraire. Habitant au bord d'une route proche de Toulouse, il se souvient qu'un matin de printemps il a été réveillé par un vacarme continu et inhabituel. Sa mère l'appelle sur le pas de la porte pour voir, dit-elle, un spectacle extraordinaire. A perte de vue c'est un défilé immense de véhicules les plus variés, surmontés de pyramides d'objets hétéroclites, bagages, armoires à glace, lits, matelas. Voitures particulières, camions, charrettes, ambulances, bicyclettes se succèdent. Il y a surtout des civils mais aussi des soldats français avec leurs bandes molletières « ridicules » et leurs calots aux pointes agressives. Puis des Belges, civils et militaires mêlés. L'enfant s'amuse de voir passer une voiture rouge avec des hommes portant des casques dorés : les pompiers de Valenciennes. Lorsqu'un farceur, perché sur un tas de malles, lance à la cantonade : « Les voyages forment la jeunesse, mais ils déforment l'âge mûr ! » c'est un éclat de rire général. Après une heure ou deux de ce spectacle, l'enfant va jouer dans les jardins du voisinage remplis de parfums printaniers. De tels plaisirs se prolongèrent pendant six mois de vacances car l'école était remplie de réfugiés : à ses yeux 1940 fut une année délicieuse.

Les autorités s'efforcent de contrôler le flux. On conseille d'abord aux arrivants de ne pas rester à Toulouse, d'aller dans les petites villes et villages d'alentour où on pourra les loger. Mais le contrordre arrive illico; dès le 19 mai il est interdit aux nouveaux venus de s'éloigner, car il faut impérativement les recenser. Cette consigne provoque le surpeuplement de Toulouse. Le 15 juin, nouveau contrordre, émanant de la mairie : les réfugiés doivent quitter Toulouse, sauf si leurs fonctions officielles les obligent à y séjourner : de sévères mesures de rigueur (mais on ne dit pas lesquelles) sont prévues.

En réalité, ces consignes successives n'ont d'effet que lorsqu'elles suivent la tendance naturelle du flot humain qui est de s'accumuler à Toulouse. En effet, les réfugiés sont attirés par les grands centres où ils peuvent espérer trouver des hôtels, des garagistes, des banques. De plus, les fonctionnaires, repliés à la hâte, avaient reçu la consigne de gagner la préfecture d'un département pour s'y mettre à la disposition du chef de service local. Les centraux télégraphiques importants attirent tous ceux qui désirent donner des nouvelles ou en recevoir. Tous ces facteurs conjugués à la situation géographique de Toulouse ont joué à plein. L'afflux semble donc avoir été plus spectaculaire ici que partout ailleurs. Le centre de la ville a été bloqué pendant plus d'un mois par les véhicules qui se suivaient pare-chocs contre pare-chocs, spectacle aujourd'hui banal, mais qui stupéfia ceux qui en furent les témoins pour la première fois [7].

Il est difficile de connaître avec précision l'effectif des réfugiés arrivés à Toulouse, d'autant plus que les documents de l'Office des anciens combattants et victimes de la guerre couvrant la période du 20 mai au 13 août ont été perdus. Toulouse comptait 213 000 habitants en 1936. Fin mai 40, un dénombrement relativement fiable en indique 260 000. En juin, les évaluations les plus fréquentes donnent 450 000 à 500 000 habitants [8]. Le chiffre de 600 000 a peut-être été atteint.

L'accueil de cette multitude posait évidemment des problèmes presque insolubles. Lorsque l'exode était encore relativement organisé, on avait proposé aux Belges, Hollandais, Luxembourgeois et Norvégiens d'inscrire leurs enfants dans les écoles de la ville. Mais très vite les établissements scolaires vont se transformer en dortoirs, ainsi que les cinémas, théâtres et stades. Les hôtels sont combles. Les propriétaires louent logements vides, mansardes et greniers. Profitant du début des beaux jours, les réfugiés qui n'ont pas trouvé d'abri dorment dans les squares ou parfois à même l'asphalte. Le ravitaillement semble s'être fait de manière à peu près correcte, car la disette est évitée. Mais le rationnement, qui avait déjà commencé pendant la drôle de guerre, devient plus strict. A partir du 25 mai, les boucheries sont fermées trois jours par semaine.

Les gestes de solidarité et de dévouement sont très nombreux. Des centaines de personnes accueillent généreusement les sans-abri. On sollicite les dons en nature et en argent que la presse encourage en publiant la liste des donataires : Maurice Sarraut s'inscrit pour cent mille francs. Un restaurant permanent, organisé par l'Association des dames françaises, fonctionne de 10 heures à 19 heures dans le péristyle du théâtre du Capitole. Il est ravitaillé gratuitement par les commerçants du marché des Carmes et nourrit quatre mille personnes par jour.

L'heure est à la solidarité et aux bons sentiments, avec un mélange de sincérité touchante et d'hypocrisie. Mais derrière cette façade vertueuse qui se veut réconfortante se cache tout un monde assez sinistre peuplé par les exclus : « suspects » et « indésirables », deux catégories difficiles à distinguer. En 1939, la défaite des républicains espagnols, le pacte germano-soviétique et la guerre avaient en effet amené l'État démocratique hors de ses voies naturelles. Les premiers camps avaient accueilli les réfugiés espagnols : ils y avaient subi des conditions de vie épouvantables. Après la déclaration de guerre, les étrangers en situation irrégulière et les ressortissants ennemis y avaient été placés. C'étaient presque tous des militants antifascistes et des Juifs, mais on n'en avait cure. Arthur Koestler a raconté leur calvaire dans *La Lie de la terre*. Le décret-loi Daladier du 18 novembre 1939, conçu en fait par le radical Albert Sarraut, frère du directeur de *La Dépêche*, permet d'interner sans jugement les individus dangereux pour la défense nationale ou la sécurité publique. Le texte vise en priorité les communistes, hostiles à la guerre depuis que Hitler et Staline sont alliés, mais aussi les Allemands résidant en France, et même les repris de justice, amalgame qui sera repris sous le Maréchal. Consciente que cette mesure est exorbitante du droit, la République crée une commission chargée de vérifier si les internements sont justifiés : scrupule qui sera abandonné par Vichy.

On est encore en république le 14 juin : c'est le jour où – au milieu du chaos – la police fait un grand ratissage « d'éléments douteux »; deux mille personnes sont interpellées avec l'aide de policiers belges. Un certain nombre d'entre elles sont internées. La liste de ces hors-la-loi, communistes, ressortissants ennemis, mêlée à celle des tire-laine et repris de justice, est tenue avec soin au poste de police de la gare : l'un des points d'observation les plus étranges et les plus significatifs de la ville. Ainsi, le 14 mai, ce sont 125 indésirables qui partent vers Oloron, entendez le camp de Gurs, et, le 18 juin, 110 suspects. Le 11 juin, 63 indésirables quittent Le Vernet en direction de Montauban (le camp de Septfonds ?)... Au total, entre le 2 et le 28 juin, 110 suspects et 384 indésirables parmi lesquels 99 Allemands et 5 Espagnols, passent gare Matabiau, escortés de gendarmes. Des réfugiés de la guerre d'Espagne qui n'ont pas trouvé de gîte poursuivent leur lamentable errance. Le 27 juin, 300 d'entre eux sont abrités au stade du TOEC, cependant que 50 femmes et enfants espagnols vont coucher à l'école vétérinaire.

La volonté de séparer le bon grain de l'ivraie, déjà sensible depuis la fin des années 30, connaîtra un développement inouï avec les débuts du pétainisme, tout comme la tendance à l'instauration de l'ordre moral qui se dessine. Les autorités craignent en effet que l'exode ne provoque une flambée d'immoralité. Que de nombreux jeunes réfugiés vendent des sandwiches autour de la gare sans la moindre autorisation, passe encore ! Assiégés de clients, ils rendent un certain service social dans ce lieu surpeuplé. En revanche, on craint que les jeunes filles sans ressources ne se livrent à la prostitution [9]. Des consignes répandues par un officier de gendarmerie prescrivent à ses subordonnés de surveiller les jeunes réfugiées de près et de les remettre discrètement dans le droit chemin. De même, s'il y a lieu, les gendarmes doivent avoir l'œil sur les femmes de militaires qui seraient tentées d'oublier la fidélité conjugale ; dans ce cas, éviter tout scandale, agir avec tact, avant l'exécution du délit, et rappeler doucement la malheureuse à ses devoirs ! On doute que la police, submergée de travail, ait pu accomplir ces délicates missions. Dans la cohue, elle réussit quand même à arrêter une avorteuse, incarcérée le 19 juin.

Plus réels que ces fantasmes pudibonds : les méfaits des escrocs et profiteurs. Des réfugiés font le tour des services d'entraide, stockent les vêtements qu'on leur a fournis gratuitement, puis les revendent quelques jours après au prix fort. Beaucoup plus générale et plus grave est la tendance des commerçants et des propriétaires de garnis à augmenter leurs prix. En effet, le coût de la vie s'élève brutalement, y compris dans les grands magasins où se ruent les réfugiés en quête des objets de première nécessité qui leur font défaut : Monoprix, Lanoma, Printafix, Le Capitole liquident leurs stocks. Des queues interminables s'y forment ; la presse, indignée par un phénomène qui bientôt ne surprendra plus personne, reproche aux directeurs de ces établissements de ne pas engager de personnel supplémentaire. La police convoque les commerçants profiteurs pour les tancer et les menacer de sanctions. La compagnie des tramways (STCRT) fait elle aussi de bonnes affaires : grâce à ses nouveaux clients elle voit se résorber son déficit chronique [10] !

L'Italie entre en guerre in extremis le 10 juin, c'est le fameux « coup de poignard dans le dos » : il déclenche une manifestation anti-italienne le 11. Un restaurant, boulevard Carnot, et deux cafés, l'un rue de Metz, l'autre allées Jean-Jaurès, sont saccagés ; ils appartenaient, dit-on, à des Italiens. Le maire attribue ces incidents à des provocateurs, « réduits depuis à l'impuissance [11] ».

Armistice – Retour à l'ordre

Le 16 juin, Philippe Pétain, leader de la tendance favorable à l'armistice, entré au gouvernement Reynaud le 18 mai, devient président du Conseil. Le 17 juin il prononce à la radio le fameux discours où il annonce qu'il faut cesser le combat. D'après les souvenirs qu'on peut glaner çà et là, il semble que l'impression dominante ait été un soulagement mêlé de tristesse. Mais il existe encore un courant favorable à la résistance à outrance : on le rencontre à *La Dépêche.* Certes, le journal radical entonne, comme les autres médias, les louanges dithyrambiques encensant l'illustre vieillard, vainqueur de Verdun. Mais il garde une liberté d'allure, une fierté républicaine qui l'amènent à critiquer le pouvoir. Le quotidien toulousain se plaint d'abord de la censure et du bourrage de crâne ; il souhaite que le nouveau cabinet dise enfin la vérité aux Français sur la situation militaire [12].

Presque personne n'entendit l'appel à la résistance du général de Gaulle lancé par radio depuis Londres, le 18 juin. Mais indépendamment de De Gaulle, *La Dépêche* fit le même jour *son propre appel du 18 juin*, aujourd'hui bien oublié. En effet, elle lança ce jour-là une vibrante exhortation à la continuation de la lutte dans la tradition des soldats de l'an II : « Tout espoir n'est pas perdu, la résistance peut et doit se prolonger ! » Elle affirmait avec vigueur qu'un « sursaut comme la France en a connu dans son magnifique passé » restait possible. Elle interpellait le gouvernement avec rudesse : « Pourquoi nous mettre devant le fait accompli ? S'est-on mis d'accord avec l'Angleterre ? » Mais, dès le 19, un flottement est perceptible : d'un côté le journal radical publie un « Appel des jeunes Toulousains encore non appelés » qui demande à tous les Français d'opposer « une résistance à outrance à l'envahisseur » ; mais le même jour le même quotidien déclare qu'il faut écouter « la voix souveraine de Pétain ». Le 20, les Toulousains apprennent indirectement l'appel à la résistance du général de Gaulle, rappelé à l'ordre par le ministère de l'Intérieur. Mais, dès le 21, Sarraut et son équipe se soumettent et cessent de s'opposer au puissant courant qui pousse à demander l'armistice.

Du côté des socialistes, la pilule est moins amère car leur pacifisme impénitent les amène à accepter d'emblée la cessation des hostilités. Le 18 juin, *Le Midi socialiste* se félicite en effet de la fin prochaine des combats. En acceptant les conditions allemandes, affirme le rédacteur du quotidien SFIO, Pétain et Weygand « évitent... une extermination inutile, et une rapide occupation quasi totale de la France qui aurait aggravé notre situation, accentué les prétentions du vainqueur, sans relever notre honneur ». Le journal socialiste poursuit dans un registre anglophobe en conseillant au vainqueur d'être bienveillant envers la France, car l'Allemagne « recherche avant tout la ruine d'un impérialisme et d'une hégémonie dont la France n'est qu'un faible satellite ». La haine des capitalistes de la City permet à ces belles consciences de gauche d'accepter l'ordre nazi d'un cœur plus léger ! Le 19 juin, *Le Midi socialiste* s'efforce d'analyser les raisons stratégiques du succès allemand. A côté d'observations intelligentes sur l'emploi des chars et le rôle de l'aviation, l'article affirme que certains chars allemands ont une *longueur de vingt à vingt-cinq mètres* ! Les bobards trouvent leur place dans une feuille en général correctement informée. Cette exagération se situe dans une valorisation de l'ennemi, courante dans les conversations toulousaines (et pas seulement toulousaines) de 1940, assez semblable à celle qui avait eu cours en 1871. Le soldat allemand, disait-on sans l'avoir vu, a un uniforme fonctionnel, il est robuste, bronzé, élégant ; au contraire, les Français sont lamentables avec leurs bandes molletières qui se déroulent, leur calot pointu, ils sont blafards, sans force, portés sur le pinard...

Le 22, l'armistice est signé. Toulouse est au cœur de la zone « libre », laissée par les Allemands à la souveraineté française. Le Sud-Ouest est coupé en deux par la ligne de démarcation puisque Bordeaux, Bayonne et tout le littoral atlantique sont en zone occupée.

Dans les deux jours qui suivent l'armistice, Toulouse connaît sans doute l'apogée du chaos. Depuis plusieurs jours, des soldats qui, souvent, ont perdu leur unité, se mêlent aux réfugiés civils. Se démobilisant eux-mêmes, ils occupent les cafés, mêlés aux officiers : promiscuité choquante ! Des bandes de jeunes gens en civil ou en uniforme manifestent leur joie de la fin des combats.

Mais, entre le 24 et le 28 juin, la reprise en main par les autorités est rapide. D'abord on rétablit une circulation normale en interdisant aux réfugiés d'utiliser leur voiture. Les véhicules des Belges, Hollandais et Luxembourgeois doivent être entreposés au champ de courses de la Cépière. Les soldats n'ont plus le droit de sortir de leurs cantonnements. De nombreux réfugiés civils sont repris en main et répartis dans divers lieux d'accueil du département. Un nouveau type d'annonces publicitaires apparaît : ce sont des hôtels de petites villes du département qui essayent avec succès d'attirer la clientèle, en signalant qu'ils ont des places disponibles. A la fin du mois de juin, Toulouse est toujours surpeuplée mais a presque repris son visage normal. Un nouveau préfet particulièrement énergique nommé Cheneaux de Leyritz, qui prend son poste le 26 juin, n'est peut-être pas étranger à ce retour à l'ordre.

Puis les réfugiés sont invités à retourner chez eux. Seuls ceux qui habitent la zone occupée interdite du Nord et du Nord-Est doivent rester sur place. La consigne est assez largement suivie et beaucoup d'habitants de la zone occupée autorisée prennent le chemin du retour. Le reflux s'amorce donc en juillet.

Le 13 août, on dénombre encore 98 000 réfugiés à Toulouse (environ un tiers du total). Mais des mouvements complexes continuent de se produire, qui brouillent constamment le tableau. D'abord c'est l'expulsion, décidée par les Allemands, de 120 000 Alsaciens-Lorrains francophones (ou francophiles) hors de leur province. Pétain appelle les Français à accueillir fraternellement leurs compatriotes malheureux, mais sans protestation publique. Un nouvel effort est fait à Toulouse pour recevoir les expulsés : ils formeront pendant toute la guerre une colonie bien vivante, animée de sentiments violemment anti-allemands. En outre des familles se déplacent sans cesse d'un bout à l'autre de la zone libre pour se réunir ou pour rejoindre un de leurs membres qui a trouvé un emploi. C'est seulement en décembre que la situation se stabilise un peu.

A la fin de l'année, il reste officiellement 27 000 réfugiés parmi lesquels 6 000 Alsaciens-Lorrains, 8 000 habitants de la zone interdite, 11 000 de la « zone occupée autorisée » qui préfèrent rester sur place, et 2 200 étrangers (chiffre grossièrement sous-évalué). En réalité, si cette évaluation a l'intérêt de donner un ordre de grandeur de la répartition des réfugiés selon leur origine, elle est très inférieure à la réalité.

Une comparaison entre la population de Toulouse en 1936 et un comptage fait par les services statistiques en 1941 donne des résultats plus fiables :

Population de Toulouse en 1936	213 000
Réfugiés républicains espagnols	7 000
Réfugiés de 1940 restés sur place	38 000
Population de Toulouse en 1941	258 000

La cohabitation de ces nombreux nouveaux venus avec les autochtones prit des formes très variables. Des amitiés, des amours, des mariages, sont dus à l'exode. Mais que de froissements et d'incompréhension réciproque ! Chez les réfugiés – en particulier les Alsaciens-Lorrains et les Belges – ce n'est qu'un cri : la saleté est repoussante, l'hygiène ignorée, les salles de bains inconnues et les waters (situés le plus souvent sur les balcons ou au fond du jardin) nauséabonds et assiégés par les mouches. Puces et moustiques complètent ce tableau de désolation. Edgar Morin, réfugié à Toulouse, m'a dit s'y être beaucoup plu, ne pas avoir remarqué la saleté, mais avoir été cruellement mordu par les puces d'Occitanie !

Les contrastes de la cité rose

Ces préventions n'étaient pas dépourvues de fondements. Certes les réfugiés avaient souvent dû se contenter des logements les plus inconfortables et ils ignoraient le confort des vastes appartements bourgeois du quartier Saint-Étienne ou des boulevards. Mais la plupart des témoins sont d'accord pour souligner la saleté de la ville. Les édiles toulousains en étaient pleinement conscients puisqu'on faisait des projets pour le tout-à-l'égout depuis quarante ans ! Les travaux avaient même commencé en 1939 : ils aboutirent plus d'une décennie après la guerre. En 1954, à peu près rien n'était fait et Toulouse occupait, dans ce domaine, le 53e rang des 54 villes de plus de 5 000 habitants avec seulement 4,7 pour cent des logements reliés au réseau d'égouts [13]. Le lacis de ruelles qui entourent la rue Saint-

Rome, aujourd'hui rénovées et pimpantes, n'avait à l'époque aucun système d'évacuation des eaux ménagères : elles s'écoulaient dans des rigoles à ciel ouvert. Des mares d'eau de vaisselle où surnageaient des vermicelles stagnaient pendant des jours le long des trottoirs. Les averses ou le balai nonchalant des cantonniers évacuaient de temps à autre ces immondices. Le ramassage des ordures était notoirement négligent. Les vidanges périodiques des fosses d'aisance par les camions-pompes d'une célèbre entreprise spécialisée empuantissaient de vastes zones pour plusieurs heures.

Les grandes percées du XIXe siècle, rue d'Alsace, rue de Metz, rue du Languedoc et les boulevards situés à l'emplacement des anciennes lices, contrastaient par leur aération et leur propreté relative avec les dédales crasseux des vieux quartiers. Pourtant, même dans ces parties privilégiées de la ville, les bâtiments étaient beaucoup moins plaisants à l'œil qu'aujourd'hui, car souvent recouverts d'un crépi grisâtre rarement rafraîchi qui cachait la couleur des briques : grises la place du Capitole, les allées Jean-Jaurès ! Heureusement, les monuments du Moyen Age et de la Renaissance éclaboussaient de rose ocré ce fond tristounet : ils avaient donné à Toulouse son surnom de « ville rose », beaucoup moins mérité à l'époque qu'aujourd'hui.

Au-delà du centre historique, les faubourgs avaient gardé une apparence à demi rurale avec leurs maisons basses semblables à celles des villages environnants. Leurs courettes fleuries et leurs jardins occupaient une place considérable qui permettait l'élevage des poules, canards, lapins [14] ; animaux jugés indispensables à une saine économie domestique. On y parlait encore languedocien, gascon dans le quartier populaire de Saint-Cyprien. Les « gens du Nord » confondaient facilement ces langues avec l'espagnol parlé par 16 000 personnes (9 000 travailleurs installés depuis longtemps, 7 000 réfugiés républicains de 1939). Mais la langue la plus usitée était un français spécifique peuplé d'occitanismes. L'impression d'étrangeté ressentie un siècle plus tôt par Michelet au contact du petit peuple de Toulouse – « peut-être espagnol ou maure [15] » – pouvait encore être ressentie en 1940.

Le centre et la périphérie étaient reliés par un excellent réseau de tramways beaucoup plus rapides que les bus actuels, vu la rareté des embouteillages. Ces « trams » n'avaient guère l'occasion de provoquer d'accidents car leur bruit de ferraille les annonçait de loin. Si un automobiliste atteint de surdité leur barrait la route, le freinage ordinaire était complété par un jet de sable sur les roues, ce qui provoquait une superbe gerbe d'étincelles. A l'issue des matchs de rugby du dimanche, à la fin des spectacles le samedi soir, ou à la sortie de la piscine, des convois de tramways comprenant trois ou quatre remorques attendaient l'afflux des usagers. En été on retirait les vitres amovibles, et les vieux Toulousains évoquent volontiers ce plaisir délicieux : traverser paisiblement la ville dans un long convoi ouvert à la tiédeur d'une fin de journée estivale.

Nos témoins ont d'ailleurs le lyrisme facile et, à les entendre, malgré le caractère incontestablement arriéré de l'urbanisme, la vie était douce à Toulouse en 1940. Les grands cafés comme Les Américains (le plus grand café de France) ne désemplissaient pas, la piscine toute neuve (la plus grande piscine d'Europe) étonnait les visiteurs par l'élégance de son style Arts-Déco. La bibliothèque (également Arts-Déco, mâtinée de style officiel) était la plus belle de France [16]. Enfin, les gens étaient aimables, souriants, gais et très vifs. Ce qu'ils sont toujours...

Ce charme était celui d'une ville économiquement somnolente, au cœur d'une province languissante qui n'avait pas su prendre à temps le virage de la révolution industrielle. L'agriculture, principale ressource régionale, avait conservé des techniques anciennes et des rendements dérisoires, sauf dans quelques terroirs alluviaux producteurs de fruits et de primeurs. Pourtant Toulouse n'était pas uniquement la cité commerciale et administrative qu'on dépeint assez souvent. Dès le XIXe siècle, les ouvriers y étaient nombreux et, en 1939, 40 pour cent environ de la population active travaillait dans l'industrie et l'artisanat. Mais, dans les années 30, la majorité d'entre eux appartenaient à des entreprises de faibles dimensions évoquant davantage le XIXe siècle que le XXe. Le secteur secondaire toulousain comptait, en effet, peu après la Libération, 1 741 entreprises de moins de 100 salariés sur les 1 779 recensées dans la ville. Établissements d'une incroyable diversité, de la meunerie à la chaussure en passant par les machines agricoles, l'imprimerie, la parfumerie, la petite métallurgie, les conserves...

La principale raison de ce retard tient sans doute à l'éloignement de la capitale. Toulouse est mal reliée à Paris et semble située au fond d'un cul-de-sac : handicap essentiel dans un pays hypercentralisé comme le nôtre. Les impulsions venues de Paris n'arrivent ici qu'avec un certain retard, dans l'ordre de l'économie, comme dans celui de la culture ou de la politique. Un autre facteur de stagnation est l'absence d'une classe d'entrepreneurs autochtones. Au début du XIXe siècle, Toulouse était dominée par une aristocratie et une haute bourgeoisie de riches propriétaires terriens. Appauvrie progressivement par la diminution de la rente foncière, cette classe a perdu l'essentiel de son influence sociale et politique. Excepté quelques rares agronomes, les plus actifs de ces latifundistes avaient vendu leurs terres pour acheter des valeurs boursières et aller s'installer ailleurs. Rien de semblable ici au grand patriciat bordelais mis en scène dans les romans de Mauriac. En 1939 Toulouse apparaît donc comme une grande cité, quasiment sans élite, peuplée surtout de travailleurs modestes et de petits-bourgeois, ce qui n'est pas si fréquent dans notre pays.

L'image qu'on en a de Paris (faut-il dire l'absence d'image ?) est le miroir de cette situation : sur la place de la Concorde trônent depuis le milieu du XIXe siècle quelques statues majestueuses représentant les grandes villes de France, mais Toulouse n'y figure pas. L'oubli de Toulouse est donc ancien et se perpétue au XXe siècle. Paris connaît la Provence, bien raccordée à la capitale par les voies de communication de la vallée du Rhône. Avec Alphonse Daudet relayé par Pagnol, le Provençal est défini par une série de stéréotypes les uns positifs (bonne humeur), les autres négatifs (vantardise). Dans les années 30, la Côte d'Azur fait figure de paradis. Bordeaux est également une ville qu'on atteint facilement de Paris, ville respectable par son ancienne richesse, son caractère monumental, ses écrivains illustres et ses brillants hommes politiques. Toulouse en revanche est très mal connue. Bien sûr on a vaguement entendu parler de quelques spécialités culinaires et les amateurs de sport connaissent la valeur de ses rugbymen. On ironise parfois sur les ridicules du radicalisme à la toulousaine (est-il si différent de celui du Vaucluse ou de la Saône-et-Loire ?). Paradoxalement c'est l'exode, puis les péripéties de la Résistance qui feront connaître Toulouse à maints notables ou futures célébrités nationales. Citons pêle-mêle : Malraux et son ex-femme Clara, Edgar Morin, le cardinal Lustiger, Henri Frenay, Jean Cassou, Roland Dorgelès...

Ce « grand village » est pourtant une métropole provinciale contrôlant une vaste zone d'influence. On a remarqué depuis longtemps que à l'époque, c'est la seule ville de plus de 100 000 habitants entre Bordeaux, Lyon et Marseille. Toulouse règne donc sans partage sur un vaste océan de collines parsemées de métairies vétustes et de petites villes endormies : Montauban, 19 000 habitants, Castres, 22 000, Albi, 23 000, Tarbes, 30 000. Cette importance relative, associée à un avantage stratégique : l'éloignement de la frontière du Nord-Est, a finalement attiré au XXe siècle quelques établissements industriels ultramodernes qui sont comme plaqués sur un ensemble archaïque. La bourgeoisie locale eût été bien incapable de les financer et de les concevoir. Aussi ont-ils été introduits de l'extérieur par des hommes d'affaires venus du Nord, et par les pouvoirs publics. Toulouse d'avant 1940 est donc une ville de contrastes : comme si figuraient dans un même tableau des motifs de Meissonnier juxtaposés à d'autres de Picasso.

Parmi ces nouveautés, la plus brillante est l'industrie aéronautique qui a été importée en 1917 par un homme d'affaires rapatrié du Nord, Pierre Latécoère, en quête d'emploi pour des capitaux disponibles. C'est en 1919 que son premier prototype sort de l'usine de Montaudran. Dès 1923, il pense à l'aviation transatlantique et commence à faire les plans d'hydravions de gros tonnage. En 1919, son compagnon, Dewoitine, s'était établi à son propre compte et avait installé une usine de planeurs aux Minimes; en 1929 il avait créé la Société aéronautique française (SAF) dont la plus belle réussite fut le D 520, bimoteur de chasse. Dès l'armistice de 1918, Latécoère avait projeté d'établir une ligne aérienne entre Toulouse et l'Amérique du Sud. Ce fut l'origine de cette entreprise romanesque, la *Ligne*, qui, au prix de maints périls, devait relier Toulouse à Santiago du Chili. Toulouse devenait ainsi la tête du seul réseau postal transatlantique qui existât alors. Ses pilotes, devenus des personnages mythiques, Mermoz, Saint-Exupéry, Daurat, Guillaumet, se retrouvaient place du Capitole, à l'Hôtel du Grand Balcon où ils se reposaient brièvement des dangers encourus [17].

A la veille de la guerre, les structures de l'industrie aéronautique toulousaine évoluent rapidement. La firme Breguet achète l'usine de Montaudran. Dewoitine installe un nouvel établissement à Périole. La loi de nationalisation des industries de guerre fait de la SAF la Société nationale de constructions aéronautiques du Midi (SNCAM). En juin 1940, l'industrie de l'aviation, brusquement dopée par la guerre, occupait à Toulouse quatorze mille salariés.

L'industrie chimique n'était pas comme l'aéronautique une activité privée passée dans le domaine de l'État, mais un ensemble manufacturier créé entièrement par le pouvoir politique. En 1919, la France était devenue propriétaire d'un procédé allemand pour le traitement de l'ammoniaque. Comme aucun homme d'affaires français n'avait paru intéressé par son exploitation, une loi de 1924 créa l'Office national industriel de l'azote (ONIA) dont le capital était intégralement public. De là devait sortir un vaste ensemble spécialisé dans la production des engrais azotés qui trouva un terrain (cédé par la Poudrerie) dans le Ramier de Braqueville. Cinq mille personnes y travaillaient à la veille de la guerre.

Deux manufactures d'État complétaient ce tableau. La Poudrerie nationale, fondée en 1848, avait connu une seconde naissance en 1914 dans ses installations d'Empalot et de Braqueville. Son activité, assoupie pendant l'entre-deux-guerres, avait repris à plein en 1939 pour les besoins de l'armée. L'évolution de la Cartoucherie, spécialiste de la fabrication des douilles de balles et d'obus, était similaire.

Favorisées par l'éloignement des frontières, la présence d'une grande ville susceptible de fournir de la main-d'œuvre, le prix relativement faible des terrains, ces industries modernes – dont en temps de paix les salariés ne représentaient guère plus du tiers de la population ouvrière toulousaine – s'étaient extraordinairement gonflées depuis la guerre. Leur présence devait attirer sur Toulouse les deux bombardements alliés de 1944.

Cet ensemble semblait ultramoderne aux Toulousains de 1939. Mais il existait un secteur ancien, performant et prospère, plutôt surprenant dans cette cité un peu assoupie; les autochtones y étaient habitués de longue date : celui de la presse, avec un journal que nous avons déjà rencontré plusieurs fois, *La Dépêche*. Fondée en 1870, *La Dépêche* avait réellement décollé en 1882 sous la direction de patrons radicaux. Dotée d'un matériel perfectionné, d'une liaison par fil avec Paris, envoyant à l'occasion des correspondants à Londres, Berlin, Pétersbourg, elle n'avait rien à envier à l'équipement et à l'organisation des grands journaux de la capitale. Avant 1914, c'était un quotidien brillant, illustré par les « grandes signatures » de la première page : Clemenceau, Jaurès. Elle avait en outre développé le système des éditions locales, qui expliquent son immense succès régional. Dans l'entre-deux-guerres, le journal est un peu moins intéressant, les « grandes signatures » d'avant 1914 ne sont pas remplacées, cependant il demeure tout-puissant auprès du pouvoir. Avec 230 000 exemplaires vendus, des recettes de 38 millions de francs en 1938, dont 15 millions dus à la publicité, *La Dépêche* est une des grandes entreprises de Toulouse [18].

Le cœur à gauche

La Dépêche a renforcé le pouvoir de la gauche à Toulouse, elle ne l'a pas créé, car la ville était dominée par les partis démocratiques depuis la fin du second Empire. Au moment de la guerre, l'identité politique de Toulouse est très marquée : elle ne se traduit pas par des refus, mais au contraire par une adéquation parfaite aux idéaux dominants dans la nation française. Toulouse a contracté un mariage d'amour avec la Troisième République, elle l'a démontré par ses votes. Républicaine dès les débuts du régime, elle a eu son premier maire radical en 1882 et socialiste en 1906. Après un intermède de coalition radicale modérée (Paul Feuga, 1919), la ville a accordé ses suffrages aux socialistes depuis 1925 avec trois maires de ce parti : Étienne Billières (1925), Jules Julien (1935) et Ellen-Prévot (1935). A cette date les socialistes exercent une hégémonie écrasante sur la municipalité avec 60 pour cent des voix. En 1936, ils s'emparent de quatre sièges de députés de Haute-Garonne sur cinq, cependant que les radicaux se maintiennent au conseil général.

Le débat politique se résume presque entièrement ici à une rivalité entre radicaux et socialistes. Cependant, malgré les invectives dont ils s'abreuvent, il y a au fond peu de différences entre ces frères ennemis : un égalitarisme sourcilleux, un attachement profond à l'école laïque et un anticléricalisme virulent forment le bagage des uns et des autres. Malgré un discours révolutionnaire maintenu, les socialistes ont abandonné l'espoir de renverser le régime social.

Les deux partis se sont retrouvés dans le camp favorable aux républicains pendant la guerre civile espagnole, quoique l'aide aux réfugiés républicains soit surtout le fait de militants socialistes généreux comme le professeur de médecine Camille Soula. En revanche, l'attitude des deux partis de gauche est assez différente face au péril allemand. La fédération socialiste est dominée par la tendance Paul Faure, ardemment pacifiste. C'est l'orientation du maire Ellen-Prévot comme du directeur du *Midi socialiste*, Hudelle. Les radicaux sont davantage partisans d'une défense nationale vigoureuse, même s'ils se sont ralliés – un peu à contrecœur – à la reculade de Munich devant les conquêtes de Hitler. Au plan du recrutement social, on observe des nuances entre les deux clans de gauche : les radicaux sont généralement représentés par des bourgeois bien installés (avocats, médecins), habitant le centre de la ville, alors que les élus socialistes appartiennent plutôt à l'enseignement, à la toute petite bourgeoisie et à la classe ouvrière, demeurant plutôt au-delà des boulevards et de la Garonne [19].

Depuis les années 1880, Toulouse a toujours engendré une élite parlementaire fort influente. Un peu oubliés aujourd'hui, Constans, le « tombeur » de Boulanger, et Cruppi furent des leaders de premier plan en leur temps. Arthur Huc, rédacteur en chef de *La Dépêche*, fit figure d'éminence grise du Parti radical, dominant en France après 1900. Le quotidien de Toulouse était respecté et craint au temps de Waldeck-Rousseau et de Combes ; la droite avait une propension à mythifier son pouvoir, décrit par Barrès comme le « syndicat despotique » qui tyrannisait la France. Dans l'entre-deux-guerres, les deux hommes politiques majeurs de la région sont à coup sûr les frères Sarraut. L'aîné, Maurice, né en 1869, sénateur et directeur de *La Dépêche*, n'avait jamais voulu être ministre, se contentant de son pouvoir occulte. Par le biais des députés radicaux du Sud-Ouest, il possédait sur le Parti radical un magistère réel qui, dit-on, lui permettait de changer les majorités au Palais-Bourbon. Le cadet, Albert, né en 1872, occupa pour sa part le devant de la scène. Il fut parlementaire de l'Aude, gouverneur général de l'Indochine, plusieurs fois ministre et chef de gouvernement à deux reprises (1933 et 1936). Les deux frères partageaient les mêmes passions : patriotisme, amour de la République, anticléricalisme et anticommunisme. C'est en effet à Albert Sarraut, nous le savons déjà, qu'on doit une bonne partie des mesures prises contre le PC après le pacte germano-soviétique.

Chez les socialistes, le souvenir de Jean Jaurès – qui, sans être strictement toulousain, fut professeur à la faculté des lettres et conseiller municipal de Toulouse – demeure extrêmement vivant dans les années 30. Parmi les parlementaires du Front populaire, la principale personnalité régionale est son ancien compagnon, Vincent Auriol (né en 1884), député de Muret et ministre des Finances dans le cabinet Léon Blum. La droite lui reprocha beaucoup, en septembre 1936, d'avoir dévalué le franc. Aujourd'hui les économistes déplorent plutôt qu'il ne l'ait pas fait dès le mois de juin. Le courage politique éclatant de Vincent Auriol, en 1940 et dans les années de guerre, tranche sur la pusillanimité des autres parlementaires locaux de son parti [20].

Face à la gauche républicaine et parlementaire, les autres courants font piètre figure. La droite avait longtemps conservé un journal de tendance monarchiste, *L'Express du Midi*, disparu en 1938, victime de difficultés financières. Il avait été remplacé par *La Garonne* qui se voulait ouverte à tous les courants modérés. Son principal dirigeant, Maurice de Solages, parent du président des mines de Carmaux, est un catholique conservateur mais très hostile au nazisme. *La Garonne* ne fait pas le poids à côté de *La Dépêche* puisqu'elle a environ dix fois moins de lecteurs que l'organe radical. Quant au PC, ses scores électoraux sont restés très faibles de 1920 à 1936. Les élections du Front populaire lui ont assuré un modeste succès avec 7 pour cent des voix. Les électeurs du Midi toulousain veulent des élus dévoués, à l'écoute de l'opinion locale ; or ils sont bien persuadés que les députés communistes obéissent en priorité aux directives de leur parti. En outre ils se méfient des nouveautés en politique et ils attendent qu'un parti se soit bien rodé avant de lui accorder leurs voix. Le PCF, né en 1920, est encore trop jeune pour les Toulousains, ses positions extrémistes paraissent manquer de maturité.

Les raisons du crédit dont jouit la gauche réformiste, radicale, puis socialiste, sont multiples. On peut souligner toutefois la fortune qu'a connue ici l'école laïque. Dans cette province économiquement assoupie, le seul espoir de réussite sociale réside dans les diplômes. Depuis le milieu du XIXe siècle et jusqu'à nos jours, le succès de l'enseignement public primaire, puis secondaire a été soutenu. Toulouse et sa région sont ainsi devenus une pépinière de boursiers et de forts en thème. L'obsession idéologique dominante de la Troisième République – l'égalité par l'enseignement – correspond donc aux intérêts de la population. Un signe de cet enthousiasme pour la culture et l'école, c'est la présence à Toulouse de la maison Privat, l'une des rares grandes entreprises provinciales d'édition déjà prospères au XIXe siècle. Au XXe siècle, sa grande spécialité est la production massive de manuels scolaires. Dans une ville sans bourgeoisie d'affaires, les intellectuels, et au premier chef les enseignants, détiennent donc un indéniable prestige. On les retrouvera parmi les dirigeants de la Résistance.

Le patriotisme local se fonde largement sur l'ancienneté de la culture provinciale. Fiers de leurs monuments, de leurs écrivains de langue d'oc (on rappelle volontiers les troubadours et Goudouli), de l'antiquité de leur université et de l'Académie des jeux floraux, les Toulousains de la classe moyenne affirment volontiers que, dans le domaine des arts et des lettres, la ville rose vaut bien la capitale. Affirmation un peu risquée. En effet, l'identité culturelle toulousaine ne se manifeste guère que par une ignorance des nouveautés. Vers 1930, les fresques pré- ou para-impressionnistes de la salle des Illustres au Capitole sont encore considérées comme le sommet de l'art moderne. L'avant-garde littéraire est ignorée des universitaires du cru, qui considèrent en outre le cinéma comme une distraction pour illettrés. Vers 1935 c'est un groupe de jeunes Juifs ashkénazes communisants qui introduisent ici le ciné-club et le surréalisme [21]. Il est juste de remarquer qu'une mince couche du monde étudiant autochtone participe à cette effervescence. Dans l'immédiat, le rayonnement de cette avant-garde est mince car elle heurte trop les habitudes locales. Mais le goût de l'instruction et des belles-lettres étaient si vivants que ces ferments devaient s'épanouir après la Libération.

Le succès profond des valeurs de l'élitisme démocratique correspond-il à une décadence de l'Église catholique ? Ce serait trop dire. L'anticléricalisme militant affiché par les deux partis dominants ne doit pas faire illusion. La sociologie religieuse montre clairement que de très nombreux cantons du Midi toulousain continuent alors de pratiquer avec ferveur la religion catholique tout en votant pour les radicaux ou les socialistes. Le phénomène est ancien car l'absence d'influence politique du clergé (excepté en Aveyron) est signalée par les évêques de la région depuis le milieu du XIXe siècle. On a coutume ici de séparer nettement le domaine de César de celui de Dieu, ce qui, après tout, est un principe à la fois chrétien et républicain. A Toulouse, l'anticléricalisme de *La Dépêche*, relayée par les loges maçonniques et la section socialiste, est plus marqué qu'ailleurs, mais la vie religieuse se maintient assez bien. Les offices sont fréquentés par des milliers de fidèles, les œuvres sont nombreuses et actives.

Une grande partie du clergé semble avoir estimé ici, après la Grande Guerre, qu'il n'avait pas intérêt à lier son sort à celui des partis hostiles à la République. La rupture de la papauté avec l'Action française a été, dans l'ensemble, bien suivie. L'archevêque de Toulouse, Mgr Saliège, même s'il a tout naturellement horreur de l'anticléricalisme républicain, s'est éloigné de l'esprit réactionnaire systématique qu'on trouvait souvent dans le clergé toulousain d'avant 1914. Après l'Encyclique « *Mit Brennender Sorge* » qui mettait en garde les catholiques allemands contre le nazisme, Mgr Saliège a condamné publiquement le racisme et l'antisémitisme en 1933 et en 1938. Dans la lignée de Léon XIII, les militants catholiques toulousains se tiennent au courant des problèmes sociaux, avec la création de mouvements spécialisés par milieux : la JOC se développe dans l'immédiat avant-guerre et la CFTC fait une modeste apparition. L'Église de Toulouse des années 30 n'ignore pas le monde où elle vit, elle en reconnaît les nécessités politiques et l'environnement social.

En 1940, on en a souvent fait la remarque, la couleur rose des vieux murs de Toulouse convient aussi pour connoter les opinions de ses habitants. Sincèrement républicaine, profondément égalitariste, la population toulousaine n'a néanmoins aucun goût pour l'extrémisme ni pour le sectarisme. Les Toulousains ont un culte pour l'école publique, ils sont passionnés de culture même si c'est dans un style un peu vieillot. Ce n'est pas surprenant car la ville hésite encore entre le XIXe et le XXe siècle. L'économie la plus archaïque, l'urbanisme le plus désuet, y voisinent avec les réalisations prestigieuses des industries de pointe.

En général Toulouse, grande ville la « moins parisienne » de France, réagit avec un temps de retard sur les impulsions de la capitale. Mais en 1940, à Toulouse comme ailleurs, le soulagement à la nouvelle de l'armistice coexiste avec une réelle tristesse ; le patriotisme, toujours bien vivant, même s'il se manifeste moins qu'autrefois, a subi une blessure profonde. On n'a pas vu l'ennemi, mais l'exode a produit un effet stupéfiant et traumatisant. Toulouse va donc suivre le mouvement général de la nation et se confier les yeux fermés au grand homme qui a pris la conduite du pays. Ce qui ne veut pas dire que le « fond » républicain ait disparu : on aura l'occasion de s'en apercevoir.

PREMIÈRE PARTIE

LA ZONE LIBRE
(1940 – NOVEMBRE 1942)

2

Une adhésion ambiguë au Maréchal

Après l'armistice, les Chambres de la Troisième République se réunirent au théâtre du grand casino de Vichy : le régime y fit son hara-kiri le 10 juillet 1940, spectacle funèbre dont le metteur en scène fut Pierre Laval, principal ministre du Maréchal. Un triomphe parlementaire, c'est ce qu'obtint ce roué de la politique, fermement convaincu en outre d'avoir raison, et décidé de ne pas laisser passer son heure. Pétain fut chargé de préparer une nouvelle Constitution par une majorité écrasante ; tous les parlementaires de Haute-Garonne votèrent *oui*, sauf Vincent Auriol. Le lendemain, par les trois premiers actes constitutionnels, le vieux maréchal poussa la démocratie à la trappe et s'attribua tous les pouvoirs [1]. On a dit que personne ne protesta. Formellement c'est vrai ; mais à Toulouse il y eut quelques tentatives pour faire vivre un « maréchalisme républicain », compromis confus désiré par les nostalgiques du parlementarisme. Tentative ratée : en deux mois et quelques, ce fut la déconfiture.

Subissant déjà de terribles pressions allemandes, le pouvoir autoritaire installé à Vichy put jouir pendant deux ans d'une autonomie malingre grâce à trois atouts : une zone libre, un Empire colonial, une flotte. Deux obsessions habitaient les nouvelles élites politiques : obtenir des concessions allemandes (retour des prisonniers, assouplissement de la ligne de démarcation entre les deux zones, diminution des frais d'occupation) et extirper le virus démocratique de l'organisme français. C'est ainsi que s'établirent collaboration et Révolution nationale.

Le premier apôtre de la collaboration fut Pierre Laval. Mais, détesté du chef de l'État, il fut chassé le 13 décembre 1940 comme un valet indélicat. Après un bref intermède où Flandin, ex-cacique de la République, ne trouva pas le contact avec les Allemands, l'amiral Darlan entreprit la collaboration la plus poussée. Malgré ses efforts pour plaire à l'occupant il n'obtint rien, ce qui provoqua le retour de Laval (18 avril 1942). Celui-ci détint désormais l'intégralité du pouvoir, Pétain étant réduit à sa fonction de symbole. Vis-à-vis de l'ennemi, la politique ne changea guère, mais l'image de Laval était plus nette en raison de ses discours ouvertement proallemands.

Une réaction antidémocratique et antiparlementaire est le premier trait, le plus important peut-être, de la Révolution nationale. Elle vise à transformer en profondeur la société française. Ce qu'elle fut à Toulouse : ses modalités, ses échecs, ses succès relatifs, nous le verrons dans le chapitre 3. Elle ne se conçoit, disons-le d'emblée, que par le rassemblement de tous les Français autour du Maréchal, sauveur vénéré, chef infaillible. Ce rassemblement fut une réussite car le charisme du vainqueur de Verdun joua à plein. Mais ce triomphe est bizarre, ambigu, contradictoire. A Toulouse comme ailleurs, plus qu'ailleurs peut-être, l'adhésion au nouveau régime frappe par son étrangeté.

La tentative de maréchalisme républicain

Après l'armistice, l'autoflagellation est à la mode. Les Français se sentent confusément coupables de la défaite, remords exploité à fond par le Maréchal. Les hérauts des divers courants de pensée entonnent ce cantique chacun à leur façon. Ainsi l'archevêque de Toulouse associe fautes des Français et régime républicain dans une étonnante prière publique qui explique la divine punition (28 juin 1940) :

> Pour avoir chassé Dieu de l'école, des prétoires de la nation,
> Pour avoir supporté une littérature malsaine, la traite des Blanches,
> Pour la promiscuité dépravante des ateliers, des bureaux, des usines,
> Seigneur nous vous demandons pardon.
> Quel usage avons-nous fait de la victoire de 1918 ?
> Quel usage aurions-nous fait d'une victoire facile en 1940 [2] ?

Pour Mgr Saliège, la France semble avant tout coupable d'avoir accepté la république anticléricale et de s'être laissée aller à des mœurs sexuelles dépravées. Une victoire en 1940 n'aurait servi à rien. Faut-il en conclure que la défaite est une chance de rénovation pour la France ? On le croirait presque. Sur un tout autre registre, les gens de gauche font aussi leur *mea culpa*. *La Dépêche* (3 juillet) parle de l'urgence d'une réforme morale de la nation dans un style très « Jules Ferry », suggérant les méthodes pédagogiques qui peuvent y concourir. L'égoïsme des électeurs, toujours à quémander des avantages, voilà le grand responsable de nos malheurs selon *Le Midi socialiste* qui, le 6 juillet, parle de « réforme morale » et d'indispensable « propreté ». Mais finalement ce thème n'est abordé que du bout des lèvres par les journalistes de gauche. Ce qui les retient à peu près chaque jour de juillet 1940, c'est l'idée de faire une synthèse entre la démocratie et le pouvoir fort qui se dessine.

Pétainisme et République ? Pour nous aujourd'hui les deux termes sont contradictoires. Il n'en allait pas forcément de même en juin 1940, où Pétain, dernier président du Conseil de la Troisième République, passait encore aux yeux des gens de gauche pour un militaire républicain. C'est pourquoi les élites politiques locales, journalistes, maires et conseillers municipaux, tentent d'établir un compromis mal défini entre le régime autoritaire et les habitudes acquises. Ils semblent espérer que la République va subsister avec, simplement, un renforcement de l'exécutif, car pour eux la responsabilité des Français dans la défaite ne met pas en cause le régime républicain. Au *Midi socialiste*, des éditoriaux répétés prennent la défense du pluralisme démocratique et même du personnel de la République dont la compétence est considérée comme irremplaçable. A *La Dépêche* on annonce le prochain changement de régime le 5 juillet ; mais c'est en atténuant la portée de la nouvelle car Pétain, « ce soldat loyal », respectera, affirme-t-on, le régime et ses grands principes. Le 10 juillet, Hudelle, rédacteur en chef du journal socialiste, exalte le grand mérite des parlementaires qu'il compare aux aristocrates lors de la nuit du 4 août 1789, puisque à Vichy ces privilégiés ont renoncé eux-mêmes à leurs privilèges, ce qui « rehausse le régime républicain ». Jusqu'au 15 juillet, radicaux et socialistes poursuivent sur leur lancée en répétant sans cesse que le nouveau régime, tout en étant plus vigoureux que l'ancien, respectera les merveilleuses acquisitions de la République. Faut-il y voir la volonté de faire pression sur le pouvoir ou une application de la méthode Coué ? Peut-être l'une et l'autre.

Mais, à la fin du mois, le ton change complètement à *La Dépêche*. Le journal radical a dû recevoir des semonces vigoureuses de la censure. Il renonce désormais à toute référence à la démocratie. *La Dépêche* devient du jour au lendemain un journal sans âme, grisâtre, qui se borne (à quelques nuances près) à répéter les slogans officiels ; cette mise au pas fera sentir ses effets jusqu'à l'avant-veille de la Libération.

Curieusement, ce n'est pas tout à fait le cas du *Midi socialiste*, jugé sans doute inoffensif par le pouvoir, vu le petit nombre de ses lecteurs. L'organe socialiste et pacifiste conservera jusqu'en 1944 un ton inimitable où se mêlent les éloges de la Révolution nationale et de la collaboration, avec l'évocation émue de la République, de

Jaurès et des gloires du socialisme : petit îlot de pétainisme républicain toléré par le pouvoir dans le conformisme général [3].

En juin 1940, le maire de Toulouse, Ellen-Prévot, partage les idées du journal de son parti [4]. Dans une déclaration aux Toulousains datée du 27 juin, il reprend le leitmotiv de la culpabilité des Français et enchaîne sur la nécessité d'une union sans exclusives. Le 24 juillet il se rend à Vichy où il est reçu par plusieurs membres du gouvernement et en particulier par Adrien Marquet, ministre de l'Intérieur, maire de Bordeaux, son ancien camarade de la SFIO passé au néosocialisme de Déat. Ellen-Prévot cherche à savoir s'il peut compter sur son maintien au Capitole. Marquet le rassure tout en lui conseillant de faire voter par le conseil municipal un texte d'allégeance au Maréchal. Ellen-Prévot rédige alors une adresse au chef de l'État, approuvée par les principaux leaders SFIO de Toulouse, et votée à l'unanimité des vingt-six conseillers municipaux présents à la séance du conseil, le 9 août 1940 :

> Le Conseil municipal de Toulouse, interprète des sentiments de la population toulousaine et plus que jamais dévoué à son exclusive mission de gestion communale, adresse son témoignage respectueux de reconnaissance à M. le Maréchal Pétain, chef de l'État. Il lui fait confiance ainsi qu'au gouvernement qu'il préside pour sauvegarder, en même temps que l'honneur et les intérêts de la France, les plus précieuses acquisitions de la République et pour assurer dans l'ordre, la justice et le travail, la rénovation morale de l'âme française, ainsi que le relèvement rapide et total de la patrie [5].

Ce texte dont, quatre ans plus tard, on a reproché la servilité à Ellen-Prévot, correspond bien aux illusions de l'époque puisque les édiles toulousains veulent croire au maintien des « plus précieuses acquisitions de la République ». Mais, en 1940, c'en était trop pour les tenants de la Révolution nationale pure et dure. Peyrouton, qui succède à Marquet comme ministre de l'Intérieur le 7 septembre 1940, suspend en effet le conseil municipal de Toulouse jusqu'à la fin des hostilités, ainsi que ceux de Lyon et Marseille (décret du 20 septembre 1940. Le pouvoir se méfie des grandes villes de zone libre et a décidé de se débarrasser des hommes politiques de gauche qui détenaient encore quelques parcelles d'autorité. En commentant l'éviction d'Ellen-Prévot, Peyrouton n'aurait-il pas déclaré : « J'ai voulu faire sentir au peuple de France qui n'a pas l'air de l'avoir encore compris ce que c'est que la Révolution nationale » ?

La suppression du conseil municipal est accueillie à Toulouse dans une indifférence complète. Les notables de gauche étaient coupés de l'opinion ; ils se faisaient beaucoup d'illusions sur leur importance.

L'attitude ambiguë du nouveau pouvoir en place à Vichy et à Toulouse contribuera d'ailleurs, jusqu'en 1942, à maintenir ces illusions : surveillance inquiète des parlementaires, ménagements pris avec la famille Sarraut, tentative de Laval en 1942 de se rendre populaire en remettant en selle des conseillers généraux... autant de signes d'attention portés aux caciques républicains. Mais l'opinion, dans son ensemble, considère que les leaders de feu la démocratie sont responsables de la défaite : leur discrédit est total, et il faudra tous les excès de la période 1943-1944 pour l'effacer.

Pendant ce temps, le régime de Vichy veut préparer les esprits à la politique de collaboration avec le vainqueur, où il voit le seul salut pour la France et le moyen d'obtenir certaines concessions, en particulier à propos des prisonniers. Il lance plusieurs ballons d'essai dans ce sens, et la presse, désormais intégralement aux ordres, produit plusieurs articles à but pédagogique. Ainsi le 21 août, Maurice Martin du Gard publie-t-il dans *La Dépêche* un texte de réflexion intitulé « Servir l'Europe ». Il y salue, soi-disant sans flagornerie, la naissance de « cette Europe virile, purifiée des philistins et des commissionnaires, que Nietzsche, avec le temps du guerrier et de l'homme total, accepta sans nous en exclure a priori ». L'Allemagne en aura la direction, elle saura « éviter les poisons slaves et asiatiques » ; mais la civilisation française lui sera bientôt indispensable. Charabia insupportable dont on aura maint autre exemple !

La contradiction du pétainisme ordinaire

Entre septembre et novembre 1940, les Toulousains vont être encore soumis à la douche écossaise des nouvelles surprenantes et contradictoires. Mais au moment de la visite de Pétain à Toulouse, le 5 novembre 1940, le nouveau système aura trouvé son rythme de croisière.

Point essentiel : il faut d'abord s'habituer aux restrictions (dont nous reparlerons au chapitre 10). Cette hantise permanente de trouver la nourriture du lendemain, tellement étrangère à la France d'avant 1940, forme la toile de fond des rapports entre la population et les autorités ; elle provoque un mécontentement permanent qui gêne le pouvoir vichyssois. A l'égard des questions militaires, on passe par plusieurs phases qui nécessitent, à un rythme rapide, une adaptation psychologique souvent malaisée [6]. Au mois d'août, on croit couramment que la guerre va bientôt finir et que la victoire allemande est certaine. Les journaux toulousains annoncent presque tous les jours l'assaut final de l'invincible Wehrmacht sur l'Angleterre. La Grande-Bretagne, à son tour, va éprouver les rigueurs du Blitzkrieg ! Les journalistes évoquent cette perspective avec une sorte de satisfaction malveillante : « Chacun son tour ! » semblent-ils dire. Si l'armée française, tellement valeureuse en 14-18, a subi en 1940 une honteuse déroute, les Anglais, dont les vertus militaires sont jugées moindres, ne sauraient tarder à connaître le même sort. La résistance anglaise surprend d'abord, ravit ensuite la population : un minuscule espoir apparaît. Et lorsque le 6 septembre Hitler annonce que la guerre va peut-être durer cinq ans, on comprend qu'il faut s'installer durablement dans le conflit.

On peut se faire assez nettement une idée des réactions des Toulousains grâce à des rapports préfectoraux réguliers rédigés avec grand soin et beaucoup d'intelligence [7]. Ceux-ci s'appuient sur les comptes rendus de la branche policière dénommée Renseignements généraux (RG) et sur les résumés des « services techniques », c'est-à-dire sur les interceptions postales, téléphoniques et télégraphiques qui permettent de réaliser des sortes de sondages sommaires. Les rapports de Cheneaux de Leyritz, préfet de Haute-Garonne, puis préfet régional, semblent assez fiables car ils ne cachent jamais les choses désagréables. Le souci du préfet d'annoncer les difficultés se fait sans fards. On pourrait même plutôt lui reprocher de négliger trop systématiquement l'existence d'un courant favorable à la collaboration. Les rapports des RG (que nous avons pu consulter à partir d'avril 42) sont plus nuancés ; ils analysent en effet l'attitude de diverses catégories de la population classés sans grande rigueur : classes bourgeoises et ouvriers, Israélites, Alsaciens-Lorrains et clergé sont le plus souvent cités [8]. Mais souvent le préfet, comme les RG vont droit à l'essentiel et n'hésitent pas à personnifier *l'opinion*, en employant le singulier. En utilisant ces sources, il ne faut pas se cacher ce qu'elles ont de partiel et de discutable ; elles n'en sont pas moins d'un immense intérêt pour tâter le pouls des Toulousains dans les années de guerre.

Le premier rapport du préfet concerne un fait essentiel : le retentissement de l'entrevue entre Pétain et Hitler à Montoire, le 24 octobre 1940. Le vainqueur de Verdun et le vainqueur de Sedan se serrent la main. Pétain annonce dans une perspective assez floue la future politique de collaboration.

Les Toulousains refusent immédiatement cette politique avec une absolue netteté ! Le préfet se montre catégorique : « L'opinion, déclare-t-il, est très réticente en ce qui concerne la politique extérieure. » L'esprit de Montoire est rejeté. La population de la Haute-Garonne est « hostile à un rapprochement avec l'Allemagne ». Elle souhaite la victoire anglaise, « elle y croit, elle y voit le salut de la France ». Dans ce domaine décisif le divorce est donc complet entre la majorité des Toulousains et le pouvoir vichyssois.

Ce texte du préfet peut surprendre par son ton brutal et sans nuances. Il existe certainement une partie de la population toulousaine qui approuve la collaboration. Le préfet n'en souffle mot, comme si elle ne comptait pas. C'est d'autant plus remarquable que, sur ce sujet, les rapports au ministère de l'Intérieur se répéteront presque mot à mot jusqu'en 1944, ce qui prouve qu'à cet égard les Toulousains, dans leur immense majorité, ne changeront pas d'un iota jusqu'à la Libération.

En politique intérieure les choses vont moins mal, au début, pour le gouvernement. L'opinion, affirme Cheneaux de Leyritz, suit le gouvernement dans ses efforts de rénovation du pays. Mais c'est d'une manière molle et inattentive. Même les partisans déclarés du régime font preuve de passivité. La Troisième République, jugée responsable de la défaite, est discréditée. On attend les actes du nouveau pouvoir avec une sorte de bienveillance distraite. Les mesures d'autorité de l'État français sont acceptées. Nous avons vu que la suppression du conseil municipal n'a provoqué aucune réaction; il en est de même pour la suspension des séances du conseil général. La dissolution de la franc-maçonnerie (12 août 1940) et la promulgation du statut des Juifs (3 octobre 1940) qui les transforme en citoyens de seconde zone n'ont pas provoqué de remous dans l'opinion. En 1940, la politique intérieure de Vichy n'est pas impopulaire.

Refus de la collaboration, acceptation distraite de la Révolution nationale : rien de bien encourageant pour le pouvoir, rien de très inquiétant non plus car le régime détient une carte majeure. En effet, le préfet insiste sur l'atout numéro un de l'État français : « l'immense prestige du chef de l'État ». C'est un avantage capital. La plupart des Toulousains, comme les autres Français au même moment, éprouvent une affection filiale envers le vieillard qui a fait « don de sa personne » à la France. Là encore pas de nuances, pas d'ombre au tableau, la confiance est totale, elle est partagée par tous. Il est évident que Cheneaux apprécie les idées simples et ne se perd pas dans les détails.

On constate d'ailleurs qu'il a raison pour l'essentiel lors de la visite de Pétain à Toulouse le 5 novembre 1940. Le prestige du Maréchal apparaît alors dans tout son éclat. Dans les rues brillamment pavoisées, une foule immense se presse et fait un accueil délirant au sauveur. Pas de fausse note sauf quelques tracts communistes lancés d'un toit, qui passent d'ailleurs à peu près inaperçus. Le Maréchal est reçu à l'Académie des Jeux floraux en présence de Haon, successeur du maire révoqué, de Calmette (membre de l'Institut) et de Mgr Saliège. Après cette grande kermesse, le préfet remercie ses administrés pour la ferveur dont ils ont témoigné. Les Toulousains adorent le Maréchal et détestent l'inspiration principale de sa politique étrangère : le régime va devoir se contenter de ce soutien paradoxal.

ÉVOLUTION DE L'OPINION JUSQU'AU RETOUR DE LAVAL

De la visite de Pétain à Toulouse jusqu'au retour de Laval au gouvernement, l'opinion ne change guère dans ses grandes lignes. Cependant on peut observer une série de modifications selon les étapes de la guerre et les péripéties intérieures. Elles ne sont pas favorables au régime.

Laval étant considéré comme l'homme lige des Allemands, son éviction du gouvernement le 13 décembre 1940 a dû être approuvée par les Toulousains comme par les Lotois étudiés par Pierre Laborie [9]. Malheureusement les documents concernant Toulouse présentent une lacune pour cette période.

La victoire allemande demeure possible sinon vraisemblable jusqu'à Stalingrad. L'entrée en guerre de l'URSS en juin 1941 est apprise avec satisfaction par l'opinion. Pourtant l'anticommunisme demeure vif chez beaucoup de Toulousains qui n'ont pas oublié le pacte germano-soviétique. Aussi ne souhaitent-ils pas la victoire russe mais « un effondrement successif des deux belligérants ». C'est toujours un peu le même calcul implicite que celui de Daladier et Chamberlain à Munich. En décembre 1941, le « recul stratégique » des Allemands devant Moscou est considéré comme une défaite. Au même moment, l'entrée en guerre des Américains renforce le courant hostile à la collaboration car désormais la défaite allemande paraît possible. Les vastes conquêtes de la Wehrmacht dans la Russie du Sud en 1942 font donc l'effet d'une douche froide. Mais l'opinion se désintéresse de la guerre du Pacifique, trop lointaine, où les Américains subissent d'abord de graves mécomptes. En mars 1942, le bombardement de Paris par la RAF est abondamment utilisé par la propagande officielle pour développer un sentiment anglophobe. Mais c'est un échec. Les souffrances des Parisiens provoquent l'émotion, mais les Toulousains sont portés à expliquer ces destructions comme un acte légitime de guerre. Le souhait de la victoire anglaise ne signifie pas que les Toulousains soient devenus anglophiles. Au contraire ils se plaignent souvent de l' « inertie » des Britanniques qui, à leurs yeux, prennent trop rarement l'initiative. De même, la concordance des vœux de l'opinion toulousaine avec ceux de De Gaulle ne signifie pas un ralliement enthousiaste à la France libre. Selon le préfet, les Toulousains s'intéressent assez peu au mouvement gaulliste qui n'aurait « qu'un crédit limité »; en novembre 1941 le gaullisme serait même « en baisse ». Ceci est en gros exact, mais peut-être l'administration vichyssoise sous-estime-t-elle un peu les ferments gaullistes qui se développent alors discrètement dans divers milieux.

Le Maréchal continue à jouir d'un prestige « presque unanime ».

Ne l'oublions pas, nous sommes en zone libre. On crédite Pétain et l'armistice de cette non-occupation. En outre, les Toulousains sont persuadés que le Maréchal partage, au fond, leurs convictions anti-allemandes. Ainsi son message de janvier 1942, où il fait allusion à sa « semi-liberté », infime nuance de protestation contre les occupants, est-il bien accueilli. L'opinion toulousaine s'accroche aux plus légers signes de résistance du chef de l'État aux volontés du vainqueur. Cheneaux présente ainsi l'attitude des citoyens de Haute-Garonne face à l'illustre vieillard : « L'une des raisons de la popularité du chef de l'État provient de ce que le public a la conviction que le Maréchal s'oppose autant qu'il le peut aux exigences de l'Allemagne et s'efforce de maintenir intacte la dignité de la France. »

Cette confiance envers le chef de l'État ne va pas jusqu'à croire ce que disent la presse et la radio officielles. Le public ne croit ni *La Dépêche* ni Radio-Toulouse, qu'on juge contrôlées par l'ennemi. Aussi se rue-t-on sur la presse suisse. Mais c'est la BBC qui passionne le plus les Toulousains : ils écoutent avec frénésie la radio anglaise malgré le brouillage, les uns avec une foi entière, les autres pour « faire une moyenne » entre deux propagandes adverses. D'ailleurs la propagande officielle leur apparaît de plus en plus comme un bourrage de crâne grossier, et le préfet n'est pas loin de partager cet avis. En effet Cheneaux de Leyritz déplore constamment la médiocrité de la propagande et propose d'autres procédés : il souhaiterait qu'on reprenne les thèmes officiels sous forme d'anecdotes car, dit-il, la rumeur est le canal de transmission des idées le plus efficace !

Cette méfiance envers la propagande concerne sa forme maladroite et son origine (jugée) étrangère. Mais il est normal qu'elle s'étende peu à peu à son contenu : la Révolution nationale. Celle-ci, étant mise par le pouvoir sur le même plan que la collaboration, va, par contagion, en subir un certain discrédit. La politique intérieure du régime est donc moins bien acceptée à la fin de 1941 qu'en 1940 [10]. En octobre 1941, le film *Un an de Révolution nationale* n'est pas bien accueilli. Si quelques spectateurs applaudissent, la majorité de la salle siffle, surtout lors de la projection des images de Montoire. En fait les Toulousains passent d'une approbation sans ferveur de la politique du gouvernement à une indifférence teintée d'hostilité.

Le retour de Laval

Darlan n'obtenant point les concessions attendues des Allemands, Pétain, nous le savons, se résigne à rappeler Laval au pouvoir le 18 avril 1942. L'homme à la cravate blanche dispose désormais de prérogatives très étendues avec le titre de chef du gouvernement. Mais sa réputation de serviteur de l'Allemagne est si forte que l'opinion réagit avec une vivacité que le Maréchal n'attendait probablement pas. Dans la région de Toulouse l'effet est catastrophique. La conférence des préfets de zone libre du 15 mai 1942 constate partout le phénomène, mais le ministère de l'Intérieur souligne spécialement la réaction du Midi toulousain : Cheneaux de Leyritz parle en effet d'une « vague de peur » qui a submergé ses administrés. Des bruits courent d'une prochaine entrée en guerre de la France contre l'URSS, et de l'accès au gouvernement de Déat et de Doriot, en qui l'immense majorité de l'opinion ne voit que des agents de l'Allemagne. Tout cela fait craindre que le Maréchal ne s'éloigne complètement de la direction des affaires ; on s'attend à une occupation complète de la France : deux points sur lesquels on ne se trompait guère.

L'impopularité particulière de Laval à Toulouse, telle qu'elle est signalée en avril-mai 1942, remonte peut-être à la politique de déflation menée lors de son passage au pouvoir de 1935, qui avait provoqué à Toulouse une journée de manifestations violentes, proches de l'émeute. Il faut aussi tenir compte du style propre de Cheneaux et de sa franchise, plus tranchante que celle de la plupart des autres préfets [11].

Parfaitement au courant du discrédit qui le frappe, Laval cherche à regagner l'estime de ses concitoyens en mettant en sommeil la Révolution nationale – qui ne l'a jamais intéressé – et en jouant sur la corde du maréchalisme républicain, oubliée depuis 1940. Il s'agit d'un simple gadget, car rien de sérieux ne doit changer dans la nature autoritaire du régime. Mais Laval en attend beaucoup, surtout dans les secteurs républicains de l'opinion.

Son principal lieutenant au cours des années 42 et 43 est le jeune secrétaire général à la police, René Bousquet, Montalbanais en excellentes relations avec les Sarraut qui l'ont favorisé au début de sa carrière. Bousquet a gardé des liens amicaux avec Maurice et Albert Sarraut ainsi qu'avec Jean Baylet, le jeune espoir de l'équipe de *La Dépêche*. En outre il connaît personnellement Cheneaux de Leyritz avec qui il échange des lettres familières. Ayant à la fois le goût de l'autorité et l'habitude des mœurs républicaines, Bousquet a un peu le même tempérament que son patron. Il garde un contact étroit avec sa province d'origine où il envisage de développer une clientèle, utile – qui sait ? – pour la suite de sa carrière politique [12].

La campagne de séduction républicaine de Laval-Bousquet comporte deux volets : d'abord réduire l'importance des internements administratifs (nous traiterons ce point au chapitre 4). Ensuite rétablir, sous un autre nom, les conseils généraux en instituant des conseils départementaux [13]. Ils doivent détenir des pouvoirs étendus, de proposition et de contrôle. Il faut y attirer, c'est le but de l'opération, les élus de la République : conseillers généraux, maires et même parlementaires, à condition qu'ils ne soient pas trop connus. Le but de l'opération, déclare Laval aux préfets assemblés, c'est l'apaisement. Par le truchement des anciens notables de la démocratie qui, estime-t-il, ont conservé quelque influence sur leurs électeurs, il espère rétablir le contact entre Vichy et la population, et faire passer la pilule de la politique proallemande.

Dans le cas de la Haute-Garonne l'opération présentait peut-être des difficultés plus grandes que dans les départements de nuance moins marquée à gauche. C'est l'objection présentée immédiatement à la réunion des préfets de zone libre par Cheneaux de Leyritz (Paris, 6 juillet 1942), avec son talent particulier à mettre le doigt sur les points délicats. Le préfet signale en effet que dans sa région les municipalités élues « sont toutes entre les mains d'ex-membres du Parti radical et du Parti socialiste, ce qui rendra difficile d'introduire au conseil départemental des éléments autres que ceux-là. Par contre, dans la région de Toulouse, les présidents de délégations spéciales désignés depuis l'armistice qui ont servi la Révolution nationale ne pourront, au terme de la loi, être nommés au conseil départemental ». Cheneaux ne semble pas avoir compris que la Révolution nationale n'intéresse pas Laval. Cependant, après une discussion à laquelle Bousquet participe, le chef du gouvernement indique que rien ne s'oppose à ce que les présidents de délégations spéciales qui ont remplacé les maires ne soient pas introduits dans les conseils départementaux.

Dans la pratique, le choix de membres du conseil départemental de Haute-Garonne causa un remue-ménage curieux dans le microcosme des élus radicaux. Plusieurs d'entre eux, semble-t-il, furent intéressés par ce virage « républicain » qui leur permettait de revenir en selle [14]. Les rivalités habituelles entre personnes réapparurent et des intrigues se nouèrent. Les partisans toulousains de la Révolution nationale en revanche firent grise mine. Mais bien d'autres problèmes surgirent qui firent oublier les recettes républicaines de la cuisine lavaliste, et le conseil départemental ne vit le jour qu'en 1943, au milieu de l'indifférence la plus complète. Les Toulousains avaient d'autres chats à fouetter dans leur vie quotidienne. Ce peuple qui avait apprécié « le divertissement de la politique des personnes » (selon Cheneaux) s'en détournait maintenant. La seule suite du « grand virage républicain » fut la réintégration de quelques instituteurs révoqués ou déplacés pour activité communiste ou participation à la maçonnerie, politique qu'Abel Bonnard devait poursuivre encore quelque temps dans le cadre du ministère de l'Éducation nationale.

Restait à utiliser la seule bonne carte de Vichy : la popularité du chef de l'État. Celui-ci procura en effet son dernier succès public au régime en venant visiter Toulouse le 14 juin 1942. Comme la première fois, il y eut une immense foule et des vivats, sans compter la remise solennelle du drapeau de la Légion, une cérémonie religieuse en plein air place Saint-Étienne, une réception salle des Illustres avec maire, préfets, archevêque... La présence physique de Pétain valait plus que toutes les réformes « républicaines » du monde. Le maréchal s'efforça de soutenir son chef de gouvernement : « Monsieur Laval et moi nous marchons la main dans la main. Il y a entre nous une entente complète, une confiance absolue [15]. »

Les mauvaises langues signalent aussi la séance récréative que les enfants des écoles et des lycées donnèrent devant le maréchal à la piscine municipale, qui fut, paraît-il, assez divertisssante. On y vit les jeunes lycéens mimer *Savez-vous planter les choux ?* sous la direction du proviseur, respectable barbu vêtu d'un simple short. Ce fidèle du Maréchal avait absolument tenu à démontrer son dévouement en participant personnellement à la saynète. Il y eut des rires étouffés et Pétain lui-même eut de la peine à garder son sérieux [16]. Un article de Jean Barsalou dans *La Dépêche* du lendemain suggère que le Maréchal devrait garder de cette visite un souvenir encore meilleur que celui de novembre 1940 : faut-il y voir malice ? En fait, indique le rapport d'un agent de la France libre, s'il y avait un grand concours de peuple, les maisons étaient peu pavoisées et les vivats moins nourris que lors du précédent voyage.

L'effet de la visite de Pétain fut d'ailleurs bien oublié huit jours plus tard lorsque Laval prononça sa fameuse phrase : « Je souhaite la victoire de l'Allemagne, parce que, sans elle, le bolchevisme l'emporterait partout » (discours du 22 juin 1942). Le chef du gouvernement y annonça aussi la « Relève » des prisonniers français grâce au départ de travailleurs français en Allemagne.

La réaction des Toulousains est négative comme on pouvait s'y attendre. Les milieux ouvriers sont particulièrement critiques et, selon un rapport de police, refusent « le principe même de la Relève ». Cependant, étant d'abord fondée sur le volontariat, elle ne paraissait pas, de prime abord, trop inquiétante.

La période où la zone libre existe encore s'achève avec les grandes déportations des Juifs étrangers pendant l'été 1942. Un chapitre sera consacré exclusivement à l'antisémitisme et au sort tragique des Israélites. Rappelons d'ores et déjà que la livraison des Juifs à l'ennemi déclencha une protestation retentissante de Mgr Saliège, dont l'écho dans l'opinion fut immense. La participation française au meurtre collectif des Juifs d'Europe, voulu par les nazis, porta à son comble l'impopularité de Pierre Laval.

Bancal depuis le début, tel apparaît le système vichyssois vu de Toulouse, puisque la population réprouve l'un des piliers de sa politique : la collaboration d'État. Antipathie renforcée par une impopularité de Pierre Laval, sans doute plus vive ici qu'ailleurs. En revanche, comme partout, le maréchal Pétain jouit d'une tendresse particulière de l'opinion, fondée davantage sur des facteurs de nature affective, pour ne pas dire psychanalytique, que sur des motifs politiques. Pétain n'est-il pas l'archétype de l'aïeul paisible et bienveillant que chaque enfant a eu ou a rêvé d'avoir ? Quoi que fassent ses gouvernements successifs, Pétain n'en est pas rendu responsable : singulière immunité qui peut sembler absurde. Mais les phénomènes d'opinion connaissent souvent de tels illogismes.

3

La Révolution nationale : hommes et réalisations

Autour du maréchal Pétain la droite extrême [1] occupe les sommets de l'État, quelques silhouettes de gauche servant d'alibi. La nouvelle élite veut détruire la République, ses institutions, la société qui la sous-tend, les mentalités qui lui sont associées : programme monumental baptisé, nous le savons, Révolution nationale. Dans l'atmosphère de 1940, la suppression des institutions n'offrait pas de grandes difficultés. Le projet social et moral, beaucoup plus long à mettre en œuvre, se présentait comme un cocktail des idées de droite où les emprunts à la doctrine de Charles Maurras étaient les plus visibles. A la fois contre l'individualisme démocratique et l'omniprésence de l'État, la Révolution nationale s'était fixé l'objectif de redonner vie aux groupes dits « naturels » : la famille, la province, le métier. Pour éliminer la lutte de classes, considérée comme le dissolvant de la société française, elle proposait le corporatisme, alternative à la fois au socialisme et au capitalisme.

A Toulouse, la réalisation du projet fut entreprise par un trio assez performant dont les membres se combinaient harmonieusement : préfet, maire et président de la Légion des combattants. Le préfet, assez exceptionnel par sa lucidité en son autorité, n'acceptait aucune entrave à son action. Le maire, pragmatique et discret, ne gêna en rien les initiatives de la préfecture. Le chef de la Légion sut donner de l'ampleur et une excellente organisation (du moins dans un premier temps) à cette union des anciens combattants chargée de soutenir le régime. La réalisation des idées pétainistes se présentait donc sous d'heureux auspices.

Selon ses rubriques, le programme connut en fait des destins assez divers. L'action politique fut aisée ; l'œuvre « morale » démarra, puis marqua le pas ; la réforme économique et sociale s'embourba. Parmi les obstacles rencontrés par la Révolution nationale, certains se retrouvent partout. Le manque de temps d'abord car Laval, lors de son retour en avril 1942, mit le grand dessein en hibernation : il ne s'intéressait qu'à la collaboration. La pénurie ensuite : toute réforme suppose des moyens. Mais elle rencontra aussi des difficultés strictement toulousaines liées à l'économie et aux mentalités régionales. Dans les diverses avenues de l'ordre nouveau, on peut observer les réactions, souvent complexes, des différents milieux concernés : le clergé, les enseignants, les patrons et les ouvriers.

Les hommes

Un personnel préfectoral de premier ordre

Au temps de la zone libre, deux préfets ont exercé leurs fonctions à Toulouse : Léopold Cheneaux de Leyritz et son adjoint, Maurice Bézagu. Le premier, nommé préfet de Haute-Garonne le 24 juin 1940, devient préfet régional en vertu de la loi du 19 avril 1941. A ce titre il doit avant tout coordonner les mesures du maintien de l'ordre et organiser le ravitaillement ; il est alors assisté d'un intendant économique et d'un intendant de police. Il est le seul à pouvoir prononcer des internements administratifs. Toulouse devient la métropole de la XVIIe région, ensemble immense qui couvre neuf départements : Haute-Garonne, Ariège, Hautes-Pyrénées, Basses-Pyrénées (sauf le secteur situé en zone occupée), Gers, Lot, Lot-et-Garonne, Tarn, Tarn-et-Garonne, et les parties des Landes et de la Gironde laissées en zone libre. A Toulouse, Cheneaux de Leyritz est donc aidé par Maurice Bézagu, préfet délégué de Haute-Garonne.

Ces deux personnages ont été formés aux pratiques juridiques du régime défunt mais, avec l'apparition du système autoritaire de Vichy, on peut dire qu'ils sont devenus des hommes nouveaux. Le préfet détient les prérogatives des conseils généraux suspendus le 13 octobre 1940. Il n'a plus à se soucier de l'influence, autrefois décisive, des parlementaires, ni des critiques de la presse, désormais muselée : le préfet a les coudées franches. Il en résulte une griserie du pouvoir qui provoque une véritable mutation de la personnalité. C'est avec délectation que ces hauts fonctionnaires se glissent dans leur nouvelle peau, oubliant presque tout des valeurs anciennes : liberté d'expression et liberté individuelle.

Néanmoins, le préfet se trouve désormais isolé face au pouvoir central : tout échec sérieux lui est attribué. Il en résulte, dans la plupart des régions, une instabilité du corps préfectoral, beaucoup plus prononcée sous Vichy que sous la République. Mais à Toulouse il n'en est pas ainsi, les deux préfets sont demeurés longtemps en fonctions, grâce à leur habileté ou à leur chance. Cheneaux de Leyritz s'est maintenu jusqu'aux derniers jours de 1943 ; il est alors obligé de se retirer après des conflits avec la Milice, et peut-être aussi à cause de ses relations tendues avec les Allemands. Bézagu demeure préfet délégué jusqu'à la Libération.

Personnage clef de l'histoire toulousaine et régionale, Cheneaux de Leyritz, entre 1940 et 1943, offre une physionomie assez fascinante. Né en 1896 à Saint-Pierre de la Martinique, Léopold Cheneaux de Leyritz est titulaire de deux licences, en lettres et en droit. Mobilisé en 14-18, il est revenu des combats avec la croix de guerre. Puis il a entamé une carrière préfectorale classique : chef de cabinet, sous-préfet, directeur de cabinet dans une préfecture. En juin 1933, il aborde un domaine plus politique en entrant dans le cabinet de Georges Leygues, rénovateur de la marine et patron du Lot-et-Garonne. C'est un tremplin vers le Conseil d'État où il devient maître de requêtes en 1934. Cheneaux doit le succès de sa carrière à Georges Leygues, comme plusieurs personnalités du Lot-et-Garonne dont la plus notoire est l'amiral Darlan. En juin 1937, il revient dans les instances gouvernementales, comme chargé de mission à la présidence du Conseil pour les questions d'Alsace-Lorraine, sous les gouvernements Chautemps, Blum et Daladier. Mobilisé à nouveau en 39-40, il rejoint son poste préfectoral en juin.

En 1940, Cheneaux de Leyritz n'a jamais été préfet mais il a acquis une expérience variée et de haut niveau. Il n'a nullement la réputation d'homme d'extrême droite, ce qui eût ralenti, sinon interrompu, sa carrière. Le rabbin Kapel a vu en lui un « pétainiste fanatique » ; ce n'est pas l'impression que procurent ses écrits. Certes il s'adapte avec aisance au nouveau régime. Il semble avoir rapidement intégré les valeurs du pétainisme, mais sans excès de ferveur, comme il convient à un haut fonctionnaire qui doit assurer la continuité de l'État. On le voit donc émailler de loin en loin ses rapports de réflexions désobligeantes sur le passé politique de la Haute-Garonne, sur « l'invasion des Juifs » dans son département, ou toute autre remarque conforme à l'esprit vichyssois, mais sans exagération. Ce n'est pas la flagornerie qui le caractérise. Ses rapports au ministre de l'Intérieur, qui sont d'une plume concise et élégante, se signalent en général, nous l'avons vu, par une franchise brutale, car Cheneaux ne cherche guère à ménager la susceptibilité de ses supérieurs. En voici deux exemples entre cent : en septembre 1941, à propos du prestige de Pétain : « L'attachement au Maréchal est presque unanime, mais il s'agit d'un sentiment très personnel, qui n'implique pas l'adhésion à la politique du gouvernement » ; et en août 1943, à propos des actions de la Résistance : « Les attentats contre les membres de la Milice se soldent par un mort et un blessé grave. La population s'émeut fort peu de ces attentats, et n'est pas loin d'approuver les agresseurs, en raison du peu de sympathie qu'elle porte à la Milice. » Lors de son entrée en fonctions, le 24 juin 1940, le pouvoir appartient déjà à Pétain, mais la République n'est pas encore abolie. Pourtant ce n'est pas un préfet républicain ordinaire que découvrent ses collaborateurs. Démobilisé depuis peu, Cheneaux a conservé l'uniforme et se comporte littéralement en officier : raideur, ton cassant, exigence d'une discipline absolue. Par la suite, il maintient ce style militaire : ses compétences de travail ressemblent à des réunions d'état-major. Il écoute avec attention les exposés de ses adjoints, les résume, et prend une décision sans appel. Ne tolérant aucune familiarité, il reste toujours glacial, impressionnant tous ses interlocuteurs, y compris – paraît-il – les Allemands.

Les vieux messieurs qui furent ses collaborateurs et que je suis allé interroger en parlent encore avec respect et admiration, et conservent de lui le souvenir d'un « grand patron ». A les entendre, le préfet ne faisait jamais retomber sa responsabilité sur un subordonné. L'usage du « parapluie administratif » lui était inconnu. Avec lui « on savait où on allait ». Il paraît qu'à la préfecture de Toulouse « on n'avait jamais vu ça » et qu'on ne devait pas le revoir par la suite. Selon mes interlocuteurs, le courage et la détermination ne sont pas des vertus préfectorales courantes. Il semble que Cheneaux de Leyritz en était pourvu.

Cheneaux de Leyritz ne porte pas, en règle générale, de jugement sur les ordres reçus. Toutefois, lorsqu'une seule mesure lui paraît dangereuse pour l'ordre public, il n'hésite pas à en avertir le gouvernement, qu'il s'agisse d'un point secondaire d'organisation du ravitaillement ou de la livraison des Juifs étrangers aux occupants en 1942, qu'il vient pourtant de superviser sans scrupule apparent [2]. Sa personnalité apparaît au grand jour lors des opérations du STO. Il n'y a pas, chez lui, la moindre trace de compassion pour les jeunes gens envoyés en Allemagne, mais un jugement précis sur la meilleure méthode pour les faire partir : « Le procédé de mesures coercitives à l'égard des récalcitrants est le seul susceptible de donner des résultats appréciables. » Et il fournit la preuve de son efficience : « Le rythme des départs pour la Relève se maintient... et j'ai recueilli à plusieurs reprises le témoignage de satisfaction de l'office de travail allemand. » Ce satisfecit des Allemands signale sa réussite ; mais en aucun cas Cheneaux ne fait preuve de servilité envers les occupants [3].

Semblable à beaucoup de ses collègues, Cheneaux déteste les nouvelles institutions dirigées par un personnel fascisant : le Commissariat aux questions juives, la Police aux questions juives et, plus tard, sa bête noire : la Milice. Non pour des raisons doctrinales ou morales, mais parce que ces nouvelles puissances ont tendance à échapper à son autorité, et surtout parce que leurs responsables violent la loi et les règlements et donc provoquent le désordre, ce qu'il hait pardessus tout.

Bref, un grand commis de l'État d'une certaine classe, fort peu sentimental – on pourrait dire peu humain – mais doué de qualités d'intelligence et de courage.

Devenu préfet régional, Cheneaux de Leyritz demeure responsable de la Haute-Garonne, mais il est assisté dans cette fonction par Maurice-Georges Bézagu. Avec moins de brio, celui-ci se comporte de manière très semblable à celle de son patron. Préfet du Lot à titre temporaire en janvier 1940, il s'y est montré fidèle au Maréchal mais sans les gesticulations pétainistes qui signaleront son successeur Loïc-Petit [4]. Comme Cheneaux, Bézagu est capable d'assener des vérités désagréables dans ses rapports. Capable aussi de préconiser l'usage de la contrainte envers les jeunes gens requis pour le STO. Sans paraître vraiment antisémite, il lui arrive d'expédier un Juif dans un camp avec une note de jubilation. Cependant, un rapport envoyé à Londres par un agent de la France libre en 1944 le dépeint comme « d'intelligence moyenne », mais ne demandant qu'à « aider la résistance sous certaines garanties ». Évolution classique à cette date.

Les anciens subordonnés de ces deux hommes avaient été recrutés localement; formés sous la Troisième République, ils ont continué leur carrière après 1944. Ce ne sont nullement, aujourd'hui, des nostalgiques de Vichy. Mais – comme je l'ai dit – ils conservent un souvenir émerveillé de Cheneaux de Leyritz, dont le style les a conquis. La déontologie et l'esthétique administrative semblent leur tenir lieu de morale. Pour eux, le contenu des décisions de leur héros importe peu, seule compte la manière dont elles furent prises. En revanche ils ont fort peu apprécié l'équipe de la Libération : désordre, incompétence, utopie signalent selon eux l'action des résistants parvenus au pouvoir. Cette mentalité bureaucratique explique bien comment, au temps de Vichy, des gens ordinaires ont pu exécuter sans sourciller des ordres infiniment discutables.

Un maire de tout repos [5]

Composé de personnes nommées par le gouvernement, étroitement subordonné au préfet, le nouveau corps municipal joue un rôle assez effacé. Toulouse contraste à cet égard avec Bordeaux où le maire, Adrien Marquet [6], homme politique célèbre qui a conservé son poste, s'agitera pendant toute l'Occupation pour infléchir la politique nationale. Rien de tel à Toulouse, et le préfet doit s'en féliciter car le maire ne le gêne pas.

Le décret du 20 septembre 1940 suspend le conseil municipal de Toulouse jusqu'à la fin de la guerre. Il institue une délégation spéciale jouissant des mêmes pouvoirs qu'une municipalité. Le président en est l'ancien bâtonnier André Haon, assisté de six délégués [7]. Ce sont des petits notables de droite, mais peu marqués politiquement et moins susceptibles que les socialistes de la municipalité élue en 1935 de se montrer indociles à l'égard du pouvoir.

André Haon est bien connu au palais de justice puisqu'il fut bâtonnier en 1936-37, il s'est surtout rendu célèbre sur les terrains de sport. Joueur estimable du Stade toulousain dans sa jeunesse, il est devenu depuis 1919 le premier dirigeant de ce célèbre club de rugby. C'est sans doute son principal titre à l'estime de ses concitoyens, très férus du ballon ovale. Mais il n'est pas sans compétences administratives, voire politiques, puisqu'il fut secrétaire d'un sénateur ariégeois et qu'il entretint des relations constantes avec la mairie de Toulouse comme avocat de la ville. Envers le Maréchal il avait, nous dit-on, « la foi du charbonnier ». On discerne d'ailleurs en lui les traits d'un héros archétypique de la Révolution nationale : n'est-il pas père de quatre enfants, cité plusieurs fois pendant la Grande Guerre et titulaire de la croix de guerre avec palmes ?

Le 11 février 1941, André Haon est nommé maire en titre. La délégation spéciale, élargie à vingt-trois membres, devient officiellement conseil municipal. La composition socioprofessionnelle de cette équipe la distingue clairement du conseil socialiste : on n'y trouve ni professeurs, ni ouvriers, ni cadres moyens, mais des bourgeois aisés accompagnés de quelques commerçants et artisans [8]. Pour la première fois, deux femmes font leur apparition à la municipalité : Marie-Louise Cosnuel, présidente de la Croix-Rouge, et Madeleine Édouard-Privat, membre de la célèbre dynastie d'éditeurs toulousains. Il est piquant que cette audacieuse innovation soit due au régime de Vichy.

Malgré quelques décisions, surtout symboliques et relevant de l'idéologie officielle, la municipalité Haon ne pourra rien faire d'autre qu'une gestion assez classique, gênée par la pénurie.

Du côté des symboles, on change quarante-quatre noms de rues. Les allées Alphonse-Peyrat deviennent allées Maréchal-Pétain. Toutes les rues évoquant le socialisme sont débaptisées, à l'exception des allées Jean-Jaurès. A la trappe : Jules-Guesde, Albert-Thomas, Roger-Salengro, Matteoti, Rosa-Luxemburg, Karl-Liebknecht, Bebel, Barbusse, Babeuf, Blanqui, Ferroul, Proudhon, héritages des mairies socialistes. Ces appellations se voient remplacées soit par le nom ancien, allées Saint-Michel, soit par le nom d'artistes toulousains de notoriété discutable. Théodore-Richard, Hilaire-Pader ou Paul-Vidal... la Révolution nationale à la mairie ne va guère au-delà du remplacement des plaques bleues sur les murs.

L'esprit autoritaire du nouveau régime se manifesta toutefois dans l'épuration du personnel, mais sans verser dans la chasse aux sorcières : les soixante-dix-huit employés francs-maçons durent « abjurer » par écrit, mais soixante-quatorze d'entre eux conservèrent leur poste. Pourtant la loi du 17 juillet 1940 permettait au maire d'éliminer du service public tous les éléments susceptibles d'entraver son fonctionnement, soit pour incapacité notoire, soit en raison d'une activité partisane qui « porterait atteinte au moral de la nation ». Effectivement, cent huit employés municipaux dont quarante-cinq titulaires furent relevés de leurs fonctions, parmi lesquels un ingénieur. En fait, cette épuration fut l'occasion d'éliminer les employés incapables et indélicats (ou jugés tels [9]). Le but du maire était aussi de réduire un personnel qu'on estimait gonflé exagérément par des années de clientélisme. Mais l'effectif des agents de la municipalité redevint très vite aussi élevé qu'avant : il compta 2 657 employés en 1941, du fait des nouveaux services créés par la ville comme le ravitaillement, le préventorium et, plus tard, les relations franco-allemandes.

La municipalité fut très occupée à l'amélioration de la gestion financière. Ses efforts en ce sens reflètent aussi les injonctions du pouvoir central, qui impose la suppression des budgets autonomes. C'est ainsi qu'à l'entrée de Toulouse il existait un octroi, relique d'Ancien Régime qui entravait le commerce et la circulation : les socialistes voulaient l'abolir depuis 1906 mais ne trouvaient pas de ressource compensatoire ! La municipalité Haon le supprime en un tour de main et le remplace par une taxe locale sur les ventes de détail. Les travaux du tout-à-l'égout continuent, au ralenti faute de matières premières. On améliore l'équipement sportif et on fait un effort pour l'enseignement technique, ce qui, à la rigueur, peut avoir un certain côté « Révolution nationale ». En fait la pénurie extrême entrave tous les travaux et limite les dépenses municipales. Aussi la municipalité vichyssoise laisse-t-elle à ses successeurs de la Libération des finances locales saines.

Le maire Haon n'a guère fait parler de lui. Le préfet ne le cite jamais dans ses rapports, pas plus que la Résistance dans ses tracts. La mainmise de l'État ne lui a laissé qu'une petit marge de manœuvre, dont il ne paraît pas avoir fait grand usage.

S'agit-il d'une personnalité falote ? Peut-être ; mais, dans de pareilles conditions, ne pas faire parler de soi était peut-être le signe d'un certain talent. Jusqu'au jour où – le 9 juin 1944 – les Allemands déportent l'édile toulousain en compagnie d'Albert Sarraut, Jean Baylet, Mgr de Solages, Mgr Théas et vingt-deux autres personnalités.

Les avatars de la Légion [10]

Toute procédure électorale ayant été abolie, un risque existait que ne se crée un gouffre entre l'État et la société civile ; pour maintenir le lien, les ultras – Marcel Déat en tête – proposaient la solution du parti unique : Pétain n'en voulait pas. Finalement, la courroie de transmission idéale fut trouvée : la Légion. Elle devait regrouper toutes les associations rivales d'anciens combattants – contraintes d'y adhérer. L'idée paraissait bonne, du fait du nombre important d'anciens combattants des deux guerres et du prestige particulier que détenait dans ce milieu le maréchal Pétain, vainqueur de Verdun et ex-commandant en chef de l'armée française. L'antiparlementarisme moralisant qui régnait avant 1939 dans la presse des mouvements d'anciens combattants pouvait enfin les rapprocher de la Révolution nationale. La Légion fut donc créée par la loi du 29 août 1940, dont Xavier Vallat fut le principal inspirateur.

En Haute-Garonne le mouvement combattant orienté à Gauche, l'UFC, avait cinq fois plus d'adhérents que celui de droite, l'UNC, ce qui n'est pas surprenant dans un département où les socialistes et les radicaux jouissaient d'un quasi-monopole électoral [11]. Il pouvait paraître raisonnable de choisir un président départemental issu du courant majoritaire : ce fut Delrieu, un professeur d'École normale, ex-militant radical, grand mutilé de guerre et ancien dirigeant national de l'UFC. Sa nomination, le 18 octobre 1940, apparaissait un peu comme une résurgence du « maréchalisme républicain » : malgré l'opposition d'une poignée d'anciens combattants d'extrême droite, elle rallia finalement l'unanimité, au moins en apparence. Pour compenser ce choix, le gouvernement désigne comme vice-président un jeune avocat mobilisé en 39-40, et ancien dirigeant local du PPF : Jean Collomb [12]. Un vieux radical et un jeune fasciste : remarquable symbole de l'union des Français derrière leur sauveur. Ce tandem fit merveille, puisque l'effectif de la Légion atteignit 37 349 membres le 1er septembre 1941, ce qui représente 90 pour cent des anciens combattants des deux guerres présents dans le département à cette date.

Delrieu se révèle un excellent organisateur. Il s'installe en plein centre de Toulouse, 17, place Wilson, crée 589 sections, une dans chacune des communes du département, et 25 sections de quartier pour les 13 500 légionnaires de Toulouse. Ses services, administratif, social et civique, fonctionnent harmonieusement. Le service social dépendant plus particulièrement de Delrieu dirige surtout l'aide aux prisonniers et à leurs familles, les restaurants légionnaires à bon marché et toute une série d'œuvres variées; Collomb a en charge l'action civique et s'efforce de répandre les idées de la Révolution nationale.

La grande affaire de la Légion, c'est l'organisation de cérémonies imposantes destinées à frapper les imaginations et à éduquer les Français. Pendant deux ans environ, la Légion remplit correctement sa tâche en de multiples occasions : les visites du Maréchal, les anniversaires de la fondation du mouvement le 31 août 1940, la fête de Jeanne d'Arc, et même le 14 Juillet vidé de sa signification historique.

Il semble que la Légion toulousaine ait été un modèle d'organisation et de fonctionnement régulier. On s'en rend compte le 31 août 1941, lors du premier anniversaire du mouvement où Delrieu réussit à faire mieux que les autres départements. En cette occasion une fête grandiose est organisée à l'échelle de la zone libre avec vingt mille porteurs de torches qui parcourent dix mille kilomètres. Delrieu fait mieux que tout le monde en acheminant la flamme et en organisant des fêtes dans chacune des 589 communes du département.

La Légion mobilise beaucoup de monde dans ces festivités au rituel élaboré. Le style légionnaire emprunte beaucoup à l'armée, aux traditions des anciens combattants (ranimer la flamme) avec une pointe fasciste : ainsi le salut légionnaire le bras tendu n'est pas, dit-on, le salut fasciste, mais il y ressemble beaucoup ! L'armée de l'armistice, les chantiers de jeunesse, les compagnons de France sont appelés à la rescousse, ce qui rajeunit l'âge moyen des participants. Et pourtant... les photos de l'époque nous montrent toujours au premier rang une escouade de grands-pères toulousains, le béret basque vissé sur le crâne avec des inclinaisons variées : ils rappellent opportunément que la France est dirigée par un vieillard... Ces défilés de gérontes dans une France gérontocratique ont un côté rassurant, mais rien à voir, pour la prestance, avec les modèles de Nuremberg ou de la place Rouge !

De sa création en août 40 à son premier anniversaire, la Légion fonctionne sans à-coups. Elle conserve sa popularité parmi les anciens combattants. Sans être exempte de critiques, elle n'est pas trop mal vue par l'opinion. A-t-elle réussi dans son travail propagandiste ? Il est difficile de le dire. Elle a contribué à maintenir la ferveur maréchaliste sans pour autant rendre populaires les grands thèmes de la Révolution nationale.

Mais en septembre 1941, juste après le premier anniversaire du mouvement célébré avec pompe, catastrophe : on découvre le nom de Delrieu sur les listes des francs-maçons ! Et le chef de la Légion n'a pas fait la déclaration exigée des anciens membres de l'ordre ! Scandale prodigieux : les anciens combattants maurrassiens ou ex-ligueurs se frottent les mains. Le président départemental offre sa démission et par une confession publique qui paraît dans *Le Grand Écho du Midi* sollicite son pardon du Maréchal. S'il a adhéré à la franc-maçonnerie, déclare-t-il, c'est qu'il a autrefois été soigné dans un hôpital maçonnique ; mais, depuis, il n'a pratiquement jamais mis les pieds aux réunions de sa loge. La réponse de Pétain, qui lui fait grâce, est publiée dans la presse toulousaine. Delrieu a sauvé son poste mais son autorité est ébranlée ; les intrigues ne vont plus cesser chez les anciens combattants d'extrême droite.

Déjà des problèmes sérieux sont apparus. Dans de nombreuses communes, le chef de la Légion empiète sur les attributions du maire, ce qui entraîne des querelles de village fort désagréables. Le rôle de la Légion a été mal défini : elle doit aider, conseiller les autorités ; où s'arrête ce magistère ? Nul ne le sait. Le préfet laisse percer son irritation dès le mois d'août. L'opinion, selon lui, reproche à la Légion son sectarisme qui ne favorise pas l'union.

Pourtant Delrieu reprend la situation en main, il organise encore des manifestations de masse, très réussies, en mars 42. Il est soutenu à fond par son adjoint Jean Collomb qui admire l'œuvre accomplie par le président départemental. Pourtant, la seconde année d'existence du mouvement voit la situation se dégrader. Les conférences de propagande organisées par la Légion ne sont pas un succès, quant à ses émissions de radio, elles font bâiller les auditeurs.

Un nouveau facteur de difficultés apparaît avec le SOL (Service d'ordre légionnaire). Créé au milieu de 1941 par des responsables du Sud-Est, le SOL se répand peu à peu en zone libre et se transforme en mouvement politique orienté à l'extrême droite. Il est reconnu officiellement en décembre avec Darnand comme chef. A Toulouse, le SOL s'est développé tardivement et a peu fait parler de lui. Mais, à partir de mars 1942, il s'organise; en septembre il entre en conflit avec Delrieu car ses membres n'obéissent qu'à Darnand, problème supplémentaire dont le chef départemental se serait passé.

Mais le déclin de la Légion de Haute-Garonne est surtout lié au retour de Laval au pouvoir le 18 avril 1942. Celui-ci est très impopulaire parmi les légionnaires dont le patriotisme s'accommode mal des déclarations favorables à l'Allemagne, émanant du nouveau chef du gouvernement. L'absentéisme se développe donc aux réunions des anciens combattants dans la seconde moitié de 1942.

De plus, la personne du président départemental est à nouveau contestée. Delrieu a en effet tendance à s'emparer petit à petit du service civique, domaine réservé à Collomb. Les deux hommes, qui avaient conservé d'excellentes relations en 1941, se brouillent. Querelle qui aboutit à la publication par Collomb, le 8 octobre 1942, d'une lettre ouverte extraordinairement violente où il accuse Delrieu d'incapacité et d'habitudes républicaines, suprême injure! Un jury d'honneur est constitué, qui le 24 octobre 1942 prononce son arrêt: Collomb est blâmé avec circonstances atténuantes et suspendu pour un an. Estimant que l'arrêt est trop ambigu, Delrieu propose sa démission qui est acceptée le 23 novembre 1942.

Au moment de l'invasion de la zone libre, la Légion de Haute-Garonne est donc en pleine décadence. Le refus de la politique ouvertement pro-allemande de Laval, les conflits d'autorités, les querelles internes, l'ont beaucoup affaiblie. En 1943 et 1944 elle ne cesse de décliner.

Les réalisations

Si l'on considère l'opinion toulousaine dans son ensemble, l'œuvre intérieure du régime bénéficie encore, nous le savons, d'un préjugé favorable au moment de Montoire. Sans enthousiasme, la population fait confiance à son chef charismatique ; puis, au cours de l'année 1941, c'est une indifférence teintée d'antipathie qui l'emporte. Face aux enjeux de la guerre et aux problèmes du ravitaillement, les idées de rénovation du pays paraissent d'inopportunes lubies. Si l'on examine un à un les grands secteurs d'activité du régime, on découvre un tableau plus nuancé où chaque catégorie socioprofessionnelle réagit de façon particulière.

La réaction antirépublicaine : un succès pour la Révolution nationale

La réaction antirépublicaine et la suppression du principe électif peuvent figurer dans la rubrique des succès de la Révolution nationale à Toulouse puisqu'elles se font sans opposition.

Le pouvoir a longtemps surestimé la capacité de nuisance des anciens parlementaires – qui étaient surveillés par la police, tantôt discrètement, tantôt ouvertement dans le cas de Vincent Auriol. En septembre 1941, celui-ci était en effet « protégé » par les forces de l'ordre dans sa propriété de Muret. En 1943, après l'invasion de la zone libre par les Allemands, il réussit à passer à Alger où sa carrière politique prit un nouveau départ, qui devait le mener jusqu'à la présidence de la Quatrième République.

Le socialiste Beluel se rallie à la Révolution nationale ; d'autres se tiennent coi, comme l'ex-maire Ellen-Prévot. Maurice Sarraut se borne à assurer la direction de *La Dépêche* dont l'attitude (dixit Cheneaux) est « irréprochable ». Il est clair que le préfet régional (bien qu'il méprise la presse régionale, la jugeant médiocre et rabâcheuse) tient à garder des relations correctes avec les radicaux et leur journal, si puissant avant guerre. Les conseillers généraux déchus n'ont pas perdu l'habitude de fréquenter l'hôtel de la préfecture. Reçus courtoisement, ils sont écoutés, ce qui ne veut pas dire que leurs avis sont suivis [13].

Après la suppression du conseil général, le préfet a d'abord été assisté d'une commission administrative à laquelle il est interdit de faire des vœux politiques. Formée seulement en février 1941, elle comprend neuf membres : pour la plupart des notables modérés. Les deux personnages les plus marquants en sont Henri Auriol, avocat et membre du conseil général, plusieurs fois candidat de droite aux élections législatives, et Antoine Cadéac, vice-président du conseil général. Cette instance, susceptible d'éclairer le préfet de ses conseils, est passée totalement inaperçue. Ni Cheneaux de Leyritz ni Bézagu n'y font jamais allusion. L'une des raisons de cette obscurité est évidemment la faible représentativité de ces modérés ou réactionnaires dans un département de gauche. La situation était plus propice dans les régions conservatrices où la commission a pu jouer un rôle effectif.

Elle sera remplacée sous Laval par un conseil départemental, plus axé à gauche, mais qui venait trop tard pour avoir quelque influence.

Quant à la politique antimaçonnique de Vichy, elle ne se traduisit à Toulouse par aucun trait particulier. Les fonctionnaires et employés publics – nous avons vu le cas du personnel municipal – durent « abjurer » publiquement ; un certain nombre d'enseignants furent révoqués ou déplacés (et parfois réintégrés par Laval dans sa grande entreprise de séduction). Il est remarquable qu'elle ait été acceptée facilement par l'opinion. Il est vrai que l'image des maçons n'était pas toujours très bonne à Toulouse avant 1939. Dans le milieu des instituteurs on leur reprochait souvent d'obtenir des passe-droits, avancement, postes intéressants grâce à leurs appuis politiques. Ce n'est pas de ce côté-là que devaient venir les difficultés.

Le procès de Riom, qui commence le 19 février 1942, devait juger les hommes censés être responsables de la défaite : Daladier, Blum, Reynaud, Gamelin. Les autorités auraient souhaité que le public se passionnât pour ce jugement à grand spectacle. Or il n'en fut rien ; une réaction courante à Toulouse consistait à dire que les dés étaient pipés puisque le Maréchal avait annoncé d'avance que les accusés seraient punis. Même si ces hommes méritaient un châtiment, on trouvait choquant que leur condamnation fût programmée. Mais le principe même du procès n'a pas été rejeté.

Un des aspects importants de la réaction antirépublicaine est la revalorisation du rôle social de l'Église. Celle-ci est comblée de faveurs et associée à toutes les solennités du régime. L'école libre est désormais officiellement subventionnée. En application de la loi du 9 novembre 1941, une aide de 3 626 000 francs est versée aux 82 écoles privées du département. Ce total comprend 27 écoles de Toulouse avec 2 792 élèves. C'est une des raisons pour lesquelles le clergé toulousain se montre d'abord très favorable au nouveau régime. En 1940 et 1941, Mgr Saliège ne tarit pas d'éloges sur le compte du Maréchal. Ses déclarations sont sans équivoque. L'épreuve de 1940 est une leçon contre « l'éducation athée, la démocratie athée ». Le 12 janvier 1941, l'archevêque exhorte les Toulousains à la reconnaissance envers Pétain : « A qui devez-vous de ne pas être en territoire occupé ? – A un homme, à un Français qui a fait don de sa vie au pays. S'il n'avait pensé qu'à lui, il aurait continué à jouir en paix d'une gloire justement acquise. Ses réactions sont nationales ; son cœur nous appartient. Il vit et travaille pour la patrie. » Le 13 juillet 1941, le prélat lance une pointe indirecte contre la dissidence : « Le gouvernement légitime du pays est à Vichy et non ailleurs [14] ». Cette attitude ne diffère pas de celle des autres évêques face à la divine surprise qui les a débarrassés de la République anticléricale.

L'un des premiers bémols dans cette symphonie à la gloire du Maréchal se fait entendre lors de la consécration du diocèse et de la

France au Sacré-Cœur de Jésus le 11 août 1941. Mgr Saliège fait alors allusion avec compassion aux souffrances des Juifs [15]. Mais le loyalisme des ecclésiastiques demeure intact jusqu'aux grandes déportations raciales de l'été 1942. Le chapitre 12 sera consacré aux mesures antisémites et aux réactions qu'elles suscitèrent.

Éducation, jeunesse, famille

Si le régime peut compter pendant deux ans sur l'appui fervent du clergé catholique, il est toujours plus ou moins inquiet des réactions des enseignants du secteur public. On connaît la traditionnelle orientation républicaine des instituteurs et des professeurs. Vichy peut-il leur faire confiance ? A cette question implicite la réponse des Renseignements généraux et des préfets est ambiguë. Apprécions leur tranquillité, semblent-ils dire, manifestons-leur de l'estime, « n'affichons pas de méfiance [16] ». Il faut d'ailleurs reconnaître que les enseignants se montrent fort paisibles. Ils font même preuve de dévouement en organisant avec leurs élèves d'innombrables campagnes civiques : celles du Secours national, l'aide aux prisonniers, la collecte des fruits sauvages (qui pourrissent ensuite dans les écoles !), le ramassage des métaux non ferreux... Les autorités n'en croient pas leurs yeux : les hussards noirs de la République dévoués à un régime antirépublicain par excellence : spectacle incroyable, merveilleux !

En février 42, la formation morale est abordée dans un esprit situé à mi-chemin entre le scoutisme et la Bibliothèque rose, avec la formation des ligues de loyauté, où les enfants des écoles s'encouragent mutuellement à ne plus tricher. Les rapports officiels en font état entre les activités du Parti communiste clandestin et la pénurie des pommes de terre. Les enseignants sont soumis à un bombardement de nouveautés : le salut aux couleurs, l'heure hebdomadaire d'action morale (février 1942), la valorisation du travail manuel. Ils s'exécutent mais non sans une imperceptible ironie. Pour parachever la formation des élites, Toulouse aura son école des cadres (à Cugnaux) imitant celle d'Uriage. Des représentants de divers milieux y font des stages : les employés y séjournent volontiers, mais les étudiants la dédaignent.

La politique de la famille et celle de la jeunesse sont appliquées à Toulouse comme ailleurs. On y célèbre avec éclat la fête des Mères. On s'y préoccupe des sports en développant les équipements (dans la mesure où la pénurie le permet). Les Compagnons de France, regroupant surtout des jeunes sans emploi, ne semblent pas avoir eu dans la région une importance particulière. Les Chantiers de jeunesse – service civil destiné aux jeunes de vingt ans – sont l'objet d'une attention extrême des pouvoirs locaux. D'après les entrevues que j'ai eues avec leurs anciens membres, les réactions de la jeunesse face à cette obligation furent assez diverses. Les étudiants sont choqués par le caporalisme qui y règne, comme ils l'auraient vraisemblablement été dans l'armée. Les travailleurs manuels, habitués à des relations de travail plus rudes, acceptent mieux la discipline des chantiers. On se plaint de l'inutilité des travaux qui y sont entrepris puisque assez vite l'économie manque de bras.

Le régionalisme : beaucoup de bruit pour rien [17]

Le régionalisme inspiré des idées d'Action française, mais développé également entre les deux guerres par le ministre Clementel, est pris au sérieux par Cheneaux de Leyritz qui a préparé la naissance de la XVIIe région par de nombreuses réunions de réflexion. Certes, le préfet régional se préoccupe surtout des charges essentielles de sa fonction : l'ordre et le ravitaillement. Mais il s'intéresse aussi à ce que nous appelons aujourd'hui l'aménagement du territoire, sans oublier la culture ou l'identité régionales. Il tente de promouvoir un programme qui ne manque pas d'intérêt avec la création d'une « mission à la restauration des Pyrénées » qui devait accroître l'influence de Toulouse sur les zones montagnardes et assurer leur développement. Au plan culturel, on s'efforce, sans grands moyens, de développer l'enseignement de l'occitan. Une Académie des arts est créée le 5 juillet 1943 : elle se présente comme la dernière née des institutions culturelles fondées à Toulouse au cours des siècles : les Jeux floraux (1323 ?), l'Académie des sciences (1640) et l'Académie de législation (1851). Des émissions quotidiennes à Radio-Toulouse traitent d'économie régionale, de folklore et de littérature d'oc. Plusieurs intellectuels, même d'opinion gaulliste, ethnographes, folkloristes, géographes (comme le courageux Daniel Faucher [18]), acceptent de participer, par intérêt personnel pour ces activités intellectuelles qui pouvaient en dissimuler d'autres moins orthodoxes : l'aide aux étudiants juifs ou maquisards, par exemple.

Projets intelligents, activité intellectuelle, tout cela est bel et bon, mais on ne voit pas qu'il y ait eu développement d'un authentique régionalisme. La seule autorité qui compte est celle du préfet, étroitement contrôlé par l'État. Il n'y a ni autonomie, ni économie régionale (sauf la direction du ravitaillement).

Une impasse – La charte du Travail

La question sociale, enfin, fut envisagée à Vichy sous la forme d'un plan ambitieux qui se voulait typiquement national. Le corporatisme à la française devait permettre d'abolir définitivement la lutte des classes et d'organiser les professions en évitant les inconvénients d'une concurrence stérile. Les associations reposant sur la notion « artificielle » de classe, tels les syndicats ouvriers ou patronaux, devaient disparaître au profit de groupements économiques « naturels » regroupant les divers membres d'une profession, qui se régiraient eux-mêmes. L'anarchie libérale ferait place à un échange raisonné des biens et des services. Le libéralisme devait disparaître avec son corollaire, le mouvement ouvrier révolutionnaire, et une troisième voie devait surgir entre deux étatismes rejetés, le fascisme et le socialisme. Beaucoup d'industriels français, parmi les plus prestigieux, s'enthousiasmèrent pour le corporatisme où ils voyaient le moyen de se débarrasser de deux cauchemars : la concurrence et le conflit des classes [19].

Dans le domaine économique et social, trois séries de mesures importantes trouvèrent leur écho à Toulouse :

1. La suppression des associations nationales de travailleurs et d'employeurs, le 9 novembre 1940. La CGT et la CFTC disparaissent au grand mécontentement de leurs militants. En revanche les UD (Unions départementales) de chaque confédération continuent d'exister, comme chaque syndicat particulier.

2. La création des *comités d'organisation* (CO), sortes de groupements autogérés par le patronat dans chaque branche de production. Les CO, à l'échelle nationale, connurent un réel succès et aboutirent à une répartition des matières premières organisée par les dirigeants des grandes entreprises. Les branches peu concentrées eurent de la peine à s'organiser, et les CO y existèrent parfois davantage sur le papier qu'en réalité.

3. L'organisation d'ensemble baptisée charte du Travail, annoncée par un discours de Pétain du 1er mars 1941, fut très longue à être mise sur pied puisqu'elle ne vit le jour que le 4 octobre 1941. Ce texte interdit la grève et le lock-out. Il met sur pied des *comités sociaux* dans chaque entreprise, qui doivent représenter et associer les représentants des patrons et des ouvriers. Ces derniers sont minoritaires car les cadres sont également représentés par un collège particulier. Sans abolir l'autorité patronale, le comité social, selon le gouvernement, doit détruire la monarchie de droit divin des patrons et assurer la concorde entre les classes. Des syndicats uniques de travailleurs doivent progressivement remplacer les anciennes confédérations. Consigne officielle à propos des comités sociaux : ne jamais faire usage de contrainte et attendre la demande patronale ou ouvrière pour les créer. On attendit souvent jusqu'à la Libération !

A Toulouse, l'application de ces réformes se présente en effet dans une atmosphère assez particulière. Cheneaux de Leyritz est obsédé par la question ouvrière et l'évoque constamment, dans ses rapports, avec une extrême attention. Il est certain qu'il a appliqué avec zèle les principes sociaux du régime. Toutefois son esprit fort peu tourné vers l'utopie l'amène assez vite à un certain scepticisme envers les mesures proposées. Il insiste sans arrêt sur la pauvreté des ouvriers qui les empêche de se ravitailler au marché noir. Il craint que la classe ouvrière ne passe dans l'opposition et ne soit sensible aux thèmes communistes. C'est pourquoi il demande constamment une revalorisation autoritaire des bas salaires, qui lui paraît beaucoup plus importante que la participation des travailleurs aux comités sociaux. Nous en reparlerons avec plus de détails à propos de la vie économique à Toulouse. Comment ces réformes furent-elles accueillies sur le terrain ?

Le projet des comités d'organisation convenait bien aux branches très concentrées comme l'automobile ou, à Toulouse, l'aviation. Il était moins bien adapté aux secteurs divisés en multiples entreprises, prédominants dans l'industrie toulousaine. Les hommes capables de concevoir une organisation d'ensemble de leur activité n'y abondaient pas, et la coordination était difficile entre de multiples petits patrons, jaloux de leur autorité. Pourtant, les comités d'organisation existèrent à Toulouse comme ailleurs; toutefois ils allèrent cahin-caha sur un rythme très languissant. En octobre 1941, une vingtaine de comités d'organisation ont été créés, mais certaines branches en sont dépourvues : l'industrie du bois, le travail des métaux, l'industrie céramique. De graves dysfonctionnements apparaissent. La principale tâche pratique des nouveaux organismes est de répartir les matières premières; c'est pourquoi certains patrons peu scrupuleux s'inscrivent dans plusieurs branches, espérant sans doute puiser les produits nécessaires à plusieurs sources. Parfois des retards bureaucratiques, venant plutôt de l'Administration que des comités, empêchent que la distribution se fasse à temps; en 1942, les autorités s'aperçoivent donc que certains chefs d'entreprise, plutôt que d'attendre leur tour, se procurent rapidement ce dont ils ont besoin au marché noir. Manque de discipline et système D faussent l'application de la réforme.

Les comités sociaux, qui devaient associer patronat, cadres et salariés, sont accueillis avec beaucoup de réserve à Toulouse. En général la population éprouve une méfiance inavouée envers les nouveautés politiques qui mettent toujours plus de temps à s'imposer que dans d'autres régions, plus ouvertes à l'extérieur et économiquement plus dynamiques. Cet état d'esprit se manifeste dans le patronat par un extrême conservatisme. Beaucoup de chefs d'entreprise estiment que, dans ce domaine, Vichy va beaucoup trop « à gauche ». Pour eux l'État français suit la trace de l'abominable Léon Blum : charte du Travail = Front populaire ! C'est pourquoi certains d'entre eux ne veulent pas entendre parler des comités sociaux. D'autres, plus habiles, s'efforcent de détourner, à leur profit, le sens des nouvelles institutions. Un comité social peuplé de béni-oui-oui leur convient parfaitement. Certains patrons mettent en effet en place des comités sociaux à leur dévotion : les représentants des salariés sont choisis parmi les travailleurs les plus soumis, les syndicalistes étant soigneusement exclus. Selon le préfet, au contraire, ce sont les militants syndicaux qui sont les plus aptes à animer les comités sociaux. Le représentant de l'État s'indigne de ce dévoiement; mais qu'a-t-il fait pour l'empêcher ?

Du côté des syndicats [20], certains militants sont hostiles au corporatisme car ils sont convaincus qu'il est vain de vouloir abolir les contradictions entre salariés et patronat. Demeurés profondément démocrates, beaucoup de syndicalistes se méfient en outre du pouvoir autoritaire et estiment que rien de bon ne peut venir de lui. Cette hostilité fondamentale se nuance cependant selon les périodes : bien des accommodements et des compromis ont été acceptés.

Dans un premier temps, la CGT, ayant exclu les communistes après le pacte germano-soviétique, semblait favorable à une conciliation avec le nouveau régime. Le 20 juillet 1940, son instance dirigeante réunie à Toulouse renonçait à l'article des statuts relatif à l'abolition du salariat et du patronat, et lançait l'idée d'une « Communauté française du travail ». C'était anticiper sur les idées de la charte ! Mais cet acte de soumission fut inutile puisque la CGT fut dissoute en novembre. La centrale se maintint, mais dans l'illégalité, et désormais dans l'opposition la plus déterminée à Vichy. Aux côtés de Léon Jouhaux, son secrétaire national depuis 1909, Julien Forgues, secrétaire de l'Union départementale (UD) de Haute-Garonne, participa à la création, au cœur de l'été 41, du mouvement de résistance *Libération* [21].

En 1941 et 1942, beaucoup de syndicalistes avaient donc un double visage : ils participaient à la vie clandestine de la confédération maintenue tout en figurant aux réunions des organes locaux restés légaux. En tant que représentant officiel du syndicalisme toulousain, Jules Forgues reçoit avec honneur, le 15 mai 1941, le ministre du Travail Belin en compagnie de l'abbé Sorel, collaborationniste bien connu; nous connaissons ses autres activités d'un style tout différent ! L'UD CGT continue ses réunions pendant toute la guerre mais avec une participation très réduite. Il en est de même des syndicats de métier. Tous manifestent régulièrement leur hostilité à la charte, aux comités sociaux et au syndicat officiel unifié prévu par le texte. Les pouvoirs publics essayent alors de court-circuiter les leaders syndicaux en s'adressant directement à la base, lors de grands meetings organisés par la Légion dans les entreprises. Sans grand succès, semble-t-il.

Malgré l'opposition patronale et syndicale, un nombre non négligeable de comités sociaux ont vu le jour : il y en a cent trente dans le département en novembre 1943. L'une des raisons de ce succès partiel, c'est qu'un budget national a été prévu pour aider à leur fonctionnement. Et, surtout, ils reçoivent des déblocages alimentaires qui favorisent leurs membres par rapport aux salariés des entreprises qui n'ont pas suivi le mouvement. C'est ainsi que s'expliquent de multiples adhésions intéressées aux *comités-patates*, terme couramment employé, paraît-il [22].

Sur les nouveaux syndicats unifiés destinés à remplacer progressivement les anciennes centrales, les informations sont rares [23]. En fait on ne réussit jamais à les mettre sur pied à Toulouse. Face aux comités sociaux, les militants CGT et CFTC, malgré leur opposition de principe, adoptèrent en définitive une attitude assez souple. Ils ont souvent finalement accepté d'y siéger lorsque ces organes s'étaient formés, mais en animant en sous-main des syndicats clandestins. Le double jeu est la règle fin 42 et en 43 : résistance et participation aux institutions de la charte vont de pair. Ce sera aussi le choix du Parti communiste après novembre 1942. Ses militants « sous-marins » pratiqueront l'entrisme dans toutes les instances où les ouvriers sont représentés; pratique qui inquiétera les autorités en 1943.

Mais toutes ces activités ne concernent qu'une infime minorité de militants. La grande masse des ouvriers ne participe à rien et ne va à aucune réunion. Le préfet régional prend note de cette abstention : à son avis « la charte est trop compliquée pour intéresser les ouvriers », obsédés par le problème du ravitaillement quotidien. La synthèse du ministère de l'Intérieur – avril 1942 – sur l'état d'esprit des Français constate que la charte ne provoque aucun élan. Constat plus vrai peut-être à Toulouse qu'ailleurs.

Pourtant, les idées lancées par Vichy dans le domaine de l'organisation des entreprises n'étaient pas toujours sans intérêt puisqu'elles renaîtront sous une autre forme après 1945 : les méthodes des comités d'organisation dans le plan, l'esprit des comités sociaux dans les comités d'entreprise. Mais c'était dans une ambiance démocratique et de confiance en l'avenir qui faisait totalement défaut en 1940-42.

La Révolution nationale est mise en sommeil après le retour de Laval au pouvoir. L'application de la charte du Travail continue lentement sur sa lancée, ainsi que les actions en faveur de la jeunesse et de la famille, mais sans que le gouvernement y attache désormais une attention soutenue.

Coupé de tout contact légal et régulier avec le peuple, le pouvoir vichyssois compte sur le charisme du chef de l'État mais aussi sur la légalité du régime. C'est celle-ci qui assure l'obéissance de l'armée des fonctionnaires. Par conscience professionnelle et routine, deux attributs indispensables à la bureaucratie, les agents de l'État ont obéi à Vichy, parfois jusqu'à oublier la morale élémentaire (dans le cas de la persécution des Juifs par exemple). Le système vichyssois est donc un régime fondamentalement administratif. C'est dire l'importance extrême que prend alors le sommet de la hiérarchie bureaucratique : à Toulouse le préfet régional. Pourtant Cheneaux de Leyritz n'a pas à son actif de réalisation exceptionnelle. Il s'est surtout préoccupé du maintien de l'ordre et du ravitaillement de sa circonscription. Avant l'arrivée des Allemands, il a installé l'ordre autoritaire à Toulouse, il a réussi à éviter l'anarchie et la famine, là s'arrêtent ses performances. Dans le domaine de la Révolution nationale, son succès n'est pas grandiose. La société et les mentalités n'ont subi nul bouleversement. Il est vrai que Toulouse était sans doute l'un des pires champs d'expérience qu'il y ait en France pour le pouvoir vichyssois : retard économique, habitudes archaïques et fibre démocratique s'opposaient à cette révolution autoritaire.

A partir de la Relève (juin 1942), on va commencer à exiger des Toulousains des sacrifices beaucoup plus pénibles que ceux demandés par la mise en œuvre de la Révolution nationale. Il est vrai que le système vichyssois ne compte pas seulement sur la persuasion. Comme tout régime autoritaire, il est prêt à user de la contrainte, car c'est aussi un État policier.

4

Une ville bien policée

Pour obtenir l'adhésion des Français, le système politique de Vichy compte d'abord sur le charisme de son chef et sur l'obéissance des fonctionnaires à un régime né dans le cadre légal. Mais, dans une nation qui a le goût du débat politique, l'union risque fort d'être éphémère. En Midi toulousain on pourrait craindre une résurgence de l'ancien esprit démocratique et la naissance d'un courant d'opposition. Cette perspective est insupportable au pouvoir : un tel désordre lui paraît inadmissible alors que l'ennemi occupe les trois cinquièmes du territoire français. A côté des procédés pacifiques pour unir les citoyens derrière leur sauveur, il faut donc faire place à la force en développant l'appareil policier, les procédés policiers.

Comme toutes les dictatures du XXe siècle, Vichy donne donc un essor prodigieux aux forces du maintien de l'ordre et n'hésite pas à s'en servir en détruisant les garanties qui protégeaient les citoyens. Ceci d'autant plus que le régime veut exclure de la communauté nationale les éléments indésirables. Communistes, francs-maçons et dissidents, considérés comme de mauvais Français, ne sauraient faire partie de la nation telle qu'on la conçoit dans le royaume du Maréchal. La France doit aussi se protéger des allogènes : « métèques » et Juifs, en les séparant socialement ou physiquement des « vrais » Français. Enfin, l'État doit restaurer la morale traditionnelle fondée sur les valeurs familiales. L'ordre nouveau se manifeste donc par l'élimination des ferments d'immoralité, œuvre entreprise dans une obsession sexuelle de type victorien, parfaitement perceptible : souteneurs, prostituées, filles faciles, séducteurs patentés mettent en péril l'unité des familles et la santé de la race ; il faut d'urgence les empêcher de nuire ! La pénurie, enfin, suscite une nouvelle délinquance liée au marché noir, ce qui alourdit encore le travail des forces de répression.

La justice et son appareil ordinaire, même docile, sont dépassés par ces tâches immenses auxquelles ils ne sont pas préparés. On voit ainsi se produire un développement énorme de l'instrument répressif; on voit exploser la pratique de l'internement extrajudiciaire. C'est particulièrement évident dans la région toulousaine en raison de sa situation géographique : Toulouse devient la capitale française de l'internement et des camps.

L'hypertrophie policière

Le gonflement de l'activité policière précède et justifie celui des effectifs policiers. Dans le prolongement des pratiques républicaines du temps de l'exode, la police toulousaine est, en effet, employée à des besognes autrefois peu usitées : les rafles. Leur but, nous le savons, est d'éliminer la « lie » de Toulouse où se mêlent l'extrême gauche, la pègre et les étrangers. Remarquons que la presse amalgame systématiquement ces trois catégories selon le bon principe de la propagande hitlérienne : ne signaler qu'un seul ennemi à la vindicte populaire.

La première rafle, nous l'avons vu, date du 14 juin 1940 alors que Paul Reynaud est encore au pouvoir pour trois jours (cf. chapitre 1). Puis elles se succèdent régulièrement jusqu'au 25 octobre 1940. En quatre mois, on compte cinq ratissages monstres : au total cinq mille deux cents personnes sont interpellées ! Plusieurs centaines sont internées dans des camps, plusieurs dizaines remises à la justice, des centaines d'autres sont assignées à résidence, fichées ou placées sous surveillance. Le 15 août, en outre, s'ouvre la chasse aux sorciers et sorcières en chambre, car la superstition a connu une flambée pendant l'exode. En novembre, avant la visite du Maréchal à Toulouse, la police cueille une série de fauteurs de trouble potentiels qui sont expédiés hors de la ville le temps que le chef de l'État ait fini sa tournée. De novembre 1940 à mai 1941, le démantèlement des groupes communistes, réels ou supposés, se fait de manière systématique : une centaine de militants d'extrême gauche sont arrêtés à Toulouse et à Albi. La presse en donne triomphalement la liste en insistant sur les patronymes à consonance étrangère. En outre un réseau de confection de faux passeports, destinés aux Juifs désireux d'émigrer, est détruit en décembre 1940.

Cette intense action policière, très marquée dans la première année du régime, est suivie d'une certaine accalmie au printemps 1941. Mais on a pu prendre conscience, aux sommets de l'État, que la police et la gendarmerie, submergées de missions nouvelles, ne sont plus en mesure de faire face à leurs nouveaux devoirs : les forces de l'ordre doivent disposer de moyens beaucoup plus puissants.

C'est l'objet d'une série de mesures qui se succèdent rapidement. Dès juillet 1941, l'institution d'un secrétaire général pour la police, placé immédiatement sous les ordres du ministre de l'Intérieur, permet l'unification du commandement policier. Par la loi du 23 avril 1941, complétée par celle du 4 octobre 1942, est créée la Police nationale qui regroupe les polices municipales des villes de plus de dix mille habitants. Les pouvoirs de police, autrefois dévolus aux maires, passent entre les mains du préfet régional. Celui-ci est assisté de l'*intendant de police* [1]. Cet acteur central du nouveau théâtre répressif doit d'abord forger l'instrument mis à la disposition du préfet ; chargé de l'organisation et du fonctionnement des services, il est aussi chef du personnel et contrôleur permanent des groupes mobiles de la police étatisée. Il doit centraliser et coordonner les renseignements, et rendre compte de ses activités au préfet. En principe, le détail des opérations policières n'est pas de son ressort. Dans la pratique, les intendants, au moins à Toulouse, ont tendance à s'occuper de tout, à court-circuiter le préfet et à correspondre directement avec le ministre. Bousquet a beau leur rappeler avec insistance la définition de leur fonction (29 mai 1942), rien n'y fait : après son départ, les intendants toulousains, Barthelet, Hornus et Marty, dépasseront constamment leurs attributions formelles ; ils dirigeront les opérations policières et deviendront les maîtres d'œuvre de la chasse aux partisans en passant par-dessus la tête du préfet.

La police d'État était divisée, à Toulouse comme dans les autres capitales régionales, en trois grandes directions : les Renseignements généraux (RG), la Police judiciaire (PJ), rebaptisée police de sûreté (qui comprend le contre-espionnage), et la Sécurité publique, groupant les polices urbaines, commissariats de police et gardiens de la paix [2]. A côté de ces organismes apparaît un corps nouveau : les GMR (Groupes mobiles de réserve), institués en juillet 1941, ancêtres de nos CRS. Les GMR, encasernés dans les villes, devaient pouvoir se déplacer rapidement à l'intérieur de la région et même du pays. Ils seront employés contre les maquis en 1943 et 1944. La gendarmerie, pour sa part, dépendait toujours en principe des forces armées. Toutefois le secrétaire général à la police l'associait fréquemment aux actions de la Police d'État, et avait ainsi la possibilité de lui adresser des directives.

Les premiers intendants de police à Toulouse, Ressier, Danglade (nommé en mai 41) et son adjoint Heyl, ont comme première mission de mettre sur pied la Police d'État et de recruter ses nouveaux membres. Le recrutement obsède le préfet régional qui organise, avec l'intendant, cinq concours régionaux pour élargir ou créer les corps de police. A Toulouse il y avait deux cents gardiens et vingt-cinq à trente inspecteurs en 1941. Le nombre de gardiens est multiplié par quatre, celui des inspecteurs par quinze. Sept cents à huit cents nouveaux policiers sont recrutés avant l'arrivée des Allemands. La police toulousaine dispose de neuf cent quarante-cinq personnes en mai 1942, et de onze cents à douze cents en 1944 [3]. La police des villes de plus de cinq mille habitants de la région connaît un gonflement comparable.

Les GMR, créés de toutes pièces, sont douze cents pour la région en 1943. Ils sont répartis en six groupes mobiles dont deux encasernés à Toulouse : le groupe d'Aquitaine à la Cépière, et le groupe du Languedoc à l'Embouchure. Le préfet a mission de les choyer en leur fournissant des logements confortables où résident leurs familles. Cheneaux de Leyritz reçoit constamment des instructions dans ce sens. C'est ainsi que, le 11 août 1942, Bousquet lui écrit une lettre personnelle, lui demandant de loger confortablement les GMR ; si besoin est, ajoute-t-il, « procédez par réquisition, ou expulsez, soit des israélites, soit des personnes venues depuis peu dans la région ! ». De même les locaux des commissariats ne doivent plus inspirer la commisération : la police doit jouir à la fois des moyens et du prestige nécessaires à ses hautes fonctions. Quant aux gendarmes dépendant directement de Toulouse, ils sont, en 1944, au nombre de deux cent quarante-quatre et opèrent dans la banlieue et les communes périphériques... Et ce n'est pas tout. L'État français dispose aussi d'un bouquet d'organes annexes contribuant en principe au bon fonctionnement de l'ensemble (mais qui provoqueront en fait maints désordres et empiétement de compétences).

Les interceptions téléphoniques, postales et télégraphiques, constituent les *services techniques* ; d'origine militaire ils sont dirigés par des officiers. En fait, ils collaborent en permanence avec l'intendant, lui fournissant à la fois des renseignements ponctuels et des sortes de sondages d'opinion. La Police aux questions juives (*PQJ*), dirigée par Serge Kiriloff, ne comprend en 1942 que quatre inspecteurs ; elle est submergée d'enquêtes et a besoin constamment de l'aide des autres services. Composée d'hommes issus de l'extrême droite fascisante, elle se place fréquemment aux limites de la légalité : ce pour quoi elle est très mal vue par l'intendant et le préfet. Le Service des sociétés secrètes (*SSS*), dirigé par le capitaine Dulac, est embryonnaire puisqu'il ne dispose pas de locaux et doit utiliser l'appartement de son chef : il produit des rapports sur les fonctionnaires ex-francs-maçons qui ont échappé à la révocation. Lorsque Laval revient au pouvoir, Bousquet veut se débarrasser de ces deux groupes auxiliaires indisciplinés et liés aux mouvements collaborationnistes. Il les élimine donc de la Police d'État [4]. La PQJ devient la SEC (Section d'étude et de contrôle) rattachée au Commissariat général aux questions juives. A Toulouse, la Police antijuive, qui s'est signalée par des malversations, est ainsi immédiatement expulsée de ses locaux par l'intendant. Mais elle se remet à prospérer sous son nouveau nom avec un personnel très accru en 1944. Enfin la police économique (dont nous reparlerons à propos du marché noir) possède une certaine autonomie et une organisation spécifique conçue par Cheneaux de Leyritz.

L'État français dispose ainsi à Toulouse, à la fin de 1942, d'un ensemble de forces répressives imposant : deux mille personnes environ, beaucoup plus si on y inclut les GMR des villes moyennes de la région.

Mais le recrutement de ces corps s'est fait de manière trop hâtive. On a engagé maints éléments douteux : escrocs, caractériels, voleurs même. Les professeurs de droit voient avec désolation leurs étudiants les plus médiocres devenir inspecteurs sinon commissaires [5]. Entrés en résistance tout en conservant leurs postes dans les services de l'État français, certains officiers des services spéciaux truffent la police d'éléments antinazis qui leur procurent des informations et joueront un rôle essentiel après novembre 1942. Les autorités, conscientes de ces divers dangers, organisent des purges périodiques qui atteignent tantôt les flics corrompus, tantôt les « taupes » gaullistes.

Parmi les multiples éléments de la police, deux sont particulièrement estimés par le pouvoir : les RG et la 8e brigade. Les RG accumulent les informations politiques – mais suivent aussi à l'occasion des filières du marché noir – au moyen d'agents rétribués ou menés par le chantage, issus souvent de la pègre. Ils dirigent les opérations contre la Résistance en liaison avec la 8e brigade de la PJ. Celle-ci comprend une centaine de fonctionnaires et dispose de locaux importants.

Malgré les moyens énormes qui lui ont été accordés, la police se plaint constamment : elle n'a pas assez de véhicules, ses armes sont obsolètes, les RG manquent de personnel de façon chronique... Ces plaintes expriment certes les doléances classiques de toute administration en voie de développement. Toutefois, il est exact que les RG, accablés de travail par des supérieurs boulimiques de l'information, manquent de personnel compétent. De même l'armement paraîtra à juste titre médiocre aux officiers de GMR lorsqu'ils se heurteront à certains maquis (bien rares !) convenablement équipés par les parachutages britanniques.

Ces doléances ne doivent pas faire oublier l'essentiel : la police, à Toulouse, est devenue très forte et omniprésente.

Une justice marginalisée

Sous Vichy la justice est en porte à faux. D'une part, comme la police, elle est écrasée sous l'avalanche des nouveaux crimes et délits définis par le régime, ou apparus avec les circonstances d'exception. D'autre part, elle continue de respecter peu ou prou les règles juridiques traditionnelles qui pourraient ne paraître plus de saison : instruction soigneuse, garanties pour l'accusé, gradation des peines. Seules les cours martiales de la Milice en 1944 exerceront une (prétendue) justice ultra-rapide sans respecter les principes habituels du droit.

Aux yeux du pouvoir, la justice présente évidemment un gros avantage : son exemplarité. Une grande publicité est donc faite à ses décisions. Mais, en même temps, il est clair qu'en haut lieu on trouve ses jugements beaucoup trop indulgents en matière politique. Cette affirmation peut surprendre, puisqu'une idée reçue aujourd'hui est que le corps des magistrats s'est montré d'une totale platitude à l'égard de Vichy. Elle mérite donc quelques explications.

Les magistrats, comme les autres fonctionnaires d'État, ont accepté le régime autoritaire. Ils ont appliqué sans protestations les lois les plus choquantes du système pétainiste, par exemple la discrimination fondée sur la naissance (dans le cas des Juifs) ou les lois rétroactives. D'autre part, le corps des juges n'a pas été homogène et le comportement de ses membres fut assez varié : de la servilité au courage en passant par le conformisme banal. A Toulouse, il faut mettre à part la condamnation à mort de Marcel Langer, militant communiste, le 6 février 1943 par le Tribunal spécial de Toulouse qui est un monument d'iniquité. Langer n'était accusé que d'avoir transporté des explosifs et pourtant il a bel et bien été guillotiné. Mais c'est un cas tout à fait exceptionnel. Nous reparlerons de ce procès hors du commun plus en détails (chapitre 9). En règle générale toutefois, les juges conservent les règles professionnelles en usage sous la République. Même si les textes ont changé, celles-ci sont favorables à l'accusé, trop favorables aux yeux du pouvoir. Lorsqu'un groupe de résistants est en cause, les responsables de premier plan sont généralement frappés de lourdes peines privatives de liberté. Mais les comparses s'en tirent, comme dans le droit commun, avec des peines de prison de quelques mois. Autrement dit, des résistants notoires se retrouvent libres assez rapidement. Le préfet régional et l'intendant de police ne peuvent le tolérer car ils savent bien que ces « coupables » vont souvent reprendre rapidement contact avec les mouvements dont ils font partie. Des exemples de ces pratiques se rencontrent entre 1940 et 1942, mais les plus significatifs se situent après novembre 43, sous l'occupation intégrale du pays, ce qui nous oblige à sortir parfois de la période de la zone libre.

Le comportement des tribunaux peut être illustré par un procès pour atteinte à la sûreté extérieure de l'État et menées antinationales qui s'est tenu devant la Section spéciale de Toulouse le 24 juillet 1943 : intéressant à cause du nombre des accusés et de la variété des peines qu'ils ont subies. Il y a quarante-six inculpés. Le principal d'entre eux est un Polonais, Malinowski, quarante-deux ans, fonctionnaire à la Croix-Rouge polonaise, la majorité des coïnculpés sont ses compatriotes. Sans entrer dans le détail des débats, voyons rapidement les peines prononcées :

– Dix-huit inculpés sont en fuite : ils sont frappés d'une peine de vingt ans de travaux forcés par contumace. En effet, les accusés qui se sont dérobés à la justice sont toujours lourdement punis, mais la règle exige un nouveau jugement s'ils sont capturés.

– Sept inculpés sont punis de peines allant de un an de prison à cinq ans de travaux forcés.

– Onze reçoivent des peines comprises entre trois et six mois de prison.

– Huit sont relaxés.

– Il y a disjonction pour deux inculpés.

Voici donc dix-neuf opposants (probables) du régime qui vont se retrouver libres rapidement ou même immédiatement.

Autre exemple, même tribunal, le 4 juin 1943. Deux imprimeurs P. et G., trente-deux ans et trente et un ans, sont accusés de menées antigouvernementales : distribution de tracts, impression de *Libérer et Fédérer*, journal clandestin. Peine : six mois de prison.

Si l'on observe de plus près les condamnations prononcées par les magistrats en matière politique, ou note des différences de sévérité très marquées.

1. Les plus sévèrement frappés sont à coup sûr les agents allemands que le contre-espionnage poursuit avec âpreté avant novembre 1942. Ainsi la Section spéciale de Toulouse juge le 5 février 1943 deux inculpés rétribués par les occupants : S., barman de nationalité portugaise, vingt-deux ans, agent allemand, est condamné à vingt ans de travaux forcés pour atteinte à la sûreté de l'État. D., vingt-trois ans, français, artiste lyrique, agent allemand rétribué, même chef d'inculpation, est condamné aux travaux forcés à perpétuité.

2. En seconde position viennent les communistes envers qui les peines sont lourdes, même lorsque les chefs d'accusation sont légers, exception faite, comme il a été dit, de quelques comparses.

Exemple : 18 décembre 1942, Section spéciale. Pour activité communiste et « anarchiste », appartenance à la IIIe Internationale :

– B., corsetière, vingt et un ans, autrichienne : quinze ans de travaux forcés,

– K., sténotypiste, dix-neuf ans, apatride : trois ans de prison,

– G., sténodactylo, vingt-trois ans, française : quinze mois de prison,

– M., plombier, trente-trois ans, français : trois mois de prison.

3. En troisième position les résistants non communistes, presque toujours moins durement frappés.

Exemple extrême : 17 décembre 1943 :

– G., trente-deux ans, français, pour détention d'armes, menées antinationales, activités subversives : huit mois de prison. (C'est presque la même inculpation que celle qui a valu la mort à Marcel Langer.)

D'ailleurs, les progrès des Alliés, en 1944, provoquent une sage prudence chez les magistrats. C'est ainsi qu'en juillet 1944 la Section spéciale de Toulouse examine cinq cas de résistance parfaitement clairs et ne tranche sur aucun : incompétence du tribunal, disjonction, renvoi *sine die,* complément d'information... Après le débarquement, les scrupules juridiques des magistrats les empêchent de punir les patriotes !

Les magistrats ne sont ni des saints ni des héros mais ce ne sont pas eux qui se sont montrés les plus répressifs. En ce domaine la palme revient au préfet régional qui, grâce aux internements administratifs, peut placer dans des camps de concentration les inculpés trop tardivement ou trop légèrement frappés à ses yeux. Il ne s'en prive pas.

Les internements administratifs [6]

L'internement administratif, arme majeure du pouvoir vichyssois, a été créé nous le savons par le décret-loi dit Daladier, du 18 novembre 1939, dont l'auteur est Albert Sarraut. Celui-ci était parfaitement conscient de la gravité du texte, en contradiction avec les principes ordinaires du droit. C'est pourquoi un décret du 29 novembre 1939 avait établi une commission de vérification des dossiers des internés, destinée à redresser les abus éventuels de l'autorité préfectorale.

Le décret-loi du 18 novembre 1939 demeure en vigueur sous Vichy ; il est aggravé par quelques autres mesures, en particulier par la loi du 3 septembre 1940. Celle-ci en élargit le domaine d'application puisqu'elle vise désormais toutes les activités et propos subversifs. Et, surtout, elle supprime les garanties prévues par le décret du 3 novembre 1939. Elle permet au préfet, puis au préfet régional, d'arrêter à peu près n'importe qui.

Trois mesures peuvent être prises : interner les suspects sans les faire passer devant les tribunaux (simple, rapide et donc courant). Ou bien cueillir un condamné à sa sortie de prison et l'envoyer dans un camp (très courant également). Enfin placer en camp pendant l'instruction de leur procès et jusqu'à leur jugement les prévenus laissés en liberté par les magistrats.

Pour certaines catégories, comme les trafiquants du marché noir, l'internement a une durée fixée d'avance. Pour d'autres : résistants ou prostituées dangereuses pour la santé publique, elle est indéterminée, le préfet décidant lui-même s'il est ou non opportun de libérer l'intéressé après plusieurs mois ou même plusieurs années.

Une autre loi dont nous reparlerons est d'inspiration raciste. C'est celle du 4 octobre 1940 qui autorise les préfets à placer les Juifs étrangers dans des camps spéciaux. Dans la XVIIe région elle a été appliquée à plus de six mille personnes qui ont peuplé les camps de Gurs, Noé, Le Récébédou... Nous en reparlerons à propos de la persécution des Juifs [7].

D'autres textes officiels datant de la période des hostilités avaient créé les compagnies de travailleurs étrangers (CTE), où pouvaient être incorporés les non-nationaux à qui l'on faisait accomplir des travaux utiles à la Défense nationale. Vichy les conserve sous le nom de GTE (groupement des travailleurs étrangers) et les utilise pour les Espagnols républicains, Juifs immigrés : étrangers « en surnombre de l'économie nationale »; parmi eux on met à part désormais les GTE, dits « palestiniens », réservés aux Juifs. Les membres de GTE sont dans une situation de semi-liberté, astreints à des travaux peu qualifiés pour un salaire dérisoire. En 1941 la Haute-Garonne en a quatre : le GTE 562 à Toulouse, le 505 à Clairfont dans la banlieue immédiate, le 509 à Auzielle, le 513 à Mauzac déplacé ensuite à Muret [8]. Dans cette petite ville se trouve également le groupe disciplinaire où sont placés les travailleurs étrangers indociles qui y subissent un régime très dur.

Enfin, le préfet régional peut placer les « indésirables » en « résidence assignée » : le plus souvent des localités touristiques présentant des possibilités de logement, comme Luchon, Eaux-Bonnes, Aulus ou encore Lacaune. Cette mesure s'applique en particulier aux étrangers ayant des ressources, mais qui se trouvent en situation irrégulière. Le Dr G., Juif roumain réfugié à Toulouse qui s'était engagé pour la durée de la guerre, se trouve démobilisé après la date limite où il aurait dû faire une déclaration à la préfecture. Comme il est ainsi en situation irrégulière, il est assigné à résidence à Luchon.

Cheneaux de Leyritz a donc le choix; il dispose d'un arsenal complet et varié pour priver de liberté quiconque est mal vu par le régime selon l'humeur des puissants du moment. Certes il respecte les règles juridiques avec soin et il est vrai qu'il se heurte vivement aux nouvelles institutions d'inspiration totalitaire qui ont tendance à les mépriser. Mais la nouvelle légalité lui permet de pratiquer l'arbitraire le plus complet. C'est dire que Vichy, malgré l'esprit de routine juridique qui y règne, ne mérite pas le nom d'État de droit.

Le système des internements administratifs en application du décret-loi Daladier et de ses suites a été abondamment utilisé à Toulouse. Pour savoir qui en a été victime on peut consulter les archives de Haute-Garonne qui conservent la trace de quinze cents internements, chiffre non exhaustif. Les motifs connus de ces privations de liberté se répartissent en quatre catégories principales : politiques, droits communs, trafiquants du marché noir et réfractaires au STO.

BILAN CONNU DES INTERNEMENTS POUR LA PÉRIODE 1940-1944[9]		
1° POLITIQUES		%
Activité communiste	190	14,3
Menées antinationales (= résistance)	60	4,6
Étrangers politiquement peu sûrs	64	4,9
Total politiques	353	23,8
2° DROITS COMMUNS		
Souteneurs	126	9,6
Prostituées	101	7,7
Repris de justice	149	11,4
Marginaux (gitans entre autres)	82	6,3
Total droits communs	458	35
3° TRAFIQUANTS DU MARCHÉ NOIR	225	17,2
... dont Juifs	30	2,3
4° RÉFRACTAIRES AU STO	262	20
5° JUIFS FRANÇAIS EN INFRACTION AVEC LES LOIS LES CONCERNANT	12	0,9

On sait que la répression des communistes est très précoce. Sous Vichy elle prolonge celle de la Troisième République. Elle s'en prend d'abord rétroactivement à des responsables connus à qui on n'a rien à reprocher depuis la guerre. Mais on incarcère aussi des clandestins convaincus d'avoir participé à des opérations illégales : distribution de tracts par exemple. Il faut souligner que les autorités vichyssoises ont tendance à baptiser communiste un peu n'importe qui, par exemple tout militant de gauche quelque peu actif. Ainsi S., ouvrier dans une centrale électrique, est interné comme communiste à la suite d'un incident mineur, alors qu'il a quitté le PC en 1935 et a adhéré ensuite à la SFIO. Le nombre de communistes internés peut paraître faible : cent quatre-vingt-dix, mais il doit être mis en rapport avec l'effectif de la fédération communiste de Haute-Garonne en 1939 : douze cents adhérents environ, dont beaucoup n'étaient guère actifs. Il faut aussi penser que certains d'entre eux ont été incarcérés sous le gouvernement Daladier.

Sous les rubriques « menées antinationales » et participation à des « activités gaullistes », termes interchangeables, on trouve à la fois des résistants qui se sont livrés à des activités diverses : distribution de journaux clandestins, communications radio avec Londres, organisation de passage des Pyrénées, mais aussi des personnes coupables de délits d'opinion. Ainsi V. est-il mis dans un camp de concentration pour avoir crié à des partisans du régime : « Les Anglais vont débarquer bientôt. Nous allons vous couper le cou, à vous et à vos amis. » Le préfet en conclut « qu'un séjour de plusieurs mois dans un camp sera salutaire » à ce « gaulliste notoire ».

Après novembre 42, les réfractaires au STO sont très rarement pris. Lorsque cela se produit, ils sont regroupés au camp de Noé avant d'être mis à la disposition de l'organisation Todt pour travailler aux fortifications du mur de l'Atlantique, ou envoyés en Allemagne avec le prochain convoi de travailleurs.

L'extension du marché noir et les lenteurs de la justice amènent le préfet à mettre sur pied une vaste organisation pour poursuivre et capturer les responsables de trafic illicite. Ils sont internés sans être jugés, ou incarcérés à nouveau à leur sortie de prison quand la peine est jugée trop légère par l'autorité administrative. Le chef d'inculpation le plus fréquent est l'abattage clandestin. Les consignes du ministère de l'Intérieur sont de n'interner que les « princes » du marché noir qui se livrent à des trafics illégaux de très grande importance. Mais, de temps à autre, on fait un exemple en internant aussi de simples particuliers venus au ravitaillement pour nourrir leur famille. On trouve ainsi des arrêtés d'internement simplement motivés par les motifs comme : « achat au-dessus de la taxe », « achat de légumes verts à la ferme », « achat de viande sans ticket » ou « achat à la ferme de produits contingentés ». Périodiquement, le ministère de l'Intérieur condamne cette pratique, et le préfet donne la consigne aux gendarmes de ne s'en prendre qu'aux véritables négociants du marché noir et non aux simples consommateurs.

Sur les deux cent vingt-cinq internés du chef de marché noir que nous connaissons, trente sont des Juifs (le plus souvent français), ce qui donne une proportion de 13 pour cent, très supérieure à celle des Israélites dans la population française (inférieure à 1 pour cent). La propagande officielle en tire parti pour présenter le Juif « aux doigts crochus » comme le principal responsable des pratiques illicites. En réalité, certains Juifs internés pour cette raison sont simplement des commerçants ou des artisans à qui on a confisqué leurs biens et qui s'efforcent de gagner leur vie en continuant clandestinement leur ancienne activité. Les Juifs risquent gros, et surtout de perdre leur nationalité française, ce qui peut les désigner pour les déportations vers les chambres à gaz. Cette considération n'arrête pas le préfet lorsqu'il déclare à propos de G., Juif français naturalisé en 1936 : « Celui-ci étant de confession israélite et ayant fait l'objet d'une décision d'internement au camp du Vernet, j'estime que la nationalité française doit lui être retirée en application des dispositions de l'article 3 de la loi du 22 juillet 1940. » Cette loi prévoyait en effet la révision des naturalisations postérieures à 1927.

Les souteneurs et prostituées, diabolisés par le puritanisme pétainiste, sont sévèrement frappés. Une loi particulière (2 mars 1943) prévoit le cas des souteneurs. Mais c'est avant sa promulgation qu'ont lieu la plupart des arrestations de souteneurs toulousains. Ils sont frappés d'internements très longs complétés par une assignation à résidence qui les écarte de leur ancien milieu. Quelques personnes arrêtées sous cette rubrique sont simplement soupçonnées de se faire entretenir par des prostituées sans que la preuve en soit apportée. Ainsi, M., « condamné pour coups et blessures, ne fréquente que des souteneurs et des filles soumises. Il cherche par tous les moyens à devenir le souteneur d'une prostituée ». Ou encore C., qui « fréquente des souteneurs et des repris de justice – Dangereux pour l'ordre public ». Ces mesures concernent surtout la ville de Toulouse qui, d'après les rapports officiels, a été purgée de cette faune en l'espace de dix-huit mois.

Les prostituées en maison de tolérance ne sont généralement pas poursuivies alors que les clandestines sont pourchassées énergiquement ; dans ce cas la protection de la santé publique est mise en avant. Ainsi D., quarante-deux ans, est internée comme « prostituée de bas étage – dangereuse pour la santé et l'ordre publics – déjà hospitalisée pour maladie vénérienne ». Comme pour leurs protecteurs, l'internement est souvent long pour les filles lorsqu'elles sont récidivistes ; leur libération dépend alors des possibilités de réinsertion sociale. Toutefois lorsqu'une jeune prostituée est arrêtée en même temps que son souteneur, elle est moins sévèrement punie, très souvent d'une simple mesure d'assignation à résidence la coupant de son cadre habituel.

Les repris de justice jugés irrécupérables sont également internés. La gravité des délits qu'ils ont commis n'est pas seule en cause mais surtout la récidive. C'est ainsi que plusieurs vagabonds sont placés dans des camps.

Entre repris de justice et simples marginaux, la distance est allégrement sautée par la police et l'Administration. C'est ainsi que se fait le mieux sentir le moralisme du système vichyssois et son mépris du droit traditionnel. On arrête ainsi une série d'oisifs ou de chômeurs permanents qui ne sont coupables d'aucun délit. Parmi eux certains réfugiés d'Alsace-Lorraine ou de zone interdite qui n'ont pas su, ou pas voulu, se réinsérer dans leur nouveau milieu. C'est aussi le cas de certains nomades et gitans considérés comme « étrangers en surnombre de l'économie nationale » même s'ils sont français. C'est le sort de R., né en Alsace mais considéré comme étranger, nomade, interné et maintenu à Noé jusqu'à ce que les occupants vident le camp le 30 juillet 1944, et qui fut donc déporté de Drancy vers un camp allemand. Dans cette catégorie on trouve des motifs assez légers comme « joueur invétéré » ou « aucun emploi stable depuis des années ». Un cas assez extraordinaire est celui d'un ecclésiastique, l'abbé P., dont la fiche de police signale qu'il est « célibataire [on s'en serait douté !], prêtre interdit, menant une vie scandaleuse. Il a été vu en compagnie de jeunes gens " desquels il abusait ". Il a aussi été vu en compagnie de femmes de mauvaise vie. De plus il vend à son seul profit des ouvrages et des images en couleur à l'effigie du Maréchal ! ». Il devait être interné à Sisteron mais fut finalement confié à l'Église qui le plaça dans un hôpital psychiatrique catholique, puis dans un monastère. On se croirait revenu avant 1789, l'Église et l'État collaborant à maintenir la moralité publique par l'usage des lettres de cachet.

Ce sont aussi les lettres de cachet qu'évoquent une série d'internements suscités par une conduite scandaleuse ou le trouble porté à la paix des ménages. Plusieurs femmes de prisonniers qui, ne respectant pas la fidélité conjugale, ont jeté leur bonnet par-dessus les moulins, vont s'instruire de leurs devoirs d'épouse dans des camps. Le séducteur qui « détourne de ses devoirs » une mère de famille fera bien de se méfier, la police du Maréchal a bon œil. Ainsi le 3 novembre 1942, G., « dont l'inconduite est notoire, qui a détourné de ses devoirs familiaux une mère de sept enfants », est envoyé à Fort-Barraux pour une durée indéterminée. L., après avoir purgé une peine de cinq mois de prison pour adultère et concubinage avec une femme de prisonnier, est interné à Saint-Sulpice. Enfin, pour avoir refusé de céder sa place à une femme enceinte dans une queue, L. est accusé de « propagande anticonceptionnelle et antinationale ». Les gendarmes, dans leur compte rendu, font les observations suivantes : « Sa place est dans un camp, il n'a pas d'enfants, sa femme travaille et lui, il fait le marché [10]. »

Ces mesures datent pour la plupart de 1941 et des débuts de 1942, lorsque la Révolution nationale bat son plein. Au contraire, Laval, lorsqu'il revint au pouvoir et tenta sa grande opération de séduction républicaine, voulut réduire la masse des internements. Cette volonté apparaît clairement lors de la réunion des préfets régionaux de zone libre sous la présidence de Bousquet, le 29 mai 1942. Le secrétaire général pour la police exprime à ces hauts fonctionnaires le vœu du chef du gouvernement : révision générale des internements administratifs avec libération de toutes les personnes arrêtées pour des motifs mal définis. Bousquet rappelle que l'internement administratif est une mesure étrangère au droit habituel. Elle est applicable, dit-il, à trois cas seulement : aux individus menant une action dangereuse pour la sécurité de l'État, aux condamnés de droit commun incapables de s'amender, et aux trafiquants notoires du marché noir coupables de fraudes importantes. Il faut libérer, martèle-t-il, ceux qui n'entrent pas dans ces catégories. L'accueil des préfets n'est manifestement pas enthousiaste. En effet, au cours de la discussion, Bousquet, toujours dans le même esprit, demande si on pourrait renvoyer devant les juridictions civiles les affaires pour lesquelles les tribunaux militaires sont compétents. A quoi Cheneaux de Leyritz réplique avec son ironie glaciale qu'il n'y voit aucun inconvénient, d'autant plus que les juridictions civiles sont souvent plus sévères que les juridictions militaires.

Dans la pratique ces consignes furent rééditées en février 1943, et il y eut une révision des internements qui se traduisit par quelques libérations. Mais, en fait, le nombre des internements ne diminue guère à la fin de 1942 et en 1943, étant donné le développement de la délinquance liée au marché noir, des opérations de résistance et de l'apparition d'un type nouveau de « délit » : le refus du STO. La facilité extraordinaire du recours à l'internement est, pour le pouvoir régional, une tentation permanente d'abus de pouvoir dont diverses catégories de personnes furent successivement les victimes.

Les camps [11]

Les camps français avaient été institués sous la Troisième République comme une mesure nécessaire mais provisoire. Les réfugiés espagnols arrivés en 1939 furent placés par milliers dans les camps de la République : peu à peu ils furent libérés, à l'exception des révolutionnaires, jugés dangereux. C'est ainsi que les membres de la division Durruti (anarchistes) furent internés au Vernet [12]. Les ressortissants allemands connurent le même sort après la déclaration de la guerre. Enfin, au temps du pacte germano-soviétique, ce fut le tour des communistes qui dénonçaient la « guerre impérialiste » contre l'Allemagne, alliée de Staline. Vichy hérite de ces trois types d'internés et les maintient souvent derrière les barbelés, en modifiant parfois les catégories. Ainsi les Juifs allemands sont restés prisonniers sous le Maréchal comme sous la République : en tant que ressortissants ennemis d'abord, en tant que Juifs ensuite !

Les premiers camps se situaient en bordure de la Méditerranée : Argelès, Saint-Cyprien, Le Barcarès, Agde, Les Milles, ou au pied des Pyrénées : Le Vernet d'Ariège, Gurs. La proximité de la frontière espagnole et l'éloignement de celle d'Allemagne expliquent le grouillement des camps dans le Midi. Sous Vichy ils prolifèrent, en particulier dans la XVIIe région. On y trouve trois strates de malheureux.

1. Le reliquat de la Troisième République.
2. Les Juifs étrangers sans ressources ainsi que les Juifs badois et palatins expulsés en 1940 par les gouverneurs nazis de ces provinces.
3. Les catégories nouvelles d'internés administratifs que l'on vient d'examiner.

Ces camps ont, en 1940-41, une relative spécialisation (sujette parfois à révision). Le Vernet d'Ariège est un camp répressif pour politiques avec de nombreux chefs communistes étrangers. Gurs, énorme ensemble concentrationnaire, accueille surtout les Juifs. Les internés politiques ordinaires vont souvent à Saint-Sulpice-la-Pointe (Tarn), à trente kilomètres de Toulouse, les trafiquants du marché noir à Sisteron (Basses-Alpes), les repris de justice et souteneurs à Fort-Barraux

(Isère). Rieucros (Tarn) est un camp de femmes toutes catégories mêlées.

Les camps français sont des mouroirs, négligés par l'Administration qui refuse d'y consacrer des crédits suffisants. On y meurt de faim, baptisée pudiquement « cachexie », et de froid. Les poux et la saleté règnent dans les baraques sommairement meublées. Le préfet est parfaitement au courant de la misère qui existe chez les internés de sa circonscription – un rapport du préfet à Bousquet en juin 1942 le montre bien d'ailleurs. Situation scandaleuse à coup sûr ! Pourtant il ne faut pas confondre ces camps avec ceux de l'Allemagne nazie. Ils sont presque supportables par rapport à Dachau ou Buchenwald. Pas de sadisme ici, rien qu'une monstrueuse indifférence. En règle générale, les internés ne sont pas frappés par leurs gardiens. Il n'y a aucune volonté de terreur ni d'humiliation systématique. Les internés peuvent recevoir des colis. Les visites des parents sont généralement autorisées. Enfin les détenus « non dangereux », qui sont la majorité, peuvent obtenir des autorisations de sortie. S'ils n'en profitent guère pour s'évader, c'est que, la plupart du temps, ils ne savent pas où aller, étant sans ressources.

Alertées par le rabbin Kapel, une série d'organisations charitables se sont mises en branle pour aider les internés en leur apportant des colis de vivres, des couvertures, des médicaments. En février 1941, la Commission centrale des œuvres juives d'assistance installe à Toulouse la sous-commission des camps chargée d'assurer aux internés israélites le minimum vital [13]. L'abbé Glasberg, catholique d'origine juive, met sur pied une équipe s'efforçant d'améliorer le sort des hébergés et multiplie les démarches auprès du préfet pour les faire libérer. L'OSE (Organisation de secours aux enfants), association juive très efficace, s'installe à Gurs. Chez les protestants, la CIMADE (Comité intermouvement des évacués) s'établit également à proximité de Gurs ; les Quakers répartissent d'importants crédits d'origine américaine. Ces organisations et quelques autres se fédèrent dans le Comité interconfessionnel de Nîmes dont les membres réussissent à sauver du froid et de la cachexie un grand nombre de détenus. Mais un problème va se poser à tous ces cœurs généreux : par leur action charitable ne contribuent-ils pas à maintenir en vie le système concentrationnaire vichyssois ? Question difficile à résoudre. Vichy a accepté cette aide qui lui permettait de continuer à lésiner sur le budget des camps. Trois mille internés environ périrent toutefois dans les camps de zone sud.

Cette situation n'était pas inconnue à l'étranger et avait suscité une campagne de presse hostile dans les journaux américains et suisses, et même des articles ironiques dans la presse nazie. C'est en partie pour lutter contre cette image défavorable que furent créés les deux « camps-hôpitaux » étroitement liés à l'histoire de Toulouse : Noé et le Récébédou. En février 1941, le ministre de l'Intérieur, Marcel Peyrouton, annonce avec un certain éclat cette nouveauté, réalisation de prestige du régime !

Le Récébédou est une cité ouvrière qui avait servi à héberger des Belges lors de l'exode. Le camp se situe aux portes de Toulouse sur la commune de Saint-Simon, non loin de la route d'Espagne. En face se trouve un lieu « d'hébergement » plus petit : Clairfont. Le Récébédou va contenir de mille à seize cents internés selon les périodes. Noé, situé à trente kilomètres de Toulouse, est construit en 1941 par des internés espagnols. Sa capacité est de quinze cents places. C'est une sorte de succursale de l'énorme camp de Gurs dans les Basses-Pyrénées. On y transporte les couples âgés de plus de soixante ans, les vieillards et les infirmes. Ces camps sont peuplés dès les premières semaines par deux groupes en nombre comparable : réfugiés espagnols en provenance d'Argelès, d'Agde et du Vernet, et Juifs allemands venus de Gurs. Quatre cent soixante-treize internés sont morts dans les deux camps de février 1941 à octobre 1942. Les Toulousains, obsédés par leurs propres difficultés, vivront à côté de toute cette misère sans guère y prêter attention. Jusqu'aux grandes déportations de l'été 1942, l'indifférence est générale chez la plupart des Français (assortie d'un zeste d'antisémitisme et de xénophobie). On rencontra la même attitude chez les Allemands à proximité des camps ; elle indigna à juste titre les libérateurs qui organisèrent immédiatement des visites obligatoires des camps pour la population civile. Les Français ne sont pas à l'abri de cette cécité à demi volontaire.

Dans un premier temps, les camps jumeaux (Noé et Récébédou) furent assez soigneusement aménagés car une visite de journalistes américains était attendue. Ce furent de véritables villages « à la Potemkine » qu'on fit admirer aux visiteurs étrangers solidement encadrés, accueillis au milieu des festivités. Il semble que les naïfs journalistes d'outre-Atlantique se soient laissé facilement abuser. Il leur aurait suffi de faire quelques kilomètres de plus pour trouver au Vernet d'Ariège des baraques atrocement sales, habitées par des squelettes vivants. *La Dépêche* du 25 mars 1941 rend compte en termes triomphants du passage de cette caravane. Dix-sept journalistes représentant le *New York Times*, le *New York Herald Tribune*, les sociétés de radio et l'agence *Associated Press* se déclarent, paraît-il, très satisfaits de leur visite au Récébédou et à Noé, et rendent « un éclatant hommage au maréchal Pétain ». Reçus à *La Dépêche* par Maurice Sarraut, grand ami des États-Unis, ils participent à un vin d'honneur et lèvent leur verre en l'honneur du Maréchal [14]. Pourtant l'opération-camouflage ne fut pas un plein succès : les informations sur la réalité des camps français continuèrent à filtrer et la campagne de presse contre Vichy se poursuivit quelque temps.

Après la visite des Américains, Noé et le Récébédou restèrent les moins mauvais lieux d'hébergement de la région. Mais les choses se gâtèrent. La discipline se durcit et on finit par abandonner la fiction des camps-hôpitaux car on ne disposait ni de matériel ni de médicaments pour soigner les malades.

Les deux camps furent vidés de la majeure partie de leur population au cours de l'été 42 : en effet, c'est alors que la plupart des Juifs qui s'y trouvaient furent livrés aux Allemands, avant même la disparition de la zone libre. Envoyés à Drancy, ils furent déportés à Auschwitz et moururent pour la plupart dans les chambres à gaz.

Le camp du Récébédou, jugé sans doute trop proche de Toulouse, fut fermé le 1er octobre 1942 ; les deux cent cinquante internés qui s'y trouvaient encore, dont cent quatre-vingts Juifs, furent transférés à Noé. Six cent cinquante rescapés, espagnols et juifs allemands de Noé, qui avaient échappé à la déportation en raison de leur âge, furent répartis dans divers hospices de la région. En 1943, Noé devint une sorte de fourre-tout : camp de triage où étaient placés temporairement les réfractaires au STO et ceux qui les avaient aidés. De même les étrangers destinés à l'organisation Todt étaient internés temporairement à Noé. Au milieu de 1944, diverses catégories très hétérogènes de malheureux s'y trouvaient, angoissés à l'idée d'être livrés aux Allemands. Le 30 juillet 1944, les SS vinrent effectivement au camp, qui fut vidé de la plupart de ses occupants : cent soixante-trois personnes furent déportées, les hommes à Buchenwald, les femmes à Ravensbrück.

Même si la surveillance des citoyens est moins rigoureuse que dans l'Allemagne nazie, même si les camps se situent, dans l'atroce, un cran au-dessous de leurs homologues du IIIe Reich, l'État français, observé dans son fonctionnement toulousain, mérite bien le qualificatif d'État policier. La police connaît une hypertrophie étonnante, la justice est marginalisée, les préfets arrêtent arbitrairement des catégories toujours plus variées de personnes, les camps deviennent une des bases du système administratif. Après un temps de latence, tout ce vaste mécanisme répressif va servir à traquer les premiers groupes de résistants, élite héroïque et minuscule.

5

Les balbutiements de la Résistance

Les résistants d'avant novembre 1942 formaient une minuscule élite presque ignorée de leur environnement [1]. Les Toulousains connaissaient mieux les activités de la France libre que celles de la Résistance intérieure dont ils étaient pourtant amenés à côtoyer fréquemment les militants. Certes le de Gaulle d'avant la guerre, théoricien de l'emploi des chars et de l'armée de métier, était un inconnu pour la plupart des habitants de Toulouse ; son passage éclair au gouvernement ne l'avait guère non plus sorti de l'obscurité. On n'avait pas plus entendu son appel du 18 Juin à Toulouse qu'ailleurs, c'est-à-dire fort peu. En revanche on parla beaucoup de lui dès juillet 1940. C'est en effet à Toulouse qu'eut lieu son premier procès par défaut devant le conseil de guerre. Sa condamnation à quatre ans de prison et cent francs d'amende fut annoncée dans *La Dépêche* en première page le 5 juillet. Mais le pouvoir ne se contenta pas de ce verdict : Vu la « coupable indulgence » des juges, un appel « a minima » déclencha un second procès à Clermont-Ferrand où l'accusé fut condamné à mort par contumace : cette fois la presse locale ne s'y intéressapas [2]. C'est l'affaire de Dakar qui donna sa véritable notoriété au chef de la France libre : sa tentative ratée de donner l'assaut à la capitale de l'AOF en s'appuyant sur la flotte anglaise déclencha une avalanche d'invectives contre « le traître de Gaulle » dans la presse et sur les ondes contrôlées par Vichy. A partir de septembre 1940, les Toulousains ne peuvent donc ignorer qui est de Gaulle. Ils essaient de se faire une idée exacte du personnage en faisant une moyenne entre Radio-Toulouse et la BBC, écoutée avec passion.

Si l'on connaît dans ses grandes lignes la *France libre*, ses buts, les territoires coloniaux dont elle dispose, on n'a presque aucune notion sur la Résistance intérieure. Les nouveaux soucis qui accaparent les familles laissent peu de place à l'idée de résistance. Le Toulousain moyen sait que des personnes qu'il connaît ou dont il a entendu parler ont rejoint de Gaulle à Londres, entreprise qui semble hors de sa portée mais, enfin ! concevable ; en revanche, il ne conçoit même pas que l'on puisse continuer la lutte sur le sol métropolitain. Une telle incapacité est d'ailleurs très fréquente, et même les premiers résistants, qui ont la volonté ferme de continuer la lutte, ne savent pas non plus très bien comment s'y prendre. Ainsi l'équipe lyonnaise de la *Dernière colonne* (embryon de *Libération*), décidée à « faire quelque chose », a tâtonné quelque temps avant de trouver les modes d'action valables. On vit ces militants rédiger et distribuer dans un premier temps des tracts hostiles à *Gringoire* : « Lisez *Gringoire*, vous ferez plaisir à Hitler ! » Certes, la « feuille infâme », comme on l'avait baptisée, au moment du suicide de Salengro, méritait plus que jamais son nom, mais elle n'était lue que par une minorité ; cible propagandiste médiocre, elle ne justifiait pas tant d'efforts ni de risques [3]. Il fallut à ces pionniers des semaines de réflexion et de préparation pour définir les différents objectifs d'un mouvement clandestin. C'est dire que, à côté du désir de continuer la lutte contre l'ennemi et du courage nécessaire pour réaliser ce désir, la première qualité des résistants de 1940-42 c'est une *imagination* dont la plupart de leurs compatriotes sont dépourvus. Il s'agit de concevoir puis de réaliser des formes d'action possibles sur place sans qu'il soit nécessaire de passer en Angleterre. Ce n'était pas facile.

A quoi bon d'ailleurs ? Au cours de l'été 1940, « envisager la victoire sur l'Allemagne et proposer à quelqu'un d'y contribuer était du domaine de l'aliénation mentale », déclare Frenay [4]. Mais les choses ne s'améliorèrent guère dans les deux années qui suivirent. Les premiers résistants sont alors une poignée de téméraires qui doivent se répéter sans relâche : « Il n'est pas nécessaire d'espérer pour entreprendre... » Mais remâcher cette magnifique devise ne change pas les réalités. Aucune perspective de défaite allemande ne se dessine. Malgré sa belle défense, que pèse l'Angleterre face aux forces du Reich, encore allié à l'URSS par le pacte ? Certes, la seconde moitié de l'année 1941 voit l'entrée en guerre de deux superpuissances : l'URSS et les États-Unis, mais, dans un premier temps, chacune d'elles se fait littéralement étriller par l'Allemagne et le Japon. Quelques esprits clairvoyants, et surtout prompts à s'emparer du premier signe d'espoir, attachent de l'importance à l'échec allemand devant Moscou en décembre 1941, où la Wehrmacht est contrainte à la « défense élastique ». Edgar Morin déclare que ce fut là le tournant de la guerre, ou plutôt de sa guerre [5]. Mais l'année 1942 est à nouveau désespérante. Les Panzer foncent à travers la Russie du Sud jusqu'à la Volga et aux sommets du Caucase. Alors que le drapeau à croix gammée flotte d'Hendaye à l'Elbrouz et du cap Nord à la Crète, qui pourrait prédire la victoire des Alliés ?

Les initiateurs de la Résistance intérieure ne justifient donc pas leur geste par un calcul politique rationnel, bien au contraire. Claude Bourdet, dans *L'Aventure incertaine*, insiste sur l'aspect purement individuel et moral de son engagement [6]. Chez les Toulousains on entend un son de cloche analogue. Raymond Badiou (maire de Toulouse à la Libération) explique la décision de résister par un réflexe de « dignité humaine » commun à des militants d'origines politiques divergentes [7]. Jean Cassou est plus catégorique encore puisqu'il voit dans la Résistance à ses débuts « un refus absurde » et une « révolte morale [8] ». Avec des formules légèrement différentes, Bourdet, Badiou et Cassou se rejoignent. D'ailleurs les gens raisonnables ne sont pas de ce côté. Ils sont avec Pétain, ou, au mieux, attentistes. A contrario, comment définir le profil des premiers animateurs des réseaux et des mouvements clandestins ? D'Astier de la Vigerie, fondateur de *Libération*, et Claude Bourdet, l'un des principaux leaders de *Combat* puis des MUR, en ont tracé le portrait avec un mélange de fierté et d'ironie. D'Astier n'y va pas par quatre chemins et les dépeint comme des « ratés [9] ». On peut penser que d'Astier parle surtout pour lui-même, car son existence d'avant 1940, marquée par le jeu, la drogue, l'exclusion de la marine nationale, n'était pas un modèle de réussite sociale. On a donc eu beau jeu de critiquer sa formule en rappelant tous les gens brillants : polytechniciens, savants ou éminents universitaires, qui ont refusé la collaboration à Toulouse ou ailleurs [10]. Mais, dans son style excessif et provocateur, d'Astier voulait exprimer une réalité que Bourdet présente de manière plus exacte et nuancée lorsqu'il affirme, parlant des initiateurs de la Résistance française :

> [Ils] étaient d'une manière ou d'une autre des non-conformistes, des personnages de maniement difficile, parfois de « mauvais coucheurs », parfois des « farfelus » ; aucun ne correspondait à l'image habituelle de bon citoyen respectueux du qu'en-dira-t-on et de l'ordre établi. Ou je me trompe fort, ou ces aspects de leur caractère, qui leur rendaient peut-être l'intégration malaisée dans une profession normale, dans un monde normal, les ont prodigieusement servis quand il s'est agi de dire non à tout ce qui paraissait probable, rationnel et sérieux [11].

Au plan toulousain, je manque parfois d'éléments biographiques antérieurs à 1940 pour apprécier le profil mi-social, mi-psychologique des résistants, à la manière de Claude Bourdet. Toutefois, si l'on déborde au-delà de cette date, on découvre des vies où abondent de tels traits de non-conformisme, signes d'un caractère difficile, ou parfois d'une générosité assez rare. On trouve chez certains un goût prononcé pour la provocation et la dérision (Bertaux) ou une propension à un espagnolisme chevaleresque du style stendhalien (Cassou), chez d'autres un mépris assez peu commun pour les honneurs et les satisfactions sociales. Si l'on scrute en effet le destin politique de ceux qui ont entamé le cursus électif après 1945, on voit ces personnages lancer des démissions fracassantes, absolument contraires à leurs intérêts, mais conformes à leur sentiment du vrai et du juste. Certains résistants français se sont sans doute comportés en plats arrivistes avant ou après l'époque cruciale : je n'en vois guère à Toulouse, surtout pas avant novembre 1942.

On peut donc discerner un profil commun à beaucoup des pionniers de la Résistance. Cela ne signifie pas une identité parfaite. Au plan des idées, leur diversité est réelle et les motifs pour lesquels ils se sont révoltés peuvent diverger. Pour les uns c'est le patriotisme traditionnel, assorti d'une hostilité profonde pour l'ennemi héréditaire qui fut décisif; les nombreux militaires d'active qui ont choisi la Résistance sont peut-être à ranger dans ce camp. Les militants de *Témoignage chrétien* sont motivés par leur horreur du système idéologique hitlérien dont les valeurs sont contraires à celles de l'Évangile. Les communistes se divisent puisque les uns, comme Vernant ou Hervé, entrent d'emblée dans les mouvements gaullistes, les autres suivent la ligne sinueuse du parti, condamnant dans un premier temps la « guerre impérialiste » et renvoyant Pétain et de Gaulle dos à dos avant de se battre dans les unités de FTP. Les autres gens de gauche voient le nazi derrière l'Allemand et continuent sur la lancée de l'antifascisme qui les avait déjà guidés au moment de la guerre d'Espagne. C'est de loin la réaction qui domine à Toulouse : elle correspond à l'orientation politique majeure de la ville (même si les milieux initiaux de la Résistance comprennent de nombreux apports extérieurs). Les antifascistes, qu'ils soient autochtones ou des réfugiés de la zone occupée, forment en effet l'essentiel des premiers groupuscules résistants de la ville rose.

Le milieu d'incubation de la Résistance toulousaine

Les premières équipes résistantes de Toulouse sont issues d'un petit groupe d'intellectuels de gauche qui fréquentaient la librairie Silvio Trentin, rue de Languedoc. Nous commencerons l'histoire de la Résistance toulousaine par la biographie de trois d'entre eux : Silvio Trentin, Jean Cassou et Pierre Bertaux, car, dans un milieu en constant renouvellement au rythme des arrestations, des exécutions et de l'arrivée de nouveaux leaders envoyés à Toulouse par la direction nationale de la Résistance, ces trois hommes représentent la continuité. A des degrés et dans des formes particuliers à chacun, leur influence se dessine d'un bout à l'autre de la période. Bien qu'aucun d'entre eux ne soit natif de la ville, ils représentent bien la tonalité très intellectuelle qui domine à Toulouse dans les cercles dirigeants de la clandestinité. Très attachés tous les trois à la France, à sa culture, à son histoire, ils ne sont en rien des nationalistes, ce qui est aussi très toulousain. Chacun d'entre eux en effet est passionné par une autre culture et une autre nation : l'Italie pour Trentin, ce qui est naturel, vu son origine, l'Espagne et l'hispanité pour Cassou, l'Allemagne pour Bertaux. Le destin particulièrement mouvementé de ces trois hommes donne une idée du courage, de la ténacité, de l'imagination qui furent nécessaires aux résistants.

Silvio Trentin et sa librairie

Silvio Trentin [12], Italien antifasciste exilé en France, avait fondé en 1935 une librairie, rue de Languedoc, qui était vite devenue un centre intellectuel et politique. Dans les quatre années précédant la guerre, elle fut fréquentée par l'intelligentsia de gauche toulousaine. On y rencontrait le célèbre professeur Ducuing, chirurgien de grande réputation et sympathisant communiste, son gendre Saint-Saëns, qui avait rénové l'art de la tapisserie, et son ami et collègue Camille Soula qui, lui, était socialiste. Les débats politiques Soula-Ducuing attiraient l'attention par leur vivacité, mais les deux amis n'en sortaient pas brouillés. D'autres universitaires comme le géographe Goron et le juriste André Hauriou, très lié avec Trentin, étaient aussi des familiers de la librairie. On y voyait aussi de jeunes militants de gauche passionnés comme Achille Auban. La librairie Trentin avait été au centre de l'aide aux républicains espagnols organisée par Soula.

L'exode avait considérablement accru le noyau originel. Une pléiade d'intellectuels repliés à Toulouse (beaucoup devaient atteindre la notoriété après la guerre) avaient appris le chemin de la librairie du Languedoc. Parmi eux Jean Cassou, chassé de son poste de conservateur du musée d'Art moderne, le sociologue Georges Friedmann, les philosophes Canguilhem et Jankélévitch, le germaniste Pierre Bertaux et son collègue angliciste Dottin de la faculté des lettres. Des étudiants, comme certains fondateurs du groupe « Vive la liberté », ou le jeune Edgar Morin, fréquentaient aussi la librairie Trentin, attirés par l'esprit qui y régnait, les ouvrages originaux qu'on ne trouvait que là, et peut-être aussi par la beauté raffinée de Francette Trentin, fille et collaboratrice du maître des lieux.

D'emblée choqué par l'armistice, Trentin se déclare immédiatement hostile au maréchal Pétain. Très tôt ses amis-clients se lancèrent dans la Résistance. C'est ainsi qu'Achille Auban, après avoir pris contact avec Trentin, organise une réunion d'opposants à Vichy dès le 31 juillet 1940, à laquelle participèrent Camille Soula, Paul Descours et Julien Forgues, secrétaire de l'union départementale CGT.

L'importance de ce foyer oppositionnel n'est évidemment pas sans relation avec la personnalité de son animateur.

Le sourire un peu mystérieux de Silvio Trentin a fasciné une génération de Toulousains. Si le visage de ce libraire hors du commun, avec ses traits fins, son expression calme et énigmatique, rappelle les figures de Léonard de Vinci, sa vie, par beaucoup de traits, ressemble plutôt à celle de hautes figures du XIXe siècle français, Proudhon, Hugo ou Gambetta, combinaison propre à séduire les lettrés des années 30 et 40. En effet Trentin est à la fois l'inventeur d'un système politique, le « double fédéralisme », un homme de cœur qui abandonna une brillante carrière pour rompre avec le fascisme, l'un des fondateurs du mouvement antifasciste « Giustizia e Liberta [13] », et surtout, de notre point de vue, l'un des personnages clefs de la Résistance toulousaine, du moins jusqu'à son retour en Italie après la chute de Mussolini en 1943.

Silvio Trentin, issu d'une famille de la bourgeoisie terrienne, est né à San Dona di Piave, à quarante kilomètres de Venise, en 1885. Après des études juridiques à Venise et à Pise, il devint professeur de droit en 1912 à l'université de Camerino. Partisan de l'intervention italienne dans le conflit européen, il fit la guerre comme sous-lieutenant, puis fut élu député de la province de Venise en 1919. A cette époque, Trentin appartenait à un groupe du centre gauche, les sociaux-démocrates, situés à la droite du Parti socialiste italien. Il était favorable à un programme d'expropriation des terres non exploitées mais ne participa pas au mouvement quasi révolutionnaire qui secoua l'Italie du Nord en 1920. D'abord admirateur de Mussolini, Trentin devint ardemment antifasciste dès que celui-ci eut pris le pouvoir. Pour marquer son désaccord avec la dictature, il démissionna de son poste de professeur : seuls trois enseignants d'université eurent ce courage. Ce geste devait l'entraîner dans de grandes difficultés matérielles. Émigré en France en 1926, l'ex-professeur exploite un petit domaine agricole dans le Gers : échec rapide. Il vécut alors dans la pauvreté comme simple ouvrier typographe à Auch, dans l'imprimerie Bouquet. Il put enfin, en 1935, acquérir la petite librairie de la rue du Languedoc à Toulouse dont le succès – relatif – fut assuré par la publicité que lui firent ses amis professeurs, comme André Hauriou.

Au milieu de ses déboires, Trentin ne cessa jamais ses activités intellectuelles : il est l'auteur de cinq ouvrages où se dessine peu à peu sa doctrine. Dans les années 30, il évolue vers la gauche ; désireux de conserver le contact avec le Parti communiste italien, il s'intéresse à l'expérience soviétique qui démontre aux libéraux que l'État peut jouer un rôle dirigeant dans la vie économique. Toutefois il refuse la collectivisation absolue et la dictature qui en est le corollaire. Les régimes totalitaires du XXe siècle et même l'ultracentralisme français sont l'origine de sa méfiance envers l'État contemporain.

Trentin a aidé ses amis de la première organisation résistante toulousaine, le *groupe Berteaux*. Il fut l'un des créateurs et l'animateur principal du mouvement de résistance toulousain le plus original : *Libérer et Fédérer*. C'est dans la Résistance que sa doctrine prit une forme achevée (nous en reparlerons plus en détail). Après la chute de Mussolini, il retourna en Vénétie et participa à un niveau élevé à la résistance contre les Allemands et leurs alliés fascistes de la république de Salo. Il mourut de maladie le 12 mars 1944, sans avoir assisté à la libération complète de son pays.

La lignée de Trentin s'est partagée entre les deux pays où il avait œuvré. Sa fille Francette est restée en France où elle est devenue une universitaire réputée. Son fils Bruno, ayant choisi l'Italie, est aujourd'hui l'un des principaux leaders de la CGIL (la plus importante confédération syndicale italienne).

Jean Cassou

Jean Cassou [14], que nous avons rencontré comme client de la librairie Silvio Trentin, fait le lien entre les diverses générations de la Résistance toulousaine puisqu'on le trouve parmi les tout premiers animateurs des groupes clandestins et qu'il termine l'Occupation aux postes les plus élevés de la contre-administration régionale. On peut le connaître en lisant ses ouvrages de souvenirs, *La Mémoire courte* et *Une vie pour la liberté* : ils nous font découvrir un personnage chaleureux et bienveillant qui considère tous ses camarades de clandestinité comme des amis très chers. Sans doute ne faut-il pas se limiter à cet aspect de sa personnalité, car Jean Cassou sut aussi être un patron énergique et autoritaire, en particulier à la tête du musée d'Art moderne. Mais l'absence de mesquinerie et la générosité sont à coup sûr des traits dominants de son caractère. Critique d'art spécialiste de la peinture contemporaine, poète, romancier, essayiste fécond, Cassou a produit des multitudes d'ouvrages dont la liste occupe des casiers presque entiers à la Bibliothèque nationale. Sa plume est aisée, quelquefois trop hâtive, mais riche en trouvailles heureuses. Dans ses œuvres historiques et ses romans d'avant guerre : *La Vie de Philippe II* (1929), *Quarante-Huit* (1939), et *Légion* (1939), il développe une conception de l'Histoire où le « multiple » tend à l'emporter sur le « singulier ». Le multiple, pour lui, c'est la foule indifférenciée fascinée par un dictateur appuyé sur une propagande irrationnelle. Ce règne néfaste de la masse hébétée il le voit à l'œuvre dans le fascisme, la guerre d'Espagne, le nazisme. Mais à la foule s'oppose le génie populaire, où l'individu reste lui-même tout en s'associant à autrui : il se manifeste en 1848, lors de la Commune, puis de la Résistance. Cassou se rattache en fait à la lignée des quarante-huitards, c'est un révolutionnaire humaniste et idéaliste. Quoi qu'on en ait dit en 1944, il n'était en rien communiste. Son individualisme, son goût de la liberté lui faisaient détester la discipline du parti, ses virages, ses mensonges calculés. Mais il souhaitait que le PC soit inclus dans la grande famille résistante puis dans l'unité populaire d'après 1944. Il rompra avec les communistes lors de l'affaire yougoslave en 1948.

Par sa grand-mère paternelle mexicaine et sa mère espagnole, Cassou, né en 1897, est, comme il le dit, « aux trois quarts ibérique ». Il est français par sa famille paternelle d'origine béarnaise, et surtout par sa jeunesse et sa fréquentation des milieux littéraires et artistiques parisiens où, grâce à son heureux caractère, il ne compte que des amis. En fait son cœur navigue constamment entre Madrid et Paris. Culturellement il appartient aux deux nations : française et espagnole. En 1936 il prend parti avec passion à la fois pour le Front populaire et pour la cause républicaine face à Franco. Il s'indigne contre la politique de non-intervention.

Nommé conservateur du musée d'Art moderne peu après la débâcle, il n'y reste pas longtemps car un journal collaborationniste dénonce le scandale « causé par la présence à ce poste du " juif espagnol Cassou " » ! En fait il est marié à une Juive, Ida Jankélévitch. Mais déjà il s'est lancé dans l'action clandestine, n'acceptant pas un instant la mainmise nazie sur la France. C'est à Paris qu'il rejoint une poignée d'amis, le groupe Rivet, qu'on appela par la suite « groupe du musée de l'Homme ». Menacé d'arrestation, il décide d'aller à Toulouse et passe clandestinement la ligne de démarcation.

Dans la ville rose il se découvre occitan puisque la famille de son père vient du Béarn : « Ce pays était oc, parlait langue d'oc, s'appelait Languedoc. Et j'en étais. Il n'y avait à tirer de cela aucune vanité, non plus qu'à en faire fi [15]. » Il s'y retrouve entouré d'anciens amis : son beau-frère Vladimir Jankélévitch, Georges Friedmann, Ducuing, Soula, ou de nouveaux amis comme Trentin. Il vit chichement d'un poste de professeur dans une boîte à bachot transférée de Paris. Et tout de suite il recommence l'action clandestine avec Bertaux. Comme la plupart de ses compagnons, il est arrêté. Il reste en prison de décembre 1941 à février 1942. Mis en liberté provisoire, il décide de ne pas fuir et de se présenter au procès de son groupe de peur que cette disparition en forme d'aveu ne compromette ses camarades. Ce geste généreux lui vaut dix mois de prison supplémentaires. Incarcéré à Lodève, il se signale encore par un geste spectaculairement généreux. Une évasion clandestine est préparée, mais le plan ne prévoit que la prise en charge des gaullistes : et voilà que le chevaleresque Cassou refuse d'abandonner en prison ses compagnons communistes. Sa peine étant purgée, le 12 mai 1943, il est interné administrativement à Saint-Sulpice. Finalement il est libéré grâce à des pressions de la Résistance sur le chef de la DST. Il redevient libre en emportant ses *Trente-Cinq Sonnets composés au secret.*

Son premier soin « fut de rempiler ». Léo Hamon l'introduit à Lyon auprès de la direction des MUR et il est nommé inspecteur de la Résistance unie pour la zone sud et principalement pour la région de Toulouse. Cette fonction de direction l'amène à voyager sans cesse entre Paris et Toulouse sous une fausse identité. Sa réputation de courage, ses idées de gauche et ses nombreuses relations le font facilement accepter par les divers groupes résistants antagonistes en voie d'unification. Il s'emploie à favoriser l'unité avec une diplomatie souriante dépourvue de sectarisme.

Nous raconterons la suite plus précisément dans le chapitre consacré à la Libération. Nommé commissaire de la République clandestin, il désigne la plupart des responsables de la région pour l'après-libération. Il devait occuper la préfecture le 20 août, mais, dans la nuit du 19, sa voiture est arrêtée par un groupe de Soviétiques, des « Vlassov », incorporés dans l'armée allemande. Il est blessé, ses deux compagnons sont tués. Gravement atteint à la tête, il perd à demi conscience pendant une quinzaine de jours. Espérant une guérison spontanée, Ducuing refuse de le trépaner. Pendant ce temps son remplaçant désigné, Bertaux, est devenu commissaire de la République.

Quand, après une longue convalescence, il est rétabli, le ministre de l'Intérieur, Tixier, lui propose diverses hautes fonctions. Mais le pouvoir n'intéresse pas Cassou : il souhaite seulement retrouver son poste à la tête du musée d'Art moderne et se consacre dès lors à sa tâche, organisant d'innombrables expositions pour faire connaître les grands artistes contemporains. Il écrit des poèmes, des critiques d'art, des romans et surtout – particulièrement précieux pour nous – ses souvenirs dont la lecture est indispensable à qui veut connaître le Toulouse de l'Occupation, et l'irremplaçable Jean Cassou.

Pierre Bertaux

Bertaux [16] joue un rôle moins continu que Cassou dans la Résistance toulousaine, mais néanmoins essentiel : il apparaît dès les premiers moments avec le groupe qui porte son nom, et on le retrouve à l'extrême fin, en tant que commissaire de la République. Le cœur de la période correspond à ses années de prison, suivies de quelques mois de latence.

D'origine lorraine, fils de professeur, Pierre Bertaux passa une grande partie de sa jeunesse dans le Midi toulousain. Il y contracta un amour très vif pour la chaîne pyrénéenne, fréquentant également les deux versants. Il fit des études très brillantes : École normale supérieure en 1926 à dix-huit ans, agrégation d'allemand en 1930, doctorat en 1936 avec une thèse sur Hölderlin. Il mena parallèlement à ses recherches une activité administrative et politique dans le sillage de Viénot, Jean Zay et Mandel : trois hommes exceptionnellement conscients du péril hitlérien. Chef de cabinet de Viénot (sous-secrétaire d'État dans le premier cabinet Blum), il fit passer clandestinement des avions de chasse en Espagne républicaine. Collaborateur de Jean Zay en 37-38, il devint ensuite responsable des émissions de propagande en allemand à Radio-Strasbourg avec Pierre Brossolette.

Il fut nommé professeur d'allemand à la faculté des lettres de Toulouse en 1938 ; il retrouve alors Silvio Trentin qu'il connaissait déjà ; avec lui il porte secours aux réfugiés espagnols du camp d'Argelès. A la faculté il fit un cours sur *Mein Kampf*, jugeant qu'il fallait éveiller les étudiants aux dangers du nazisme dont il avait pu évaluer la gravité lors de ses séjours en Allemagne. Certains de ses collègues lui manifestèrent discrètement leur réprobation de ce qu'il « perdait son temps et celui des étudiants à analyser un texte d'aussi faible valeur littéraire ». Ne ferait-il pas mieux comme tout le monde d'étudier le *Faust* de Goethe ?

Tout Bertaux est déjà dans cette anecdote : son anticonformisme viscéral, assorti d'un goût évident pour la provocation. Bertaux adore choquer et se trouve pleinement à l'aise dans l'humour noir. Une partie de ses difficultés à la Libération et sous la Quatrième République vient sans doute de là. Les Mémoires de Bertaux sont entièrement écrits dans ce registre provocateur, mi-comique, mi-grinçant. Si le lecteur en retire un plaisir très vif, il est, en revanche, possible que l'emploi systématique de ce style dans la vie de tous les jours aboutisse à des froissements. En outre, Bertaux est un comédien très doué ; il adore par exemple jouer au chef mystérieux qui en sait plus long que ses lieutenants [17].

Organisateur du premier groupe de résistance toulousain, Bertaux est arrêté avec ses amis et condamné à la prison. Il y passe deux années complètes : il y subit des vexations, on lui confisque *La République* de Platon (c'est évidemment un ouvrage subversif, hostile à la Révolution nationale, estime son geôlier !). Libéré en décembre 1943 grâce à des sympathies clandestines au ministère de la Guerre, il se réfugie dans les Hautes-Pyrénées. A la suite de divers contacts avec des chefs de la Résistance (entre autres son ami Cassou), il rencontre à Paris un délégué de la France libre qui le nomme suppléant du même Cassou au poste de commissaire de la République en cas de vacance [18]. Promotion bien improbable qui se réalisera pourtant, comme nous venons de le voir.

Ce remplacement impromptu se fait dans des conditions un peu obscures (mais qui ne sont pas uniques dans les conditions de la vie clandestine et de la Libération) qui provoqueront de multiples désordres et querelles. Bertaux les a racontés avec une verve cynique qui a fait, par la suite, beaucoup de remous dans les milieux résistants toulousains. Indéniablement cependant à son actif : le retour à l'ordre républicain à Toulouse, après l'ère de dictature vichyssoise et les désordres de la Libération.

Sa carrière ultérieure est à la fois brillante et chaotique. Préfet, superpréfet puis directeur de la Sûreté nationale, il récupère les bijoux volés de la Bégum avec l'aide de membres de la pègre, ce qui provoque un scandale (sans doute injustifié). Il est encore sénateur du Soudan avant de revenir dans l'Université. Comme on le voit, le profil de cet homme de talent et de courage correspond admirablement au portrait du résistant type tracé par Claude Bourdet.

Les premiers groupes de résistance autochtones

Les premières équipes de la Résistance toulousaine sont des groupes minuscules où se manifeste la protestation morale face aux compromissions de Vichy avec le nazisme. Ils ne sont pas liés organiquement mais on y retrouve souvent les mêmes noms : Trentin, Cassou, Bertaux au premier chef, mais aussi Vanhove, Auban... Ils surgissent tous dans des milieux d'intellectuels antifascistes. Ils n'ont pas de programme politique à court terme, mais parfois des vues grandioses sur un avenir plus lointain.

Le groupe Bertaux [19]

Au printemps 1941, Bertaux et Trentin avaient reçu un envoyé de Londres. Ils ne se demandèrent même pas s'il appartenait aux services anglais ou à la France libre, ignorant qu'il puisse y avoir le moindre différend entre ces deux instances. A la suite de cette rencontre, Bertaux constitua son réseau avec Jean-Maurice Hermann, chargé du recrutement, Jean Cassou (propagande), Marcel Vanhove, syndicaliste (récolte des renseignements), Fausto Nitti, Italien antifasciste (sabotage), et son second Bernard, ancien des brigades internationales, ainsi qu'une douzaine d'autres militants. Leurs objectifs étaient de transmettre des renseignements à Londres, aider aux passages des Pyrénées, recevoir l'armement britannique. Après la réception de trois parachutages réussis à Fonsorbes, le radio Mercier, suivi par la DST, fut arrêté place Esquirol à Toulouse le 22 novembre 1941. Il donna le nom de Bernard qui fut arrêté à son tour. Celui-ci, « tête fumeuse sujette à d'obscures impulsions » selon Cassou [20], quelque peu désaxé, quoique non dépourvu de courage, se montra étonnamment bavard et raconta en détail tout ce qu'il savait. La plupart des membres du groupe furent donc arrêtés et incarcérés à la prison militaire de Furgole.

Le procès du groupe fut très étrange. Cassou, compagnon de cellule de Bernard, lui reprocha d'être responsable de leur situation et lui suggéra de prendre presque toutes les responsabilités sur lui [21]. Mission que Bernard accepta et exécuta avec beaucoup de zèle. Le juge d'instruction, qui semblait avoir des sympathies pour les accusés, entra dans le jeu. En revanche, le commissaire du gouvernement se montra extrêmement dur. Finalement la méthode employée réussit partiellement. En août 42, Bernard fut condamné à vingt ans de travaux forcés, quatre autres accusés à cinq ans de la même peine, Bertaux à trois ans de prison et Cassou à un an. Le procès fut à peine signalé dans la presse et passa inaperçu de l'opinion.

Bernard joua un rôle dirigeant en 1944 dans la rébellion de la centrale d'Eysses où les prisonniers tentèrent de s'emparer de la prison, et fut fusillé après avoir été condamné par une cour martiale de la Milice.

« Vive la Liberté »

A peu près en même temps que Bertaux et ses amis formaient leur équipe, un groupe de très jeunes gens publia une revue, *Vive la Liberté*, tirée à trois cents exemplaires [22]. On y trouve l'une des premières manifestations de Raymond Naves qui a abandonné son pacifisme d'antan pour entrer dans la lutte clandestine. Les animateurs en sont trois étudiants : Jean Gaches, de la faculté de médecine, Oved, communiste et étudiant en lettres, Jean Delord, étudiant en sciences. Quoique en relation avec des amis de Trentin, les membres de *Vive la Liberté* ignorent l'existence du groupe Bertaux. Huit d'entre eux sont arrêtés à peu près en même temps que Bertaux et ses compagnons. Leur cas est sérieux car, outre le matériel de propagande, on les trouve en possession d'explosifs et de cinq parachutes. Ils sont condamnés à des peines de prison et de travaux forcés, trois d'entre eux acquittés faute de preuves. Les trois leaders s'évaderont et reprendront la lutte.

Le préfet attache un grand prix au démantèlement de ce groupe, probablement en raison de la présence d'un communiste dans ses rangs. Reproduisant le réquisitoire du commissaire du gouvernement, il les dénonce dans son rapport de décembre 1941 comme « judéo-communo-anarcho-gaullistes ». Terminologie d'époque !

Libérer et Fédérer

Libérer et Fédérer, né à Toulouse après les deux précédents groupes, a prospéré jusqu'à la fin de l'Occupation sans beaucoup sortir de la région [23]. C'est le mouvement toulousain le plus original par ses idées, car il se présente à la fois comme un groupe d'action et comme une formation politique. Ses fondateurs sont trois socialistes indignés par l'attitude ces caciques SFIO à Vichy en 1940 : Paul Descours, Achille Auban et Clément Laurent. Ils ne veulent pas d'une renaissance de ce parti, à leurs yeux historiquement compromis. Ils sont pour un nouveau socialisme rénové politiquement et moralement dans la lutte contre le nazisme. Le maître à penser de l'équipe est Silvio Trentin qui lui apporte sa conception du socialisme et de la démocratie fédérale, d'où le nom du journal et du groupe clandestin. Son « commis voyageur » Gilbert Zacksas, un ancien communiste, fera naître de petites antennes de Libérer et Fédérer à Montpellier, Marseille et Lyon. On y trouve aussi un ancien membre du réseau Bertaux : le syndicaliste chrétien Vanhove.

En juillet 1942, Libérer et Fédérer reconnaît de Gaulle comme chef et surtout symbole vivant de la Résistance française. Mais il demeure indépendant de l'organisation de la France libre. Au contraire il cherche et obtient le contact avec les agents britanniques. C'est d'abord un officier anglais de vingt ans, Anthony Brooks, puis les relations sont établies avec Buckmaster, chef de la section France des services secrets britanniques. Cette indépendance assure un avantage à Libérer et Fédérer qui obtient ainsi assez vite le matériel radio, les armes, l'argent que les gaullistes attendent parfois fort longtemps. En revanche, son refus de se fondre dans le mouvement gaulliste lui vaudra quelques ennuis à la Libération.

Le mouvement se fait connaître par son journal, dont le premier numéro est daté du 14 juillet 1942 ; il a vingt mille exemplaires, un record pour les débuts d'une feuille clandestine. Il est imprimé sur les machines de *La Dépêche* et *La Garonne* chez les imprimeurs Castellvi et Lion. Son excellente diffusion inquiète le préfet, ainsi que le second numéro, un peu moins important toutefois. Le contenu de *Libérer et Fédérer* est assez différent de celui des autres organes clandestins ; on y trouve en effet l'exposé du double fédéralisme, la doctrine de Silvio Trentin. Le fédéralisme externe doit, selon le juriste italien, associer les pays européens dans les États-Unis d'Europe, évitant ainsi à l'avenir le retour de guerres meurtrières. Le fédéralisme interne permet à la démocratie locale de se développer grâce à l'autonomie des régions, qui détruira les malfaisances de l'État centralisé. Ce programme, qui rappelle un peu la manière des socialistes utopiques du siècle dernier, n'en est pas moins prophétique si l'on pense aux efforts actuels de régionalisation et à l'unification européenne !

Au total le journal paraîtra quatorze fois jusqu'à la Libération. Le mouvement publiera d'autres feuilles comme *Jeune Garde* et *Le Journal d'usine de Libérer et Fédérer*. Il eut surtout du succès dans le milieu de la mairie de Toulouse et dans les usines d'aviation.

Les mouvements nationaux implantés à Toulouse

A côté de ces initiatives strictement toulousaines, les grands mouvements de zone non occupée : *Combat, Libération* et *Franc-Tireur*, nés dans la région lyonnaise et le Sud-Est, s'implantèrent aussi à Toulouse. Ils se rattachèrent à la France libre et à son organisation.

Le plus important mouvement de résistance, fondé par l'ancien officier Henri Frenay, qui prit le nom de Combat, se caractérise par l'excellente organisation dont son fondateur sut le doter. Les divers services qui le composaient, action ouvrière, service social, propagande, renseignement, armée secrète... furent adoptés par l'ensemble de la Résistance, ainsi que le nom des régions : R4 pour le Midi toulousain [24].

A Toulouse, Combat connut deux faux départs. Frenay y contacta d'abord un cheminot : Lien, rencontré dans le train et qui ne fit pas grand-chose. Par la suite, Lien fut retrouvé par les Allemands et devint un agent rétribué de la Gestapo ! Frenay fit une nouvelle tentative avec un médecin toulousain, elle aussi infructueuse. Finalement, à la fin de 1941, Frenay trouva un correspondant fiable, le professeur de droit André Hauriou, secondé par Jacques Dhont en février 1942. En fait c'est grâce à Dhont, qui avait déjà une bonne expérience de la clandestinité à Paris, que Combat prit son essor. L'Armée secrète (AS) se développe grâce à Francis Crémieux – jeune homme de vingt-deux ans « qu'un profil sémite accusé met en danger plus que d'autres » (dixit Frenay) et grâce au colonel Ganeval qui lui envoie des militaires de valeur, mais en faible nombre [25]. Un groupe clandestin fondé dès 1940 à Grenade-sur-Garonne par Albert Carovis (futur président du CDL) adhère à Combat à la fin de 1941 [26]. En juillet 42, Frenay réunit les responsables des diverses régions de zone libre à Salies, près d'Albi, chez Charles d'Aragon ; Hauriou et Dhont sont présents. Le lendemain, à Toulouse, Bourdet, Frenay et Hauriou rédigent le manifeste intitulé « Combat et Révolution », texte intéressant à plus d'un titre, qui ressemble sur plusieurs points à la doctrine de Silvio Trentin. Au-delà de la lutte contre l'Allemagne et le régime de Vichy, Combat pense à l'après-guerre et à la « Quatrième République ». A l'intérieur il veut une « révolution » socialiste, « non pas une révolution de classe, mais une révolution dans laquelle ouvriers, paysans, techniciens et penseurs, en fonction de leurs mérites et de leurs efforts, auront leur place et leur part ». A l'extérieur, il s'agit d'établir « les États-Unis d'Europe – étape vers l'unité mondiale [27] ».

Libération [28] est sans doute moins strictement organisé que

Combat, et, au départ, beaucoup plus orienté à gauche. Son histoire comporte un volet toulousain dès son origine puisque Julien Forgues, secrétaire de l'UD-CGT en Haute-Garonne, figure parmi les premiers dirigeants recrutés par Emmanuel d'Astier de la Vigerie. Libération hérita ensuite d'un groupe strictement toulousain fondé en 1940 par des chrétiens de gauche et des socialistes *Liberté Égalité Fraternité* (LEF) qui fut absorbé au début de 1942. Parmi les militants de LEF se trouve un homme qui fera parler de lui : François Verdier, commerçant en machines agricoles, membre de la SFIO et franc-maçon, futur chef régional de la Résistance. A ce noyau s'est aussi ajouré un homme actif à la forte personnalité, Jean-Pierre Vernant, professeur de philosophie au lycée (devenu aujourd'hui un helléniste de grand renom), membre du Parti communiste avant 1939. Libération est sans doute un groupe moins étoffé que Combat, mais il a recruté des leaders qui joueront un rôle de premier plan dans la Résistance en voie d'unification. A Libération, la région toulousaine est baptisée R6 ou « Rose » (on devine pourquoi), terminologie qui disparaîtra avec l'unification des mouvements gaullistes.

Franc-Tireur est un peu moins important que les deux autres mouvements. C'est l'un de ses fondateurs lyonnais, Antoine Avinin, qui vint recruter à Toulouse les premiers membres de son organisation. Louis-Marie Raymondis, ancien du réseau Bertaux et de LEF, est responsable départemental de Franc-Tireur [29].

Cette distinction en grands mouvements structurés à l'échelle de la zone libre dans son ensemble a de l'importance au niveau des leaders et des relations avec la France libre. En revanche, le résistant de base y attache peu d'intérêt. La double appartenance est fréquente et les militants distribuent indifféremment *Combat, Libération* ou *Franc-Tireur* sans oublier *Libérer et Fédérer*. De même les courageux frères Lion impriment avec impartialité la presse des divers groupes. Le résistant sans grade connaît quelques camarades avec qui il travaille, ceux-ci ont parfois été recrutés par des mouvements différents. Les grandes formations, différentes au sommet, se mêlent à la base. J'ajouterais que certains militants, en particulier des jeunes femmes (comme me l'a raconté l'une d'elles), téméraires porteuses de valises au contenu problématique, ignoraient parfois au service de quelle organisation elles risquaient leur vie. C'était pour la Résistance, elles ne cherchaient pas à en savoir plus.

Les partis politiques

Les partis politiques sont désormais interdits, soit de longue date (le PC), soit plus récemment (le Parti socialiste). Nous avons déjà vu que le PC se maintient clandestinement, poursuivi avec vigueur par la police vichyste. Les socialistes tentent à leur tour de se reconstituer secrètement. Discrédités auprès des promoteurs de la Résistance, les deux partis de gauche vont peu à peu s'y faire une place.

La renaissance socialiste

Avec plus de cinq mille adhérents en Haute-Garonne avant 1939, le Parti socialiste était une puissance considérable [30]. On connaît son hégémonie électorale à Toulouse et dans le département. Il faut en outre songer que la CGT réunifiée était contrôlée par des militants ou des sympathisants socialistes. L'effondrement de la SFIO toulousaine en 1940 n'en est que plus fracassant. Le ralliement de quatre parlementaires à Pétain, Bedouce, Berlia, David et Esparbès (seul, on l'a vu, Vincent Auriol refusa les pleins pouvoirs), le texte d'allégeance au Maréchal voté par la municipalité Ellen-Prévot et l'alignement du *Midi socialiste* en disent long sur les tendances suicidaires des socialistes toulousains. Il y eut certes une réunion de la SFIO en 1940 alors que les partis n'étaient pas encore interdits : Paul Faure, chef de la tendance pacifiste, prédominante à Toulouse, y vint pour conseiller aux militants de se faire oublier !

Le pacifisme a orienté maints hommes de gauche vers le pétainisme et même les groupes collaborationnistes. Mais, en fait, il n'y a nul déterminisme de ce genre puisque les ex-pacifistes se divisèrent en tendances diverses. Ellen-Prévot et les membres de la municipalité dissoute adoptent un profil bas et, après avoir pris position pour Pétain, restent pour la plupart silencieux. *Le Midi socialiste* (et son directeur Hudelle) prend parti pour Vichy tout en se réclamant toujours de la tradition jauressienne. Le ralliement à Pétain de l'ancien secrétaire de la section toulousaine, Desbals, semble plus marqué encore puisque, en septembre 1941, il adopte les thèses favorables à la collaboration du journal *L'Effort*. Mais, parmi les anciens pacifistes, le choix de la Résistance se manifeste chez quelques recrues de premier plan, comme le brillant professeur à la faculté des lettres Raymond Naves qui participe à *Vive la Liberté*. En outre, très tôt, on trouve des socialistes dispersés dans tous les mouvements de résistance ; mais aucun ne se réclame de l'ancienne SFIO.

C'est en prenant un nom moins compromettant : le CAS (Comité d'action socialiste), que Daniel Mayer, collaborateur et ami de Léon Blum, avait tenté en octobre 1940 de ressusciter le parti. Il en avait exclu d'avance les parlementaires ayant voté pour Pétain. Il était en outre entré en contact avec d'Astier qui aurait souhaité faire de Libération le foyer d'accueil pour tous les anciens socialistes devenus résistants. Dans la région toulousaine, le chargé de mission du CAS est le député du Nord, Eugène Thomas, dont la femme, institutrice, avait été transférée en Haute-Garonne. Thomas ayant rencontré Raymond Naves et le pharmacien Bourthoumieux, le CAS est installé à Toulouse en août 1941.

L'effet le plus poussé pour développer le CAS se situe à Toulouse entre septembre et novembre 1942. Le mouvement reprend alors l'ancienne structrure du Parti socialiste : secrétariat central (désormais à Lyon), comité directeur régional et fédération départementale à Toulouse, sections locales. Deux petits congrès régionaux se tiennent en mai 1941 et à Pâques 1942. Enfin, le premier congrès national du parti ressuscité qui reprend le nom de Parti socialiste a lieu à Toulouse le 22 novembre 1942. La Haute-Garonne y revendique cinq cent quatre-vingts membres répartis en quarante et un groupes, chiffres qui paraissent bien optimistes. En effet la préfecture ne découvrira la renaissance du PS qu'en août 1943; on voit mal comment une organisation clandestine de plus de cinq cents membres aurait pu passer inaperçue pendant si longtemps. La vérité c'est que pendant longtemps le PS est faible, il a pris beaucoup de retard sur son concurrent, Libérer et Fédérer, qui a déjà son journal et son groupe armé. Il le rattrapera en 1944 [31].

Le PC : zigzags et acharnement

Avant l'invasion de l'URSS par les Allemands, le Parti communiste se trouve dans une situation très difficile. Il est réprimé de manière impitoyable par le pouvoir vichyssois, mais, en même temps, du fait de l'alliance entre Hitler et Staline, il est mal vu de tous ceux qu'anime l'esprit patriotique et coupé des mouvements de résistance.

Le Parti communiste, on le sait, n'avait pas une très grande importance à Toulouse. Dans les conditions extraordinairement défavorables qu'il connaît en 1940-41, subsister est déjà un exploit. Le PC y parvient malgré des vagues d'arrestations massives et fréquentes. Parfois réduit à une coque presque vite, il se maintient grâce à ses structures clandestines rigoureuses et au courage de ses militants. Il a perdu beaucoup d'adhérents, mais il conserve quelques fidèles parmi les ouvriers toulousains et surtout parmi les étrangers : Espagnols, Italiens, Juifs d'Europe centrale et orientale qui, par moments, forment l'essentiel de ses effectifs [32]. On y trouve peu de personnalités, c'est un parti en quelque sorte anonyme, ce qui ne nuit pas à son efficacité. En effet, très fréquemment, le préfet signale la distribution ou l'affichage de quelques tracts communistes alors que les mouvements de résistance ne sont pas mentionnés, à l'exception de Libérer et Fédérer.

Après l'intense répression subie lors des derniers gouvernements de la Troisième République, l'été 1940 marque une sorte de répit qui permet au parti de se reconstituer. Les distributions de tracts et les graffitis se multiplient de fin août à mi-décembre 1940. Ces documents renvoient dos à dos Pétain et de Gaulle, ils sont antivichystes plus qu'antiallemands.

L'opération de propagande la plus spectaculaire organisée par les communistes toulousains prit pour occasion la visite de Pétain à Toulouse le 6 novembre 1940. Un militant, Jean Bertrand, conçut une machine ingénieuse, sorte de gigantesque souricière inversée, qui projeta à retardement des paquets de tracts sur la foule depuis le toit des immeubles du 2, rue Duranti et du 8, rue Alsace [33]. L'ingéniosité technique contraste ici avec l'inanité du tract dont le contenu est bien éloigné des sains principes de l'Agit-prop, et semble sans aucun rapport avec les préoccupations des Toulousains de 1940. Qu'on en juge !

> On les assassine !
> 20 000 travailleurs souffrent dans les prisons et les camps des deux zones pour avoir défendu la paix. Parmi eux des députés communistes mutilés de guerre : Jean Duclos qui devient aveugle – Félix Brun amputé des deux jambes, obligé de se traîner sur ses moignons, le docteur G. Lévy gravement malade, A. Petit qui crache le sang. A la porte les tortionnaires de Vichy !
> Thorez au pouvoir !
> Le parti communiste français SFIC.

Apitoyer les Toulousains sur le sort des députés communistes, appeler Thorez au pouvoir, et cela dans une ville où le PC faisait 7 pour cent des voix en 1936 et où des milliers de personnes sont en train d'acclamer Pétain. On croit rêver !

Le tract du 9 décembre est un peu moins indigent, il affirme la nécessité de maintenir la France « en dehors du conflit impérialiste » et précise :

> Ni Londres ni Berlin. Le *National Zeitung* félicite Laval et vante Pétain. Les dirigeants anglais utilisent de Gaulle et Catroux. Seul le parti communiste lutte contre tous les capitalistes fauteurs de guerre. A la porte les forbans de Vichy, valets de l'étranger ! La France aux Français ! Thorez au pouvoir [34] !

Mais la répression est très sévère et Cheneaux de Leyritz se félicite de son succès. Entre septembre 1940 et mai 1941, il y a six vagues d'arrestations et quatre-vingt-dix-sept militants incarcérés dont une dizaine de responsables toulousains importants. Aussi le parti est-il annihilé et ne se manifeste-t-il plus pendant neuf mois, de janvier à octobre 1941.

Le 21 juin 1941, date de l'entrée en guerre de l'URSS, le PC est moribond à Toulouse. Il va faire un nouvel effort pour se reconstituer, mais pour une tout autre politique puisqu'il s'agit désormais d'entrer dans la Résistance. Quelques jours après le début de l'opération Barbarossa, Jean Cassou rencontre Georges Maranne, ancien maire communiste d'Ivry : Léo Hamon avait servi d'intermédiaire. La conversation des deux hommes telle qu'elle est rapportée par Cassou ne manque pas de sel [35] :

> Enfin ! lui dis-je incontinent. Enfin vous voilà, vous autres ! Vous y avez mis le temps ! Je m'ennuyais après vous, je me demandais si vous étiez encore antifascistes. Il me répondit : Notre parti a été condamné, persécuté, détruit. Il a fallu le reconstituer. En guerre il y a des moments où l'on doit manœuvrer, mettre ses troupes à l'arrière, attendre le bon moment.

Maranne explique à Cassou que les communistes veulent prendre leur place dans la Résistance, c'est-à-dire du côté du général de Gaulle et de tous ceux qui luttent pour la libération du sol national. Cassou lui procure alors le contact avec les leaders résistants de Lyon.

A partir d'octobre 1941, les distributions de tracts recommencent, malgré de nouvelles arrestations (il y en a encore huit le 10 décembre 1941). Le PC, on le sait, crée lui aussi son mouvement de résistance, nominalement indépendant et comprenant des militants de tous horizons politiques mais en fait strictement contrôlé : le *Front national*. Georges Latapie, excellent historien de la Résistance, situe en janvier 1942 sa première apparition à Toulouse, donc de longs mois après sa création en mai 1941 [36]. Les 16 et 19 mars 1942, dix propagandistes communistes sont de nouveau arrêtés, ce qui se traduit par un nouveau silence de plus de trois mois. Puis paraît un appel pour manifester le 14 juillet 1942, suivi d'une série de tracts contre la Relève. A partir de l'été 1942, la propagande se poursuit. Elle ne cessera plus guère jusqu'à la Libération.

Selon Jean Cassou, et je le suivrai sur ce point, la Résistance a changé du jour où le Parti communiste est entré dans la guerre : elle était une révolte morale, elle est devenue « une action politique ».

> En effet elle est alors devenue une coalition de partis, et son caractère originel en était changé. La Résistance devenait une force qui entre dans un jeu de forces, s'associant à celles-ci, s'opposant à celles-là, composant avec d'autres. De fait moral elle devenait fait politique. C'est la vieille distinction de Péguy entre mystique et politique [37].

La concurrence entre fractions antagonistes n'existait guère dans les débuts de la Résistance. Elle devient un fait central de son histoire du jour où le PC décide d'attirer le plus possible de combattants autour de lui. Les mouvements gaullistes sont désormais en face d'une concurrence politique qui les menace. L'aide militaire du PC sera la bienvenue, mais on craint qu'il ne prenne le dessus grâce aux qualités de courage et de discipline de ses militants et à la perfection de son organisation. En fait ces problèmes ne se poseront à Toulouse qu'à partir de 1943 en raison de l'extrême faiblesse initiale du PC.

La Résistance et le pouvoir

Une « résistance » légale

On se tromperait en pensant que l'armistice a fait taire tout ressentiment à l'égard des vainqueurs parmi les responsables dépendant de Vichy : au contraire, à la DST et dans l'armée de l'armistice qui subsiste en zone libre, il existe un esprit antiallemand que l'on croit conciliable avec la fidélité au Maréchal. Vichy tient à maintenir sa neutralité et sa chancelante autonomie. S'il poursuit les « agents anglais » comme Bertaux, il recherche aussi les Français (ou étrangers) au service de l'Allemagne. A Toulouse, en janvier 1941, le premier distribuait de faux tracts gaullistes, rédigés probablement par l'Abwehr ou la Gestapo. Le second, en octobre, est interné dans un camp en raison de ses relations avec la commission allemande d'armistice. Cette pratique continuera quelque peu même après novembre 1942.

Comme partout en zone libre, les militaires de l'armée de l'armistice font de gros efforts pour mettre à l'abri les armements français afin que les commissions d'armistice ne mettent pas la main dessus. Cette action est officielle, mais discrète. Une partie de ceux qui s'y livraient entreront à des dates diverses dans la Résistance, comme le colonel Ganeval qui commandait à Toulouse le 23e régiment d'infanterie, le capitaine Pélissier, le colonel Noetinger, l'adjudant Taillandier, futur chef du groupe Morhange. Nous possédons la liste des caches que les Allemands ont pu saisir après novembre 1942, le nombre et l'emplacement de celles qui sont finalement tombées entre les mains de la Résistance étant inconnus. Il y a donc eu un minimum de cent six caches d'armes dans la région dont trente-huit en Haute-Garonne et onze dans la commune de Toulouse, et sans doute beaucoup plus. Les endroits les plus divers furent utilisés. On mit à contribution des aristocrates ex-officiers ou amis d'officiers : MM. de Lapanouse, de Gaulejac, de France... qui prêtèrent leurs châteaux. Certains officiers cachent parfois le matériel chez eux lorsqu'il y a de la place. Deux entreprises toulousaines : Espaignol et Barthère, détiennent des porte-chars. A Pechbonnieu il y avait un énorme dépôt avec dix voitures sanitaires, sept gros camions bourrés de mitrailleuses, FM, fusils, armes et munitions diverses. Des armes sont immergées dans le Lot près de Port-de-Penne, un char est enterré à Villemade près de Montauban, dix-sept camions à Lectoure. Les responsables déplacent parfois les armes, cherchant des cachettes moins décelables par l'ennemi. Il y a manifestement un certain désordre, vu le caractère à demi clandestin de l'opération. Certains matériels sont perdus, d'autres volés lorsqu'ils sont utilisables dans le civil, par exemple un gros stock de harnais de chevaux à Bonrepos-Riquet. Il est certain que, lors de leur arrivée, les Allemands se sont fait remettre une grande partie de ce matériel. Une autre partie est allée à la Résistance, surtout aux groupes formés de militaires : le corps franc Pommiès et le groupe Morhange par exemple [38].

Les militaires qui s'étaient livrés à ces activités se divisèrent après novembre 1942. Beaucoup restèrent fidèles à Vichy. D'autres continuèrent leur action clandestinement. Les officiers constitueront donc, aux côtés des intellectuels et des militants ouvriers, l'une des composantes sociales essentielles de la Résistance toulousaine.

Le préfet régional et la Résistance

Le préfet est certainement au courant des dissimulations d'armes mais n'en souffle mot dans ses rapports : cette question concerne l'autorité militaire. Nous connaissons son hostilité aux Allemands qui s'est souvent manifestée. Elle n'en fait pas un résistant, on s'en doute. Cheneaux de Leyritz n'est pas au service du Reich, mais de l'État français, à ce titre il fait de la répression des menées subversives l'un de ses soucis majeurs.

Dans ce domaine, la priorité des priorités c'est la lutte anticommuniste. Comme on vient de le voir, le préfet et la police toulousaine s'y livrent de manière impitoyable, sans aucune réserve. Dans ses rapports au ministère de l'Intérieur, Cheneaux de Leyritz se flatte souvent des bons résultats obtenus. Malgré les nombreuses arrestations de militants de tout rang, la police ne semble pas bien comprendre la structure du PC : dans les documents officiels apparaît seulement une liste impressionnante d'invidus non reliés entre eux. Elle fera quelques progrès à cet égard en 1943.

Les informations sur le gaullisme semblent beaucoup plus médiocres encore. Cheneaux de Leyritz connaît évidemment les deux premiers groupes toulousains qui sont tombés en 1941 : le groupe Bertaux et Vive la Liberté. Il semble que ces premiers résistants n'aient pas respecté les règles de prudence de la clandestinité... qui étaient encore largement inconnues. En revanche, Cheneaux semble très mal informé des autres groupes toulousains. Il est très attentif à

Libérer-Fédérer, organisation autochtone, à cause de son journal qui est abondamment distribué en 1942. Les RG y voient une tentative de recréer le Parti socialiste SFIO. C'est, nous le savons, une inexactitude, vu l'hostilité profonde de ce groupement – certes socialiste – au parti SFIO jugé coupable de démission devant Pétain. En revanche, le CAS paraît totalement ignoré jusqu'en août 1943 où une brève allusion est faite à la « probable reconstitution du Parti socialiste ». Les grands mouvements de zone sud : Combat, Libération et Franc-Tireur ne sont jamais cités avant novembre 1942. Le préfet se contente, dans ses rapports, de parler du gaullisme, ou des gaullistes en général. D'ailleurs il en parle sans inquiétude, convaincu que les Toulousains, s'ils sont antiallemands, sont bien peu gaullistes [39].

On a la preuve que certains policiers comme André Bousquet, membre important des RG, s'efforcèrent de filtrer les renseignements concernant la Résistance qui étaient destinés à Cheneaux de Leyritz [40]. Il semble donc probable que, avant l'arrivée des Allemands en zone sud, les autorités étaient mal informées sur les mouvements de résistance, comme sur le CAS. C'est sans doute qu'après la chute du groupe Bertaux et de Vive la Liberté, les règles de sécurité – cloisonnement, pseudonymes, etc. – sont mieux respectées.

Mais cette ignorance, ce désintérêt, signifient sans doute aussi que les mouvements naissants ne font encore rien de bien gênant contre l'État français. La faible attention du préfet à la Résistance gaulliste est un indice certain de la faiblesse de celle-ci. Les premiers contacts entre organisateurs clandestins et militants, l'organisation des groupes encore embryonnaires, ne laissent pas la place à une action vigoureuse. En effet on ne doit pas se laisser impressionner par le nombre d'organismes clandestins qui naissent ou s'implantent à Toulouse en 1941 et 1942. En fait chacun de ces groupes n'a qu'un nombre dérisoire de membres, et il leur est ainsi facile de passer inaperçus des autorités et du public.

Dans cette période de gestation, la Résistance toulousaine présente néanmoins déjà certains caractères qu'elle conservera par la suite, lors de son essor et de ses succès. D'abord c'est la dispersion des initiatives et des groupes, facteur de faiblesse et de désordre, mais aussi de sécurité. Ensuite c'est la prédominance écrasante de la gauche parmi ces premiers militants hostiles à Vichy et à la collaboration. Ce caractère, qui se retrouve dans toute la zone libre, est sans doute plus accusé à Toulouse en raison des traditions politiques locales.

En 1941 et 1942, la Résistance toulousaine est bien faible. Pourtant des signes publics de son influence commencent à apparaître.

Le 1er mai 1942 a lieu une manifestation publique où on crie « Vive de Gaulle ! Conspuez Laval ! ».

Le 16 juin, le professeur Grimm, conférencier ambulant du nazisme, fait une tournée en zone libre. A Toulouse, il est accueilli par un chahut monstre auquel les divers courants résistants ont participé. Camille Soula avait préparé dans son laboratoire tout un arsenal de boules « faisant pleurer, tousser, cracher » que des étudiants écrasèrent du pied dans la salle du Capitole destinée à la conférence. Une retentissante *Marseillaise* lancée par Cassou et André Hauriou depuis un café de la place du Capitole fut reprise par une foule grandissante, et une manifestation défila dans les grandes rues du centre en chantant l'hymne national et en criant « la France aux Français [41] ! »...

Une nouvelle manifestation était prévue pour le 11 novembre, mais, ce jour-là, la Wehrmacht envahissait la zone libre.

DEUXIÈME PARTIE

L'OCCUPATION (NOVEMBRE 1942-PRINTEMPS 1944)

6

Les Allemands à Toulouse

Le débarquement allié en Afrique du Nord, le 8 novembre 1942, suscite une immense bouffée d'optimisme à Toulouse : la perspective d'une sortie du tunnel se dessine. Mais la réplique nazie ne tarde pas. Les Allemands envahissent la zone libre le 11 novembre. A Toulouse, le bureau de liaison avec la commission d'armistice reçoit un télégramme lui annonçant la nouvelle le 11 au matin. Le préfet régional lance en toute hâte une proclamation appelant les Toulousains au calme. L'après-midi, la Wehrmacht fait son entrée dans la ville. Quelques badauds examinent les blindés avec curiosité, mais dans l'ensemble les Toulousains adoptent une attitude de « correction glaciale » qui ne changera pas jusqu'en août 1944. Chacun s'efforce de ne pas voir les uniformes vert-de-gris. De manière spontanée le comportement de la famille française mise en scène par Vercors dans *Le Silence de la Mer* a été massivement adopté. L'hostilité, le sens de la dignité et aussi la crainte expliquent sans doute cette attitude. L'un de nos témoins, âgé de dix ans à l'époque, nous raconte que son père lui a dit : « Nous ne devons jamais adresser la parole à un Allemand : ce sont nos ennemis, ils sont ici contre notre volonté. » Cette froideur n'a pas varié, le préfet régional la signale avec satisfaction dans chacun de ses rapports au ministre de l'Intérieur : elle lui paraît l'attitude la plus digne et surtout la moins susceptible de produire des incidents. La capitale régionale est immédiatement envahie par une multitude de services militaires et civils où se manifeste le génie des nazis pour les organigrammes inextricables. Toutefois, vis-à-vis des Français, les Allemands adoptent – sans doute d'une manière qui n'est pas entièrement délibérée – un partage des tâches très simple, un peu semblable à la répartition des rôles qu'on peut observer aujourd'hui dans les séries policières de la télévision, où le bon flic et le méchant se succèdent et se complètent pour mieux dominer le suspect. Ce scénario est joué avec assez de talent par la Wehrmacht (le bon) et le groupe

Gestapo-SS (le mauvais). Il n'exclut pas les conflits entre les deux protagonistes, mais il tourne finalement à l'avantage des occupants qui peuvent ainsi pratiquer en même temps une répression impitoyable sur la Résistance et une collaboration souvent courtoise avec les autorités de l'État français.

Le kaléidoscope allemand à Toulouse

Comme Eberhard Jäckel l'a souligné dans son livre classique, *La France dans l'Europe de Hitler*, les nazis avaient le goût de la complication. L'organisation des services allemands à Toulouse en est un exemple. L'ordre et la méthode qui faisaient l'admiration des Français vaincus en 1940 ne représentent qu'une face des choses. L'efficacité allemande se situe davantage au niveau moyen et inférieur que dans les structures d'ensemble, domaine du byzantinisme et parfois du chaos. En fait il est probable que sans l'esprit de discipline rigoureuse des exécutants de tout rang, le système n'eût pas été viable. Comme disait Laval : « Le Reich est un régime d'autorité, mais de combien d'autorités ! » A Toulouse on peut en distinguer six, elles-mêmes parfois subdivisées en sous-catégories.

La Wehrmacht

Du point de vue de l'armée régulière : la Wehrmacht, la zone libre devenue « France-sud » est divisée en six territoires administratifs, correspondant aux préfectures régionales, qui sont placés sous l'autorité d'un « état-major de liaison supérieur » : *Hauptverbindungstab* (HVS [1]). A Toulouse c'est le HVS n° 564 qui contrôle la XVIIe région de l'État français. Il est dirigé par le général Schuberth (ou Schubert) jusqu'au 3 mai 1944, puis par le général Schmidt-Hartung dans les derniers mois de l'Occupation. Schubert et Schmidt-Hartung sont constamment en relations avec le préfet régional et l'administration française qui ne connaissent guère les autres généraux allemands. Le HVS réquisitionne le Grand Hôtel de la Poste, 38, rue d'Alsace. Le HVS n° 564 est à son tour subdivisé en états-majors de liaison départementaux : *Verbindungstäbe* (VS), dont huit dans la région, à Montauban, Cahors, Albi, Agen, Auch, Pau, Tarbes et Foix. La Haute-Garonne dépendait d'abord directement du HVS n° 564, mais le 3 avril 1944 fut crée un état-major particulier pour ce département, le VS n° 626, installé à l'École normale : les Français sont dès lors priés de s'adresser à lui pour les questions concernant directement la Haute-Garonne.

Mais à côté du HVS existe aussi une instance exclusivement militaire représentée par le commandement du groupe d'armées D, puis, après mai 1944, du groupe d'armées G. Celui-ci est dirigé par le général Blaskowitch dont le QG est à Rouffiac, à huit kilomètres au nord-est de Toulouse.

Ces deux autorités ont chacune leur domaine : au HVS l'administration, l'occupation, les rapports avec les Français. Au commandant du groupe d'armées la préparation des combats contre les Anglo-Américains. Au commencement de l'Occupation, la Wehrmacht n'intervient pratiquement pas contre la Résistance. Mais lorsque les maquis se développent, il n'en est plus de même. Les opérations contre les partisans dépendent alors à la fois de Blaskowitch qui les dirige de loin et de Schmidt-Hartung qui en est coresponsable : source évidente de frictions.

La *Feldgendarmerie* sous les ordres d'un lieutenant (avec des locaux Hôtel Faga, boulevard Bonrepos et Hôtel du Progrès rue Rivals) est en principe la police militaire interne de la Wehrmacht. Ses membres sont aisément reconnaissables à leur plaque métallique de poitrine attachée à une chaîne. En principe elle n'a rien à voir avec les Français, mais le HVS la « prête » parfois à la Gestapo et elle participe donc à maintes opérations contre la Résistance.

Les « PTT de campagne » dirigés par un capitaine sont en fait un camouflage de *l'Abwehr*, service de renseignements et de contre-espionnage de l'armée. L'Abwehr semble avoir été peu active à Toulouse où elle fait manifestement double emploi avec la Gestapo, avec qui elle collabore à l'occasion.

Les commissions de contrôle de l'armistice

Elles continuent d'exister sous les ordres du major Hellers (Hôtel Victoria, près de la gare). La commission chargée de contrôler les industries d'armement (Rüstung), déjà présente avant novembre 1942, s'active de plus belle, celle de l'armée n'a plus beaucoup d'activité après la dissolution de l'armée de l'Armistice.

Le consulat général

Il dépend de Ribbentrop et s'installe au Grand Hôtel, rue de Metz, le 2 juillet 1943. Il gère les intérêts des citoyens du Grand Reich, en particulier des civils de plus en plus nombreux. Il est confié à un diplomate de carrière, le Dr Gregor, qui s'efforce aussi d'animer sans grands succès un institut allemand chargé de développer les « relations spirituelles entre les deux peuples ».

Le service du travail (place Jeanne d'Arc)

Il est submergé de tâches avec la Relève, le STO et l'essor de l'organisation Todt qui construit le mur de l'Atlantique.

Les unités SS

La division *Das Reich*, le *Nachkommando* (ou *Jagdkommando*) : commando de chasse et la *11ᵉ Panzerdivision* apparaissent dans la région en avril 1944. Leur statut est complexe car ils dépendent à la fois du commandement opérationnel de la Wehrmacht et de la hiérarchie SS dirigée par Himmler. Les missions qu'ils remplissent leur sont données par Blaskowitch mais les méthodes employées sont très particulières. Les massacres de Tulle et d'Oradour dus à *Das Reich* ne figurent pas dans les rapports au commandement de la Wehrmacht, qui, bien sûr, en connaît l'existence.

La Gestapo

Le terme est formellement inexact puisqu'il représente une partie de l'ensemble des polices politiques ; il serait plus exact de parler de « SIPO-SD » ; mais Gestapo me paraît légitimé par l'usage. Elle dépend du BDS de Paris (Oberg et Knochen) et, en Allemagne, de Himmler. On connaît sa sinistre réputation, tout à fait justifiée à Toulouse comme ailleurs. Nous en reparlerons plus en détail.

LA WEHRMACHT

La première tâche que s'est fixée la Wehrmacht a été le désarmement et la dissolution de l'armée de l'Armistice. Opération qui s'est faite immédiatement sans désordres mais sans ménagements. Les unités chargées de cette mission se sont en effet présentées armées de pied en cap dans les casernes françaises afin d'éviter toute surprise. Dans les jours suivants, les Allemands se sont fait remettre cent six caches d'armes et de matériel recensées par les Français. La recherche des caches clandestines s'est poursuivie pendant toute la durée de l'Occupation. Nous savons déjà que certains de ces dépôts leur ont échappé au profit des mouvements de résistance, surtout Combat et l'ORA.

Dans le même temps les officiers de la Wehrmacht entraient en contact avec les fonctionnaires français. A l'arrivée des Allemands,

Cheneaux de Leyritz se montra aussi glacial et désagréable que possible. On raconte qu'il faisait retirer les chaises de son bureau lorsque les occupants lui rendaient visite. Connaissant sa position de faiblesse, il voulait évidemment prendre le dessus dans les rapports humains. Très vite pourtant il se louait de la correction de la Wehrmacht et appréciait la courtoisie du général Schubert, commandant l'état-major de liaison.

En effet, jusqu'à la fin, les chefs allemands de Toulouse s'efforcent de maintenir la fiction selon laquelle le régime de l'armistice est toujours en vigueur malgré la disparition de la zone libre. Les unités de la Wehrmacht ne sont pas censées venir occuper le territoire où s'exerçait le pouvoir de Vichy. Ce sont des troupes d' « opération » et non d' « occupation »; le danger de débarquement sur la côte méditerranéenne est la seule justification de leur présence. La distinction des deux zones subsiste en principe, et un rapport interne du HVS n° 564 précise qu' « en France du Sud la souveraineté de l'État français est considérée comme maintenue... ». Mais, bien sûr, poursuit le même rapport, « l'élargissement du terrain de combat fait que, dans la pratique, la souveraineté de l'État français n'a plus beaucoup de poids » ! Ce texte du service administratif de l'état-major est tardif (août 44), mais, avec quelques réserves, il valait dès les débuts de l'Occupation à Toulouse.

Le principal metteur en scène de cette comédie juridique est le général Schubert. Ce nom charmant qui évoque Lieder et symphonies ne messied pas au personnage; c'est du moins l'avis des hauts fonctionnaires français qui ne tarissent pas d'éloges sur sa correction et sur celle de la Wehrmacht. Le général Schubert obtient certes à peu près tout ce qu'il veut, mais c'est en y mettant les formes. Il expose courtoisement ses besoins et ne fait usage de la force qu'en dernière analyse. Tout au plus peut-on discerner chez lui une attitude de mentor sagace qui indique patiemment la supériorité des méthodes germaniques aux Latins désordonnés à qui il estime avoir affaire. Cette philosophie n'est d'ailleurs pas propre à la région toulousaine et s'exprime fort bien même en zone ex-occupée dans le rapport du Dr Michels, chef de l'administration allemande en France du Nord :

> Dans aucun pays peut-être la façon dont une demande est présentée et celle dont on obtient satisfaction ne jouent un rôle aussi grand qu'en France. Des expériences faites par l'administration militaire, il ressort en effet que, tout en sauvegardant l'autorité allemande, l'on pouvait obtenir beaucoup plus en prenant des formes, en agissant avec une « élasticité tenace » qu'en cherchant à menacer et à se prévaloir de la force. Le Français veut être persuadé, il ne doit pas être forcé. Il était très important, étant donné sa mentalité formaliste bien connue, de ne pas contrarier

ses dispositions à collaborer par des actes unilatéraux qui auraient pu être considérés comme représentant une violation de droit ou une rupture de contrat.

Des contacts réguliers et codifiés s'installent entre les cadres de la Wehrmacht et les fonctionnaires de l'État français. Un service des relations avec les troupes d'opération se met en place à la préfecture avec interprètes et secrétariat. Un officier de liaison avec l'armée allemande est chargé de centraliser les demandes de part et d'autre. Mais les responsables allemands préfèrent de beaucoup s'adresser directement aux services français responsables : cela leur paraît plus simple et plus commode. Le préfet tolère cet état de fait à condition que ses subordonnés l'avertissent et ne prennent aucune initiative sans son accord.

Les premières troupes allemandes s'étant installées de manière ultra-rapide sans avertir les autorités locales, Cheneaux proteste contre ces abus et demande qu'on respecte l'esprit de l'armistice. Il obtient satisfaction. Schubert rédige en effet un code de bonne conduite en cinq articles destiné à ses subordonnés. L'ordre du jour du 24 décembre 1942 interdit en effet aux militaires de la Wehrmacht et des services annexes :

1. D'occuper un cantonnement sans avertir la Kommandantur ou à défaut le maire de la commune concernée.
2. De détériorer et de s'approprier le matériel des cantonnements.
3. De demander une réquisition ou une prestation sans accord préalable des autorités françaises.
4. De demander la vente de produits contingentés sans tickets ou bons d'achat.
5. D'acheter directement aux producteurs.

Il s'agit évidemment de maintenir les pouvoirs locaux français en bon état de marche en ne leur faisant pas perdre la face. Il faut aussi éviter les effets inflationnistes causés par le développement du marché noir. Si l'on veut puiser dans les richesses françaises, il est nécessaire que l'économie fonctionne à peu près régulièrement.

Les militaires allemands de base, pour leur part, sont ravis d'être à l'abri dans le midi de la France, loin des périls extrêmes du front russe ; ils ont donc intérêt à éviter les incidents. Mais ils souhaitent aussi profiter à fond de ce qui est à leurs yeux un pays de cocagne où ils sont douillettement installés, « heureux comme Dieu en France ». Aussi ont-ils tendance à oublier le point 1 : cherchant constamment des cantonnements plus vastes et plus confortables. Et, surtout, le point 5 : ils courent la campagne pour se procurer des victuailles (tout comme les civils français). Les troupes qui arrivent du front sont naturellement portées à ces abus. Aussi Sadon, successeur de Cheneaux en 1944, est-il amené à demander au HVS de rappeler les interdictions de décembre 1942. Ce qui est fait en avril 1944. Le *gentlemen's agreement* entre le préfet de Vichy et la Wehrmacht est donc de nouveau affiché en allemand et en français dans les cantonnements et les mairies. Mais, évidemment, ni les SS ni la Gestapo n'en ont cure.

Quoi qu'il en soit, les préfets se rengorgent et, chaque fois, font valoir leur mérite auprès du ministre de l'Intérieur. Leurs protestations, assez fréquentes, contre tel ou tel abus, aboutissent parfois, il faut le reconnaître, à un certain succès. Et lorsque le sujet n'est pas trop important, le général allemand ne se formalise pas d'un refus. Ainsi Schubert, trouvant que son QG est mal logé, demande à plusieurs reprises qu'on lui cède le « palais du Maréchal », siège du commandement de la XVIIe région militaire française, gros édifice du XIXe siècle proche de la préfecture. Cheneaux s'y oppose absolument, estimant que ce serait catastrophique aux yeux de la population. Il obtient satisfaction. Ce bâtiment de prestige ne sera finalement occupé qu'aux tout derniers jours de la présence allemande à Toulouse. De même après avoir réquisitionné le cinéma Gaumont devenu *Soldatenkino*, l'organisation Todt réclame, en juillet 1944, l'autre grande salle de la place Wilson, le Plaza, pour y organiser en permanence des séances récréatives [2]. Indignation à la préfecture où Sadon fait valoir que le Gaumont est sous-utilisé et que le cinéma toulousain rapporte à l'État des revenus fiscaux indispensables. Le Plaza restera français !

Quelques négociations heureuses de ce genre, quelques libérations de personnes arrêtées et, surtout, le ton général des relations avec l'état-major de liaison font que les officiels français de la région se félicitent constamment des bonnes manières de Schubert et de la Wehrmacht. Celles-ci contrastent à coup sûr avec les brutalités des SS et de la Gestapo sur qui le HVS n'a aucune autorité. A partir d'avril 44, les unités SS ignorent en effet délibérément les ordres de l'état-major de liaison. Elles s'emparent des logements qui leur conviennent en brutalisant les maires. Les soldats de ces troupes achètent du ravitaillement auprès des paysans, parfois sous la menace de leurs armes. Enfin, nous en reparlerons, ils pratiquent des représailles aveugles dans les zones où les partisans sont installés. Les plaintes auprès du HVS n'aboutissent pas puisque les SS sont largement autonomes.

Mais, en fait, les bonnes relations avec l'armée régulière viennent le plus souvent de la soumission des fonctionnaires français aux desiderata des Allemands (qui leur est prescrite par Laval). On le voit bien à propos des logements dont les Allemands sont extraordinairement gourmands. Ils occupent d'abord les casernes, le camp du Récébédou, de nombreux établissements scolaires, des hôtels, des chambres, la Cité universitaire, l'hôpital Purpan presque en entier. Le 10 février 1943, Schubert écrit au maire de Toulouse pour lui exposer ses besoins. Il occupe seulement, dit-il, douze cents chambres d'hôtel sur les deux mille qui existent à Toulouse(!). Il lui en faut immédiatement quatre-vingts, bien groupées : elles sont destinées en particulier aux auxiliaires féminines de la Wehrmacht. Il en profite pour faire la leçon à son interlocuteur : M. Haon n'organise pas bien la répartition des appartements dans la ville : beaucoup d'entre eux sont vides ou peu utilisés ; il faut les réquisitionner et y reloger les réfugiés vivant en hôtel. Finalement les Allemands occuperont 1 857 chambres privées et 1 981 chambres d'hôtel.

Dans cette affaire les Français cèdent presque toujours. Ce n'est pas un cas unique. Ainsi le 25 février 1944, le général Schubert demande au préfet Sadon qu'on lui livre du fil de fer barbelé. Il faut, déclare l'Allemand, enlever 50 pour cent du fil de fer sur les clôtures existant à Toulouse et dans les communes avoisinantes, ainsi qu'à Villefranche-de-Lauragais, Agen, Marmande et La Réole. Le préfet lui répond que l'ordre est communiqué aux maires des communes concernées afin que le prélèvement soit réalisé le plus rapidement possible. Il faut dire qu'en cas de demande jugée vitale pour eux, les Allemands, s'ils présentent d'abord leur requête dans les formes, se servent ensuite sans hésiter. Le 29 juillet 1944, Sadon refuse de livrer un grand nombre de camions et de voitures qui lui sont réclamés, sans doute en prévision d'une éventuelle évacuation ou d'une extension des hostilités à la région toulousaine. Dans les usines travaillant pour l'Allemagne, la Wehrmacht a déjà réquisitionné 20 pour cent des camions et leurs chauffeurs. Aussi Sadon argumente-t-il : « Les automobiles en état de marche sont déjà en nombre très insuffisant et l'économie régionale souffrirait trop de leur absence. » Mais les services allemands concernés mettent la main sur les véhicules convoités sans autre forme de procès : masse hétéroclite de voitures qui leur serviront lors de leur retraite précipitée, un mois plus tard.

Avec le développement de la Résistance les choses se gâtent peu à peu. Le préfet régional est donc amené fréquemment à protester contre les violences dont sont victimes les civils français. Mais la « courtoisie » de l'état-major n° 564 ne cesse pas même lorsqu'il annonce aux Français les nouvelles les plus désagréables, comme en témoigne la lettre suivante :

Hauptverbindungstab 564 — 4 juin 1944
Der Kommandant
au préfet régional

Très honoré Monsieur le Préfet,

Les ressortissants français
Marcel Vennat né le 20/11/1914 à la Courtine, département de la Creuse, demeurant à Montauban, 27, rue Delcassé,

Irénée Bès né le 1/5/1908 à Caylus demeurant à Vignarmand près Montauban,
ont été condamnés à mort le 3/6/44 par le tribunal militaire pour actes de francs-tireurs.
La sentence a été exécutée ce matin à 5 h 55.

De même Sadon ayant vivement protesté contre les exactions commises par les SS dans le Lot, il lui est répondu en termes pleins d'urbanité :

> Il a été donné à entendre, à plusieurs reprises, à la préfecture régionale, que les événements ne pouvaient se dérouler de la sorte que parce qu'une grande partie de la population, si elle ne prêtait pas ouvertement son aide au mouvement de résistance, sympathisait tout au moins avec lui. Si, à la suite de ces incidents, des civils français innocents ont eu à souffrir, l'État-Major de liaison le regrette également ; cependant la faute n'en revient pas à l'armée allemande.

Comme on s'en rend compte, il entre beaucoup d'hypocrisie dans la politesse du brave général commandant l'état-major de liaison.

Pas toujours cependant, car il arrive que les membres du HVS prennent leur jeu au sérieux et se démarquent de la Gestapo et des SS. Ainsi, l'armée a réquisitionné la moitié de la prison Saint-Michel, mais elle interdit à la Gestapo d'y pratiquer des « interrogatoires renforcés », c'est-à-dire des tortures ; il s'agit sans doute d'éviter les troubles que les cris des suppliciés feraient naître dans la prison et non de souci humanitaire, mais il y a là une source de conflits. De même lorsque le 9 juin 1944 la Gestapo arrête une série de notables parmi lesquels plusieurs préfets de la région, l'administration militaire peste contre cette « sottise » qui la prive de ses interlocuteurs habituels.

Lors de la grande répression pratiquée par les SS en juin 1944 où plusieurs villages sont incendiés et de nombreux civils exécutés, le préfet régional proteste vivement. Il fait valoir que ces atrocités se pratiquaient couramment en Europe orientale mais pas en France ; manifestement il craint la « polonisation » du pays. La réaction du HVS est caractéristique et donne lieu à une cascade de courrier. Le 15 juin, le général Schmidt-Hartung écrit à Blaskowitz pour signaler les inconvénients de ces mesures. Le chef du groupe d'armée lui répond :

> Puis-je d'abord vous rappeler que ces opérations ont été menées sous votre responsabilité [il serait plus exact de dire coresponsabilité]. J'ai donné des ordres pour que la lutte contre

> le terrorisme soit menée avec vigueur, mais tout de même avec la décence habituelle du soldat allemand.

Il est clair que la « décence » des SS n'est pas de son ressort. Schmidt-Hartung fait alors envoyer au préfet une longue lettre d'explications où il défend le comportement des troupes.

> Contre un tel combat l'Armée allemande doit employer et emploiera tous les moyens dont elle dispose. Si l'on doit faire appel pour cela à des méthodes de combat qui sont nouvelles en Europe occidentale, il faut observer que la lutte des terroristes par embuscades constitue quelque chose de nouveau pour l'Europe occidentale.

Malgré les formules de politesse, le temps de la correction est passé.

La Gestapo

La Gestapo s'installe à Toulouse dès l'invasion de la zone libre [3]. Son organisation régionale, l'un des dix-sept commandements de la police allemande en France, porte le nom de KDS : *Kommando der Sicherheitspolizei* (Commandement de la police de sûreté, contracté en Sipo-SD). Le ressort du KDS de Toulouse, d'abord réduit à quelques départements, s'est élargi progressivement jusqu'à coïncider peu ou prou avec les limites de la XVIIe région en 1943. Le KDS s'est installé bourgeoisement dans la ville rose, réquisitionnant un vaste hôtel particulier 15, rue Maignac, dans le quartier du Grand-Rond, et cinq autres immeubles : 2, rue Maignac, 9, rue Frédéric-Mistral, 36, rue des Chalets, 49, rue Raymond-IV, et l'hôtel de l'Ours blanc, proche de la place Wilson. Il dispose de quarante-neuf véhicules, sans compter ceux qu'il réquisitionne en cas de besoin. Outre le corps principal installé à Toulouse, la circonscription du KDS lors de sa plus grande extension était divisée en six zones : quatre « services extérieurs » à Agen, Cahors, Montauban et Tarbes, et deux « commissariats aux frontières » à Foix et Pau.

L'organigramme de la Gestapo est en principe le même partout, il s'adapte pourtant aux nécessités locales. Le KDS se divise en principe en six sections *(Abteilungen)* divisées à leur tour en sous-sections. La section I concerne l'administration, le personnel, les finances. Les sections II et III n'existaient pas à Toulouse. La section IV est la plus importante [4] : elle est chargée des actions répressives contre tous les ennemis de l'Allemagne : gaullistes, communistes et Juifs principalement. Elle est morcelée en sous-sections aux contours variables comme IV J ou IV4, spécialisée dans l'action antijuive. La section V, regroupée à l'occasion avec la IV, est concernée par les affaires criminelles à aspect juridique et le marché noir. La section VI s'occupe des renseignements, en particulier sur les partis politiques : elle fut dissoute lorsque le chef du KDS s'aperçut qu'elle avait été pénétrée par un audacieux agent de la Résistance, Achille Viadieu. Dans la pratique, le KDS est un organe bicéphale avec un chef qui conçoit la politique d'ensemble tout en dirigeant l'administration, et un responsable de la section IV qui prend en charge directement la répression et l'action policière.

Les effectifs de la Gestapo régionale n'étaient pas très considérables. A son apogée elle a sans doute compris cent quatre-vingt-douze agents de nationalité allemande dont cent huit basés à Toulouse. Sans atteindre l'efficacité de son homologue bordelaise qui réussit à désorganiser durablement les mouvements de résistance, elle obtint toutefois un rendement policier remarquable vis-à-vis des militants clandestins, des Juifs et des Français ordinaires, frappés par une répression très dure. C'est qu'en réalité le KDS est le cœur d'un organisme plus vaste. Elle est souvent aidée par la Feldgendarmerie, par les douaniers allemands des Pyrénées et par les unités SS cantonnées dans la région. Malgré la rivalité qui l'oppose parfois à la Wehrmacht, certaines des opérations qu'elle entreprend sont mises sur pied en commun avec l'Abwehr. Et surtout elle a recruté de nombreux Français qui lui ont permis de pénétrer les milieux de la Résistance. Certains de ces agents locaux ont été utilisés et rétribués en permanence : trente-deux d'entre eux devaient être évacués avec les Allemands en cas de retraite (prévue en juillet 1944), mais il est vraisemblable qu'il y en avait davantage. Pour sa part, la MOI–FTP, généralement bien informée, en avait dressé une liste comprenant soixante-sept noms ; et cet effectif est inférieur à celui des auxiliaires de la Gestapo jugés à la Libération.

La police allemande est en effet entourée de toute une nébuleuse d'agents de rang et de statut différents. Les uns, comme P., militant PPF, sont à la tête d'une véritable organisation annexe, comportant une série de sous-agents obéissant à leur chef français. P. dispose d'un budget assez important : soixante-dix mille francs par mois. Il en garde six mille comme salaire et sept mille pour ses frais de déplacement [5]. Le reste est destiné au fonctionnement du service et à la rétribution des agents de rang inférieur. D'autres informateurs, de seconde catégorie, effectuent des tâches subalternes pour cinq cents francs par semaine. Les Français au service de la Gestapo se servaient d'un document qui leur donnait autorité sur la police française et la Wehrmacht :

> Monsieur... est employé dans nos services. Toute personne est tenue d'obéir à ses ordres. Le certificat est également valable pour le transfert des détenus.

Les agents permanents de la Gestapo sont souvent d'une extrême jeunesse : les moins âgés ont seulement seize ans en 1944 [6]. Parmi ceux qui sont jugés par les tribunaux de l'épuration, l'âge moyen est de vingt-cinq ans. Beaucoup d'entre eux sont sans profession ou membres de milieux à la lisière de la petite bourgeoisie et du peuple : petit agent d'assurance, employé de banque, receveuse de la TCRT... Ce sont souvent de jeunes dévoyés, profitant du pouvoir exceptionnel qu'ils ont acquis pour commettre impunément divers délits. C'est ainsi que sept d'entre eux, agents permanents ou occasionnels de la police allemande, âgés de seize à vingt ans au moment des faits, s'entendirent pour dévaliser la caisse du cinéma Les Nouveautés, assurés qu'ils étaient de l'impunité. Quelques-uns d'entre eux, souvent plus âgés, formaient la *Stosstruppe* (troupe de choc), spécialisée en particulier dans les exécutions de prisonniers. On reconnaît bien dans les personnages à la fois odieux et pitoyables que nous révèlent les dossiers de l'épuration des itinéraires proches de ceux du *Lacombe Lucien* de Louis Malle.

Le milieu des dénonciateurs occasionnels ressemble à celui des permanents de la Gestapo, avec toutefois une particularité surprenante au premier abord, le nombre élevé de jeunes femmes qui y figurent. Voici par exemple un groupe de quatre amies qui travaillaient à l'occasion pour la police allemande : Monique F., étudiante, seize ans ; Élisabeth D., trente-deux ans, sténodactylo ; Simone B., seize ans, sténodactylo ; V., épouse G., vingt-neuf ans, brodeuse. Plusieurs serveuses de bar, femmes de ménage, et aussi de très jeunes filles-mères comme Mathilde K., vingt ans, qui a déjà deux enfants, complètent le tableau. Cette présence de jeunes femmes souvent marginales dans la société de l'époque a été également constatée dans divers départements. Philippe Burrin donne une interprétation pénétrante de ce phénomène :

> La délation est l'arme des faibles, et les dénonciatrices le sont doublement : en tant que femmes et parce qu'elles appartiennent à des catégories sociales défavorisées... La délation est l'arme des faibles qui ne résistent pas à la tentation de faire jouer en leur faveur la force d'un pouvoir d'exception [7].

Ce milieu d'agents semi-permanents de la Gestapo coïncide souvent en partie avec celui des informateurs de la police française. En effet les Allemands, n'ayant guère de problèmes financiers en France, rétribuent très généreusement les renseignements qu'on leur donne. On voit donc une grande partie des indicateurs travaillant pour les RG passer à la Gestapo. C'est ce dont se plaint P., l'un des chefs des RG toulousains le 11 novembre 1943 :

La diminution de moitié depuis trois mois des crédits mis à ma disposition rend plus difficile, sinon impossible, le recrutement de nouveaux informateurs qu'attirent les rémunérations substantielles que leur accordent certains services étrangers.

Malgré la communauté de leurs objectifs, Gestapo et Police française d'État ne collaborent pas sans arrière-pensées dans la recherche des résistants. En effet les chefs allemands soupçonnent les forces de l'ordre d'être pénétrées par des agents gaullistes. Aussi le KDS se sert-il abondamment des Français mais sans leur communiquer d'informations importantes. Suhr, dernier chef de la Gestapo de Toulouse, n'hésite pas à envoyer à l'Intendant de police des ordres précis : ainsi le 6 mai 1944 il produit une note de service détaillée ne laissant dans l'ombre aucun détail. La police française doit avertir la Gestapo immédiatement de tout acte de résistance : terrorisme, grève, sabotage, etc., et fournir des données sur le nombre d'armes ou de douilles retrouvées, le calibre, la marque des objets utilisés (qu'il s'agisse des revolvers ou des machines à écrire). En outre, les Français doivent remettre chaque jour à 7 heures du matin un rapport sur la journée précédente indiquant les tracts qui ont été recueillis ainsi que les noms de leurs distributeurs classés en communistes, terroristes et Juifs.

Beaucoup de recherches difficiles, nous le savons, sont faites par les RG et la 8e brigade qui ont réalisé plusieurs coups très durs contre leurs adversaires gaullistes ou communistes, comme le démantèlement de la 35e brigade MOI-FTP. Une fois les arrestations réalisées par les Français, le KDS n'a plus qu'à se servir dans les camps et les prisons, soit pour obtenir davantage de renseignements, soit pour déporter purement et simplement les détenus en Allemagne.

La parenté idéologique avec le national-socialisme, dont se vantent les groupuscules collaborationnistes toulousains, ne paraît pas un argument solide aux hommes du KDS. Il n'est pas question d'armer les collabos. En revanche, on les utilise. Cependant l'entente est meilleure avec la Milice. Miliciens et policiers allemands travaillent assez souvent en commun pour opérer des arrestations. Quant aux francs-gardes, leur principale fonction fut de lutter contre les maquis aux côtés des occupants. Enfin, sur les neuf cents miliciens du département, dix-huit (d'après une enquête de la Résistance) étaient des agents permanents du KDS.

Nous pouvons connaître quelques aspects de la personnalité des chefs du KDS grâce au procès qui leur a été fait devant le tribunal militaire de Bordeaux en 1953. La Gestapo toulousaine a été dirigée successivement par trois officiers : Retzek, Bilfinger et Suhr, sans oublier le chef de la section IV : Müller. On trouve chez eux deux types humains extrêmes, le fanatique (Suhr) et le bureaucrate

(Bilfinger) qu'on rencontre aussi chez leurs homologues français du CGQJ, de la Milice ou de la police. Ces hommes illustrent assez bien la « banalité du mal » analysée par Hannah Arendt car, à certains égards, ce sont des individus ordinaires avec leurs particularités et leurs faiblesses.

Le capitaine Helmuth Retzek, Allemand de Bohême, âgé de trente-six ans en 1942, était entré dans la police sous la république de Weimar en 1927. C'était avant tout un passionné de tennis, sport dans lequel il avait atteint un excellent niveau. Pour se faire bien voir de ses juges en 1953, Retzek insiste sur le fait qu'il a été le « fiancé » de l'actrice de cinéma Dita Parlo. Non pour faire valoir ses dons de séducteur, mais parce que Dita Parlo, antifasciste, s'était réfugiée en France sous le nazisme. Elle avait été la fragile jeune mariée de l'*Atalante*, et son idylle avec Gabin dans *La Grande Illusion* l'avait rendue célèbre en France. Les Français ayant eu la sottise de l'interner dans un camp pendant la drôle de guerre, elle se réconcilia avec le régime en 1940 et fit connaissance de Retzek à cette date. Retzek est entré à la Gestapo pour ses compétences policières, sans adhérer pourtant au Parti national-socialiste. Les Français qui l'ont côtoyé l'ont décrit comme un « soudard » bruyant et discourtois, intelligent mais susceptible de perdre son contrôle sous le coup de la colère. Incapable d'imaginer la défaite de sa patrie, même après Stalingrad, il envisageait, au pire, que la guerre pouvait finir par une paix de compromis. Retzek n'a aucun scrupule en tant que chef du KDS : les tortures par exemple sont pratiquées sous sa direction comme sous celle de ces successeurs. Toutefois il ne correspond pas au stéréotype du nazi (qu'il n'est pas tout à fait) : on peut obtenir beaucoup de lui en faisant sa partie de tennis ou en lui offrant de bons repas. Il peut libérer un détenu sur la demande d'un Français qui a su gagner sa sympathie. En revanche, il s'est fait très mal voir des hauts fonctionnaires français qui ont eu affaire à lui à cause de son langage brutal et peu diplomatique. Les témoins à son procès le dépeignent comme un antisémite frénétique, pourtant il y a assez peu de déportations de Juifs sous son commandement. Est-ce dû à un sentiment d'humanité ? C'est peu probable. En réalité, sous Retzek, le KDS se met en place, recrute ses informateurs et n'atteint pas son efficacité maximale. Retzek, qui n'était que capitaine, est privé de son commandement en juin 1943 car les chefs SS de Paris estiment que Toulouse est un poste important où on a besoin d'un officier supérieur qui puisse parler d'égal à égal avec les responsables français. Il est possible aussi que le caractère emporté et incommode de Retzek lui ait nui dans la hiérarchie SS. La suite de sa carrière semble le prouver : il connut quelques avanies dont un déplacement à Tirana qu'il considéra comme une humiliation.

Le lieutenant-colonel Rüdolf Bilfinger lui succède du 15 juin 1943 au 10 décembre de la même année. Pendant deux mois, Retzek reste à Toulouse pour mettre son successeur au courant de la situation locale. Bilfinger, né à Eschenbach (Bavière) en 1903, a d'abord été courtier de banque, puis directeur de la police à la préfecture de Stuttgart. Il a adhéré aux SA en 1933, mais à cette date tardive c'est peut-être davantage par carriérisme que par une authentique conviction nationale-socialiste. Les fonctionnaires français témoins à son procès la décrivent comme un administrateur consciencieux avec qui le contact est relativement facile. Cheneaux de Leyritz va même jusqu'à dire qu'avec lui Toulouse a connu un certain répit. Cette appréciation est contredite par les faits. Sous Bilfinger le nombre des arrestations s'accroît : tortures, meurtres, pillages et déportations de Juifs se multiplient. La machine policière allemande devient incontestablement plus efficace avec ce bureaucrate qui parle un peu le même langage que le préfet ou l'intendant de police.

En revanche, tous les témoins du procès de Bordeaux accablent Suhr, troisième chef du KDS de Toulouse. C'est d'autant plus facile que celui-ci est absent : il s'est suicidé dans sa prison de Wuppertal le 31 mai 1946 après avoir été fait prisonnier par les Alliés, et ne peut donc répliquer, mettant les responsables français en difficulté. Il est toutefois très probable que Suhr a bien été le nazi fanatique et intransigeant que l'on décrit. Avec lui pas d'accommodements. Il est vrai que la période où il dirige la Gestapo toulousaine correspond avec le développement de la Résistance et surtout des maquis. Mais, malgré ce surcroît de tâches, Suhr trouve le temps et les moyens d'arrêter de nombreux Juifs, étrangers ou français mêlés, pour les envoyer vers les chambres à gaz.

Quoique placé en principe à un rang subalterne, le chef de la section IV (la Gestapo proprement dite), le capitaine Karl-Heinz Müller, a joué un rôle central dans les activités de la Gestapo. On en a beaucoup parlé au procès bien qu'il ait été jugé par contumace. Müller, né à Lunebourg en 1911, était commissaire de police avant la guerre. Il occupe d'abord des fonctions aux postes frontières, puis il est affecté au KDS de Toulouse comme responsable de la section IV, et un temps de la V. Responsable sur le terrain des opérations policières, c'est à lui qu'ont eu affaire la majorité des victimes de la Gestapo. Müller avait des capacités policières incontestables et connaissait en outre plusieurs langues dont le français et l'espagnol. Pourtant, en 1953, Bilfinger déclare qu'il n'en était pas satisfait parce que Müller était « trop proche des femmes françaises », ce que certains témoins confirment. Il est possible que le rigide Bilfinger ait été indisposé par les bacchanales organisées, paraît-il, par ses subordonnés rue Maignac. Plus vraisemblablement il cherche à protéger son ancien adjoint que, lors du procès, il refuse de connaître sur des photographies (alors que plusieurs policiers allemands de rang inférieur l'identifient formellement). Müller a peut-être davantage agi en tant que fonctionnaire discipliné que comme nazi convaincu. Pourtant les résultats sont clairs : c'est à partir de son arrivée que la répression s'accroît brusquement et que les déportations de Juifs se multiplient. C'est enfin sous le duumvirat Suhr-Müller que la Gestapo atteint, à coup sûr, son rendement policier le plus élevé.

On possède les noms de nombreux autres membres du KDS, il est inutile de tous les citer. Faisons néanmoins une exception pour deux d'entre eux. Le lieutenant Stubbe, responsable de la section VI, était, nous dit-on, un « fils à papa » effacé que sa famille avait réussi à faire affecter en France : il cherchait des renseignements politiques auprès des militants collaborationnistes toulousains. Le sergent Oskar Rau, né en 1901 près de Posen, faisait partie de la sous-section IV J. Les détenus juifs l'avaient baptisé « le tueur » car il s'était distingué par sa brutalité, cherchant à faire avouer aux Juifs où étaient cachés leurs biens de valeur.

Dès le mois de décembre 1942, la Gestapo commence à arrêter des gens soupçonnés d'appartenir à la Résistance. Les fonctionnaires vichyssois signalent immédiatement la terreur qu'elle inspire. On se demande comment la police allemande peut avoir aussi vite des renseignements. C'est peut-être dû à une visite faite discrètement par Retzek à Toulouse avant l'invasion de la zone libre, et à une série de rapports établis par des espions de 1938 à 1942 [8]. Les activités du KDS suivent manifestement une courbe ascendante qu'on peut grosso modo diviser en trois phases :

1. Jusqu'en mars 1943 les arrestations sont relativement peu nombreuses malgré quelques actions spectaculaires comme l'emprisonnement temporaire de Maurice Sarraut en janvier. Il y a déjà des meurtres : par exemple trois personnes abattues à la fin de mars 1943 et des condamnations à mort par le tribunal militaire en déplacement à Toulouse.

2. De mars 1943 à mi-décembre 1943, le nombre des arrestations s'accroît, en particulier dans les milieux d'officiers (y compris certains militaires travaillant avec la commission d'armistice). Quelques membres importants de la Résistance sont capturés, comme le professeur Dide, responsable du NAP (Noyautage des administrations publiques), en septembre 1943. Les déportations des Juifs très ralenties depuis septembre 1942 reprennent brutalement avec le convoi du 23 juin 1943.

3. A partir de mi-décembre 1943, l'activité de la police allemande atteint un rythme très élevé. Cette intensification de la répression est due évidemment au développement des mouvements de résistance et à l'essor des maquis. Les fonctionnaires français s'en émeuvent et tentent de sauver certains notables comme Raymond Naves ou Galy-Gasparrou, homme politique ariégeois. Mais l'administration fran-

çaise se contente souvent de noter les arrestations sans rien dire lorsque les cas ne sont pas intéressants à ses yeux. La torture est couramment employée. Les SS et le KDS organisent ensemble une expédition très importante dans le Lot (11-13 mai 1944) : huit cents personnes sont arrêtées, et la plupart envoyées en Allemagne. Les exécutions sommaires deviennent de plus en plus fréquentes. Certains villages de la région sont terrorisés par des dénonciateurs qui signalent n'importe qui aux Allemands, y compris des gens n'ayant rien à voir avec la Résistance. Et ceci à un tel point que le préfet régional fait interner certains de ces trublions dans des camps. La Gestapo va en libérer quelques-uns, mais dédaigne les maniaques de la dénonciation qui lui font perdre du temps.

La recherche des ennemis de l'Allemagne n'est pas son unique souci. Bien des opérations sont provoquées surtout par les profits qu'on en attend car le pillage est l'une de ses missions; non pas les réquisitions « civilisées » organisées sur une grande échelle par la commission d'armistice ou par Speer dans les entreprises protégées, mais le vol classique des malandrins et des escarpes. De nombreuses affaires ont défrayé la chronique : le déménagement systématique des objets de valeur, meubles et objets d'art contenus dans le château du chevalier d'Orgeix avant que le bâtiment soit dynamité, la confiscation de plusieurs caisses de fourrures de grande valeur appartenant à une Juive, le ramassage des épaves laissées par les Juifs déportés par les Français à Lacaune, etc. Certains escrocs français servent d'intermédiaires et d'agents provocateurs, signalant au KDS les affaires intéressantes; ils touchent 5 pour cent de la valeur des biens confisqués [9]. En principe les objets saisis sont soigneusement enregistrés et envoyés à la société ROGES à Paris (Rohstockgesellschaft), les meubles ordinaires étant répartis entre les bureaux du KDS et les logements de ses agents. Bilfinger a même l'élégance d'envoyer le reliquat à la Croix-Rouge ! Mais les policiers allemands ne se serventils pas à l'occasion ? Les auxiliaires français, à coup sûr, n'ont guère de scrupules à se remplir les poches.

La Gestapo, on l'a vu, ne manque pas d'argent, ses membres n'hésitent pas à faire du marché noir, car ils ne sont pas concernés par l'ordre du jour du général Schubert interdisant les achats illicites.

Qu'ils soient ou non accessibles à la corruption, la centaine d'agents allemands du KDS de Toulouse s'est montrée d'une redoutable efficacité. Entre novembre 1942 et août 1944, ils sont responsables en moyenne de cinq ou six arrestations quotidiennes dans le seul département de Haute-Garonne. La Gestapo, riche de ses expériences dans le grand Reich et en zone nord, s'est montrée incontestablement efficiente. Elle n'est pourtant ni infaillible ni omnisciente, et ses faiblesses sont bien perceptibles. Elle présente d'abord une certaine rigidité causée par la discipline absolue qui est exigée des exécutants de rangs inférieurs : bien des Français ont dû leur vie à un tel manque de souplesse. C'est ainsi que deux membres de la Gestapo, à la recherche d'un résistant, découvrent par hasard une jeune Juive qui parle couramment l'allemand ; ils la questionnent mais la laissent libre chez elle car ils n'ont pas de consignes la concernant. Ayant fait leur rapport à l'échelon supérieur, ils reçoivent l'ordre d'aller arrêter la jeune fille, mais celle-ci a compris qu'il valait mieux disparaître. La méthode, l'obstination l'emportent sur la finesse. Combatalade, membre du réseau Morhange, arrêté par les policiers allemands, note leur maladresse au cours des interrogatoires : les agents du KDS affirment détenir des renseignements précis qu'ils ne connaissent évidemment pas. Mais le temps et les coups pallient ce manque d'intelligence.

Il y a aussi chez les chefs du KDS certaines vues chimériques inspirées par l'idéologie nazie. Les chefs SS ont volontiers une conception de l'Histoire fondée sur de mystérieux complots qui exagère le rôle de la franc-maçonnerie. C'est ainsi que Retzek (peut-être inspiré par le BDS parisien) imagine l'existence d'une immense conspiration maçonnique en France méridionale animée par Maurice Sarraut. Celui-ci est arrêté le 8 janvier 1943 avec deux de ses collaborateurs ; le lendemain, son bras droit Jean Baylet est longuement interrogé. Les autorités de Vichy ayant pris fait et cause pour Sarraut, celui-ci est libéré au bout de quarante-huit heures, puis mis aux arrêts chez lui sous surveillance pendant cinq jours. Finalement Retzek reconnaît plus ou moins son erreur.

Cet exemple montre que, malgré des informations souvent très précises sur les milieux résistants, la Gestapo comprend mal la situation politique française. Ses chefs (et aussi les généraux SS comme Lammerding commandant la division *Das Reich*) ont souvent des vues générales erronées. Ils s'exagèrent ainsi l'anticommunisme de l'opinion, justement à un moment où un virage s'y produit en faveur de l'URSS, jugée comme le seul pays luttant efficacement contre l'Allemagne. Comme cela a été tenté à Bordeaux, Suhr a donc essayé de dresser face à face l'Armée secrète et les FTP [10], sans succès.

Ceci n'est pas un récit des exactions de la Gestapo : il nécessiterait de plus amples développements, mais simplement en vue générale de son organisation et du rythme de son action. Les méthodes employées par les policiers allemands ont été payantes puisque dans la seule Haute-Garonne, on devait déplorer (selon G. Bixel) près de deux mille exécutions ou déportations de Français non juifs [11], et le départ vers Auschwitz via Drancy de neuf cent quatre-vingt-six Juifs. Tout n'est pas dû à la Gestapo dans ce bilan, mais c'est à elle que revient de loin la première place. Le KDS toulousain a donc bien servi le IIIe Reich. Toutefois il n'y a pas eu à Toulouse de policier allemand aussi talentueux que Dohse à Bordeaux. On sait que celui-ci, par un jeu audacieux de chantages, de libérations, de négociations avec les clandestins, réussit à démanteler la résistance girondine et à semer le trouble et la suspicion dans ses rangs. Rien de tel à Toulouse, car malgré les coups terribles qu'elle reçut, la Résistance continua de tenir, ce qui lui permit, au printemps 1944, de répandre la crainte chez l'ennemi et de jouer un rôle militaire important dans les combats de la Libération.

Entre la fameuse correction de la Wehrmacht et la brutalité des hommes de Himmler, les Allemands avaient mis au point une habile méthode empirique qui leur permettait de jouer alternativement ou simultanément sur deux registres opposés. Quelques fonctionnaires de Vichy se sont laissé prendre à ce jeu. Il est certain que Toulouse et sa région ont ainsi évité la fameuse « polonisation » et que la majorité de la population n'a pas connu le régime de terreur imposé en Europe de l'Est. En revanche l'économie, qui continue à fonctionner tant bien que mal, apporte des richesses inestimables au Reich. Ce double jeu fort efficace a surtout permis à l'ennemi de se faire livrer paisiblement par une administration zélée des milliers de jeunes travailleurs toulousains requis pour le STO.

7

Une économie en coupe réglée : travailleurs et production au service de l'ennemi

La France de Vichy présente, aux yeux de l'ennemi, deux charmes majeurs : sa neutralité bienveillante dans le conflit et sa richesse. C'est le plus grand pays industriel avancé occupé par l'Allemagne. Une production considérable et une main-d'œuvre hautement qualifiée attirent donc également la convoitise des occupants qui surveillent de près les grandes usines toulousaines et leur passent commande bien avant novembre 1942.

Mais, plus encore que la production, c'est la main-d'œuvre qui attire le Reich, privé des millions d'hommes qui combattent en Russie. Dès le 12 mai 1942, Laval avait offert gracieusement les travailleurs français à l'Allemagne : conscient, disait-il, de l'effort exceptionnel que fournissait le Reich à la cause de la civilisation européenne en combattant le bolchevisme, il souhaitait que les Français apportent leur quote-part à la lutte commune en remplaçant les combattants dans les usines allemandes. Offre d'une imprudence incroyable, mais, au fond, sans signification car de toutes manières, les occupants étaient bien décidés à se servir. En effet, Sauckel, « planificateur général pour le recrutement de la main-d'œuvre », exigea au printemps 1942 un apport « unique » de deux cent cinquante mille travailleurs, qui devait, bien sûr, se répéter plusieurs fois. Tout en rechignant, le gouvernement collaborateur répondra positivement aux prétentions ennemies selon trois modalités successives.

Laval pense d'abord rendre la potion moins amère en inventant la *Relève*, fondée sur le volontariat, où chaque départ d'un travailleur pour l'Allemagne était compensé par le retour d'un prisonnier de guerre (22 juin 1942). Le gouvernement allemand n'y consentit qu'au terme d'un marchandage : un prisonnier étant échangé non pas contre un mais contre trois volontaires français. L'échec de la Relève qui ne fournit que des effectifs insuffisants pour les appétits de l'ennemi va conduire Laval à abandonner le volontariat : des procédés de contrainte sont progressivement mis en place et culminent avec le STO (Service du travail obligatoire) le 5 février 1943. Les négriers nazis obtiennent les contingents de jeunes hommes qu'ils souhaitaient, mais c'est un coup dur pour la popularité de Vichy – et la sécurité des occupants – avec l'apparition des premiers maquis peuplés de réfractaires au STO. On passe alors à la troisième méthode, beaucoup plus habile : par les *accords Speer-Bichelonne* du 17 septembre 1943, le Reich et Vichy s'entendent pour développer des entreprises travaillant sur place pour l'Allemagne, dont le personnel serait exempté du STO. Méthode pernicieuse qui aboutit à faire travailler pour l'économie ennemie des millions de Français, satisfaits de rester chez eux ! La manière dont les Toulousains ont répondu aux exigences allemandes lors de ces trois phases n'est pas univoque, car le film qui retrace cette histoire nous présente du noir, du blanc et beaucoup de gris...

De la Relève au STO

L'annonce de la Relève par Laval dans le fameux discours où il affirma souhaiter la victoire de l'Allemagne (22 juin 1942) déclencha une véritable panique en milieu ouvrier toulousain. Certes il n'était encore question que de volontariat, mais on pouvait prévoir le pire. Les Français, en général, n'aiment pas s'expatrier. La perspective de devoir partir chez l'ennemi héréditaire, réputé dur et impitoyable, n'arrangeait pas les choses. Cette répulsion était sans doute plus vive encore en Midi toulousain où l'on estime couramment que les régions situées au nord de Cahors sont inhospitalières.

Le Parti communiste exploite immédiatement la situation, et ses tracts, qui conseillent aux ouvriers de ne pas partir servir le nazisme, passent de main en main. Les RG signalent que, dans les usines, l'opinion est si défavorable à la Relève que ceux qui envisageraient de partir dans l'espoir d'un meilleur salaire n'osent pas le dire, convaincus qu'ils seraient mis immédiatement en quarantaine. En outre, un sentiment d'hostilité envers les paysans se développe : en effet les ruraux, non contents d'être favorisés pour le ravitaillement, sont épargnés par la Relève. Les préfets craignent alors qu'il ne s'établisse une véritable fracture entre la paysannerie et le monde des villes.

Dans l'ensemble du pays, la Relève a fourni quarante mille volontaires à l'économie allemande : on est loin des deux cent cinquante mille exigés. Dans la XVIIe région, ce sont moins de mille candidats au départ qui se présentent, sur les trois mille qui avaient été demandés. Cheneaux de Leyritz et Bézagu recommandent alors au gouvernement d'abandonner le système des volontaires et de prendre des mesures de contrainte.

On passe donc à l'obligation avec la loi sur la mobilisation de la main-d'œuvre du 4 septembre 1942 qui déclare mobilisables tous les hommes âgés de dix-huit à cinquante ans et les femmes célibataires âgées de vingt et un à trente-cinq ans (celles-ci requises uniquement pour travailler en France [1]). Cette loi provoque immédiatement plusieurs débrayages – où la main du PC clandestin est discernable – dans les usines d'aviation : la SNCASE et Breguet. Les établissements industriels de la région doivent fournir 2 136 ouvriers.

Tout un dispositif est mis en place. Les ouvriers concernés sont d'abord convoqués à une visite médicale, puis, s'ils sont déclarés aptes, doivent rejoindre leur convoi quelques jours plus tard. En fait les premières convocations aboutissent à un fiasco, comme en témoigne le premier rapport concernant les requis de Haute-Garonne.

Convocations envoyées	835
Non partants :	
convocations non remises	60
travailleurs déclarés inaptes à la visite	116
exemptions et sursis	423
défaillants au départ	80
Total	679
Partants	156

Stricto sensu, les réfractaires sont quatre-vingts, soit 33 à 34 pour cent de l'effectif désigné pour le départ. Mais leur nombre réel est incomparablement plus élevé : il est clair que les Toulousains ont saisi tous les prétextes possibles pour éviter l'exil. Dans certains cas, les parents déclarent que les appelés sont partis et qu'on ne peut pas leur remettre la convocation à la visite médicale. Les partants potentiels saisissent aussi toutes les possibilités d'exemptions et sursis prévues par les règlements avec la complicité évidente des fonctionnaires (étudiants réels ou imaginaires qui ont droit au sursis, chargés de famille, etc.). Bref, la débrouillardise est intense. En revanche les exemptions pour raison de santé n'ont pas été très nombreuses et les responsables se félicitent de la loyauté des médecins !

L'inspecteur chargé du recrutement (collaborateur convaincu ou fonctionnaire zélé ?) s'indigne de ce résultat et demande au préfet que les exemptions soient beaucoup moins laxistes à l'avenir [2]. Le représentant du bureau allemand de la main-d'œuvre suggère une précaution bien simple contre les éventuelles défaillances : prendre la carte d'identité et les tickets d'alimentation des ouvriers déclarés aptes à l'issue de l'examen médical, en ne leur laissant que les coupons indispensables pour la nourriture de quelques jours. Il demande des sanctions sévères contre les absents et les truqueurs. Le préfet régional et le préfet délégué abondent dans le même sens.

On décide donc de se montrer sévère, de rechercher systématiquement les adresses des ouvriers concernés et d'utiliser les procédés de dissuasion proposés par les occupants. La rigueur donne immédiatement des résultats puisque le préfet délégué déclare en janvier 1943 :

> Depuis la mise en vigueur de la procédure de dissuasion (dont j'avais demandé d'ailleurs l'application dans mon dernier rapport) les départs pour l'Allemagne sont nombreux et réguliers.

D'après un témoignage oral favorable au préfet régional, celui-ci savait faire traîner les choses dans ses relations avec les Allemands à propos de la Relève. D'après les documents écrits, il me semble au contraire que la réalité fut tout autre. Le préfet prend la précaution de prévoir un certain contingent de réfractaires et de convoquer beaucoup plus de jeunes gens qu'on ne lui en demande. Cela lui permet d'atteindre le contingent demandé et de s'en féliciter à grand bruit auprès de ses supérieurs. Cheneaux de Leyritz continue sur cette lancée sous le régime du STO.

Le STO

Les nouvelles exigences de l'Allemagne en matière de main-d'œuvre amènent le gouvernement à instituer le Service du travail obligatoire (STO) le 5 février 1943, complété le 16 par la mobilisation pour deux ans de trois classes d'âge comportant tous les hommes nés en 1920, 1921 et 1922. De fait toutes les catégories sociales sont désormais concernées, et pas seulement les ouvriers. L'année 1943 et, à un moindre degré, les débuts de 1944 voient donc le départ de centaines de milliers de jeunes gens pour l'Allemagne. On n'en connaît pas avec précision l'effectif exact qui est sans doute de six cent cinquante mille pour l'ensemble du pays [3]. Le corollaire de cette mobilisation fut le passage dans la clandestinité (ce qui ne veut pas toujours dire dans la Résistance) de très nombreux réfractaires. Une partie d'entre eux formèrent les maquis, cette « armée Sauckel », comme on l'appelait, qui devait, par un juste retour des choses, causer mille tourments à l'ennemi.

A Toulouse, la limitation des exemptions aboutit à des résultats très nets. En revanche, la recherche des réfractaires, trop nombreux, éparpillés en mille endroits et soutenus par une active complicité populaire, n'aboutit pas à grand-chose. Quelques défaillants sont néanmoins internés à Noé.

Je ne dispose pas de l'effectif précis des Toulousains partis en Allemagne, sauf quelques bilans partiels. Goubet et Debauges, dans leur *Histoire de la Résistance en Haute-Garonne*, l'évaluent à un nombre compris entre six mille et huit mille personnes pour le département, trois mille pour Toulouse, chiffre tout à fait vraisemblable [4]. Le nombre des réfractaires n'est pas connu avec certitude ; tous les rapports limités dans le temps qu'on peut consulter montrent cependant qu'il est toujours élevé.

Voici quelques bilans régionaux conservés dans les archives :

mai 1943	1 240 départs	944 réfractaires
juin	5 756 départs	3 838 réfractaires
juillet	8 356 départs	2 644 réfractaires

Ces documents et quelques autres indiquent *un pourcentage moyen des réfractaires de l'ordre de 40 pour cent* au cours du printemps et de l'été 1943 [5]. Chiffre énorme qui ne tracasse pas outre mesure Cheneaux de Leyritz, puisqu'il continue de convoquer des effectifs beaucoup plus considérables que ceux qu'on lui demande. Autre procédé commode : on expédie en bloc certaines unités des Chantiers de jeunesse qui partent pour l'Allemagne en uniforme, sous le commandement de leurs cadres. Le préfet est donc satisfait et se félicite des résultats obtenus auprès de ses supérieurs.

Que deviennent les nombreux réfractaires ? Chacun se débrouille comme il peut : l'un va chez des parents à la campagne, l'autre s'engage comme salarié dans une ferme ou dans une entreprise forestière, un autre se procure de faux papiers qui le vieillissent, ou encore passe clandestinement en Espagne, de là en Afrique du Nord... Seule une minorité, on l'a dit, rejoint les groupes de partisans. Toutefois, le courant qui alimente les maquis ira en grossissant au fur et à mesure des progrès de l'organisation des résistants et du prestige qui entoure les combattants clandestins dans la jeunesse.

Après la défaite subie par la Wehrmacht à Stalingrad en février 1943, la conviction que l'Allemagne va perdre la guerre se répand, et les Toulousains se montrent plus dynamiques et inventifs pour fuir le STO. L'effet n'est pas immédiat puisque c'est seulement à partir de septembre-octobre 1943 que le nombre des réfractaires devient bien supérieur à celui des partants, comme l'indiquent deux bilans régionaux :

octobre 1943	65 départs	895 réfractaires
janvier 1944	1 303 départs	2 600 réfractaires

La police pratique la chasse aux défaillants avec une rare mollesse : tâche de Sisyphe, de plus en plus éloignée de sa portée. Pour cinq mois de 1943 on peut compter dans la XVIIe région 11 000 réfractaires – et seulement 262 internés pour ce motif entre 1942 et 1944 !

Au cours de l'été 1942, la déportation des Juifs avait fortement terni l'image du pouvoir. Désormais c'est le STO qui devient la préoccupation majeure des Toulousains. Les familles ressentent le départ de leur fils comme une catastrophe et une injustice. On prévoit le pire : il va subir de mauvais traitements ou périr dans un bombardement (supposition malheureusement vérifiée pour une proportion notable de déportés du travail !). Conscients de l'effet catastrophique du STO sur l'opinion, les responsables s'efforcent, avec beaucoup de retard, d'atténuer le choc. Le départ des requis, d'abord très désordonné, est ensuite organisé de manière relativement humaine : un repas chaud leur est servi à la gare. Le contraste est saisissant avec les procédés incroyablement brutaux utilisés contre les Juifs déportés pendant l'été 42. Le préfet met en place des associations de femmes de travailleurs en Allemagne jouissant de divers avantages : repas, fêtes, cadeaux, séances de cinéma. Lors des conférences sur le STO faites dans les entreprises, on s'efforce d'obtenir la présence de prisonniers rapatriés, très réticents en général pour ce genre de prestation. Rien n'y fait, et le STO est pour beaucoup dans la faveur toute nouvelle dont jouit l'URSS dans l'opinion, signalée par les RG en octobre-novembre 1943. Ce mouvement est surtout sensible chez les ouvriers, cible privilégiée du PC clandestin.

Ce n'est pas le lieu ici de raconter, dans sa diversité, la vie quotidienne des travailleurs toulousains en Allemagne. Les rapports officiels eux-mêmes, bien décidés à ne pas noircir les choses, dressent néanmoins un tableau qui n'est pas très engageant : le salaire est convenable, disent-ils, et la nourriture suffisante mais très mauvaise ; il est impossible de se procurer des vêtements, on doit donc prévoir un habillement complet dès le départ. Le travail est souvent très dur et les conditions de logement plus que médiocres. Les récits et les documents recueillis par Jacques Évrard indiquent des conditions de vie assez variables, mais fréquemment sinistres. Les travailleurs du STO étaient souvent installés dans des camps qui ressemblaient de près à ceux où vivaient les prisonniers de guerre. En réalité beaucoup de travailleurs toulousains n'ont touché aucun salaire : celui-ci était entièrement « dépensé » d'avance (et parfois au-delà) par les frais de chauffage, électricité et nourriture figurant sur le bulletin de paye ! La malnutrition et les mauvaises conditions de travail et de logement ruinèrent leur santé : un dixième d'entre eux environ fut soigné pour tuberculose, la paix revenue [6]. Certains d'entre eux (c'est le cas d'un groupe d'étudiants toulousains) connurent certes des aventures picaresques dans le chaos allemand de 1945 : vagabondant sous prétexte de changements d'emploi, se livrant à des trafics illicites... Mais, au retour, une désillusion devait les attendre : les déportés du travail, même bien accueillis au début, faisaient pâle figure auprès des déportés politiques et des maquisards ; ne leur reprochait-on pas implicitement leur soumission à la volonté de l'ennemi ? Humiliation fort pénible qui s'ajoutait à tant d'épreuves. Aussi beaucoup d'entre eux se montreront-ils fort discrets dans les années d'après la Libération : aujourd'hui il demeure assez difficile d'obtenir les témoignages des requis du STO [7].

A partir d'octobre 1943, le STO n'est plus l'essentiel pour les Allemands qui ont désormais la possibilité d'utiliser à plein la main-d'œuvre en France même, grâce aux accords Speer-Bichelonne.

Le succès des *S Betriebe*

Les Allemands s'étaient intéressés très tôt aux usines toulousaines. Les commissions de contrôle prévues par les clauses de l'armistice sillonnaient en effet le Midi toulousain dès le début de 1941. L'une d'entre elles surveillait l'armée de l'Armistice, ses effectifs, ses armements. L'autre contrôlait les industries de guerre. A chaque commission était associé un détachement de liaison composé d'officiers français qui, en principe, devait toujours servir d'intermédiaire entre les Allemands, l'Administration et les entreprises. Français et Allemands entretinrent donc avant novembre 42 des rapports corrects entrecoupés de quelques frictions. D'abord les Allemands pratiquaient couramment le marché noir, achetant directement aux producteurs à des prix élevés ; mis au courant, Vichy suggère de fermer les yeux. Mais, surtout, à l'occasion d'une inspection dans une usine d'armement, les militaires ennemis en profitaient pour aller en visiter une autre à l'improviste, se livrant ainsi à un espionnage industriel tout à fait cynique : pratique jugée intolérable par le ministère de la Guerre ! Quoi qu'il en soit, les Allemands accumulaient les dossiers et possédaient une excellente connaissance de la région toulousaine et de ses capacités bien avant de l'occuper. Quelques contrats furent passés entre des entreprises toulousaines et le Reich dès l'époque de la zone libre.

Cette politique continue avec l'occupation du pays mais d'abord à un rythme assez lent. En 1943 on dénotait en effet chez les occupants une volonté de développer en priorité leur propre instrument de production sur le territoire du Reich. A la Poudrerie, cet objectif se traduisit par des démontages : les Allemands emportèrent les machines les plus modernes, ne laissant à la manufacture d'État qu'un outillage relativement obsolète. A la Cartoucherie, deux cent cinquante machines-outils furent emportées et de nombreux camions réquisitionnés pour le front russe. Mais tout va changer après septembre 1943.

L'extrême difficulté des recrutements Sauckel ne fut pas étranger à la signature des accords Speer-Bichelonne, le 17 septembre 1943, qui bouleversèrent la situation. Bichelonne, ministre français de l'Économie, proposa à Speer, ministre de l'Armement du Reich, le développement intensif des entreprises françaises travaillant pour l'Allemagne dont les personnels seraient exemptés du STO. Speer, nazi pragmatique et non conformiste, était déjà partisan de cette méthode et autorisa la création des « *S Betriebe* » = « entreprises Speer » ou « entreprises protégées ». Il s'agit désormais de développer la production sur place et non de l'entraver par des démontages. L'année 1944 est donc celle d'une utilisation poussée du potentiel industriel toulousain, en particulier des industries aéronautiques et de l'armement. Les S Betriebe vont en effet se développer de manière étonnante à Toulouse et dans sa banlieue. Par une circulaire émanant de Speer lui-même, datée du 22 octobre 1943, les caractéristiques des entreprises protégées sont envoyées au commandement de l'équipement de Toulouse *(Rüstungkommando)*, à l'état-major de liaison avec la commission d'armistice, et aux chefs d'entreprise concernés. Pourront donc être classés « S » des établissements appartenant aux branches les plus diverses et qui couvrent pratiquement toute la gamme des productions possibles, à condition qu'elles soient utiles à l'économie de guerre allemande ou, sur place, à la Wehrmacht. En principe 70 pour cent au moins de leur production doivent être destinés à l'Allemagne. Mais en fait on y ajoute des services indispensables à la bonne marche de l'industrie toulousaine, en particulier la production d'électricité et les chemins de fer. En échange, la main-d'œuvre de ces entreprises est désormais protégée du STO ; mais des déplacements autoritaires peuvent être imposés à l'intérieur du territoire français.

Une réunion d'information est organisée par le Rüstungkommando le 30 novembre 1943, en présence du chef du service allemand du travail, des fonctionnaires français concernés et de vingt-trois industriels toulousains. Le lieutenant-colonel Hoffmann, chef du Rüstungkommando, exhorte les chefs d'établissements français à développer leur production. Il leur faut donc, déclare l'officier allemand, recruter et former du personnel spécialisé. Il va même jusqu'à leur conseiller de *reprendre tous les réfractaires des maquis que l'Allemagne renoncera alors à punir.* Politique pragmatique assez surprenante qui montre à la fois quel est le prix attaché à la production toulousaine et combien les maquis commencent dès cette date à inquiéter les occupants. Il ne faut pas oublier non plus que les militaires allemands en poste à Toulouse ont un intérêt personnel à développer leur activité, à se rendre indispensables sur place, pour éviter à tout prix l'enfer du front soviétique.

Rien ne prouve que des maquisards aient saisi la balle au bond. En revanche, la population toulousaine accorde, dans l'ensemble, un excellent accueil aux entreprises protégées. Les jeunes Toulousains, ouvriers, employés et même étudiants, se pressent à leur porte ; et les initiateurs de l'entreprise, français et allemands, se frottent les mains : on regorge de main-d'œuvre dans les S Betriebe. L'hostilité générale pour l'occupant n'empêche pas les hommes en âge de partir au STO d'accepter de travailler pour l'Allemagne nazie, si cela leur permet de rester chez eux ! Il en est de même de beaucoup d'entrepreneurs, très pressés de faire classer « S » leur entreprise. Le STO avait souvent fait diminuer dans des proportions énormes la production de certaines branches : désormais, en travaillant pour l'ennemi, leurs patrons peuvent espérer une production régulière et des profits substantiels, grâce à un personnel stable. Les Allemands les plus clairvoyants ont compris qu'ils pouvaient ainsi obtenir davantage des Français qu'en leur infligeant un exil détesté.

La liste des entreprises protégées, dressée à la fin de 1943, est complétée à plusieurs reprises en 1944. Le 15 février 1944, soixante-treize usines ou ateliers toulousains sont classés comme S Betriebe. En mars, il y en a cent soixante-sept pour Toulouse et quarante-trois pour le reste de la Haute-Garonne. Ces états comprennent toutes les grandes entreprises industrielles de la ville. L'aéronautique d'abord, avec six établissements : Breguet-Montaudran, la SNCASE (aux Ponts-Jumeaux), Latécoère-Périole, Air France (Blagnac), l'usine de Saint-Martin-du-Touch et les bureaux d'études Junker à Saint-Éloi. Les usines d'armement sont, elles aussi, protégées : la Poudrerie nationale, la Cartoucherie et la poudrerie du Fauga. Enfin, l'ONIA figure parmi les privilégiés. Ces neuf grands établissements totalisent au minimum un personnel de douze mille personnes, c'est-à-dire plus que le total des travailleurs toulousains partis en Allemagne au titre de la Relève et du STO. Elles recrutent sans peine de nouveaux salariés.

Mais ce n'est pas tout ; une poussière d'environ deux cents petites et moyennes entreprises du département s'agrègent au groupe protégé. Énumération d'une étonnante diversité qui va des garages de la Wehrmacht (Citroën, Renault...) aux firmes Berliet et Japy, Hauts-Fourneaux de la Chiers, Constructions mécaniques du Midi, aciéries de Toulouse, et aussi Manufacture de glaces Saint-Gobain, Lyonnaise des Eaux, Charpentiers réunis, l'Avenir du bâtiment, le Marché coopératif des cuirs, la menuiserie Auriach... Il existe en outre une catégorie un peu moins avantagée qui est classée « R » et non « S » : *Rüstung Betriebe*; le personnel en est protégé du STO, mais il ne doit pas être accru; quelques entreprises de constructions électriques en font partie.

Un grand nombre de patrons de la région présentent des candidatures, assorties parfois de dossiers informatifs ou publicitaires alléchants. Les Archives nationales détiennent une énorme liasse qui en fait foi. Les arguments les plus divers sont mis en avant par ces dynamiques entrepreneurs au patriotisme chancelant :

– Je travaille déjà à 90 pour cent pour la Wehrmacht.

– Je suis sous-traitant d'une entreprise S.

– Nous pourrions être infiniment utiles à l'économie allemande (démonstration établie avec conviction par les comités d'organisation du textile et de la brosserie).

– Je suis indispensable à la bonne marche de l'économie régionale (cause plaidée par les entreprises les plus improbables, par exemple par une imprimerie spécialisée dans les documents administratifs !).

Speer et Bichelonne peuvent se flatter d'avoir réussi leur coup : ils ont provoqué une belle agitation dans la fourmilière des PME toulousaines. De prime abord on pourrait penser que le patriotisme n'y était pas la qualité dominante. Mais soyons objectifs : les quatre cinquièmes des patrons de l'industrie et de l'artisanat de Toulouse n'ont été ni sollicités ni candidats pour faire partie des S Betriebe.

Nous connaissons le monde des entreprises protégées à la fois par quelques documents allemands, des textes de l'administration française et des rapports de la Résistance destinés à faciliter les bombardements. On y apprend que des spécialistes allemands sont en assez grand nombre à Blagnac, à la Poudrerie, à la Cartoucherie et, en dehors de Toulouse, aux gisements d'hydrocarbures de Saint-Marcet. Les usines de Blagnac travaillaient déjà pour les Allemands. Elles fournissent plusieurs centaines d'appareils par an et des avions prototypes Bloch; la SNCASE fait des mises au point et réglages pour les Junkers après réparation. Les usines Breguet et Latécoère, fermées au début de 1943, reprennent leur activité comme entreprises protégées. Latécoère est spécialisée dans les hydravions géants : l'un d'entre eux est basé sur le lac de Constance. L'ONIA livre peu de produits aux Allemands, mais ceux-ci sont très intéressés par le sulfate de cuivre qui est envoyé en Espagne et échangé avec du mercure par des accords de clearing.

La Poudrerie fournit trente à soixante-dix tonnes de poudre par jour aux Allemands. Cet apport, jugé précieux par certains informateurs, est considéré au contraire comme insignifiant par un ingénieur, membre de la Résistance, qui s'étonne que les Alliés aient jugé bon de la bombarder; la réalité se situe sans doute entre les deux : la Poudrerie, privée de ses machines les plus modernes, produit beaucoup moins qu'en 1940, suffisamment toutefois pour inquiéter les Alliés. La Cartoucherie fournit des douilles à la Wehrmacht et surtout à l'armée roumaine avec laquelle elle a passé contrat. La poudrerie du Fauga envoie des trains de munitions et de torpilles en Allemagne, par exemple trente wagons le 26 novembre 1943.

Dans ses Mémoires, Serge Ravanel indique l'existence à Toulouse d'un atelier destiné à fabriquer des armes de la catégorie V : les V1 et V2, petits avions sans pilote qui firent d'énormes dégâts à Londres, font partie de cette famille. Selon le chef de la Résistance militaire à Toulouse après juin 1944, « l'appareil étudié à Toulouse, appelé Meteor, était un bombardier sans pilote destiné à atteindre les États-Unis ! On prétendit qu'il portait le nom de code V4 ». C'est aux usines Latécoère que deux prototypes de ces engins avaient été construits par la firme Junker. Un commando de résistants (Organisation civile et militaire : OCM) venu de Bordeaux les détruisit le 18 juillet 1944 [8].

Devant le succès des S Betriebe, la Résistance n'a pas essayé d'empêcher les travailleurs de s'y faire embaucher. En revanche, elle a prôné le travail au ralenti et le sabotage. A partir du printemps 44, elle semble avoir été entendue pour ce qui touche au rendement. Les rapports de l'état-major de liaison n° 564 dénoncent cette influence néfaste des « terroristes », point de vue partagé par les comptes rendus envoyés à Londres par les informateurs de la Résistance : dans les grandes entreprises toulousaines, la production va decrescendo. Ainsi, d'après Serge Ravanel, la Cartoucherie devait livrer un million de douilles pour obus de 30 mm en juillet 1944. Elle n'en livra que quarante mille [9].

Les sabotages sont dus tantôt à des groupes venus de l'extérieur, tantôt à des salariés des entreprises. Aux usines de Saint-Martin-du-Touch, les mécanismes des hélices de Dewoitine sont rendus inutilisables. Dans les mêmes usines, un Junker 88 de bombardement ne parvenait pas à sortir en raison d'un défaut du train d'atterrissage. A la Libération il fallut réviser soigneusement les appareils de l'escadrille FFI afin d'éliminer les malfaçons ; malheureusement un sabotage ne put être décelé et l'un des avions s'écrasa après avoir décollé. Ces sabotages auraient pu rendre les bombardements inutiles ; ceux-ci furent néanmoins jugés indispensables par le commandement allié.

Les bombardements alliés [10]

On comprend que les Anglo-Américains n'aient pas négligé des objectifs d'industrie de guerre aussi manifestement spécialisés. Il y eut donc quatre bombardements sur l'agglomération toulousaine en 1944.

Dans la nuit du 5 au 6 avril, quatre vagues d'avions, volant à quinze cents mètres environ, et comprenant une quarantaine d'appareils, arrivèrent au-dessus de Toulouse vers minuit. La première vague lança des fusées éclairantes sur les objectifs : les usines aéronautiques de Saint-Martin-du-Touch, Blagnac et Montaudran. La DCA allemande abattit un appareil allié. Un autre, atteint d'un projectile, orienta sa chute vers la Garonne où il jeta son chargement de bombes, ce qui l'allégea et lui permit de reprendre sa ligne de vol. Il y eut malheureusement une centaine de maisons détruites, un millier de sinistrés et soixante-quinze victimes dans la population civile. Les pompiers, la police, des équipes de jeunes et... de miliciens très empressés firent de leur mieux pour secourir leurs compatriotes.

La Poudrerie devait être sabotée par la Résistance après accord avec Londres. Le 27 avril 1944, un groupe franc de l'AS détruisit quatre machines-outils et paralysa une grande partie de la production. Faute d'information, ou jugeant le résultat insuffisant, les Alliés lancèrent néanmoins un bombardement sur cet objectif. Dans la nuit du 2 mai à 1 heure du matin environ, une centaine d'appareils volant en sept vagues entre douze cents et quinze cents mètres d'altitude s'attaquèrent à la Poudrerie, au pont d'Empalot et aux usines de Saint-Martin-du-Touch. Les bombardiers alliés, suivant une ligne droite de Braqueville à Empalot, continuèrent à lancer des bombes sur la rive droite de la Garonne dans les quartiers habités. Il faut dire que les Allemands, pour écarter le danger des casernes et des positions de la DCA, avaient lancé des fusées éclairantes au milieu des maisons : les aviateurs attaquèrent donc en piqué ce qu'il prenaient pour des postes de défense antiaérienne. La DCA allemande des coteaux de Pech-David fut détruite. Il y eut encore quarante-cinq tués dans la population. La Poudrerie continuant à fonctionner, un sabotage réalisé le 26 mai par un ingénieur de l'usine, Lambert, qui exigea d'opérer seul, fit des dégâts plus graves que l'escadre alliée [11].

Les deux derniers bombardements eurent lieu de jour sur les terrains d'aviation : le dimanche 25 juin sur Blagnac et Francazal, et le 12 août sur Francazal. Il y eut des pertes dans l'armée allemande, mais aucune victime civile. Lors de ces bombardements, la population des quartiers menacés suivit les consignes de la défense passive et se réfugia dans les champs ou les tranchées. Mais en ville, malgré les objurgations de la police, des foules de badauds se précipitèrent dans les rues pour assister au spectacle. Heureusement pour eux, les batteries de DCA ayant été détruites dès le début du bombardement du 25 juin, la défense allemande fut à peu près inexistante.

Au total, au cours de ces quatre bombardements, la dispersion des bombes et de leurs éclats autour des sites attaqués causa des dégâts matériels assez importants : 5 149 immeubles furent atteints et 323 détruits en totalité. Il va sans dire que la propagande vichyssoise s'efforça d'exploiter les morts et les dégâts dus aux bombardements pour retourner l'opinion.

Ce fut en vain. Le STO a fini de détruire Vichy dans l'esprit des Toulousains. Le 5 août 1943, signalant le tort que le départ des jeunes fonctionnaires en Allemagne provoque dans l'Administration, le préfet régional ajoute « qu'il est désormais trop tard pour modifier l'extension considérable des sentiments, [je ne dirai] pas proalliés mais anti-occupants ». Tout effort de propagande en faveur de la collaboration lui paraît désormais absolument vain.

C'est pourtant dans cette population massivement hostile à Vichy que l'habileté de Speer et de Bichelonne réussit à mettre des milliers de travailleurs au service de l'Allemagne hitlérienne. Sans oublier tant de patrons, grands et petits, ardents à faire classer leur affaire parmi les S Betriebe. Pour ne pas être exilé chez l'ennemi tout en continuant à gagner sa vie, que ne ferait-on pas ? Car un peuple ne se compose pas seulement de héros.

Si l'on songe aux déboires qui résultèrent pour le Reich de l'alliance italienne, on peut affirmer que la France de Vichy fut, de fait, le premier allié de l'Allemagne hitlérienne sur le continent européen. La France occupée apporta en effet à l'économie de guerre allemande une aide décisive en main-d'œuvre et en produits de qualité tant agricoles qu'industriels. Le cas de l'agglomération toulousaine est là pour servir d'exemple probant : voici un ensemble urbain, pourtant modérément industrialisé, qui fut intensivement mis au service de l'effort de guerre ennemi, avec des milliers de travailleurs requis au titre du STO ou – plus nombreux encore – restés sur place, de grandes usines avec leur équipement, plus de cent petites et moyennes entreprises... L'honneur de la France, si cher au vieux Maréchal, sort bien malmené dans cette affaire. Mais il était passé en d'autres mains.

8

Extrême droite et collaboration

Outre tout l'arc-en-ciel de l'accommodation [1] à la présence des Allemands en France, à peu près indispensable pour survivre mais tombant parfois dans la compromission, la collaboration active avec l'ennemi a pris des formes variées à Toulouse. Les partis d'extrême droite, généralement – mais pas toujours – collaborationnistes, y existent mais ne sont ici que des groupuscules sans influence. En revanche, la Milice a connu un réel succès, avec un recrutement qui est loin d'être négligeable. Malgré quelques actions armées contre la Résistance, exécutions sommaires et tortures qui signalent ses activités comme partout, son efficacité policière et militaire n'a pas été très considérable. L'Administration, enfin, est amenée à travailler avec les Allemands : on trouve en son sein une grande variété de comportements, depuis celui de hauts fonctionnaires membres de la Résistance jusqu'au cas opposé, celui de la brigade Marty engagée à fond aux côtés de l'ennemi, sans oublier tous ceux qui tentent l'assurance tous risques du double jeu.

Les groupuscules d'extrême droite

Comme à peu près partout en zone sud, les partis de l'extrême droite collaborationniste, n'ayant point profité dès 1940 de l'aide des occupants, se sont peu développés à Toulouse. La ville rose contraste à cet égard avec Bordeaux, où l'on a assisté à l'essor de mouvements collabos assez actifs, principalement le Rassemblement national populaire (RNP) de Marcel Déat [2]. Il faut ajouter que l'idéologie affichée par les groupes fascisants de Paris qui associe des idées de gauche et de droite est peu faite pour séduire les Toulousains. Ceux-ci, on l'a dit, n'aiment guère les nouveautés politiques et ne finissent par les accepter qu'après un temps d'examen assez long.

A Toulouse on en est resté aux thèmes de la Troisième République, l'opposition de la gauche anticléricale socialement avancée et de la réaction catholique. La Milice, malgré quelques velléités de propagande populiste, se glisse assez bien dans ce moule, car elle fait plutôt figure d'héritière de l'extrême droite d'avant 1939. En revanche, le socialisme musclé du PPF ou du RNP n'ont pas cours ici.

A l'extérieur ou sur les lisières de la collaboration, deux petits groupes obstinés continuent plus ou moins sur leur lancée d'avant guerre : le Parti social français (PSF) du colonel de La Rocque et l'Action française.

Le PSF poursuit ses activités très modestement. Ses membres sont en majorité pétainistes mais se déclarent hostiles à la collaboration. Le colonel de La Rocque, venu à Toulouse dans le cadre de la Légion, prend contact avec ses fidèles le 3 novembre 1941. En 1942, son groupe se signale surtout par le biais d'activités philanthropiques. La Rocque retrouve à nouveau ses amis toulousains le 11 février 1943, au cours d'une réunion privée où il déclare que la Légion, le SOL et la Milice en formation présentent peu de garanties morales. Son arrestation, qui survient quelques jours plus tard, décourage ses partisans. La dernière trace d'activité des anciens Croix-de-Feu se signale le 6 octobre 1943 : quatre-vingts personnes assistent à une réunion où le Dr Noguès évoque avec tristesse La Rocque, captif en Allemagne ; il ne se veut ni gaulliste ni collabo ; il proclame qu'il n'y a qu'un seul ennemi, le communisme, et clôt sa péroraison sur un clin d'œil de complicité : « Le Maréchal a son plan ! »

L'Action française, à qui le pouvoir avait proposé de retrouver son statut antérieur à la dissolution des ligues par la République, avait refusé cette offre et s'était contenté de survivre dans un club, les « amitiés d'Action française ». Effectivement, une partie des activités des Maurrassiens prend la forme d'une sociabilité d'amicale : on se retrouve au « cercle Jacques Bainville » pour bavarder, pour « boire l'apéritif ». Mais il est des réunions plus politisées, en particulier celles où Charles Maurras vient en personne. A deux reprises ses visites sont organisées officiellement par la préfecture ; il remplit alors le théâtre du Capitole le 10 mai 1941 et le 15 avril 1942 où il parle de « la province garante de la patrie [3] ». Le public rassemblé à ces occasions dépasse de beaucoup l'aire d'influence maurrassienne habituelle.

A d'autres reprises le maître vient simplement réchauffer la foi des militants au cours de réunions privées auxquelles assistent une centaine de personnes. L'AF fait figure de mouvement quasi officieux, très bien vu des autorités qui ne s'en plaignent jamais La nature exacte des idées des maurrassiens de Toulouse n'est pas très claire. Il est conseillé à ses membres de faire de l'entrisme à la Légion et même dans les groupements collaborationnistes. Il est vraisemblable que certains d'entre eux se sont pris au jeu et ont oublié la ligne infiniment subtile du maître qui, en des remarques sibyllines, se déclare à la fois fidèle au Maréchal, étranger (mais non hostile) à la collaboration, et antiallemand. Après Stalingrad c'est le reflux, et les anciens adhérents passés chez les collabos reviennent au bercail royaliste. D'après un témoin, Maurras, au cours d'une réunion réservée aux adhérents et sympathisants proches, aurait tancé un Français qui portait l'uniforme allemand (probablement un membre de la LVF), affirmant que l'affaiblissement de la Wehrmacht en Russie était une bonne chose pour la France. Au même moment, ou à peu près, on le voit approuver la formation de la Milice qui « nous fera de belle et bonne police ». L'AF se manifeste pour la dernière fois à Toulouse en février 1944 par une distribution de tracts. Le monarchisme purement dynastique existe aussi à Toulouse par le biais d'un comité du comte de Paris, animé par M. de Courrèges, l'un des dirigeants de *La Garonne* : cette officine ne se manifeste guère qu'en accueillant le prince à Toulouse en novembre 1941, sans aucun rapport avec l'AF que le comte de Paris avait désavouée dans les années 30.

A côté de cette droite pétainiste, hostile aux occupants ou réticente envers le rapprochement franco-allemand, les mouvements collaborationnistes *stricto sensu* ont quelques activités à Toulouse. Très soigneusement surveillés par les RG qui disposent manifestement d'informateurs infiltrés dans leurs organisations, ils suscitent la méfiance des autorités de l'État français. Le plus important, ou plutôt le moins déficient d'entre eux, est, à coup sûr, le PPF de Doriot.

Celui-ci existait déjà avant 1942 mais nous n'en avons pas parlé dans les chapitres consacrés à cette période car il ne s'agit alors que d'un groupuscule fantomatique. Pendant la drôle de guerre, son chef, que nous avons déjà rencontré et que nous retrouverons, est l'avocat Jean Collomb, âgé de trente et un ans, qui est mobilisé.

Peu de temps avant le déclenchement de l'attaque allemande, la dizaine de personnes assistant le plus souvent à ses réunions (dont quelques étudiants) décident la sortie d'un journal toulousain *Toulouse-libre*. Cette feuille se réduit à un unique numéro, au contenu particulièrement indigent : deux photographies de Doriot, dont une en caporal, occupent une large place. Après la défaite, le PPF, réveillé par le retour de son chef Collomb, démobilisé, tente vainement de démarrer en prenant nettement fait et cause pour la collaboration. On colle des affichettes sur les murs : un papillon antijuif, un autre antimaçon, un troisième contre les étrangers. En septembre 1940, puis en décembre des crises secouent le mouvement : Collomb est éliminé, des directions éphémères se succèdent. En février 1941, le PPF se signale en barbouillant la statue de Jaurès, square du Capitole.

Les doriotistes se manifestent encore de loin en loin en 1942, mais le mouvement ne décolle – modestement – qu'après l'invasion de la zone libre. Sous la direction d'un nouveau chef, le Dr Barthet, le PPF toulousain connaît, semble-t-il, son apogée au cours de l'été et de l'automne 1943 : il compte alors environ deux cents adhérents (cent quatre-vingt-treize en juillet 1943), dont une quarantaine de militants réguliers qui se retrouvent fréquemment au siège du parti, rue du Languedoc. Les partisans de Doriot tentent de se donner plus d'importance qu'ils n'en ont par un militantisme assez voyant : conférences, distribution du journal *L'Émancipation nationale* (très mal accueilli par le public), campagne de graffitis. En août ils préparent fébrilement le congrès national qui doit, à coup sûr, précéder la prise du pouvoir par Doriot. Barthet compte un an au grand maximum pour que ce grand dessein soit réalisé. On organise le départ de quarante personnes pour aller écouter le chef à Paris. On met sur pied – sur le papier en tout cas –, en accord avec le RNP et les francistes, des groupes de combats destinés à s'opposer à un éventuel débarquement anglo-saxon. Avec quelles armes luttera-t-on contre les « judéo-capitalistes » ? Nul ne le sait, car les Allemands refusent de manière incompréhensible d'aider leurs meilleurs amis, et le préfet régional, sollicité, fait la sourde oreille.

En novembre, nouveau congrès : régional celui-là. Barthet préside, assisté des secrétaires fédéraux de six départements. A cette date les archives nous permettent de bien connaître l'organigramme du parti en Haute-Garonne à la date du 15 novembre 1943. Son chef est le Dr Barthet, assisté d'un bureau fédéral de vingt-cinq membres, dont trois femmes. Il recrute essentiellement dans la bourgeoisie diplômée : médecins, artistes, journalistes, étudiants. En novembre encore, on crée un corps d'élite régional, les « hommes de Doriot » (HD) : sorte de directoire formé des meilleurs militants de la XVIIe région. Hélas ! un certain nombre d'adhérents s'écartent discrètement du mouvement, inquiets de la tournure de la guerre. Mais les autres se remontent vigoureusement le moral en se décrivant mutuellement les armes secrètes terrifiantes préparées par les Allemands : avions étranges d'un type nouveau, bombes à la capacité explosive jamais vue...

En 1944, les fidèles d'entre les fidèles se réunissent toujours, attendant plus que jamais la prise du pouvoir par le grand chef. Le préfet signale encore leur vitalité et leur bonne organisation en avril ; il ajoute, il est vrai, que le nombre des adhérents est très faible.

Les autres « groupes nationaux », déclare Bézagu, sont à l'état d'ébauche. Effectivement, les concurrents du PPF passent deux années à « s'organiser » et à préparer un grand démarrage qui ne vient jamais. Marcel Bucard, chef des francistes, s'est déplacé à Toulouse le 24 avril 1942 pour prononcer un discours au théâtre du Taur ;

il semble qu'il n'ait pas obtenu un gros succès. Son parti se manifeste une seule fois avec un certain éclat par une conférence du 28 janvier 1943 à laquelle a participé l'abbé Sorel, conseiller national : cette réunion était destinée à la jeunesse, dont le clou devait être la projection d'un film nazi, *Le Jeune Hitlérien Quex*. Les jeunes francistes y ont invité tous les autres groupements de jeunesse. Seuls ont répondu la JNP (PPF) et la jeunesse de l'Europe nouvelle (autre petit groupe lié au mouvement *Collaboration*). En fait, presque tous les collaborationnistes toulousains sont venus : on compte environ quatre cents participants, gros succès !

Quant au RNP, c'est un état-major sans troupes qui ne se manifeste jamais, si ce n'est par des malversations dans la gestion de son « restaurant populaire ». Nous verrons comment il sera facile au groupe Morhange de le pénétrer et d'obtenir ainsi des informations sur la police allemande. Le mouvement Collaboration [4], créé en janvier 1942 avec l'appui officiel, reçoit l'adhésion de membres des divers groupes d'extrême droite. C'est lui qui chapeaute la venue du conférencier allemand Grimm à Toulouse le 16 juin 1942, comme la conférence du physicien collaborationniste Georges Claude le 17 novembre 1943. En fait, le groupe ne réussit jamais à fonctionner réellement. Deux ou trois autres petits cénacles du même genre apparaissent de manière épisodique : simples velléités. La LVF surtout, mais aussi les Waffen SS font une grosse propagande par affiches, ils disposent de bureaux de recrutement qui obtiennent quelques rares engagements. Une assistante sociale visite les familles de six volontaires de la LVF qui combattent sur le front russe : elle se plaint que ces « mauvais garçons » gardent leur solde pour eux sans subvenir aux besoins de leurs proches ! Certains jeunes gens du PPF ou du mouvement franciste fréquentent assidûment les occupants. On en voit qui participent à des enquêtes policières aux côtés de la Gestapo.

La Milice

Comme on l'a vu à propos de la Légion, le SOL, ancêtre de la Milice, n'a jamais bien mordu à Toulouse : échec qui garde un certain parfum de mystère. On constate en effet qu'il apparaît en mars 1942 et que, en janvier 1943, dix mois plus tard, il est toujours (d'après les RG) en pleine phase d'organisation ! On ne saurait mieux dire.

Mise en place de la Milice

En revanche, la Milice, créée officiellement le 30 janvier 1943, a connu un important succès, du moins à l'échelle toulousaine puisqu'elle a compté plus de six cents membres dans la ville et neuf cents dans la Haute-Garonne. Il existe donc un contraste remarquable entre la stagnation des groupes politiques collaborationnistes et l'essor rapide de la Milice. Il est clair que, si la situation toulousaine a été défavorable à l'extrême droite fascisante, elle a été, au contraire, assez propice au mouvement créé par Darnand. D'abord parce que la Milice a joui d'un appui officiel éclatant, plus net toutefois au plan du pouvoir central qu'à celui des pouvoirs locaux, beaucoup plus réticents. Ce soutien gouvernemental est essentiel : les partisans du Maréchal qui s'engagent dans la Milice le font pour Pétain et en étant persuadés qu'ils jouissent de son approbation.

D'autre part, il existe à Toulouse une clientèle toute trouvée pour le recrutement milicien : c'est la droite conservatrice et catholique à nostalgies monarchistes, très marquée par la guerre civile espagnole. On sait qu'elle était très minoritaire à Toulouse avant 1939. Elle n'avait pas toujours participé avec enthousiasme à la Légion puisque celle-ci était dirigée par un enseignant laïque, ancien républicain. En 1943, la Légion, en proie à des querelles permanentes, est en pleine décadence : elle continue paresseusement ses activités dont les plus populaires sont les restaurants légionnaires bon marché. Mais ses effectifs ne cessent de fondre. L'adhésion à la Milice peut ainsi paraître, pour les hommes d'extrême droite, l'occasion de relever la tête et d'en finir avec un pétainisme mou où des hommes de la Troisième République comme les Delrieu et les Sarraut jouissent des faveurs du pouvoir. On trouve donc dans la Milice toulousaine d'anciens monarchistes, des membres des bonnes familles du quartier Saint-Étienne et des personnes gravitant autour de ces milieux. Grands propriétaires, parfois appauvris, et aristocrates n'y sont pas rares.

Mais ce n'est pas son seul recrutement. On y trouve aussi nombre de jeunes gens plus ou moins marginaux, des « Lacombe Lucien », comme à la Gestapo, mais en nombre plus important. Certains, on a pu le penser, espéraient réussir une carrière par la Milice. Mais d'autres étaient poussés à adhérer, non à la Milice ordinaire mais aux groupes de francs-gardes armés et encasernés, par un motif bien plus immédiat et tangible : éviter le STO, car l'engagement dans les francs-gardes dispensait du départ en Allemagne.

La Milice démarre en fanfare par une manifestation imposante au théâtre du Capitole le 28 février 1943 dont toute la presse se fait l'écho. Y assistent quinze cents personnes et toutes les autorités : le préfet régional, le préfet délégué, le premier président au tribunal, trois doyens des facultés, le colonel Danglade, intendant de police, et son adjoint Heyl. Le général Schubert et quelques officiers allemands de l'état-major se sont déplacés pour témoigner de leur sympathie. Tout ce monde écoute une allocution du chef Bout-de-l'An, représentant de Darnand : il dénonce d'abord le péril bolcheviste, pour critiquer ensuite à mots couverts l'attitude du haut clergé toulousain et de Mgr Saliège qui, quatre mois plus tôt, a fait lire en chaire sa fameuse lettre dénonçant la persécution des Juifs. Bout-de-l'An, même lorsqu'ils « ont le tort de tendre la main aux pilleurs d'églises », proclame sa sympathie pour les catholiques. Les chefs miliciens espèrent obtenir l'appui des fidèles et des clercs qui ont désapprouvé Mgr Saliège. La fête se poursuit par un défilé des membres du SOL (qui vont en principe se fondre dans la Milice) et par un grand repas au « Clocher de Rodez », restaurant légionnaire. Des séances analogues ont lieu dans les villes de la région avec un public variable allant de deux cents personnes (Cahors) à huit cents (Pau).

Trois chefs se détachent à la tête de la Milice toulousaine : Souverain, nommé chef régional le 4 février 1943, Frossard, chef départemental, et l'inévitable Collomb (ancien chef du PPF), « maître à penser » du mouvement. Souverain, ingénieur de la ville de Toulouse, malgré son grade élevé, n'arrivera pas à s'imposer et sera assez vite éliminé.

Henri Frossard, quarante-huit ans, croix de guerre 14-18, capitaine de réserve, est passé par les Scouts de France (catholiques) où il a été routier. Il a un passé de monarchiste ou de cagoulard (les sources donnent les deux informations qui ne sont d'ailleurs pas contradictoires). Ce grand propriétaire de la région de Saint-Martory possède un château, cinq métairies, et gère en outre deux domaines appartenant à des neveux. Il est syndic agricole et membre très actif de la Légion : il a même succédé quelque temps à Delrieu. D'après les RG, il s'est fait haïr d'une partie de la population environnante ; mais il faut peut-être se méfier de ces sources policières car, d'emblée, le préfet, la haute administration et les RG sont hostiles à Frossard et cherchent à prendre barre sur lui. En effet, le chef milicien déteste avant tout la République et tout ce qui en procède : lois, règlements, corps constitués, et il souhaite manifestement mettre en place un système totalitaire où régnerait l'arbitraire musclé des militants nationaux. Il est donc amené à se heurter sans cesse aux administrations.

La vie de son adjoint Jean Collomb nous est un peu connue puisque nous l'avons déjà rencontré à la Légion et au PPF. Sa carrière mérite d'être examinée dans son ensemble avec quelque précision, car elle résume de nombreux traits des mouvements pétainistes et collaborationnistes de Toulouse. Collomb est né en 1908 à Abriès (Hautes-Alpes) ; avocat à la cour d'appel de Toulouse, il est devenu, avant 1939, l'animateur du PPF dans la région. A partir de là, son existence semble suivre une série de cycles caractérisée par des épisodes récurrents : militantisme fébrile dans une organisation, querelles et scandales qui affaiblissent le mouvement qu'il souhaite inspirer, puis départ du trublion vers d'autres cieux.

Cycle PPF

Comme nous y avons fait allusion dans la première partie de ce chapitre, Collomb, revenu de l'armée, tente de développer le PPF toulousain. Il entre en conflit avec les militants du petit parti qui l'accusent d'incapacité. Collomb démissionne du PPF en faisant l'éloge de l'Action française. Le PPF se traîne sans vigueur jusqu'à l'arrivée des Allemands.

Cycle légionnaire

Collomb (on l'a vu dans le chapitre 3) ne se retrouve pas à l'AF mais à la Légion, où il devient le meilleur lieutenant de Delrieu. Il prend avec flamme la défense de son chef accusé d'être un ancien franc-maçon. Puis les deux hommes se brouillent. Collomb accuse publiquement Delrieu d'être un républicain camouflé : gros scandale ! Collomb est suspendu de ses fonctions, mais Delrieu doit démissionner en novembre 1942. Cette affaire accentue le déclin de la Légion des combattants en Haute-Garonne.

Cycle milicien

Collomb devient, à la Milice, le lieutenant numéro un de Frossard. Il souhaite apporter à ce mouvement fondamentalement antirépublicain et collaborationniste une certaine coloration populiste qui lui fait défaut à Toulouse. Frossard et Collomb entament une guérilla contre Souverain, chef régional qui est contraint à la démission. Puis, à la suite d'événements mal élucidés, Collomb (et Souverain !) s'engagent pour aller lutter contre les maquis en Haute-Savoie. A la suite de quoi, Collomb se retrouve occuper de hautes fonctions à Vichy dans des cercles dirigeants de la Milice. Il disparaît en Allemagne en 1944 et refait surface en 1954.

Le tribunal d'honneur chargé de trancher le différend entre Delrieu et Collomb avait qualifié le comportement de ce dernier comme le « trépignement d'un petit garçon coléreux ». C'est bien l'impression que donne le caractère immature et irresponsable de Collomb. Plusieurs miliciens de Toulouse, c'est à noter, offrent la même image : de « sales gosses » vibrionnants, brouillons... et terriblement dangereux à l'occasion.

Un rapport de la Résistance à Londres en date du 31 mai 1943 présente un état de la Milice à cette date : il recoupe assez bien les sources officielles [5] :

EFFECTIFS DE LA MILICE EN HAUTE-GARONNE	
Francs-gardes	100
Volontaires francs-gardes proposés	66
Miliciens, miliciennes Toulouse	428
Miliciens, miliciennes de Haute-Garonne en dehors de Toulouse	307
Total au 31 mai 1943	901

Le même rapport donne ensuite la liste des miliciens de Toulouse et commente ce tableau comme suit :

> Les membres connus sous le nom de Miliciens ou de Miliciennes sont enrôlés un peu au hasard et sans aucune référence.
>
> Leur rôle actif paraît être nul en dehors de la propagande, on a de plus l'impression qu'il y a un déchet important dans leur inscription.
>
> Seuls en principe sont actifs les francs-gardes en pied qui pour Toulouse sont au nombre de 100 et armés. Les volontaires francs-gardes sont indiqués comme étant proposés à Vichy en vue de leur nomination ou plutôt de leur titularisation.
>
> Enfin il y a 307 membres inscrits en dehors de la ville de Toulouse parmi lesquels il n'y a pas de francs-gardes.

Les miliciens sont en effet nettement divisés en deux catégories : les adhérents ordinaires qui ne sont pas armés, malgré les demandes de Frossard, et les francs-gardes qui ont un statut et une organisation de type militaire. Ces derniers sont chargés d'apporter leur « énergie irremplaçable » au service du maintien de l'ordre. De fait, ils seront surtout armés après novembre 1943. Ce sont le plus souvent des jeunes gens des classes 40 à 42. Au milieu de 1943, Frossard, scrutant cas par cas un échantillon d'engagés volontaires de Haute-Garonne, les classe en deux groupes exactement équivalents : les partisans du régime et les simples opportunistes, désireux d'éviter le STO. Le préfet régional a un droit de regard sur leur titularisation définitive : il la refuse à quelques repris de justice, ou à des miliciens qui se sont fait remarquer par des actes de violence.

Le recrutement socio-professionnel des miliciens de Toulouse et de Haute-Garonne est difficile à analyser car les listes dont on dispose ne comportent pas l'indication de leur métier. En revanche on le connaît pour cent cinquante-huit candidats francs-gardes de la XVIIe région (mai 1943).

RÉPARTITION SOCIO-PROFESSIONNELLE DES CANDIDATS FRANCS-GARDES

	%	
Bourgeoisie aisée	4,8	
Bourgeoisie diplômée	11,5	
Commerçants	9,6	60 %
Artisans	15,38	
Cols blancs qualifiés	14,9	
Employés	20,1	
Ouvriers	20,1	
Paysans	2,4	
Sans profession et inconnus	6,7	

La tonalité dominante de ce recrutement se situe donc dans la petite bourgeoisie citadine et les catégories populaires non ouvrières. Les ouvriers, toutefois, ne sont pas en nombre insignifiant. On remarquera enfin l'extrême faiblesse de l'effectif paysan.

La Milice apparaît à la fois comme un parti politique, activité qui concerne la grande majorité de ses membres, et comme une force armée au service du régime. Et, de fait, dans une première période, elle se consacre surtout à la propagande, pour ensuite s'adonner à la répression. D'emblée les miliciens se font remarquer par leur style provocateur et agressif qui inquiète les autorités traditionnelles. Ce n'est pas à Toulouse qu'il se manifeste le plus, mais à Montauban et à Tarbes. Dès le début de 1943, quelques miliciens y font des contrôles d'identité revolver au point. La Milice doit, en principe, collaborer avec l'Administration, mais elle a toujours eu tendance à se dispenser de toute tutelle.

En avril 1943, Collomb lance une feuille, sorte de petit journal ou de tract étoffé intitulé *Le Fer rouge* qu'il rédige entièrement. On y trouve d'abord une apologie de l'anticommunisme milicien, associée à une démagogie d'un ton « anarchiste de droite » qui rappelle la manière des journaux collaborationnistes de Paris. « Le meilleur moyen de lutter contre le communisme, déclare la feuille milicienne, c'est de faire disparaître les abus, les injustices et le marché noir qui font les communistes. » On y trouve ensuite une dizaine de rubriques : brèves dénonciations pour motifs divers. Un adjoint au maire de Toulouse paierait à un de ses employés le salaire, dérisoire, de six cents francs par mois ; le directeur de l'ONIA admet dans son comité social un individu détenu en 1942 pour propagande communiste ; deux Juives qui travaillent encore dans des administrations sont publiquement dénoncées.

La Milice essaye de développer sa popularité en luttant à sa manière contre le marché noir : c'est l'affaire du restaurant « La Reine Pédauque » (qui va illustrer les différends potentiels entre cette douteuse police parallèle qu'est la Milice et les autorités officielles). Cet établissement accueillant, situé 15, boulevard de Strasbourg, propose d'agréables repas pour cent à deux cents francs, alors que les prix fixés dans cette catégorie vont de trente-cinq à cinquante francs. Le 14 avril 1943, Frossard, Collomb et quatre-vingts francs-gardes en uniforme envahissent le restaurant bourré de clients. Ils y trouvent entre autres un sous-officier allemand qui quitte la salle, salué par les miliciens, et deux inspecteurs de la police mobile qui sont maintenus sur place avec le reste de la clientèle. Les miliciens s'emparent de toutes les denrées alimentaires, des ustensibles de cuisine, de la vaisselle et, déclare la gérante, ... de quelques bijoux de valeur qui se trouvaient dans la table de nuit de sa chambre. Le lendemain, les provisions saisies sont distribuées à des familles nécessiteuses de prisonniers et ouvriers partis en Allemagne. Ce brillant fait d'armes déclenche l'exaltation des chefs. Collomb déclare dans le n° 2 du *Fer rouge* que la Milice a donné l'exemple (quatre restaurants de marché noir ont été fermés par la police dans la semaine suivante). Frossard est persuadé que cette action vigoureuse va créer un courant favorable aux miliciens, en particulier dans la classe ouvrière. Il reçoit un coup de téléphone élogieux du général Schubert (intercepté par le « service technique »).

Immédiatement après la razzia, Frossard, tout faraud, avertit Bézagu qui rend compte à Cheneaux de Leyritz. Or le préfet prend très mal cette affaire, où il voit une atteinte à l'ordre public. Aussi décide-t-il de poursuivre les responsables devant les tribunaux. Alors Frossard de rappeler que, dans le discours de Darnand qui justifiait la création de la Milice, le chef faisait allusion expressément à des opérations punitives contre les restaurants de marché noir. Sur consignes de Vichy, le préfet régional se voit contraint d'abandonner les poursuites contre les miliciens. Le 26 avril, Cheneaux donne donc l'ordre au procureur de classer sans suite la procédure établie par la PJ. En revanche il lui laisse le soin d'examiner les deux plaintes pour vol déposées par le propriétaire et la gérante du restaurant à propos des bijoux.

Les miliciens font d'autres opérations du même genre, par exemple, l'enlèvement « d'une vache vivante et d'un veau mort » détenus par un trafiquant italien ! Geste triomphal suivi d'un tract où la faiblesse des autorités officielles est clouée au pilori (mai 1943).

L'histoire interne de la Milice toulousaine est ensuite marquée par une série de querelles nationales emboîtées. Elles se concluent par la victoire de l'équipe Frossard-Collomb sur Souverain qui est remplacé par Lacomme. Ces querelles, il faut le reconnaître, n'ont rien de surprenant et font partie de la vie, pour ainsi dire normale, des organisations politiques françaises [6]. De mars à septembre 1943, on a l'impression que ces conflits internes occupent l'essentiel du temps des miliciens de Toulouse.

La Milice possède un leader national sur qui elle compte pour retourner l'opinion : Philippe Henriot, dont les talents d'orateur sont très appréciés des Français (même gaullistes) et dont les allocutions radiodiffusées connaîtront un grand succès. Henriot se rend à Toulouse le 12 octobre 1943 ; il prononce une conférence aux Variétés intitulée « Vos libérateurs, Messieurs ». Deux mille personnes viennent l'écouter, mais le niveau des applaudissements baisse très nettement lorsque le tribun rappelle la phrase de Laval : « Je souhaite la victoire de l'Allemagne. » Beaucoup de fidèles du Maréchal sont gênés face à un vœu aussi choquant. A l'issue de cette conférence, des miliciens se plaignent à Henriot de l'attitude prétendument favorable au gaullisme de l'administration toulousaine. Il conseille alors à ses amis d'envoyer aux personnalités du département une fausse lettre de menace signée par la Résistance. Lettre immédiatement confectionnée – avec une certaine maladresse – et expédiée à deux cents notables parmi lesquels le préfet délégué Bézagu et le premier président Guérin. L'affaire est si mal menée que la police trouve immédiatement l'origine du factum [7]. La Milice ne sort pas grandie de ce ridicule incident !

Le meurtre de Maurice Sarraut

L'affaire suivante est autrement tragique puisqu'il s'agit du meurtre de Maurice Sarraut.

La Dépêche, ralliée à Pétain, avait signé l'accord avec le ministère de l'Information organisant l'autocensure. Elle devait suivre les consignes transmises par le gouvernement, et le public ne la distinguait pas des autres médias aux ordres de Vichy et des Allemands. Pourtant, elle menait une petite guerre pour maintenir des traces infimes de son esprit démocratique initial. Elle n'avait pas publié une série d'articles faisant l'éloge des régimes totalitaires, des appels émanant de la Légion contre les républicains et les libres penseurs, des annonces du PPF et de la Milice. Mais l'acte le plus marquant – et le plus honorable – de Maurice Sarraut fut de refuser la publication d'un texte sur la question juive qui parut dans *Le Grand Écho du Midi*. Aux yeux de la Milice, Sarraut était donc une « abominable crapule » dénoncée en public par Frossard le 3 août 1943, cependant que la Résistance haïssait le journal au service de Vichy et de la collaboration. Rappelons aussi que le directeur de *La Dépêche* avait été arrêté par Retzek, chef de la Gestapo toulousaine, le 8 janvier 1943 et maintenu incarcéré plusieurs jours.

Plus que cette guérilla sans gloire – où Sarraut essayait vainement de sauver son honneur de républicain –, ce qui inquiétait la Milice et l'extrême droite collaborationniste c'était le maintien à la tête de

La Dépêche d'une équipe radicale avec Sarraut et Jean Baylet. Quoiqu'il méprisât la presse pour l'inefficacité de sa propagande, le préfet régional se croyait tenu, nous le savons, de ménager le directeur de *La Dépêche*. Il connaissait le succès maintenu du journal auprès de ses lecteurs qui appréciaient la qualité de ses informations locales, il était très satisfait du ralliement des caciques radicaux au Maréchal. Se priver de cet atout lui eût semblé maladroit ainsi qu'à Laval, sans oublier Bousquet toujours en bons termes avec les Sarraut.

La Milice et l'extrême droite collaborationniste, en revanche, voyaient dans cette liaison entre le régime et *La Dépêche* la possibilité d'un virage vers une nouvelle mouture du maréchalisme républicain qui leur déplaisait souverainement. Effectivement, à l'automne 1943, Pétain envisage une évolution vers un Vichy plus libéral. Il est décidé à se débarrasser de Laval, décidément trop impopulaire, à achever le projet de Constitution préparé depuis 1940 et à s'orienter, en politique étrangère, vers une neutralité plus affirmée. La réaction des Allemands est catégorique : Pétain, qui devait annoncer ses projets à la radio le 13 novembre, est interdit d'antenne par ordre des occupants. Au lieu du discours attendu, les auditeurs durent se contenter de l'opérette *Dédé*. Le Maréchal fit « grève » pendant un mois et refusa d'exercer ses fonctions de chef de l'État. C'est dans le cadre de cette crise que se situe le meurtre de Maurice Sarraut.

Le maréchal Pétain et son entourage avaient, semble-t-il, envisagé de confier à Sarraut un rôle dans le processus envisagé. Des bruits divers ont couru à ce sujet. Selon les uns le chef de l'État aurait demandé au directeur de *La Dépêche* de participer au futur gouvernement. Sarraut aurait accepté mais à condition qu'on rétablisse le parlementarisme et la liberté de la presse. Selon d'autres, Sarraut aurait été sollicité pour faire la liaison entre Vichy et le pouvoir d'Alger afin d'éviter à la France une période révolutionnaire [8]. Quoi qu'il en soit, des chefs miliciens voulurent manifester clairement leur opposition à ces projets par un procédé sans bavures : le meurtre de Maurice Sarraut.

Les épisodes du meurtre sont ceux d'un roman noir. Réunion à l'hôtel Lutetia de quelques collabos parisiens de haut rang qui décident le meurtre ; choix d'un tueur, le nommé Doucet. Préparation de l'opération avec l'aide d'une équipe toulousaine qui comprend Garin de la LVF, Frossard et cinq de ses hommes. Filature de Sarraut pour établir son emploi du temps. Exécution du « contrat » le 2 décembre au soir, à la mitraillette, devant la villa de Sarraut à Saint-Simon.

Dans ce scénario un point demeure obscur : le nom des participants à la réunion qui décida la mort du directeur de *La Dépêche* ; il est possible que des officiers allemands y aient participé. Mais la police de René Bousquet était bien faite ; il eut vent de l'affaire et fit surveiller

Sarraut par la police en l'avertissant du danger. L'homme politique radical eut le tort d'exiger qu'on interrompe cette protection...

La Dépêche prit le deuil de façon spectaculaire. Le cercueil fut exposé dans le hall de la rue Bayard entièrement tendu de noir. Jean Baylet fit renvoyer la couronne offerte par le général allemand. Les obsèques eurent lieu à Carcassonne en présence de René Bousquet en grande tenue de chef de police, cape et casquette.

Au début on ignorait qui avait fait le coup. Les premières nouvelles radiodiffusées de Brazzaville et d'Alger attribuèrent le meurtre à la Résistance. Sur place l'enquête de police trouva facilement les coupables. La police avait en effet repéré un jeune franc-garde de Revel qui montait la garde auprès de *La Dépêche* aux heures de sortie du directeur, étudiant manifestement l'emploi du temps habituel de Sarraut. Arrêté, celui-ci révéla le nom du milicien qui lui en avait donné l'ordre. De fil en aiguille les responsables du meurtre furent identifiés : Frossard et cinq complices. Quant au tueur à la mitraillette, revenu à Paris, il se réfugia sous l'aile de la Gestapo. A Toulouse, Cheneaux de Leyritz, négligeant les réticences de son intendant de police Charles Hornus, fit arrêter les coupables qu'il avait sous la main : Frossard et cinq autres miliciens, le 9 décembre [9].

Le 11, Bousquet était sur place pour prendre l'affaire personnellement en main. Quelle fut exactement son attitude après le meurtre de son ami ? S'il manifesta une grande affliction, eut-il, en revanche, la ferme volonté de punir les coupables ? Certes il avait tancé vertement Darnand, lequel avait répliqué qu'il n'y était pour rien [10]. Mais les inspecteurs toulousains chargés de l'enquête se plaignirent aussitôt de constater chez Bousquet, malgré les obligations qui le liaient aux Sarraut, une tendance très nette à étouffer l'affaire [11]. Finalement, sur pression de Vichy, le préfet régional fut contraint de libérer d'abord les comparses puis Frossard qui sortit de sa prison le 20 janvier 1944, alors que Darnand avait remplacé Bousquet à la tête de la police.

La Milice dans la guerre civile – le mythe de la Milice

La plupart des neuf cents adhérents de la Milice en Haute-Garonne n'ont jamais participé à des opérations policières ou militaires. Les miliciens vraiment actifs forment une minorité comprenant les francs-gardes, quelques responsables élevés et des « mobilisables de deuxième rang » en cas de coup dur : trois cents personnes au grand maximum. Hommes prêts à tout, n'ayant aucun souci de respecter les règles légales, et qui ont ainsi pu apporter une aide à la Gestapo. En réalité les francs-gardes toulousains n'ont pas constamment été sur place car on en a envoyé le plus grand nombre pour lutter contre les maquis de Haute-Savoie en février-mars 1944.

Dans la guerre civile franco-française, les miliciens ont multiplié les menaces, mais, semble-t-il, c'est la Résistance qui ouvre les hostilités. Le 21 août 1943, le milicien Félicien Costes est abattu. Le 25 août, le jeune membre de la MOI, Boris Frenkel, blesse grièvement un autre milicien, Mas (qui mourra quelques jours plus tard). Frossard et Collomb répliquent le 28 août en allant occuper la synagogue de la rue Palaprat : ils prennent en otage les Juifs qui y priaient. Le rabbin Hosanski et dix fidèles sont ainsi retenus pendant quarante-huit heures, menacés d'exécution, et finalement relâchés sur l'intervention de l'intendant de police et du préfet régional. En outre la Milice dénonce au préfet cinq communistes à arrêter d'urgence, parmi lesquels Lucien Llabres, ancien secrétaire du syndicat des métaux, qui n'est pas capturé. D'autres attentats se succèdent : après Mas c'est le tour du général Philippon, tué en novembre 1943. Au total cinq miliciens ont été abattus par la Résistance entre août 43 et mai 44. En outre la plupart des adhérents à la Milice du département reçoivent, en septembre 1943, une lettre de menaces leur intimant l'ordre de démissionner au plus vite :

Lettre envoyée aux miliciens de Haute-Garonne — Toulouse, le 15 sept. 1943

Monsieur,

Vous appartenez à la milice. Si vos chefs prétendent, grâce à la très provisoire protection des mitraillettes allemandes, assurer « l'ordre » et s'opposer à la guerre civile, vous savez bien, vous, qu'il n'y a d'autres désordres que ceux causés par l'ennemi et ses agents : vos maîtres. Vous savez aussi qu'il n'y aura pas de guerre civile chez nous, mais que l'insurrection de tout un peuple chassera l'envahisseur et châtiera les traîtres – et les moins sots de vos camarades n'ignorent même pas que vos chefs prendront à ce moment la fuite et vous laisseront supporter tout le poids de la colère populaire. Déjà plusieurs des plus coupables ont péri...

Peut-être espérez-vous être alors oublié. Détrompez-vous. Votre dossier est tenu à jour. Nous enregistrons les démarches, les coups de main, les mouchardages et les habiletés du moindre de vos accolytes [*sic*]. Interrogez n'importe quel milicien de base : il vous dira qu'il a reçu en même temps que vous cet avertissement.

Nous vous accordons jusqu'au 30 septembre pour quitter l'organisation antifrançaise à laquelle vous avez adhéré. Démissionnez comme ont démissionné A... (Jacques), P... (Julien), de N..., M... (Jean), de L..., etc. Ne cherchez pas de biais : nous saurons si votre démission est ou non sincère, si sous une forme quelconque vous continuez d'agir en liaison avec la Milice.

Si le 1er octobre vous appartenez encore à cette bande, les mesures prévues par la France Combattante pour le châtiment des traîtres vous seront intégralement appliquées.

Croyez-nous : mieux vaut vivre dans l'ombre que mourir contre la France.

Les comités patriotiques de la Haute-Garonne.

Ces lettres, ainsi que les attentats contre Costes et Mas, déclenchent incontestablement une panique chez les membres les moins convaincus du mouvement de Darnand. Selon la police il y eut alors cent cinquante démissions cependant que certains adhérents ne participent plus aux réunions, s'efforçant de se faire oublier par leurs chefs comme par le camp gaulliste. Les familles des leaders les plus en vue supplient leurs proches de se retirer : c'est le cas de la femme et des enfants de Frossard qui, après son incarcération, lui demandent, mais en vain, de démissionner. Quant aux jeunes francs-gardes, quelques-uns annoncent leur intention de se retirer. Frossard accepte leur départ, mais les fait affecter immédiatement pour le STO.

Une vingtaine de miliciens, en revanche, peuvent difficilement revenir en arrière car ils travaillent régulièrement, à titre personnel, avec la Gestapo. Frossard prend volontiers une attitude « patriotique » à ce sujet : il blâme nettement ses subordonnés qui se mettent directement au service des Allemands. Ce sont, déclare-t-il, de mauvais Français. En revanche le travail en commun de la Milice en tant que corps avec le KDS ou la Wehrmacht lui paraît normal. Distinguo subtil que les Français ordinaires ne perçoivent guère.

En janvier 1944, l'entrée au gouvernement de Joseph Darnand comme secrétaire général au maintien de l'ordre et de Philippe Henriot comme secrétaire d'État à l'Information donne un coup de fouet au moral des miliciens. Ils vont pouvoir mettre enfin sur pied l'État révolutionnaire pur et dur de leurs rêves : opinion fréquemment exprimée dans ce milieu à l'époque. Les demandes d'adhésions recommencent à affluer en février (selon quel rythme ?) ; elles compensent un peu les départs de septembre. Frossard décide alors noblement de ne pas les accepter car il les soupçonne d'être entachées d'arrivisme. Arrivisme ? On est stupéfait devant ces raisonnements quand on songe que, à la même époque, les Russes viennent d'entrer en Pologne et que les villes allemandes sont écrasées de bombes. Inconscients ou téméraires, un groupe actif de miliciens continuent de rêver de prise de pouvoir et de se passionner pour les intrigues politiciennes de Vichy. Est-ce courage ou inconscience ? Les deux se mêlent sans doute, dans des proportions variables selon le degré d'information des personnes concernées.

Il est certain que Philippe Henriot apporte un ballon d'oxygène aux mouvements collaborationnistes dans les derniers mois de leur existence. Ses allocutions à la radio ont un gros succès, y compris chez ses adversaires : Juifs, gaullistes et communistes. Les auditeurs non convaincus écoutent avec fascination une voix magnifique, un rythme puissant énoncer ce qui, pour eux, est un tissu de non-sens. Mais c'est la performance oratoire qui fait l'admiration des auditeurs, alors que miliciens, PPF et agents du CGQJ sont persuadés qu'Henriot est en train de retourner l'opinion.

Le 6 mai 1944, Philippe Henriot vient inaugurer à Toulouse la grande exposition « Le bolchevisme contre l'Europe » tenue au musée des Augustins à la demande des occupants. Énorme succès : vingt-cinq mille visiteurs selon les rapports officiels [12]. Il y a de quoi redonner du courage aux hommes de Darnand.

A partir d'avril, la Milice est intouchable : elle reçoit l'appui du nouvel intendant de police, Marty, qui envoie une circulaire à ses subordonnés leur intimant l'ordre de travailler désormais la main dans la main avec les francs-gardes. Dès lors les miliciens armés et les responsables les plus ardents participent aux activités de maintien de l'ordre contre la Résistance avec plus de vigueur. Le siège de la Milice, rue Alexandre-Fourtanié, sert de lieu de détention et de torture. Toutefois il est difficile de dresser un état précis de ces divers abus car les documents n'y font allusion que lorsque se produit un incident grave du point de vue officiel. En voici quelques exemples.

En avril le meurtre par la Résistance du postier membre de la Milice qui avait distribué de fausses lettres de menaces aux notabilités toulousaines déclenche une réaction des miliciens dans les PTT : six agents sont arrêtés, dont Hyon, ancien adjoint au maire, chez qui l'on découvre des exemplaires de divers journaux clandestins. Au début de juillet 1944, la Milice arrête le buraliste Lalande qui est incarcéré avec sa femme rue Alexandre-Fourtanié ; la provision de tabac du mois de juin est pillée. Le 22 juillet 1944, des miliciens, à la poursuite de trois résistants juifs, abattent une femme, Mme Fixmann, dans la rue. Les documents préfectoraux consacrent quelques lignes à « l'incident » alors que l'affaire de La Reine Pédauque a donné naissance à un énorme dossier. Le 2 août, la Milice de Haute-Garonne effectue une quinzaine d'arrestations à Saint-Gaudens. Entre le 7 et le 9 août, trente tirailleurs malgaches mobilisés en 1939 et restés sur place sont enlevés ainsi que deux officiers de l'intendance de Toulouse et un sous-officier. Le 10 août ce sont, semble-t-il, des miliciens qui libèrent deux détenus dont un agent allemand extraits par la gendarmerie de la prison de Saint-Gaudens. Le 18 août 1944, veille de la Libération, le directeur désigné du journal du MLN *La République*, Guillemin-Tarayre, est arrêté, torturé et abattu par les miliciens. Les francs-gardes participent, nous l'avons vu, aux côtés des Allemands au combat contre le maquis des Glières en Haute-Savoie, puis, autour de Toulouse, aux opérations contre les maquis de Rieumes – où le commandant Delattre est tué –, de Betchat, de Grenade (et de Cajarc dans le Lot). Des miliciens participent avec les occupants à l'incendie et au pillage du village de Born (3 juillet 1944).

Le 9 février 1944, la cour martiale de la Milice s'installe à Toulouse. Elle comprend trois « sages » dont le nom demeure secret. La seule peine prévue est la mort. Elle prononça à Toulouse douze condamnations à la peine capitale qui furent exécutées, dont celle de Sabatier, maître d'internat à Montauban et membre de la MOI quoique de nationalité française.

Liste de violences choquantes, et, à coup sûr, partielle. Toutefois, un fait est certain : le nombre d'arrestations effectuées par la Milice est dérisoire par rapport à celles qui sont dues aux Allemands. La police d'État elle-même a eu un rendement répressif beaucoup plus fort. Il semble d'ailleurs que les miliciens parisiens aient éprouvé une certaine méfiance envers les capacités de leurs camarades toulousains puisqu'il leur est arrivé de faire une opération à Toulouse sans avertir les autorités miliciennes locales [13]. Les violences de la Milice sont bien réelles et parfois atroces; elles sont pourtant relativement peu nombreuses à Toulouse. Il semble que l'équipe Frossard-Collomb ait été plus douée pour les manifestations publicitaires style Reine Pédauque que pour les activités policières ou militaires.

Et pourtant l'image de la Milice dans l'opinion n'est pas celle-là. Dès 43, le mouvement de Darnand provoque la haine et la crainte. Les policiers des RG disent couramment que la Milice est « vomie » par les Toulousains. Les vendeurs de *Combat*, journal de la Milice, dans les rues de Toulouse n'ont aucun succès; ils se font même injurier à l'occasion : « Ceux-là ne risquent pas d'aller en Allemagne », leur dit-on parfois. Cela d'autant plus que l'opinion s'exagère son rôle : il existe un mythe de la Milice. Le mot « milicien » est devenu un terme d'acception très large synonyme de « traître » ou de mauvais Français. Encore aujourd'hui, plusieurs témoins m'ont affirmé avoir été arrêtés ou poursuivis par la Milice en 1942, alors qu'elle n'existe pas encore ! On appelle souvent miliciens les membres de la 8ᵉ brigade, les GMR, ou les agents français de la Gestapo. La terreur que les miliciens inspirent vient de ce qu'ils paradent volontiers en uniforme, se répandent en propos de matamores et prennent en public des attitudes brutales spectaculaires qui heurtent, on s'en doute, un public très germanophobe. A côté de spécialistes discrets de la répression, la Milice joue un rôle voyant qui a peut-être eu un effet psychologique efficace pour empêcher la population d'aider plus activement les résistants. Le mythe ainsi devient réalité. Cette mythologie des miliciens continue pendant les combats de la Libération. On a beaucoup parlé des « miliciens tireurs des toits » le lendemain et le surlendemain du départ des Allemands. Mais, à ma connaissance, on n'en a jamais débusqué un seul. Jusqu'à nos jours, le milicien représente le traître par excellence. Il n'est jusqu'aux anciens partisans du régime de Vichy qui n'aient contribué à ce phénomène, en se distinguant soigneusement des miliciens, seuls coupables, à les entendre, des débordements du système.

Appareil d'État et collaboration (1943-44)

D'un préfet à l'autre

Au temps de l'Occupation, jusqu'à l'arrivée de Darnand au gouvernement, le pouvoir vichyssois à Toulouse s'efforce de suivre la ligne d'avant novembre 1942. Cheneaux de Leyritz anime un courant officiel qui se veut collaborateur dans la ligne de Laval, mais non servile envers les occupants, et toujours préoccupé de défendre ses compatriotes contre les excès de la Gestapo et des SS. Cheneaux manifeste clairement son hostilité envers les Allemands, mais, nous l'avons vu, entretient des relations assez courtoises avec le général commandant l'état-major de liaison. Nous savons aussi qu'il se met à fond au service des occupants pour rafler la main-d'œuvre et que, pendant plusieurs mois (octobre 43), il réussit à donner aux Allemands les contingents de travailleurs demandés. De même son activité contre les communistes ne faiblit pas et il soutient les intendants de police successifs, ses subordonnés, dans cette lutte jugée primordiale pour Vichy. Toutefois, aussi bien Cheneaux de Leyritz que Bézagu protestent très souvent contre les arrestations effectuées par la Gestapo et font intervenir Brinon pour sauver des personnes en danger, quelquefois avec succès.

Cheneaux se comporte parfois comme si on se trouvait en temps de paix et que l'on puisse faire des réformes utiles. C'est ainsi que son hobby préféré est l'École toulousaine d'administration qu'il a créée avec l'aide d'un professeur de la faculté de droit. Elle attire un public assez nombreux et permettra une meilleure formation des cadres de l'administration départementale et régionale. Au milieu du fracas des attentats et des exécutions, Cheneaux bichonne son enfant et fait valoir son initiative dans ses rapports à Laval. Le ravitaillement, nous le verrons, occupe aussi une part importante de son énergie.

Mais il est clair qu'au cours de l'année 1943 la machine d'État vichyssoise se détraque. De plus en plus de fonctionnaires, convaincus de la victoire prochaine des Alliés, s'opposent à la collaboration, soit par patriotisme (ou humanité quand les Juifs sont concernés), soit par prudence, ou par un mélange complexe des deux mobiles. On s'en rend bien compte en écoutant le témoignage des Juifs ou des réfractaires au STO qui signalent que tel ou tel policier, parfois de haut rang, les a aidés en les avertissant des menaces qui pesaient sur eux.

De nombreux policiers et des militaires membres de l'organe de liaison avec la commission d'armistice sont ainsi arrêtés par la Gestapo. Aux sommets de la préfecture, parmi cinq chefs de division, un est un collaborateur convaincu, deux sont des résistants actifs et deux restent dans la ligne du préfet régional [14]. Celui-ci ne peut l'ignorer car la police possède désormais beaucoup plus d'informations sur la Résistance qu'avant novembre 1942, du seul fait que l'importance des mouvements s'est considérablement accrue. Or Cheneaux n'en souffle mot dans ses rapports à Vichy, ou plutôt il n'en parle que lorsque les intéressés ont abandonné leur poste ou ont été arrêtés. Le préfet régional pratique un jeu compliqué : à la fois réprimant et ménageant quelque peu le mouvement gaulliste. Il acquiert alors dans la population une image trouble – ou plutôt une série d'images différentes. Les uns soulignent les actes de collaboration incontestables du préfet ; les autres affirment qu'il fait le moins de mal possible.

Ce qui est certain c'est que Cheneaux a immédiatement de très mauvais rapports avec la Milice. Peut-être parce qu'il n'aime pas son orientation politique. Mais dans ses rapports avec le ministère de l'Intérieur, Cheneaux présente toujours les miliciens comme des fauteurs de troubles et il insiste sur l'immaturité, le manque du sens des responsabilités qui les caractérisent à Toulouse. Son rapport du 8 mars 1943 est typique :

> La Milice française se constitue. Elle est actuellement en pleine fièvre de croissance et beaucoup de questions restent encore à préciser, notamment en ce qui concerne les formes de son activité et de sa collaboration avec les pouvoirs publics. Ce sera l'œuvre des mois qui vont venir. En attendant il conviendrait, dans l'intérêt de tous, que les chefs locaux et régionaux aient suffisamment d'autorité et d'esprit de mesure afin qu'en paroles ou en actes la Milice ne témoigne pas d'une agressivité inutile.

En mai il déclare, à propos de la Milice, que « certaines de ses initiatives locales n'ont pas été particulièrement opportunes... », que toutefois « il importe de ne pas laisser inemployée la somme d'énergie et de dynamisme que représente le mouvement ». Mais, en juin 43, après un tract émis par la Milice mettant en cause l'inertie de l'Administration, le préfet rompt tous les contacts avec Frossard. Enfin, après le meurtre de Maurice Sarraut, il n'hésite pas à le faire incarcérer avec ses complices.

Il ne faut pas s'étonner, dans ces conditions, que l'arrivée de Darnand au gouvernement sonne le glas de Cheneaux de Leyritz. Ses conflits avec la Milice le désignent à la rancune du nouveau chef de toutes les polices. En outre, il s'est fait mal voir des Allemands :

ceux-ci avaient demandé un recensement des hommes de nationalité allemande appartenant aux classes 1888 à 1927, parmi lesquels il fallait compter les « anciens Alsaciens-Lorrains ». Cheneaux de Leyritz a répondu que ces derniers étaient français et a refusé d'en donner la liste. Enfin, le départ de Bousquet (remplacé par Darnand) n'est pas sans rapport avec celui de Cheneaux car les deux hommes ont eu, dans l'ensemble, des conceptions assez semblables de la collaboration. Cheneaux de Leyritz est donc contraint à la démission. Le journal antisémite parisien *Au Pilori* commente ce départ en décrivant le préfet comme une créature des Sarraut, un franc-maçon, radical, protégeant les radicaux-socialistes, maçons et gaullistes.

Le nouveau préfet régional, Sadon, nommé en janvier 1944, n'apparaît pourtant pas comme un partisan farouche de l'État milicien. C'est un personnage beaucoup plus effacé. Au fond, le panache en moins, il n'y a pas de très grosse différence entre la ligne de Sadon et celle de son prédécesseur. Activité disciplinée au service de Vichy finissant, assez bonnes relations avec l'état-major de liaison, protestations fréquentes contre les excès des SS et de la Gestapo, et gages donnés au gaullisme. C'est ainsi que le préfet régional refuse très souvent, avec netteté, de prononcer des internements administratifs, interprétant désormais ses pouvoirs en ce domaine de la manière la plus restrictive possible, comportement qui a été remarqué.

Des intendants de police ultra

Pendant que le pouvoir préfectoral s'adapte mollement au triomphe prochain des Alliés et de la Résistance, la direction de la police s'autonomise et devient de plus en plus dure. Les trois derniers intendants de police sont en effet des collaborateurs modèles. Barthelet, qui s'est rendu fameux par son action contre les résistants lyonnais, est nommé en juillet 1943 à Toulouse, il sera exécuté le 23 octobre sur ordre du CFLN d'Alger. Son adjoint Hornus, de tendance PPF, le remplace et se signale par quelques actes d'une violence extrême; c'est lui qui réprime l'insurrection de la centrale d'Eysses (dans le Lot-et-Garonne) aux côtés de Darnand: sept condamnations à mort y sont prononcées par la cour martiale. En avril 1944, il permute avec Marty qui vient de Montpellier.

Quand Pierre Marty [15] occupe son poste à Toulouse, il a déjà derrière lui un passé remarquable de collaborationniste extrémiste et d'ennemi à la fois dur et habile de la Résistance. Né avec le siècle, il a adhéré à l'Action française et l'a quittée lorsqu'elle a été condamnée par le pape. Très bien noté dans la police, il est commissaire à Bizerte en 1940. Il s'y signale par une activité intense contre les communistes en liaison avec la police allemande. Nommé à un poste élevé à Paris, il est ensuite intendant de police à Montpellier en octobre 1943, puis à Toulouse. Ce policier hors de pair utilise deux méthodes complémentaires : violence et infiltration. D'une part il ne se sert de la police ordinaire que pour les opérations les plus banales, mais dès qu'un coup dur est en vue et qu'il ne veut pas respecter la légalité il se sert de la « brigade » qu'il a recrutée lui-même, composée d'ex-PPF et francistes, au casier judiciaire souvent chargé. La brigade Marty se compose d'une dizaine de mauvais garçons spécialistes de la torture et du pillage. Le nombre de fois où ils se sont emparés des biens de leurs victimes ne se compte pas. Ils font chanter les Juifs riches pour procurer à l'équipe les moyens financiers qui lui manquent. La brigade Marty figurerait (d'après le procès) parmi les initiateurs de la torture à l'électricité. Marty a expliqué à un commissaire de police toulousain qui se plaignait des méthodes de sa brigade que, s'il se servait d'hommes de sac et de corde, c'était pour laisser intact l'honneur de la police régulière !

A côté de ces procédés simplistes, Marty pratique les méthodes des plus subtiles de l'espionnage : infiltrant systématiquement la Résistance par ses agents (une trentaine entre Montpellier et Toulouse). Selon ses dires, il aurait ainsi complètement désorganisé les maquis de l'Hérault. Après la Libération on découvrira parmi ses agents deux chefs de maquis, un directeur de journal communiste, un chef FFI de Toulouse.

Marty est théoriquement le subordonné de Sadon, en fait il travaille la main dans la main avec la Milice et avec les Allemands et ne tient plus aucun compte des ordres du préfet régional. D'après quelques anecdotes il semble que Sadon ait été terrorisé par Marty et se soit caché le plus possible de l'intendant de police [16]. A la Libération, Marty passe à Sigmaringen avec le gouvernement : il y organise une fantomatique force de police « française ».

Le cas des trois derniers intendants de police est clair. Il contraste avec celui des autres éléments de la haute administration qui pour la plupart réussisssent à installer autour de leur personne un brouillard protecteur fait d'actes confus et contradictoires.

Une collaboration qui ne peut pas s'appuyer fermement sur des partis collaborationnistes car ceux-ci, même le PPF, sont restés sans consistance. Une Milice particulièrement bien étoffée dans une ville au passé pourtant républicain. Une minorité de francs-gardes et de militants actifs du mouvement de Darnand luttant jusqu'au bout aux côtés de l'ennemi – mais, sans doute, avec une médiocre efficacité policière. Une administration ordinaire qui se délite peu à peu, compensée il est vrai par le zèle des derniers intendants de police. Tel est le tableau schématisé de la collaboration à Toulouse. Mais il faut conclure sur l'habileté du corps préfectoral qui, tout en servant Vichy et les Allemands, réussit à se faire apprécier d'une partie des cadres de la Résistance. Comme preuves de ce talent, voici deux rapports : l'un de la Résistance, l'autre des militaires allemands, datés tous deux du printemps et de l'été 1944 :

1. Rapport à Londres de l'agent A (10 août 1944).

Sadon est « un très bon fonctionnaire, distingué, très intelligent, résistant ». Quant au préfet délégué Bézagu, s'il n'a qu'une « intelligence moyenne », il « ne demande qu'à aider la résistance sous certaines garanties », « bon élément et sûr [17] ».

2. Rapports militaires allemands (service administratif de l'état-major de liaison n° 564).

– Synthèse pour la période du 1er avril au 3 juin 1944 :

« En général les rapports avec l'administration française se font sans frictions. Elle s'efforce de se conformer loyalement et correctement aux ordres des autorités d'occupation. »

– Compte rendu immédiatement postérieur à la retraite (fin août ou septembre 1944) :

« L'administration régionale française ne donna pas jusqu'à la fin de motif particulier de plaintes. Le comportement des fonctionnaires français était à la fois réservé et correct [18]. »

Jugements symétriques d'une beauté classique !

9

L'essor de la Résistance (novembre 1942-mai 1944)

Si la Résistance toulousaine n'inquiétait pas vraiment le pouvoir en 1942, c'en est bien fini l'année suivante. Dès février les représentants de l'État soulignent les progrès de la presse clandestine dont ils connaissent désormais les titres. Au mois de juin ce sont les actions violentes qu'ils déplorent : sabotages et attentats. En 1944 enfin, ils reconnaissent que la Résistance est une force avec laquelle il faut compter.

Ce remarquable essor, reconnu par l'adversaire, est lié à un glissement de l'opinion, toujours plus défavorable à la collaboration et au pouvoir qui a choisi cette politique. Les difficultés du ravitaillement entretiennent un mécontentement à peu près permanent, car le public attribue la pénurie aux réquisitions allemandes et à l'incapacité de l'Administration. Le STO frappe presque chaque famille, il provoque la colère et la désobéissance. Les miliciens croient habile de parader en uniforme et d'entreprendre des actions spectaculaires destinées à démontrer leur force : ils obtiennent le résultat contraire : entourés de haine, ils sont considérés comme des traîtres. Le prestige du Maréchal, atout numéro un du pouvoir, est signalé pour la dernière fois par le préfet en décembre 1942. Certes, si Pétain était venu à Toulouse en 1943 ou 1944, peut-être aurait-il obtenu le même succès que lors de sa visite à Paris quatre mois avant la Libération. Mais cette hypothèse appartient à l'Histoire-fiction : le vieux Maréchal n'est pas venu réchauffer les cendres [1].

L'évolution de l'opinion résulte aussi d'un espoir. La victoire soviétique à Stalingrad (février 1943) provoque l'enthousiasme ; la défaite allemande paraît désormais certaine, ce n'est plus qu'une question de temps. Par la suite, chaque succès allié, en Tunisie, en Sicile, en Italie (chute de Mussolini le 25 juillet 1943) est salué avec ferveur. Certes, on recommence à se plaindre de la lenteur des progrès anglo-saxons dans la seconde moitié de 1943, et on attend avec impatience le second front. En revanche, les succès russes retournent une partie de la population en faveur de l'URSS : oubliés le pacte et la désertion de Thorez ! A la fin de l'année 43, les RG soulignent avec insistance l'admiration qui entoure l'Armée rouge.

Un phénomène nouveau prend de court à la fois les autorités officielles et les chefs des mouvements clandestins : c'est l'apparition des premiers maquis, signalés par les préfets en juin 1943 (mais qui, de fait, ont surgi un peu plus tôt dans la région [2]). L'opinion a dès lors tendance à confondre maquisards et résistants. Les sentiments éprouvés par le public envers les bandes de réfractaires sont ambivalents. Ces jeunes gens ne sont pas rassurants, ils pourraient bien attirer la foudre ! Mais on ne peut s'empêcher de les regarder avec sympathie et complicité.

Hostilité envers le pouvoir, indifférence envers le Maréchal, solidarité ambiguë envers les maquisards, sont à la fois cause et conséquence du prestige grandissant de la Résistance. Le gaullisme, puis le communisme (mal distingués par certains) en profitent. Alors que les autorités ne craignaient guère la propagande gaulliste, elles signalent son impact sur l'opinion à partir d'août-septembre 1943. Quant au prestige des communistes, il semble se développer de manière massive autour de décembre après dix mois de succès soviétiques continus. Ce courant favorable à la Résistance est indiscutable mais il ne faut pas le mythifier. Les soucis familiaux : ravitaillement, sort des prisonniers, départs des jeunes au STO, continuent d'occuper les esprits plus que tout ce qui touche à l'évolution de la guerre et à la conjoncture politique. En outre, si les partisans de la collaboration forment, plus que jamais, une minorité réduite, il existe un secteur d'opinion conservatrice plus important qui craint les progrès du bolchevisme : les RG le signalent en décembre 1943. Il faut aussi souligner que les attentats, fréquents à partir de la seconde moitié de 1943, sont mal perçus par beaucoup de Toulousains qui craignent les représailles allemandes : c'est pourquoi la popularité de la Résistance semble subir une éclipse dans les premiers mois de 1944 ; mais la répression allemande inverse la tendance au printemps.

Il n'est donc pas surprenant que le recrutement de la Résistance s'amplifie, flux impossible à quantifier mais qui ne cesse de grossir. Toutefois, avant le débarquement en Normandie, les effectifs cumulés de tous les groupes clandestins n'en font pas un phénomène de masse. Avec ses maquis, ses réseaux, ses mouvements et partis politiques, les structures de la Résistance débordent toutefois largement le cadre toulousain. Mais la ville rose est le centre à la fois départemental et régional d'où tout part et où tout revient, métropole où les chefs de la conspiration s'efforcent d'ordonner, avec beaucoup de difficultés, une réalité foisonnante.

Foisonnante, telle est bien la réalité de la Résistance en Midi toulousain. En effet, à côté des mouvements nationaux et locaux dont nous avions observé la naissance avant novembre 1942, on voit surgir toute une floraison de formations nouvelles. La Résistance toulousaine se caractérise plus que jamais par une vigoureuse spontanéité dont les corollaires sont le morcellement et le désordre. Mais ce désordre est facteur de sécurité. L'absence de centralisation, l'absence d'un chef incontestable reconnu par tous, empêchent la Gestapo d'obtenir un succès décisif. Rien de semblable ici à l'affaire Grandclément de Bordeaux où la chute du dirigeant de l'OCM avait annihilé et démoralisé les forces clandestines. Ainsi, la capture et l'exécution, dans des conditions atroces, de François Verdier, chef régional des *Mouvements unis de Résistance* (MUR) et commissaire de la République désigné (janvier 1944), ne provoquent pas de catastrophe car les dirigeants toulousains ne sont jamais que les fédérateurs d'une multitude de petites organisations bien vivantes. C'est pourquoi la dureté de la répression, où un millier de personnes ont perdu la vie, et l'arrestation de nombreux responsables n'entraînent aucun triomphe définitif de l'ennemi.

Diversité mais aussi unification, car l'époque est marquée par un effort, finalement assez réussi, pour coordonner et rassembler les forces qui luttent contre Vichy et les Allemands. Grâce à ses rassembleurs – Cassou, Ravanel –, la Résistance devient un État bis, mi-fédéral, mi-féodal, mais fort efficace. Je n'insisterai pas sur ce point autant que Michel Goubet et Paul Debauges qui ont fort bien narré cet épisode complexe dans leur *Histoire de la Résistance en Haute-Garonne.*

Ces deux aspects contradictoires – diversité (aboutissant parfois à une réelle pagaille) et effort d'ordre et d'unification – se retrouvent lorsqu'on veut restituer la vie que connurent les résistants toulousains. Richesse et complexité caractérisent ici les activités clandestines.

Les nouvelles forces de la Résistance toulousaine

A côté des groupes dont nous avons déjà parlé, une série de forces nouvelles apparaissent après novembre 1942. Un pôle militaire qui se veut apolitique aimante des éléments de l'ex-armée de l'armistice autour du corps franc Pommiès affilié à l'ORA (*Organisation de résistance de l'armée*). La Résistance communiste existait déjà, mais elle change de nature en structurant autour d'elle une série d'organisations annexes, se posant ainsi en rivale de tous les autres mouvements. Enfin, on voit surgir et se développer une multitude de réseaux spécialisés, les uns strictement locaux, les autres dépendant de formations existant à l'échelle nationale.

La Résistance militaire : le Corps franc Pommiès [3]

Le phénomène le plus nouveau de la période 1943-44 est l'apparition d'une importante organisation mise sur pied par des militaires de l'armée de l'armistice. Certains d'entre eux, nous le savons, avaient pratiqué des formes de résistance semi-légale en camouflant les dépôts de matériel et en faisant la chasse aux agents allemands. Lors de l'arrivée de l'ennemi en zone libre, la plupart des officiers suivirent Pétain, toutefois une minorité non négligeable décida de poursuivre les activités antiallemandes dans la clandestinité.

Leur engagement met fin au monopole de la gauche sur la Résistance : ces nouveaux combattants de l'ombre se caractérisent en effet généralement par une volonté de se cantonner dans les activités militaires et un refus de toute perspective politique à longue portée qui les fait qualifier de « réactionnaires » par leurs camarades des mouvements plus anciens. Dans la région, le chef de ce courant est le commandant Pommiès qui venait d'être nommé à l'état-major de Toulouse en octobre 1942. Après l'invasion de la zone sud il s'efforce d'implanter dans tous les départements de l'ancienne XVIIe région militaire une série de petits groupes d'une trentaine d'hommes, baptisés « corps francs », composés au départ de militaires démobilisés. Il prend contact avec certains de ses camarades officiers déjà engagés dans la Résistance, comme le capitaine Pélissier de Combat. Grâce à ses relations, il récupère rapidement une partie des caches d'armes de l'armée de l'armistice.

Bien organisé sur les bases d'un professionnalisme de qualité, le *Corps franc Pommiès* (CFP) possède des atouts dont ne disposent pas les mouvements implantés depuis plus longtemps : des liaisons directes avec Londres, un équipement assez correct et, peut-être, un cloisonnement plus rigoureux. Les officiers des années 1940 ne sont pas tous routiniers et ceux-ci ont su adapter leurs compétences aux conditions de la lutte clandestine. Toutefois leur recrutement n'écartait pas systématiquement les civils, ainsi une compagnie formée d'Alsaciens chassés de chez eux se place-t-elle sous les ordres de Pommiès. L'une des subdivisions du Corps franc Pommiès avait son état-major à Toulouse sous les ordres du colonel Noetinger ; mais il quitta la ville en mai 1944 pour s'installer dans le Gers. Contrôlant une série de maquis, le CFP n'était pas à négliger, aussi Ravanel entra-t-il en relation avec Pommiès au cours de son effort pour unifier les formations clandestines dans le cadre des FFI.

Mais les relations de Pommiès avec les autres groupes furent toujours difficiles. Le chef du CFP se méfiait de la politisation, jugée excessive, des mouvements gaullistes, sans parler des FTP communisants ! Il jugeait, en outre, leurs unités peu disciplinées donc peu fiables. Il accepta d'entrer dans les FFI mais n'y donna guère lui-même l'exemple de la discipline dont il prônait les vertus. Son refus de l'activité politique lui interdit aussi de figurer au comité de Libération. Malgré ce comportement « féodal » un peu fâcheux (qui ne se limite pas au seul Pommiès), le CFP fut un élément important de la lutte contre l'ennemi puisque, au moment de la Libération, il représentait environ un quart des combattants de Haute-Garonne. Comme le soulignent Goubet et Debauges, l'adhésion de Pommiès et de ses compagnons à la cause résistante permit en outre à l'armée régulière de ne pas sombrer dans le discrédit qui frappa Vichy.

L'obédience communiste

A l'opposé du Corps franc Pommiès dans l'arc-en-ciel politique des groupes clandestins, la Résistance communiste n'est pas entièrement une nouveauté : nous avons assisté aux efforts du PC pour maintenir son appareil à Toulouse et pour continuer sa propagande, malgré une répression impitoyable. La nouveauté réside dans l'extension de la nébuleuse communiste et dans l'influence que le courant animé par le PC prit sur l'ensemble de la Résistance.

Comme on vient de le voir, les succès soviétiques et l'héroïsme de l'Armée rouge provoquèrent un retournement de l'opinion en faveur de l'URSS (et du communisme qui en profita dans un second temps). C'est en novembre 1943 que Cheneaux de Leyritz signala pour la première fois ce changement. Puis, en décembre, il rédigea un brouillon de rapport dont il raya la partie qui pouvait le plus choquer les autorités de Vichy :

– Partie maintenue :

Les succès enregistrés par les armées russes, recueillis aux radios étrangères avec l'amplification de la propagande, donnent lieu suivant les couches de la population à des réactions différentes.

– Partie rayée :

Dans les classes ouvrières, véritable enthousiasme et reconnaissance envers l'Armée rouge qui, seule, s'est montrée capable de contenir la puissance de guerre de l'Allemagne ; admiration pour un régime capable d'avoir suscité une telle force. La propagande officielle, dénonçant le péril rouge, se heurte à ces sentiments et rencontre un scepticisme total [4].

En France, le PC fut la seule organisation à pratiquer l'attentat individuel contre les militaires allemands. Ce procédé de combat était condamné par le général de Gaulle qui le jugeait inefficace et trop dangereux pour la population, sans défense devant les représailles. En revanche, le Parti communiste estimait que le cycle attentats-répression (dont ses militants étaient pourtant les premières victimes) avait des effets utiles sur l'opinion qu'elle radicalisait contre les occupants. Les formations militaires contrôlées par le PC se lancèrent donc dans la guérilla urbaine avec un mordant qui faisait peut-être défaut à l'Armée secrète, taxée parfois d'attentisme.

Courage de l'Armée rouge et vigueur particulière des combattants communistes entraînèrent un recrutement important du PC et de ses filiales. Cet essor, très marqué dans la région, en particulier dans le Lot, est moins fort à Toulouse et en Haute-Garonne où les gaullistes conservent la primauté. Toutefois le nombre des maquis communisants, le courage des militants, la présence de communistes prestigieux à la tête des organisations gaullistes entourent le PC d'une aura singulière. Beaucoup de résistants évoluent vers des positions communistes en 1943 et 1944. Les résultats électoraux stupéfiants obtenus par le parti en 1945 prennent leur source pendant ces deux années d'occupation.

Le système complexe mis en place par le PC se compose d'un noyau dur : le parti, entouré d'une couronne d'organisations satellites ouvertes aux non-militants : le *Front national* et son bras armé les FTP *(Francs-Tireurs partisans)* et toute une série de filiales : FUJP *(Front uni de la jeunesse patriotique)*, UJRE *(Union des Juifs pour la Résistance et l'entraide)*, mouvement des femmes... Au sein des FTP, les étrangers ont une organisation particulière dans la MOI *(Main-d'Œuvre immigrée)* et les *Guérilleros* espagnols. Par son nom, par son ouverture aux Français de toute opinion, le Front national se présente comme une structure ayant vocation à regrouper tous les résistants, ce que, évidemment, les autres groupes ne pouvaient accepter, pas plus que le général de Gaulle.

Les militants de base du parti sont organisés en triangles composés de trois adhérents. Trois triangles forment une cellule, trois cellules une section. Pour assurer la sécurité, les liaisons sont uniquement verticales. Plusieurs sections forment une région (généralement confondue avec le département) dirigée par deux cadres : le spécialiste de l'organisation et le responsable politique, ou « polo » (en argot du parti), qui a la primauté. Plusieurs régions forment une interrégion dirigée par un instructeur en liaison avec le comité central (délégation zone sud). Toulouse est le siège, à la fois, d'une région et d'une interrégion [5].

En principe le cloisonnement est rigoureux. En fait beaucoup de militants de la base se connaissent car ils sont appelés à travailler ensemble dans les organisations annexes. En revanche, ils ignorent le nom des responsables régionaux. Y a-t-il d'ailleurs une direction régionale ? Un ancien communiste a pu me dire que la direction n'existait pas pendant de longues phases répressives. Est-ce la réalité ou plutôt le reflet de l'ignorance entretenue à la base ? Je pencherais vers la seconde hypothèse. Pour le Sud-Ouest, le responsable principal a longtemps été Gaston Plissonnier. Henri Dupont, le polo départemental, et Pierre Requier, qui l'assiste, apparaissent au grand jour après la Libération.

Le Front national a vocation, on le sait, de rassembler tous les adversaires du nazisme sans exclusives; les FTP sont la formation militaire qui en dépend. Ces deux mouvements sont théoriquement autonomes. Voici ce qu'en pense le Toulousain Marcel Thourel, polo à Agen en 1943-44 [6] :

> On a pu multiplier les affirmations d'indépendance de ces mouvements, parler de leur autonomie, ce n'est pas à moi qu'il faut conter de telles sornettes. Au moins dans leur encadrement, à tous les niveaux, les FTP étaient une organisation communiste placée sous le contrôle des responsables politiques du parti.

Toulouse était le siège de trois états-majors FTP emboîtés : pour le Sud-Ouest, l'interrégion, et la région (= département). Les FTP de Haute-Garonne étaient répartis en quatre compagnies. Trois d'entre elles se confondaient avec des maquis. Une autre contrôlait Toulouse et sa banlieue : elle est particulièrement bien implantée dans les grandes usines et à la SNCF [7]. Parmi les FTP, les groupements d'étrangers : les guérilleros espagnols, très actifs dans la région, et la MOI jouissaient d'une autonomie relative. Nous insisterons sur la MOI qui joua un rôle de premier plan dans la ville de Toulouse.

La MOI, créée avant guerre, regroupait les travailleurs communistes étrangers. Elle subsiste dans la clandestinité et comprend des groupes armés reliés à l'état-major FTP. A Toulouse, certains militants de la MOI sont chargés du TA (Travail allemand), qui consiste à répandre la propagande antinazie parmi les troupes d'occupation et à prendre contact avec des déserteurs potentiels. Mais l'organisation de la MOI qui a fait le plus parler d'elle est la 35e brigade dite « Brigade Marcel-Langer ». Longtemps occultée par le PCF qui ne tenait pas à mettre en lumière le rôle essentiel joué par les communistes étrangers dans la Résistance, l'histoire de la MOI est désormais mieux connue [8].

La 35e brigade est une unité minuscule, elle n'a guère plus de dix membres en 1943, vingt en 1944; ses effectifs sont fluctuants. Des nouveaux adhérents viennent constamment combler les vides causés par la mort ou la capture de ses militants, et aussi par des exclusions, des désertions et des changements de postes décidés par l'appareil du parti. Au total quarante-neuf personnes y ont participé jusqu'au mois d'avril 1944, où le groupe fut démantelé par la police française [9].

Les adhérents de la MOI appartenaient à des nationalités variées. A Toulouse les plus nombreux étaient de très jeunes Juifs d'Europe centrale et orientale dont les parents avaient été déportés et avaient péri dans les chambres à gaz. Ils s'étaient engagés en tant que Juifs et non pour des raisons doctrinales. La lutte contre les Allemands leur avait paru la seule attitude honorable dans leur malheur et leur humiliation. Ils avaient rejoint les communistes pour se battre tout de suite et retrouver leur fierté. La plupart de ceux d'entre eux qui ont survécu sont certes devenus de fidèles militants du parti après la guerre, mais, en 1943, le marxisme-léninisme ne les préoccupait guère. Les arrestations par la police française suivies de tortures rythment l'existence de cette minuscule équipe. Ils sont habités par une rage de combattre coupée de périodes d'accablement, car ils se sentent très isolés.

Pendant près d'un an, à partir de novembre 1942, les jeunes combattants de la 35e brigade sont, en effet, presque seuls à pratiquer la guérilla urbaine à Toulouse, sans presque aucun contact avec le reste de la Résistance. Même les FTP ne leur apportent qu'une aide assez mince, à l'exception de la solde des clandestins : deux mille francs par mois. Les jeunes militants étrangers luttent contre l'occupant avec des moyens dérisoires. Ils se déplacent sur des bicyclettes volées dans les couloirs. Volées également les armes dont ils disposent – à la police ou même aux groupes de l'Armée secrète qui attendent le jour J (le débarquement). A l'occasion ils dévalisent un dépôt d'armes gaulliste qui leur paraît « la caverne d'Ali Baba » : ils en évacuent le contenu... à bicyclette. L'artificier du groupe fabrique des bombes artisanales terriblement dangereuses pour ceux qui les transportent : on aura l'occasion de s'en rendre compte. C'est avec ces engins dérisoires que la 35e brigade pratique couramment la destruction des locomotives ou des installations électriques [10].

L'unité combattante toulousaine a pris pour nom celui de son chef, Marcel Langer, dont le destin tragique mérite d'être rappelé avec quelques précisions. Né en Pologne en 1903, Marcel Langer émigra en Palestine avec ses parents ; c'est là qu'il devint communiste. Il partit pour la France en 1933, milita à la MOI, puis s'engagea en Espagne dans les Brigades internationales. De retour en France, il est interné à Argelès et à Gurs, puis s'évade, reprend contact avec le PC et prend la tête de la brigade MOI–FTP de Toulouse. Malgré sa fonction dirigeante, Langer est obligé de s'engager personnellement dans l'action en raison du petit nombre de ses hommes. C'est ainsi que le 6 février 1943, il vient à la gare Saint-Agne réceptionner une jeune militante, Marie, qui revenait d'Ariège avec une valise bourrée de dynamite. Il lui prend la valise des mains, mais son geste est surpris par un policier qui croit avoir affaire à un trafiquant de marché noir. Arrêté, Langer est longuement interrogé, pendu par les pieds, battu, soumis au supplice de la baignoire. Il ne révèle à ses tortionnaires que des informations sans importance, mais la 8e brigade remonte la piste de la dynamite et, après des mois de travail, réussit peu à peu à se faire une idée de l'organisation clandestine.

Enfermé à la prison Saint-Michel, dans le secteur français, Marcel Langer doit être jugé par le tribunal spécial de la cour d'appel. Les membres de la MOI lui procurent un bon avocat, Me Arnal, ex-Camelot du roi, devenu l'ennemi juré de la collaboration. Le procès de Langer, après une brève instruction, a lieu le 11 mars 1943. L'avocat général Lespinasse prononce alors un réquisitoire d'une stupéfiante sévérité et demande la peine de mort contre l'inculpé. Il insiste sur la nécessité de punir ce « sans patrie », pour éviter, dit-il, d'éventuelles exécutions d'otages par les occupants. La peine de mort est prononcée : la moitié des jurés et le président ont voté pour. Arnal, comme c'est sa tâche, et aussi le professeur de droit André Hauriou, membre de Combat, s'efforcent d'obtenir la grâce. Mais personne à Vichy ne s'intéresse à un homme qui a le triple tort d'être juif, communiste et étranger.

Le 23 juillet 1943, à 5 heures du matin, Langer est réveillé par un groupe de personnes comprenant le rabbin de Toulouse, Me Arnal, le procureur Lespinasse et le président Fau. Le rabbin Hosanski, quelques minutes avant l'exécution, réussit à faire passer au condamné une lettre en yiddish de ses compagnons, l'assurant qu'il sera vengé. Puis Langer est guillotiné, cependant que dans leurs cellules les détenus entonnent *La Marseillaise.*

La vengeance annoncée est immédiate. Le jour même la MOI abat un officier allemand rue Bayard. De sorte que *La Dépêche* du 24 juillet annonce les deux nouvelles simultanément : l'exécution du communiste juif et l'attentat contre le militaire ennemi. Mais la MOI décide aussi de dissuader à l'avenir les magistrats de requérir la mort contre un résistant. Aussi quelques mois plus tard est-ce le tour de l'avocat général : les combattants, qui ont failli s'en prendre à un innocent, ont mis du temps à le situer exactement. Mais, le 10 octobre 1943, alors qu'il allait à la messe avec sa femme, Lespinasse est tué près de chez lui. A l'inspecteur qui lui demandait si elle reconnaîtrait l'assassin, Mme Lespinasse répondit : « Peut-être, mais je ne le voudrais pas. Voilà déjà trop de morts. » L'effet souhaité par la MOI joua à plein. Jusqu'à la Libération aucun magistrat toulousain ne demanda la peine de mort pour motif politique.

Pendant ce temps, la 35e brigade poursuivait son action. L'hôtel de l'Ours blanc (l'un des sièges de la Gestapo), la Cartoucherie, le local de la Feldgendarmerie furent attaqués à la bombe. Un milicien fut abattu rue Pharaon (25 août 1943). Deux tramways bourrés d'Allemands explosèrent (19 décembre 1943 et 1er avril 1944)... Mais un attentat contre le cinéma les Variétés qui présentait le film allemand

Le Juif Süss entraîna une série de catastrophes. Trois membres du groupe, chargés de l'opération, furent atteints par l'explosion de l'engin qu'ils étaient en train de placer après la projection : deux furent tués, un grièvement blessé (1er mars 1944). Cette nouvelle déclencha une inspection de l'appareil communiste. Accusé d'irresponsabilité, le groupe fut condamné par le parti et toute relation fût rompue avec lui.

C'est peut-être la cause de la chute de la 35e brigade. A la fin de mars 1944, les milieux résistants de Toulouse étaient avertis qu'une vaste opération policière se préparait. Mais, dans leur ghetto, les membres de la MOI ne le savaient pas. Les militants MOI–FTP furent donc arrêtés pour la plupart le 4 avril. La brigade Marcel-Langer n'existait plus.

Quelques membres de la MOI déportés dans le « convoi fantôme » du 2 juillet, qui mit deux mois à parvenir en Allemagne, réussirent à s'échapper. C'est grâce à leur témoignage qu'on connaît l'histoire des *Parias de la Résistance.* C'est le titre du livre de souvenirs écrit par Claude Lévy, l'un des survivants de ce drame : on sort étrangement troublé de ce récit sans fards. Il faut lire aussi le roman autobiographique écrit par son frère Albert, *Schwarzenmurtz* [11], mais sur un tout autre registre, celui de l'humour noir. Les scènes les plus tragiques, en particulier celles de la prison, y deviennent désopilantes (et terribles à la fois). Pour les deux frères, l'histoire se termine par un happy end. Après leur évasion, les revoilà à Toulouse ; la ville est libérée, le parti est devenu amnésique, ils sont pleinement réhabilités, vêtus de beaux uniformes, couverts de galons ! Fêtés par leurs amis, ils se préparent à être, pour quelques années, des militants passionnés, obéissants – et sans rancune [12].

Avec moins de romantisme mais beaucoup de dévouement, les communistes distribuent leurs tracts, luttent contre le STO, s'infiltrent partout. Les syndicats clandestins et légaux sont pénétrés. Mais, surtout, des membres du parti occupent des responsabilités dans les hautes instances des autres mouvements. Pierre Hervé, chef pendant plusieurs mois de Libération à Toulouse, et Jean-Pierre Vernant, lui aussi de Libération, chef FFI à Toulouse, sont les plus connus. Mais on a aussi parlé de Ravanel, responsable régional FFI, et même de Jean Cassou. Ces « sous-marins » étaient-ils placés par un calcul machiavélique du parti afin de noyauter les mouvements qu'il ne contrôlait pas ? On peut répondre à cette question avec quelque vraisemblance grâce à l'étude de Laurent Douzou et au témoignage d'Edgar Morin [13].

Si certains communistes ont adhéré assez tôt à des mouvements gaullistes c'est parce qu'ils étaient déçus par le pacte germano-soviétique et qu'ils rejetaient la thèse de la guerre impérialiste. Il était de plus très difficile de trouver le contact avec le parti ; Marcel

Thourel mit près d'un an à y parvenir. En outre, d'autres résistants comme Ravanel, Edgar Morin, ou Chapou dans le Lot, ont évolué vers les positions du PC pendant la clandestinité. Si de nombreux communistes ou compagnons de route se sont trouvés à la tête des mouvements gaullistes ce n'est pas dû à un calcul. Mais le parti allait-il négliger un atout aussi important ? Allons donc ! C'est pourquoi Georges Maranne organisa une tournée de rencontres, pour coordonner l'action des communistes placés à des responsabilités élevées à l'extérieur du Front national.

Les réseaux

Contrairement aux « mouvements » qui couvrent un large spectre d'activités, les « réseaux » ont une ou deux spécialités précises de caractère strictement militaire. Ils existaient déjà avant novembre 1942 : le groupe Bertaux en est un. Mais ils connaissent une croissance exponentielle après l'invasion de la zone libre. Dans la seule Haute-Garonne on peut en recenser une soixantaine, d'importance assez diverse [14].

Les grands réseaux nationaux ont souvent une antenne à Toulouse. C'est le cas d'*Alliance* fondé par le colonel Loustanau-Lacau, extrémiste de droite avant 1939, un temps membre de l'entourage de Pétain, mais ennemi de la collaboration. Après l'arrestation de ce personnage haut en couleur, Alliance fut dirigé par une femme, Marie-Madeleine Fourcade, qui lui donna une extension considérable. N'ayant pu s'accorder avec la France libre, Alliance se tourna vers les services britanniques. Spécialisé dans le renseignement militaire, le réseau s'implanta fortement à Toulouse. Son responsable local fut un temps le commissaire Philippe, radical et franc-maçon (qu'on retrouve dans d'autres organisations). Philippe fut arrêté en janvier 1943, condamné à mort et exécuté en Allemagne le 1er avril 1944 [15].

Le réseau *Andalousie* apparaît à Toulouse en 1943 sur les débris de la « Confrérie Notre-Dame » démantelée l'année précédente. Avec le colonel Bistos (Frank), Andalousie fait du renseignement sur l'ensemble du Sud-Ouest. Il est divisé en secteurs spécialisés géographiquement ou par activités, chacun d'eux portant le nom d'une céréale. « Avoine » contrôle la zone allant des Pyrénées au Languedoc, « Orge » surveille les fortifications côtières, « Sarrazin » s'occupe des passages des Pyrénées et « Maïs » espionne les milieux officiels. Andalousie a suivi à la trace les unités SS afin d'informer les Alliés sur leurs forces et leur itinéraire [16].

Le réseau *Françoise*, spécifiquement toulousain, sort de l'ordinaire par la personnalité de son chef, une femme âgée de soixante-deux ans en 1943 : Marie-Louise Dissart, dite Françoise. Cette commerçante sympathique et exubérante qui tenait un magasin de mode rue de la Pomme, « A la poupée moderne », était membre d'un réseau d'évasion détruit en 1943. Françoise le remit immédiatement sur pied. Elle prit contact directement avec les Anglais à Barcelone et à Genève. Elle mit sur pied une gigantesque filière d'évasion regroupant deux cents personnes avec des relais, des planques, du ravitaillement. Plusieurs centaines d'évadés lui doivent la liberté [17].

Avec le groupe *Morhange* on entre dans un univers qui rappelle le roman noir [18]. Les exploits invraisemblables de ses membres sont pourtant attestés par plusieurs témoignages convergents. Ce réseau pratique couramment la pénétration du monde de Vichy et de la Gestapo par des agents utilisant les méthodes du contre-espionnage. Son objectif principal est l'identification et l'élimination des auxiliaires français de la police allemande.

Son fondateur, l'adjudant Marcel Taillandier, qui prit le pseudonyme de Morhange, s'était occupé du camouflage du matériel lorsqu'il appartenait encore à l'armée de l'armistice. Il recrute surtout dans l'armée et dans la police, où il conserve des antennes. Il possède ainsi d'excellentes informations puisées à la bonne source : les RG, l'intendance de police, la direction de la gendarmerie. Certains des membres du réseau, comme Salètes, restent dans la police jusqu'à ce qu'ils soient démasqués et s'enfuient alors dans « Les Hauts de Hurlevent » (c'est-à-dire la forêt de Grésigne). D'autres réussissent à se maintenir dans l'Administration jusqu'au bout. Ils continuent d'être aidés par des inspecteurs ou des officiers de gendarmerie gaullistes dont le nombre ne cesse de croître ! Comme le dit fort bien Jacques Combatalade, « tout le monde se disait que la défaite allemande était dans l'air, ce qui explique bien des choses ».

Le groupe Morhange possède plusieurs repaires successifs bien équipés : le château de Brax, puis, lorsqu'il est découvert, le château de Lahage, d'autres encore. L'activité du réseau consiste à enlever les agents les plus dangereux au service des Allemands ; on les emmène ensuite au siège du groupe où ils sont longuement interrogés : les renseignements ainsi obtenus [19] seront groupés dans des dossiers et transmis à l'antenne de la France libre de Barcelone. Mais il ne saurait plus être question de relâcher les prisonniers : vient alors la partie macabre de l'affaire, les « pompes funèbres » du château. Un fossoyeur prépare toujours trois tombes d'avance en cas de besoin ; il est rare qu'elles restent longtemps inoccupées. Devant la répugnance des membres du réseau à pratiquer des exécutions, on a recruté un bourreau, Pierre, âgé de moins de vingt ans, personnage inquiétant qui prend plaisir à ses fonctions et se plaint lorsqu'il n'a pas de collabo à dépêcher.

Le groupe participe au meurtre de l'intendant de police Barthelet dont la mort avait été décidée à Alger parce qu'il avait livré les archives des services spéciaux aux Allemands alors qu'il était en poste à Lyon. L'opération est préparée sur place par Morhange avec l'aide d'un agent venu spécialement d'Alger par sous-marin. Le 23 octobre 1943, Barthelet est abattu alors qu'il rentrait dans sa villa, au quartier du Busca. Survenant treize jours après la mort de l'avocat général Lespinasse, ce nouvel attentat sème la terreur dans le monde de Vichy et suscite encore d'opportunes conversions.

La plus extraordinaire entreprise de pénétration chez l'adversaire est celle d'Achille Viadieu. Feignant des opinions ultracollaborationnistes et ayant rallié le RNP de Marcel Déat, Viadieu fait connaissance des deux chefs toulousains de ce parti (qui travaillaient d'ailleurs pour les Allemands). Il les fait enlever et exécuter par ses camarades du groupe Morhange. Puis il va à Paris rencontrer Marcel Déat, affirme que les deux hommes ont disparu avec la caisse du groupement et propose de les remplacer. Avec l'accord de Déat, voilà donc ce résistant dirigeant local du RNP ! A ce titre il peut entrer en contact avec les Allemands et obtenir des renseignements de premier ordre. Malheureusement, ayant été vu à Barcelone par un agent allemand, il est reconnu par cet homme place du Capitole et abattu dans les rues de Toulouse après une course-poursuite en voiture [20].

Tous ces succès ont leur sanglante contrepartie. Le groupe Morhange compte une vingtaine de morts, soit un quart environ de ses effectifs. Parmi eux le chef, Taillandier, tué à Saint-Martin-du-Touch par la Feldgendarmerie, un mois avant la Libération.

Un groupe original à mi-chemin entre réseaux et mouvements apparaît en juillet 1943, c'est le *Mouvement des prisonniers et déportés* qui deviendra le MNPGD dont le dirigeant national est François Mitterrand. Il est très actif à Toulouse et dans sa région [21].

L'unification de la Résistance

L'unification de la Résistance suit, à Toulouse, le même rythme en deux étapes que l'on retrouve dans l'ensemble du pays. Il y a d'abord la formation de l'Armée secrète (AS) et des Mouvements unis de Résistance (MUR) qui regroupent la plupart des mouvements gaullistes nés avant 1942. Puis c'est la fédération générale : MUR-CFP-FTP qui aboutit à l'organisation des FFI, cependant que les institutions nouvelles sont préparées pour l'après-Libération. Le tout non sans péripéties, querelles et drames.

Les MUR

Au plan national, l'unification de la Résistance commence très tôt avec les rencontres de Frenay pour Combat et de D'Astier de la Vigerie pour Libération ; elles sont couronnées de succès grâce aux efforts de Jean Moulin, envoyé de De Gaulle. L'aboutissement en est la création des Mouvements unis de Résistance le 26 février 1943 qui regroupe Combat, Libération et Franc-Tireur. A Toulouse, ce sont surtout Combat et Libération qui sont concernés, Franc-Tireur y étant moins développé.

Combat demeure, comme avant novembre 1942, le premier mouvement de résistance toulousain [22]. Caractérisé par la perfection de son organigramme conçu par Frenay, il se décompose en services divers : Action ouvrière, NAP, service social... L'Action ouvrière est dirigée un temps par l'ex-communiste (et futur ministre gaulliste) Léo Hamon ; son but principal est d'entraver le STO. Le NAP (Noyautage des administrations publiques), inventé par Claude Bourdet, avait d'abord des objectifs très ambitieux puisqu'il s'agissait pour lui de préparer des équipes de fonctionnaires compétents aptes à occuper le pouvoir à la chute de Vichy. C'est cette conception que la police découvre dans les archives du Dr Maurice Dide, directeur de l'hôpital psychiatrique et responsable du NAP, lors de son arrestation. Mais le NAP change de but en se développant dans une série de services publics : postes, SNCF, police, mairie. Il s'agit dès lors de fournir des informations, prévenir les arrestations, faciliter les sabotages, fournir des masses de faux papiers.

Après le départ pour Alger du professeur de droit André Hauriou [23] qui dirigeait Combat pour R4 (rappelons que c'est le nom adopté par Combat puis par l'ensemble de la Résistance pour désigner la région toulousaine), Jacques Dhont devint chef régional du mouvement. Celui-ci, clandestin et permanent de longue date, était un organisateur remarquable. Frenay trace avec sympathie le portrait de son ami Dhont, homme du Nord assez froid, toulousain depuis quelque temps, intelligent, élégant, aimant le luxe... personnalité à coup sûr originale, mais peut-être ce parachuté était-il mal choisi pour diriger des Méridionaux exubérants (comme la suite semble le montrer [24]).

Libération traverse une crise après le passage du colonel Bonneau, son chef régional, en Espagne, ce qui entraîne une désorganisation de ses services. Le centre décide alors d'envoyer sur place l'un de ses responsables nationaux : c'est l'ex-communiste Pierre Hervé, âgé de vingt-neuf ans, qui n'a pas encore repris contact avec son parti. Hervé reste responsable du mouvement de novembre 1942 à avril 1943 et y remet de l'ordre afin qu'il se présente dans de bonnes conditions à la fusion. Les chefs départementaux sont successivement Raymondis, puis le socialiste Jean Chaubet [25].

L'unification commence, au plan national, par celle des groupes paramilitaires regroupés dans l'Armée secrète (AS), réalisée en principe dès novembre 1942. L'AS se constitue effectivement à Toulouse, mais son organisation est sans cesse remise en question par des arrestations et le départ de responsables « brûlés ». Le chef des formations armées du département est finalement J.-P. Vernant de Libération, qui prépare avec minutie les futures opérations de libération du territoire. Au plan régional, c'est Sarda de Caumont, d'abord responsable des maquis (mai 43), qui couvre ensuite l'ensemble des activités militaires : AS, maquis, groupes francs. L'AS manque d'abord cruellement de moyens, aussi forme-t-on pour les actions immédiates des petits groupes mobiles bien équipés : les groupes francs, où se distingue Raymond Viadieu (Vira) qui opère une série de coups de main, récupération de matériel allemand, de cartes d'alimentation, d'archives, évasions, exécutions d'agents ennemis [26].

La décision de créer les MUR en unifiant Combat, Libération et Franc-Tireur au plan national date de janvier 1943. L'unification a lieu théoriquement en février. La réalisation locale en est délicate en raison de conflits personnels et politiques. Les premiers cadres des MUR sont issus de Combat, ce qui est logique : le premier chef régional est Jacques Dhont, responsable de Combat pour R4. Mais sa présence à la tête des MUR est mal perçue. Frenay raconte avec indignation comment son ami et lieutenant a été calomnié, et même, paraît-il, menacé de mort ! C'est un réactionnaire, déclare-t-on çà et là, et même un agent de la Gestapo ! Dhont, excédé, réclame la constitution d'un jury d'honneur qu'il n'obtient pas. Lassé, il démissionne et propose, pour le remplacer, François Verdier de Libération (que nous avons déjà rencontré [27]). Ce socialiste du cru, bien connu localement, est mieux accepté par les résistants toulousains. Cependant, tout ne va pas sur du velours, et Verdier, lui aussi, doit faire face à une campagne de dénigrement. Nouveau drame : une vaste opération de police (cent dix arrestations dans la région, vingt-six à Toulouse) entraîne la capture de François Verdier, en octobre 43. On devait retrouver son corps affreusement mutilé et presque méconnaissable dans la forêt de Bouconne le 27 janvier 1944 ; les policiers allemands lui avaient attaché une grenade autour du cou pour le défigurer. Après ce tragique épisode, les MUR furent dirigés par une équipe de trois hommes issus respectivement de Combat, Franc-Tireur et Libération [28]. Les MUR prennent le nom de MLN le 5 janvier 1944 en intégrant une partie des mouvements de zone nord.

Avec tous ces drames, ces querelles byzantines autour de leur unification, cette étape a-t-elle vraiment été effective à Toulouse ? On pourrait en douter. Eh bien le résultat est positif. Les MUR-MLN constituent la formation résistante la plus importante de Toulouse et de R4 : c'est autour d'elle et grâce à des chefs issus de ses rangs que se réalise l'étape suivante : l'unification générale de la Résistance.

Vers une unification complète – les FFI et le CDL

Après la formation de l'Armée secrète et des MUR, l'étape suivante devait intégrer toutes les organisations clandestines, en particulier le Front national. C'est chose faite au sommet avec la création du CNR *(Conseil national de la Résistance)* le 27 mai 1943. Au plan militaire, les formations armées de la Résistance sont regroupées dans les CFL [29] *(Corps francs de la Libération)*, puis, le 29 décembre 1943, dans les FFI *(Forces françaises de l'Intérieur)*. Dans chaque région un commissaire de la République désigné doit préparer la mise en place des institutions de l'après-Libération.

Le commissaire de la République, coordinateur civil pour R4, est tout trouvé ; c'est Jean Cassou, inspecteur des MUR apprécié de tous qui succède à François Verdier. Avec l'accord de Cassou, Serge Ravanel, un nouveau venu dont on va beaucoup parler, est désigné pour faire le même travail dans le domaine militaire [30]. Il arrive à Toulouse au début du mois d'avril 1944.

Serge Asher, qui prendra le pseudonyme de Ravanel, était élève de l'École polytechnique au moment de la défaite ; il commença ses activités subversives en y distribuant une feuille ronéotypée anti-allemande. Ce petit journal, rédigé sur un exécrable papier orange, était rédigé par le général Cochet, personnage hautement optimiste, qui luttait contre la propagande ennemie en répandant des nouvelles sur les « échecs allemands » au début de 1941 ! A l'époque, le futur Ravanel avait des opinions « plutôt de droite » et conserva quelques mois sa confiance envers le maréchal Pétain.

Ravanel dispose de nombreux atouts : intelligence vive, éloquence et sens de la synthèse, courage physique extrême, et n'oublions pas son allure de jeune premier avec des yeux d'un bleu intense (le « regard revolver ») qui transpercent ses interlocuteurs. Alpiniste confirmé, il se tire d'affaire dans les coups durs par des procédés sportifs inaccessibles au commun des mortels. Aller de Lyon à Paris en passant la ligne de démarcation ? Ravanel ne perd pas de temps à chercher un passeur, il confectionne une couchette faite de courroies de cuir, suspendue sous un wagon entre les barres de freinage, et s'y étend. Rien de plus simple ! Arrêté quatre fois, il s'échappe quatre fois. A la fois intellectuel de haut niveau et recordman de l'évasion : une heureuse combinaison qui le servira dans ses activités.

C'est le sabotage qui l'attire dans les groupes résistants qu'il contacte d'abord. Il s'intéresse surtout au « sabotage insaisissable » qui devrait permettre à chaque ouvrier travaillant pour l'Allemagne de réaliser chaque jour une détérioration sans appel du matériel avec le minimum de risques. Il conseille ainsi diverses recettes comme de verser de l'acide sulfurique dans les boîtes à graisse des essieux.

Ayant pris son premier contact avec Libération le 1er septembre 1942, il occupe d'abord des responsabilités mal définies d'agent itinérant en zone sud. Puis il devint rapidement membre des instances dirigeantes comme responsable des groupes d'action. Arrêté le 15 mars 1943 en compagnie d'autres dirigeants de son mouvement, il se bat contre les policiers venus l'arrêter et se retrouve en prison copieusement rossé, couvert de sang et ligoté. Le 24 mai, il est libéré par un commando de résistants transformés en agents de la Gestapo. Il devient alors chef adjoint des groupes francs des MUR, puis chef national après la chute de son supérieur. A ce titre il organise des séries de coups de main en collaborant à l'occasion avec les FTP.

Ce n'est pas surprenant car, entre 1940 et 1942, Ravanel a beaucoup évolué politiquement et s'est rapproché des idées du Parti communiste. Il est sur ce point à peu près du même avis que Cassou lorsqu'il est chargé de réaliser l'unité militaire de la Résistance en R4 (avril 1944). Beaucoup de résistants vont alors le considérer comme un « sous-marin » du PC. C'est la raison principale pour laquelle on trouve de désagréables allusions à lui dans les Souvenirs de Frenay, Soustelle, Bertaux ou même de Gaulle.

Mais ce jeune homme de vingt-quatre ans ne se montre pas sectaire : usant de diplomatie et de courtoisie, il s'attache à relier les trois branches principales de la Résistance armée en R4 : l'AS, les FTP et l'ORA. Avec les FTP, Ravanel se heurte au goût du secret des communistes qui refusent d'abord de lui révéler les noms de leurs responsables [31]. Les difficultés les plus graves ne viennent pourtant pas du PC, mais, nous le savons déjà, de l'ORA. Pommiès, tout en adhérant aux FFI du bout des lèvres, tient à conserver son indépendance [32] (le corps franc de la Montagne noire, dans le Tarn, donne lui aussi du fil à retordre à Ravanel). Finalement, l'état-major FFI de R4 est formé. Au plan de la Haute-Garonne, c'est Jean-Pierre Vernant qui coiffe les formations AS, FTP et ORA ; il s'efforce de sortir de l'attentisme de l'AS, incitant ses troupes à prendre l'initiative de l'action partout où c'est possible. Ravanel, chef régional FFI, Vernant, chef départemental : les communistes sont bien placés !

Dans le secteur des institutions civiles, c'est Jean Cassou qui mène les négociations. Il nomme les futures autorités issues de la Résistance, en particulier le maire de Toulouse, les préfets et le Comité départemental de Libération. Le résultat de ces tractations doit être approuvé par le représentant de De Gaulle qui se trouve être le jeune Michel Debré, futur rédacteur de la Constitution de 1958 et Premier ministre de la Cinquième République. Cassou et Debré ont rendez-vous au Jardin des plantes « entre Guignol et la cage des singes », chacun avec une allumette au coin de la bouche en signe de reconnaissance [33]. Cassou présente la liste des préfets que Debré accepte.

Si les communistes, ou leurs compagnons de route, se sont taillé la part du lion dans le commandement des FFI, ce sont les socialistes qui remportent la palme dans les organes civils. Le CAS, qui a repris son nom de Parti socialiste, va en effet jouer, dans les institutions de la Libération, un rôle disproportionné avec sa force dans la Résistance. Sa grande faiblesse à Toulouse, c'est d'abord de ne pas contrôler de groupe paramilitaire, mis à part le réseau *Brutus* [34]. Ce n'est pas le cas partout dans R4 : dans le Lot par exemple, c'est le CAS qui a suscité les premiers groupes armés [35]. La situation évoluera en 1944 où FAC *(France au combat)*, contrôlé par les socialistes, s'étoffera et jouera un rôle dans les combats de la Libération. En revanche, les socialistes toulousains disposent d'atouts sérieux avec une nouvelle équipe de leaders parmi lesquels Jean Delpech, Lucien Cassagne, Daniel Miquel, Raymond Badiou et Paul Debauges. Individuellement les socialistes ont adhéré en grand nombre aux divers groupes de résistance [36]. Certains leaders particulièrement respectés comme Raymond Naves ou François Verdier étaient socialistes. Le courant socialiste est bien placé dans les syndicats clandestins. Mais le fait majeur c'est que, du moment que des problèmes politiques se posent, il faut les traduire en langage politique. Combat, Libération, MUR-MLN sont des mots ou des signes dont le contenu politique est flou. En revanche, lorsqu'on parle de communistes ou de socialistes, on sait où l'on va. En outre Jean Cassou sait bien que la SFIO occupait une position hégémonique à Toulouse avant 1939, alors que le PC était squelettique. Il respecte donc la force des diverses idéologies en avantageant légèrement les socialistes dans la distribution des places.

Les grands perdants sont l'ORA qui ne fait pas de politique et Libérer et Fédérer. Ce mouvement très actif, bien avant le CAS, continue de progresser après 1942 ; il distribue toujours son journal et contrôle plusieurs maquis. Il continue de défendre les idées prophétiques de Trentin sur l'unité européenne et la décentralisation [37]. Mais il est un peu en marge des autres puisqu'il est rattaché aux services britanniques et non à la France libre. Dans le journal du mouvement, Auban polémique avec le CAS, rappelant l'écroulement de la SFIO en 1940 ; il faut, affirme-t-il, laisser les cadavres en paix et créer un nouveau Parti socialiste authentiquement révolutionnaire. Le résultat de cette attitude intransigeante c'est que Libérer et Fédérer ne sera pas représenté par un siège au CDL sous prétexte que le courant socialiste y figure déjà [38].

Le maire de Toulouse désigné avait d'abord été Raymond Naves, puis, après son arrestation, un autre socialiste professeur agrégé de mathématiques au lycée, Raymond Badiou. Le CDL (Comité départemental de Libération) compte dix membres répartis entre les mouvements et courants politiques dela Résistance. Il est chargé d'exercer le pouvoir dans le département libéré, sans que ses relations avec le commissaire de la République aient été bien définies. Le CDL est animé par un « noyau actif » de cinq membres présidé par Carovis, ex-membre de Combat, résistant depuis 1940, de tendance « socialiste-révolutionnaire » (selon Bertaux) ; on y trouve aussi Debauges, lui aussi professeur de mathématiques, secrétaire de la fédération socialiste et futur historien de la Résistance ; Marty (CGT), proche des socialistes ; Durant (Front national) et Marty (communiste). Le courant socialisant y détient donc la majorité.

Les FFI existent, les responsables civils de la future République sont nommés. L'unification n'est pas parfaite et les méfiances subsistent. Toutefois les résultats militaires ne seront pas décevants.

Sous le signe de la complexité

La Résistance française a sans doute été moins meurtrière pour l'ennemi que la soviétique ou la yougoslave. Mais sa qualité première c'est l'imagination qui l'incite à développer des formes multiples de lutte visant aussi bien à protéger la sécurité et le moral du peuple français qu'à nuire à l'ennemi. Cette imagination éloigne l'action de la Résistance de la simplicité qu'on lui prête trop souvent : elle est placée sous le signe de la complexité et de la dialectique. Elle est à la fois spontanéité multiforme et centralisation rigide : deux contraires qui ne s'emboîtent jamais parfaitement mais dont la coexistence était nécessaire à l'activité clandestine. Elle refuse en bloc Vichy, la collaboration, la dictature, mais elle pénètre le monde de Vichy, le dissout de l'intérieur et, donc, d'une certaine manière, se combine avec son ennemi. Cette richesse contradictoire se retrouve à Toulouse dans l'étonnant kaléidoscope des activités de la Résistance.

L'évasion

Sous le terme d'évasion il y a évidemment deux types d'actions bien différentes : l'évasion de France – qui est chronologiquement la première forme de Résistance, adoptée spontanément par ceux qui voulaient rejoindre de Gaulle – et l'évasion des geôles allemandes ou vichystes.

Toulouse est souvent le point de départ du passage des Pyrénées [39] : opération fréquemment tentée. Il faut le plus souvent payer, fort cher (cinq mille à trente mille francs), un passeur, prévoir les étapes, déjouer la surveillance des douaniers allemands dont le zèle est entretenu par des inspections surprises de la Gestapo. Beaucoup d'évasions ont échoué, surtout celles des familles juives qui les tentèrent sans l'aide d'une organisation. Le succès est plus fréquent lorsque ceux qui s'évadent sont jeunes, en bonne forme physique et qu'ils sont pris en charge par un réseau expérimenté (par exemple « Françoise » ou la « Sixième » des Éclaireurs israélites).

S'évader ou faire évader des camarades aux mains de la police ou de la Gestapo, l'entreprise souvent tentée, souvent ratée, se présente sous des formes extrêmement variées. Voici d'abord la plus simple : En 1943, G., étudiant juif hongrois réfugié à Toulouse, est arrêté porteur de plusieurs cartes d'identité. Au commissariat central on le laisse seul quelques instants. Il ouvre la porte d'un air naturel, emprunte le couloir, sort dans la rue, puis se précipite dans un immeuble voisin. Il frappe à une porte, une vieille dame lui ouvre ; G. explique qui il est, il a besoin d'un abri pour quelques heures. La femme, affolée, se met à hurler : « Au voleur ! à l'assassin ! » Nouvelle fuite jusqu'à une porte plus accueillante [40].

A l'opposé, l'évasion devient parfois une opération raffinée qui se prépare avec minutie. Gaston Defferre, dit Denvers, l'un des chefs du réseau *Brutus-Boyer*, lié au Parti socialiste, veut délivrer son camarade Morereau, incarcéré à la prison Saint-Michel de Toulouse. Il a mis sur pied un scénario complexe nécessitant de nombreuses complicités. Son ami Achiary s'est procuré des uniformes de gendarme. Une avocate s'est emparée, au palais de justice, de formulaires de convocation dûment tamponnés. André Boyer, dirigeant du réseau, et deux de ses compagnons vont jouer les faux gendarmes. Ils se présentent à la prison et vont réclamer le captif, ils lui passent les menottes et l'emmènent avec eux. Enfin, un groupe de Cazères assure le transport de l'hébergement de l'évadé dans une ferme [41].

La propagande

Un des agents les plus téméraires du groupe Morhange parle avec un certain dédain de la « résistance purement verbale » qu'il a d'abord pratiquée en s'occupant des journaux, *Combat* et *Libérer et Fédérer*. Pourtant, la propagande, jugée primordiale par les premiers résistants – Trentin ou Cassou –, s'est développée jusqu'à la Libération. Il importe en effet de lutter contre les effets pernicieux produits sur l'esprit des Français par le régime du Maréchal. L'origine légale de Vichy assure l'obéissance des fonctionnaires, amenés à commettre des ignominies au nom de l'éthique professionnelle. Le charisme du vieux Maréchal est plus dangereux encore puisque le sentencieux vieillard, qui s'est toujours voulu pédagogue, enseigne que la lâcheté est une vertu, que certains hommes sont mauvais du seul fait de leur naissance, que le travail au service de l'ennemi est le comble du civisme... Il est essentiel de lutter contre ce virus qui risque de gangrener l'esprit et le cœur des Français. C'est le rôle de la presse clandestine et des tracts relayés efficacement par le bouche à oreille. Certes les journaux résistants n'ont pas atteint toute la population et certains Toulousains affirment n'en avoir jamais reçu. Mais les journalistes des feuilles clandestines ont pu constater ce fait essentiel : les nouvelles qu'ils lançaient se répandaient à grande vitesse dans la population.

L'unification n'a pas entraîné l'uniformisation de la presse. *Combat, Libération, Franc-Tireur, Libérer et Fédérer, Le Populaire du Midi* et les journaux communistes ont continué de paraître séparément et d'être diffusés. Cette diversité va jusqu'à la polémique : nous avons vu que *Libérer et Fédérer* s'en prend au Parti socialiste et il se donne même les gants de critiquer à l'occasion le général de Gaulle. On peut penser que ces querelles publiques sont inopportunes face à l'ennemi. Mais cette liberté de ton tranche avec l'ennui monocorde qui se dégage des journaux de Vichy, soumis à l'autocensure. Elle maintient l'esprit de la démocratie et prépare le retour au débat républicain. La diversité de ton est encore plus nette dans les tracts. Ceux du Parti communiste se distinguent par leur virulence et par leur nombre.

Maints résistants ont été pris et ont perdu la vie pour leur action dans la propagande. C'est le cas des frères Lion, éclectiques imprimeurs de la clandestinité, qui offraient leurs presses à toutes les feuilles de la Résistance, arrêtés le 4 février 1944 avec leurs ouvriers, parmi lesquels Georges Séguy, âgé de seize ans, le futur secrétaire de la CGT.

Renseignement, sabotage, action

Le renseignement destiné aux Alliés et à la France libre est une des plus anciennes activités de la Résistance toulousaine puisque le groupe Bertaux s'y est livré dès 1941. Il suit des cheminements multiples ; la plupart des mouvements et plusieurs réseaux s'y sont livrés. Le Corps franc Pommiès et le réseau Morhange, particulièrement bien reliés à Londres, fournissent essentiellement des informations militaires (au sens large). Mais les MUR envoient des documents d'une grande diversité témoignant de préoccupations très variées.

La plupart de ces efforts n'ont pas laissé de traces, mais on dispose de plusieurs gros dossiers conservés aux Archives nationales ou à la BDIC qui forment la partie visible de l'iceberg. Leur destination est variée. On y trouve d'abord l'information adressée au BCRA (c'est-à-dire aux services spéciaux de la France libre) dirigé par le colonel Passy. Plusieurs ensembles de textes reliés forment les « cahiers du commissaire de la République » destinés à informer le futur chef de l'administration régionale [42]. Enfin, le *War Office* de Londres a rassemblé un fascicule synthétique indiquant les caractéristiques de la région de Toulouse [43]. On trouve dans ces recueils toute une série de données étonnamment diverses :

1. Des renseignements militaires. Les documents les plus nombreux concernent les grandes usines toulousaines avec des plans à grande échelle facilitant bombardements et sabotages.

2. Des dossiers politiques fournis par des informateurs implantés à la préfecture, aux RG, à *La Dépêche*. On a ainsi une importante documentation sur la police, la Milice, le PPF, l'attitude des hauts fonctionnaires et la famille Sarraut. Il est très remarquable que les rédacteurs des documents parlent avec beaucoup de modération des préfets et des responsables de presse. Ils semblent souhaiter un accommodement entre la Résistance et certains éléments de Vichy.

3. Un bilan économique de la région avec beaucoup de documents officiels reproduits et des jugements, parfois contradictoires, sur l'importance des divers établissements toulousains. Des textes très curieux concernent le gaz de Saint-Marcet. Les ingénieurs résistants, qui envoient des rapports à ce sujet à la France libre, imaginent un avenir prodigieux pour les hydrocarbures de Haute-Garonne et voient dans la région toulousaine un futur Koweït. Cette illusion, fondée sur une méconnaissance de l'importance du gisement, perdurera quelques années après 1944. Il importe, affirment les informateurs clandestins, de protéger ce gisement contre la convoitise des Anglo-Saxons, très capables de s'en emparer après la Libération (crainte qui a failli se réaliser [44]).

A lire ces documents on est saisi de leur sérieux, de l'étendue des vues de la Résistance qui, dès 1943, se comporte en gouvernement responsable.

On doit remarquer que la MOI, le groupe sans doute le moins bien relié à la population toulousaine, possède néanmoins des complicités réelles dans les administrations puisqu'elle dispose d'un énorme dossier d'informations. En effet ses archives, saisies par la police française en avril 1944, contiennent des foules de documents officiels : listes de miliciens, de membres du PPF et d'agents allemands, effectifs de la police et de la gendarmerie, et d'études réalisées clandestinement, comme le descriptif précis de sites à saboter [45]...

Les sabotages pratiqués d'abord par la 35e brigade, presque seule, sont devenus plus nombreux lorsque Vernant a incité la Résistance à rejeter l'attentisme (avril 1944).

Les installations électriques, celles de la SNCF et des usines toulousaines, ont été visées fréquemment. Il n'est jusqu'aux écluses du canal du Midi qui n'aient été détruites à l'occasion par la MOI ; mais, dans ce cas précis, Claude Lévy doute de l'utilité des opérations entreprises et se demande si leur but n'était pas avant tout psychologique : entretenir l'insécurité chez l'adversaire et l'activité chez les militants [46]. On sait déjà qu'un sabotage de grande envergure a été réalisé à la Poudrerie le 27 avril 1944, mais qu'il n'a malheureusement pas empêché le bombardement du 2 mai; et un autre beaucoup plus réussi le 26 mai.

Le bilan de toutes les formes d'action violente – sabotages et attentats contre les personnes – a été fait par les autorités de Vichy. Il est intéressant à découvrir car il permet de connaître l'efficacité de ces actes, bien que parfois une certaine critique de ces documents officiels soit indispensable. Avant juin 1943, les rapports signalent quelques attentats mais affirment que l'insécurité n'atteindra pas Toulouse et sa région. De juin à décembre 1943, selon Bézagu, « le rythme des petits attentats devient presque régulier ». Pendant cette période, rappelons qu'une série de personnalités sont abattues : Lespinasse, Barthelet, le général Philippon et l'abbé Sorel. Le 27 décembre enfin, le FTP juif Tepermann se fait sauter à la grenade avec deux policiers qui l'avaient arrêté. D'après les autorités, les deux premiers mois de 1944 se marquent par un répit. Mais c'est le moment où les conflits de Cheneaux avec la Milice ont amené son départ. Sadon, qui vient de le remplacer, se montre plus lénitif que son prédécesseur – peut-être cherche-t-il à se faire apprécier de ses supérieurs ? Quoi qu'il en soit, en mars le préfet signale que les attentats « continuent », ce qui semblerait sous-entendre qu'ils n'ont pas cessé. Il est clair qu'ils redeviennent nombreux et sanglants de mars à juin 44. C'est aussi le moment d'un important développement des maquis.

Les managers de l'anarchie clandestine

Les premiers maquis ne sont pas des modèles d'organisation militaire. Ils accroissent à la fois la force de la Résistance en Midi toulousain et l'impression chaotique qu'elle produit souvent. Mais à cet égard les contraires sont également vrais car la Résistance toulousaine est à la fois le domaine d'une spontanéité anarchique et d'un professionnalisme rigoureux que s'efforcent de répandre les cadres délégués par Paris et Londres. Les souvenirs que quelques-uns d'entre eux ont laissés sont ceux de bureaucrates ou de managers clandestins, constamment menacés par la répression, mais décidés à imposer à la Résistance des règles strictes et des habitudes rationnelles. Comme exemples de cet effort on peut prendre ceux de Sarda et de Caumont et de Guillermin, dit Pacha[47].

Sarda de Caumont, capitaine d'active, avait été fait prisonnier par les Allemands en 1940, mais il réussit à se faire libérer en se faisant passer pour un ancien combattant de 14-18. Entré à l'AS, il devint l'adjoint du capitaine Pélissier, puis fut nommé « chef maquis » des MUR pour R4 en mai 1943. A ce moment-là il n'y avait guère de maquis organisés que dans le Lot et la Montagne noire : cent cin-

Le maréchal Pétain, lors de son second voyage à Toulouse (14 juin 1942) qui draina encore une grande foule.

Au monument aux morts, la jeunesse et la légion des anciens combattants, objets de toutes les attentions de Vichy.

Les Allemands devant le Capitole. Ils sont arrivés le 11 novembre 1942. L'état-major occupe le Grand Hôtel de la Poste, rue d'Alsace, et l'hôtel du Grand-Balcon (rue Romiguières), rendu célèbre par les pilotes pionniers de l'Aéropostale.

Ces soldats allemands que l'on voit devant le Plaza se mêleront-ils aux Toulousains pour aller voir Pontcarral, héros et film de cape et d'épée pour une France frustrée de gloire et d'honneur ?

A la tête de l'administration toulousaine, le préfet Léopold Cheneaux de Leyritz, brillant, intelligent, habile, un tantinet cynique.

Défilé des miliciens rue d'Alsace en mars 1943. Le chef de la milice de Toulouse était Henri Frossard, que l'on voit ci-dessous devant la cathédrale Saint-Étienne lors des obsèques du milicien Louis Mas, tué rue Pharaon par un résistant.

L'abbé Louis Sorel venait de dire sa messe à Saint-Étienne quand il fut assassiné, le 20 décembre 1943, à l'angle de la rue Perchepinte et de la rue Mage, en face de l'école des Dominicains. Son anticommunisme passionné avait fini par entraîner l'abbé Sorel, conférencier très écouté, dans le camp des ultras de la collaboration.

20 août 1944. Alors que les Allemands achèvent d'évacuer Toulouse, les unités de la Résistance prennent le contrôle de la ville.

Le 21 août, place du Capitole, la foule salue du V de la victoire l'éventail des autorités de la Résistance. Parmi elles, Pierre Bertaux, commissaire de la République désigné par le général de Gaulle et contesté par certains chefs FFI. De Gaulle viendra bientôt asseoir l'autorité de son représentant et mettre au pas ce qu'on a appelé un peu vite la « république de Toulouse ».

Photos Germaine Chaumel

quante hommes environ. En février 1944, Sarda de Caumont finira par contrôler soixante et onze maquis regroupant deux mille huit cent quatre-vingts hommes, chiffre qui devait s'accroître énormément jusqu'à la Libération. Leur densité était forte dans le Lot, le Tarn, le Lot-et-Garonne, l'Ariège, le sud de la Haute-Garonne.

Les maquis sont menacés par la misère, le désordre, les désertions et la tentation du banditisme. Sarda de Caumont fait des efforts considérables tout au cours de l'année 1943 pour introduire l'ordre militaire dans ces bandes. Il forme un état-major avec un secrétariat, une trésorerie, un service sommaire de transmissions. L'intendance est primordiale : elle se fournit abondamment chez les Chantiers de jeunesse grâce à maintes complicités. Un budget rigoureux est mis sur pied : l'argent est si possible régulièrement distribué, une comptabilité précise est exigée. Nous avons la preuve que certains maquis s'y sont fort bien soumis. Un chef plutôt administratif et un chef de l'intendance sont nommés dans chaque département. Enfin, Sarda de Caumont lui-même va rendre visite si possible à chaque maquis une fois par mois, ce qui, à la fin, devient impossible vu le nombre grandissant des groupes de partisans. Il continue son effort d'organisateur en janvier 44 comme chef militaire action de R4 (regroupant maquis, AS et Corps francs), mais doit céder la place à Ravanel en avril 1944, ce qu'il fait avec élégance [48].

Les formations armées de la Résistance avaient un besoin vital de l'aide des Alliés. Aussi les parachutages ont-ils commencé assez tôt dans les environs de Toulouse puisque le réseau Bertaux en a bénéficié. En 1944 ils deviennent une véritable institution avec ses règlements et ses fonctionnaires – qui ne sont pas guettés par la routine ! A partir du printemps 1944, le responsable des parachutages est Henri Guillermin, dit Pacha, envoyé du BCRA en R4 comme officier régional d'opérations (ORA). Les Mémoires inédits de Pacha donnent une idée du soin méticuleux avec lequel est organisé l'approvisionnement par air des combattants clandestins.

Pacha fait partie de ces « généraux imberbes » que sécrètent les périodes révolutionnaires puisqu'il a le même âge que Ravanel : dix-neuf ans en 1939 quand il s'engage dans l'aviation. Après un essai raté de passage en Angleterre, il entre à Combat où il occupe très vite la fonction de responsable départemental. En septembre 1943, il est envoyé à Londres, il y suit les cours d'une école où l'on enseigne la « science » des parachutages et atterrissages. C'est alors qu'il est blessé à la colonne vertébrale au cours d'un saut en parachute. Plusieurs mois entre la vie et la mort, il finit par se rétablir et, de nouveau, il est largué sur R4 pour y occuper ses fonctions d'ORA.

Le rôle de l'ORA est d'assurer l'approvisionnement par air de l'ensemble de la Résistance (en fait quelques autres organismes, en particulier britanniques, sont en concurrence avec lui), ainsi que le transport des agents secrets à infiltrer ou à « exfiltrer ». Cette charge lui apporte, de fait, un grand pouvoir car c'est lui qui a en main les moyens de l'action, c'est-à-dire la répartition des armes et des fonds. Et aussi beaucoup d'impopularité car les moyens sont toujours inférieurs aux besoins.

Pacha commence par se doter d'un secrétariat bien équipé qui s'installe d'abord dans une villa proche du pont des Demoiselles (il lui faudra déménager en grande hâte à plusieurs reprises). On travaille uniquement avec des messages codés transmis par radio. Pacha va repérer les terrains d'atterrissage – parachutages éventuels. S'ils sont convenables, il en envoie le descriptif à Londres par message codé. Puis un avion de la RAF vient inspecter le terrain, ce qui permet son homologation. Pacha fait ainsi homologuer quinze terrains, munis chacun d'une équipe d'accueil. Le plus sûr : « Chênier », se situe à la limite du Cantal et du Lot ; la RAF a tendance à l'utiliser trop souvent, aussi subit-il un certain engorgement : pas moyen d'évacuer rapidement les containers qui s'accumulent à proximité.

Le contenu de chaque parachutage est précisé avant l'emploi par un message qui détaille les documents, les armes, la somme d'argent et, s'il y a lieu, les hommes qui sont expédiés. Toutefois, bien des imprévus se produisent. La moitié environ des envois annoncés n'ont pas lieu (mauvaise météo, arrivée de l'ennemi dans les environs....), et parfois des parachutages non annoncés se produisent.

Pacha a eu quelques difficultés avec des partisans communistes qui se jugent volontairement oubliés par Londres. Comme le terrain Chênier est souvent utilisé, les FTP voisins le connaissent bien. Ils balisent donc à proximité un terrain clandestin, réceptionnent un envoi qui ne leur était pas destiné. Pacha ne peut que leur laisser les armes, mais se fait remettre les ordres qui ont été lancés en même temps. Une autre fois, des guérilleros espagnols occupent un terrain gardé par une équipe de Pacha. Ils menacent d'ouvrir le feu si on ne leur laisse pas l'armement. Heureusement un orage opportun empêche la bagarre ! Dans ses Mémoires, Pacha insiste sur le fait que – contrairement à une rumeur persistant après guerre – l'argent est toujours parvenu à son destinataire. Aucun civil chanceux et peu délicat ne s'est enrichi grâce aux subsides du BCRA.

Pacha, comme Ravanel, s'est beaucoup plaint du mauvais approvisionnement de R4. D'après les calculs de Guillermin, un tiers seulement des demandes de la Résistance régionale a été satisfait. C'est peut-être que le BCRA et les Britanniques considéraient la région toulousaine comme stratégiquement secondaire...

Vichy et la Résistance

La répression, avant même les combats de la Libération, a fait des coupes claires chez les résistants de Toulouse et de Haute-Garonne avec peut-être un millier de morts et plusieurs centaines de déportés vers les camps allemands. La responsabilité en incombe en premier chef à la Gestapo : la plupart des actes de répression lui sont dus. Mais, comme on le sait, la Gestapo ne pouvait fonctionner que grâce à l'aide de son réseau d'agents et de dénonciateurs français. Il est donc naturel que réseaux et mouvements s'en soient pris à eux avec vigueur. Le cas de la Milice, on l'a vu, est moins facile à définir. Elle semble relativement peu active à Toulouse, même si on peut lui attribuer quelques arrestations, des tortures et des exécutions sommaires.

Les activités de la police sont beaucoup plus complexes. Bien sûr les GMR et la brigade Marty ont fait des dégâts considérables dans les maquis. De nombreuses arrestations sont dues à la police d'État et à la gendarmerie. Et on sait que les Allemands se sont abondamment servis dans les prisons et les camps français. La police est donc directement ou indirectement responsable d'un nombre important de déportations et de morts.

Y a-t-il eu collaboration poussée entre les polices française et allemande ? Bien sûr, lors des procès d'épuration, les policiers français ont eu tendance à le nier ; c'était évidemment leur intérêt. Mais les membres de la Gestapo toulousaine ont donné la même version lors de leur procès de Bordeaux en 1953. En effet, la police nazie se méfie de ses collègues français qu'elle juge peu fiables, car elle sait très bien que la police est pénétrée par des gaullistes. Pourtant la Gestapo veut une collaboration, à sens unique : elle exige des renseignements et, à l'occasion, de l'aide, mais n'en fournit pas. On possède une lettre de Suhr, dernier chef de la police allemande à Toulouse, qui exige la remise d'une fiche détaillée lors de toute arrestation effectuée par les Français. D'autres indices vont dans le même sens.

La police est beaucoup mieux informée sur la Résistance en 1943-44 qu'en 41-42. Quelques exemples démontrent ces progrès. Une documentation abondante sur la NAP est saisie lors de l'arrestation du docteur Dides. La police, nous l'avons vu, a mis la main sur les copieuses archives de la MOI en avril 1944 (celles-ci étant de leur côté largement constituées de documents officiels). Les RG détiennent un bon dossier sur Combat [49] avec son organisation et le nom de ses dirigeants. La police finit – avec, il est vrai, un énorme retard – par savoir que le Parti socialiste s'est reconstitué. Le passage d'un certain nombre d'officiers « imprudents » dans la Résistance est également connu. Le préfet est averti de l'existence des MUR et de la date approximative de la fusion.

La police et l'administration de Vichy ont-elles utilisé tous ces renseignements ? Il est à peu près certain que les communistes n'ont jamais profité de la moindre indulgence. Pour les gaullistes c'est moins sûr. Cette connivence à éclipses a bénéficié surtout aux groupes militaires dont les membres étaient d'anciens collègues des hommes des forces de l'ordre, avec qui ceux-ci éprouvaient certaines affinités – qui sont parfois réciproques.

Les témoignages très détaillés recueillis par Rémy dans son livre *Morhange, les chasseurs de traîtres*, sont intéressants à plus d'un titre. L'état d'esprit des membres de ce groupe de choc y apparaît de façon surprenante. Comme on pouvait s'y attendre, ces hommes ont un goût très vif pour le risque et l'aventure. Mais leur fréquentation constante des membres de l'Administration les a amenés à connaître de près les fonctionnaires et policiers qu'ils considèrent comme des êtres humains complexes, et non comme des ennemis sans visage. On les entend donc parler avec une indulgence et une compréhension inattendues de la famille Sarraut, de leurs anciens collègues, de l'intendant Danglade décrit comme « un bon Français qui avait le tort de ne pas aimer les Juifs », ou même de l'intendant Hornus qui présida aux exécutions de la Centrale d'Eysses. André Bousquet, habile « taupe » de la Résistance au cœur des Renseignements généraux, décerne l'absolution au préfet régional,

> M. Cheneaux de Leyritz dont je puis vous dire qu'on avait tort à la radio de Londres dans l'émission « les Français parlent aux Français » de l'appeler « Cheneaux *von* Leyritz » car il n'aimait pas plus les Allemands que la Milice, et, s'il a quelquefois ordonné des actions préventives en pensant que nous allions trop loin, il n'a jamais permis d'action répressive contre nous, ne collaborant en aucune manière avec la Gestapo. J'ajoute qu'il connaissait très bien « Forain », autrement dit François Verdier, étant exactement fixé sur l'importance de son rôle dans la Résistance, et qu'il n'a jamais permis que rien fût fait contre lui [50].

Le jeu meurtrier entre Vichy et la Résistance est donc plus subtil qu'il n'y paraît, du moins si l'on en croit ce témoignage et quelques autres. Les deux adversaires finissent par se connaître assez bien l'un l'autre. Sur une partie du front qui les sépare s'étend une zone trouble où l'on s'observe sans se faire de mal. Vichy fournit des informations aux Allemands mais pas toutes, il persécute les combattants clandestins, et plus d'un y laissera la vie, mais il s'efforce aussi à l'occasion de donner des gages au gaullisme en voie de triompher. La Résistance, elle aussi, pardonne à l'occasion à quelques-uns de ses ennemis les plus cruels – lorsqu'elle y trouve un profit. La geste du groupe Morhange, entre autres, le démontre à plusieurs reprises : la menace, prise au sérieux par les policiers et les agents de l'ennemi, permet en effet de « retourner » des hommes qui s'étaient montrés jusque-là ennemis acharnés de la Résistance. C'est le cas de Z., agent de la Gestapo, et de T., inspecteur de police qui avait arrêté et brutalisé les membres de la MOI. Pierre Rous (successeur de Morhange), dégoûté de son rôle de meurtrier, va même jusqu'à utiliser les services de Pierre Loutrel, dit Pierrot le fou, ex-gestapiste, qui fut très célèbre après la guerre. Pour se blanchir aux yeux de la Résistance, ce gangster accepte de participer à l'exécution de deux membres de la police allemande en plein Toulouse (août 1944 [51].) De même quelques hauts fonctionnaires qui ont su rendre service avec éclat à la Résistance, quelquefois à une date tardive, conservent leurs fonctions ou obtiennent de l'avancement en août 44.

La première qualité de la Résistance toulousaine en mai 1944, c'est donc son extrême vitalité signalée par la naissance de nouveaux groupes et l'adhésion incessante de nouveaux militants. Son défaut c'est le désordre qui en est le corollaire. D'où l'effort d'unification ou plutôt de confédération des forces clandestines entrepris par Jean Cassou et Serge Ravanel. En mai 1944, cet effort a déjà porté ses fruits mais il n'aboutira jamais entièrement. Il ne faut pas s'en désoler car la diversité et l'autonomie des unités résistantes a permis d'atteindre une souplesse inégalée dans la lutte contre l'ennemi. L'armée de Ravanel, c'est un peu l'antiarmée de Gamelin. Au lieu d'une structure figée par des règlements inadaptés et par la routine, on a une armée polycentrique, capable d'initiative, hypersensible aux changements de situation. Les ordres qu'elle reçoit ne sont que des directives très générales, et l'invention est indispensable si l'on veut survivre et faire du mal à l'ennemi.

Dans le domaine politique, le gaullisme veut éviter que Vichy ne mette en place un régime de transition de style giraudiste ou que les Alliés n'instaurent leur protectorat. Aussi Cassou a-t-il soigneusement préparé les institutions et les hommes prêts en un instant à remplacer Vichy et à recréer la République. Les obstacles à cette œuvre ont été parfois inattendus. Nous les verrons dans le chapitre 14 : « La Libération-Phase politique ».

Dans ses rapports avec une population tentée par le repli sur le cocon familial, la Résistance réussit à la fin quelques actions de masse. Le 14 juillet 1943 est marqué par une manifestation importante. Le 11 novembre, la consigne est donnée par la Résistance de cesser le travail entre 11 heures et midi. Elle est suivie dans presque toutes les usines et entreprises industrielles de la région. On peut donc dire que, dès la fin de 1943, le double pouvoir est une réalité à Toulouse.

TROISIÈME PARTIE

CONTINUITÉS ET PERMANENCES

10

Le martyre des Juifs de Toulouse

Comme ceux des autres parties de la France, les Juifs de Toulouse ont subi deux persécutions : l'antisémitisme français reprenait les procédés d'exclusion en honneur au Moyen Age et sous l'Ancien Régime ; quant à la « solution finale », mise en œuvre par l'ennemi, elle tendait à ce but inconcevable : la mise à mort de tous les Juifs d'Europe. Il existe entre les deux racismes une différence de nature, mais il ne faut pas oublier que l'assassinat collectif du peuple d'Israël a été réalisé en France avec l'aide efficace de l'État français et de sa bureaucratie.

Les mesures prises par les Français sans aucune influence allemande sont d'abord les deux statuts des Juifs (3 octobre 1940 et 2 juin 1941) qui les transforment en catégorie inférieure en leur interdisant certaines professions, et la loi du 4 octobre 1940 autorisant les préfets à placer dans des camps les « étrangers de race juive ». En revanche, c'est sous la pression des occupants que fut créé le Commissariat général aux questions juives (CGQJ) le 23 mars 1941. La confiscation des biens juifs fut d'abord réalisée en zone occupée par les Allemands, puis étendue à la zone libre par Vichy (22 juillet 1941). Enfin l'administration française a collaboré à la déportation des Juifs en livrant à l'occupant au cours de l'été 1942 une quarantaine de milliers de personnes habitant les deux zones.

A Toulouse et dans ses environs, les internés des camps français subissent d'emblée un sort extrêmement pénible ; en revanche, les Juifs demeurés libres, qui forment la majorité, peuvent se faire quelques illusions sur la bienveillance du vieux Maréchal. Mais, à partir de juillet 1942, les deux antisémitismes, vichyssois et nazi, se déchaînent simultanément. Les deux années qui vont de l'été 42 à la Libération sont celles du nomadisme de la Terreur. Les Juifs, en grand nombre, s'éparpillent et cherchent à se cacher.

La protestation de l'archevêque de Toulouse, Mgr Saliège, contre la livraison des Juifs à l'ennemi (23 août 1942) est un événement de première importance à la fois pour Toulouse et pour le pays tout entier. Elle exerce une influence décisive sur l'opinion et sur le gouvernement. Conjointement aux déclarations de quatre autres prélats, elle aboutit ainsi à une halte dans les déportations – plus marquée à Toulouse que dans le reste de la France. Les départs vers les camps de la mort reprennent toutefois à partir de juin 1943 : c'est la Gestapo qui en est désormais la principale responsable.

Devant la menace de l'assassinat collectif, les Juifs de Toulouse et de sa région ne sont pas restés passifs. Leurs efforts intelligents pour se sauver, et sauver leurs proches, sont la principale raison de la survie du plus grand nombre. Mais si ces efforts ont réussi, ce fut grâce à la complicité très fréquente des non-Juifs. Les initiatives d'autodéfense des Juifs et le comportement fraternel d'une partie de la population sont deux faces d'une même réalité. Au-delà de ces efforts individuels et familiaux, le dynamisme des Juifs culmine dans la résistance organisée destinée d'abord à sauver leurs coreligionnaires, puis à lutter contre l'ennemi.

Les Juifs dans la cité

Avant 1939 on comptait un peu plus d'un millier de Juifs à Toulouse (environ 0,5 pour cent de la population) : ensemble sans homogénéité, composé de groupes d'origines diverses [1]. Ceux qui occupaient le haut du pavé, bien assimilés, Français à l'accent du Midi, parlant parfois l'occitan, se nommaient eux-mêmes « Français de confession israélite », ou, plus brièvement, « Israélites ». Les membres de ces familles ne pratiquaient plus guère leur religion et avaient parfois presque oublié leurs origines juives. C'est l'antisémitisme officiel qui, de 1940 à 1944, a transformé en Juifs des gens qui ne l'étaient pas. Dans l'entre-deux-guerres, la population juive se développe avec deux vagues successives d'arrivants : sépharades (Juifs méditerranéens) dans les années 20, puis ashkénazes (Juifs d'Europe centrale et orientale) dans la décennie précédant la guerre. Les sépharades venaient de l'Empire ottoman, ils descendaient des Juifs chassés d'Espagne au XVIe siècle et parlaient une étrange langue : le *ladino*, espagnol archaïque truffé de mots turcs. Le fait de parler un idiome latin leur permit une adaptation rapide. Puis dans les années 30 arrivèrent des groupes successifs d'ashkénazes. Parmi eux on rencontre quelques dizaines de jeunes gens venus faire leurs études supérieures à Toulouse, mais aussi des réfugiés de Pologne, d'Allemagne, d'Autriche, fuyant l'antisémitisme et les persécutions. En raison de leur goût de la haute culture française ou de leur militantisme dans le Parti communiste et ses organisations annexes, qui exerçaient une influence considérable sur ces milieux, les étudiants s'assimilaient rapidement [2]. En revanche, les adultes venus de Pologne ou des pays sous la domination de Hitler se faisaient remarquer par leur ignorance du français ou par un accent caractéristique. La majeure partie des Juifs de Toulouse travaillaient dans le secteur du textile comme artisans, employés ou commerçants. Les entreprises où ils étaient occupés se trouvaient surtout dans les petites rues du centre historique. Quelques boutiques de luxe et un grand magasin appartenant à des Juifs présentaient leurs belles vitrines le long des grands axes : rue d'Alsace, rue de Metz, rue du Languedoc. Au total on pouvait dénombrer deux cent cinquante à deux cent soixante-dix entreprises, la plupart très petites, qui appartenaient à des Juifs [3].

L'exode puis l'occupation durable de la zone nord poussèrent des foules de Juifs vers Toulouse et ses environs. Ils venaient surtout de la région parisienne et des départements du Nord-Est. Si quelques-uns d'entre eux eurent la malencontreuse idée de revenir en zone occupée après l'armistice, la majorité resta sur place, d'autant plus que les occupants leur interdirent le retour par ordonnance du 27 septembre 1940. Au contraire, après la fin de la vague principale de l'exode, de nombreux Juifs rejoignirent encore la région toulousaine. Les Juifs badois, palatins et alsaciens-lorrains furent chassés de chez eux par les Gauleiter nazis des provinces frontière. Au total, de juin 40 aux premiers mois de 1941, six à sept mille réfugiés juifs trouvèrent un refuge en Haute-Garonne, principalement à Toulouse. La population juive totale se trouvait donc de l'ordre de huit mille personnes ; c'est sur elle que vont s'abattre les persécutions de l'État français et des occupants.

Si les mesures racistes furent exécutées par la machine administrative, elles n'avaient pas de soutien véritable dans l'opinion. En effet, l'antisémitisme était alors fort peu consistant à Toulouse. D'abord parce que dans certains milieux on ignorait jusqu'à l'existence des Juifs. L'un de nos témoins, Mme V., adolescente au moment de la guerre, raconte qu'elle croyait que le Juif était un personnage imaginaire destiné à faire peur aux enfants, un peu à la manière du père Fouettard [4]. Toutefois, le stéréotype classique (bien attesté dans la littérature, même chez des esprits éclairés comme Voltaire) attribuant aux Juifs la rapacité et l'avarice existait à Toulouse comme ailleurs, mais sans vigueur, faute d'aliments. Le seul milieu où ce préjugé eût quelque force était celui des commerçants où l'on éprouvait quelquefois une certaine jalousie pour la réussite de tel ou tel concurrent juif. On vit ainsi surgir dans les années 30 quelques caricatures représentant un Juif enrichi, ou des papillons antisémites collés sur des magasins [5]. Mais de nombreux Juifs de Toulouse y avaient passé leur jeunesse sans entendre une réflexion blessante ni subir un geste d'exclusion. Les leçons de l'école publique enseignaient l'égalité entre tous les hommes et la tolérance envers tous les cultes, et nous savons quel était le prestige de l'enseignement laïque à Toulouse. *La Dépêche* allait dans le même sens. Dans l'opinion catholique, l'antijudaïsme était mis en échec par les déclarations de l'archevêque qui avait pris position en public contre la doctrine nazie en 1933 et en 1938.

L'ANTISÉMITISME DE L'ÉTAT FRANÇAIS

Les mesures antisémites ne résultent donc pas d'une demande spontanée de la population, même si l'antisémitisme latent en a peut-être facilité l'acceptation. En fait il a suffi que les sommets de l'État fussent occupés par des hommes plus ou moins influencés par les idées de Maurras : Alibert, Xavier Vallat, Pétain lui-même, pour que la législation antisémite soit promulguée et appliquée. En effet, même s'il n'éprouve personnellement aucune hostilité contre les Juifs, le fonctionnaire obéit aux ordres avec discipline : singulière perversion d'une règle qui assure, en temps ordinaire, une bonne administration à la France.

Parmi les dispositions prises à Vichy, la plus grave est sans doute celle qui permet aux préfets d'interner les Juifs étrangers dans des camps spéciaux (4 octobre 1940) dont nous avons déjà parlé dans le chapitre 4. Dans la XVIIe région, cette loi va s'appliquer aux Juifs allemands expulsés de Bade et du Palatinat, internés dans un premier temps à Gurs, et aux Juifs étrangers sans ressources ou en situation irrégulière [6]. Dans le voisinage immédiat de Toulouse, un millier de Juifs environ sont ainsi enfermés à Clairfont, au Récébédou, ou au prétendu camp-hôpital de Noé, dans des conditions lamentables.

Les Juifs étrangers qui n'étaient pas internés ne jouissaient pas tous d'une liberté complète. Les hommes valides étaient souvent autoritairement placés dans les Groupements de travailleurs étrangers (GTE) où régnait un régime de semi-servitude, avec un salaire de soixante-quinze centimes par jour : environ un dixième du salaire minimum [7] ! Les Juifs relativement aisés étaient parfois mis en résidence assignée dans une station thermale comme Luchon : on les renvoyait à Toulouse lorsque la saison commençait et que les curistes affluaient. Beaucoup de Juifs se trouvaient ainsi regroupés sous contrôle policier, proie disponible pour qui voudrait s'en emparer.

Le statut des Juifs, auquel Pétain s'était intéressé personnellement (3 octobre 1940), s'appliquait aux Français comme aux étrangers. Il était consacré avant tout aux interdictions professionnelles. Il excluait donc les Juifs de toute fonction dirigeante dans l'appareil d'État, des grades d'officier dans l'armée, et de l'enseignement. Les autres activités de la fonction publique leur étaient fermées sauf à ceux qui possédaient certains titres militaires acquis au cours des deux guerres [8]. La loi réglementait en outre leur accès aux médias et aux professions du cinéma. Elle fut immédiatement appliquée dans l'enseignement du second degré : elle concerne, semble-t-il, une dizaine de personnes dans la XVIIe région, parmi lesquelles la directrice du lycée de jeunes filles de Toulouse et quelques réfugiés qui venaient de trouver un poste dans leur localité d'accueil. L'exclusion n'entraîne aucune protestation publique du corps enseignant, même si, çà et là, quelques manifestations de sympathie isolées se produisirent. A la faculté des lettres, le renvoi des Juifs et des francs-maçons fit scandale : le doyen Dottin avait reçu un télégramme lui intimant l'ordre d'interrompre immédiatement les cours des personnes concernées. Il ne le fit qu'en manifestant clairement sa colère devant les étudiants. La mesure concernait le psychologue Ignace Meyerson et les philosophes Maxime Schuhl, Vladimir Jankélévitch et Raymond Aron [9]. Par solidarité avec les exclus, un groupe d'étudiants demanda à Meyerson et à Jankélévitch de continuer leurs cours à titre privé, ce qui fut réalisé avec succès.

Le second statut du 2 juin 1941 complétait et aggravait le premier en interdisant aux Juifs un grand nombre de professions dans le commerce, l'industrie et la banque. Il eut peu d'effet à Toulouse où il concernait seulement quelques réfugiés qui, de toute façon, n'exerçaient plus leur métier. Les deux statuts des Juifs ont une immense importance dans les principes, puisqu'ils transformaient en catégorie inférieure des citoyens désignés uniquement par le hasard de leur naissance. C'est pourquoi ces textes furent pris très au sérieux par les militants de gauche, comme par ceux de *Témoignage chrétien*. Ils mirent en éveil les Juifs instruits qui comprirent fort bien que le gouvernement du bon Maréchal n'était pas leur ami. Mais, concernant peu de monde à Toulouse, ils eurent peu d'effet sur l'opinion. La plupart des Toulousains non juifs, préoccupés avant tout par le ravitaillement, n'y prirent pas garde, même si *La Dépêche* consacra un entrefilet à la loi. Beaucoup de Juifs, malheureusement, en sous-estimèrent l'importance et pensèrent que rien de bien grave ne pouvait leur arriver à l'avenir. Plusieurs témoins de l'époque qui nous ont raconté leurs souvenirs de jeunesse ont eu cette réaction (ou plutôt cette absence de réaction). Ils se souviennent de deux années plutôt agréables où, quoique juifs, ils ont vécu comme les autres adolescents de la ville : études, camarades, fréquentation de la piscine et du cinéma... heureuse insouciance de la jeunesse que ne partageaient peut-être pas leurs parents.

C'est pourtant au cours de cette période qui paraît paisible que sont prises deux décisions inquiétantes : la création du Commissariat général aux questions juives (CGQJ) et le recensement des Juifs.

Le CGQJ, sorte de « ministère » des Juifs, n'installa sa délégation régionale à Toulouse que le 10 juillet 1941 dans un local situé 3, rue Alsace-Lorraine (puis 8, rue Ozenne en 1943 et 1944). Son premier directeur, Joseph Lécussan, a laissé un souvenir marquant partout où il est passé. C'est un ancien officier de marine né en 1895 à Gourdan-Polignan. Colosse aux larges épaules et au visage carré, il a le geste décidé, le langage brutal et imagé : il écrit un peu comme Céline ou Rebatet, le talent en moins. Lécussan est un homme d'extrême droite et un antisémite frénétique ; membre de la Cagoule avant guerre, il y fait connaissance avec Darnand, y manifeste un goût pour la violence qui se déchaînera à fond en 1944. Lécussan déteste le droit et l'administration traditionnelle. Voyant dans les Juifs les responsables de la guerre et de la défaite, il est disposé, d'emblée, à prendre contre eux les mesures les plus extrêmes. Il se fait haïr des autres fonctionnaires, en particulier du préfet, par son insolence et sa tendance à violer les règlements. En 1943, Lécussan quitte Toulouse pour aller occuper un poste élevé dans la Milice de la région lyonnaise. Il s'y signalera par des exécutions sommaires dont la plus connue est le meurtre de Victor Basch, ancien président de la Ligue des droits de l'homme, âgé de quatre-vingts ans [10].

Ses successeurs à la tête de l'antenne toulousaine du CGQJ furent Filidori, en mars 1943, puis Ravier, ancien sous-directeur à Pau (novembre 1943). On ne peut imaginer plus grand contraste que celui qui oppose Lécussan à Ravier. Celui-ci n'est point antisémite frénétique ; avait-il même une opinion sur le sujet, ce n'est pas certain ! Ravier apparaît en effet comme le type même du bureaucrate caricatural, étroit d'esprit, passionné de règlements précis, adorant faire des rapports détaillés dans la langue, parfois peu compréhensible, de l'Administration. Il écrit tant de lettres ennuyeuses à ses supérieurs que, bientôt, personne ne les lit plus. Il s'en aperçoit et s'en désole... en envoyant un nouveau rapport [11]. Mais la persécution antijuive a été aussi virulente sous l'impulsion du rond-de-cuir courtelinesque que sous celle du fanatique.

Le CGQJ est aidé par la Police aux questions juives (PQJ), devenue en juillet 42 la Section d'études et de contrôle (SEC) qui entreprend un nombre extraordinaire d'enquêtes pour débusquer les Juifs en infraction, ceci avec un personnel toujours insuffisant [12].

Peu de temps avant l'installation du CGQJ à Toulouse, la loi du 2 juin 1941 avait décidé le grand recencement des Juifs. A Toulouse, le maire Haon est chargé de l'opération. Chaque chef de famille concerné doit remplir un formulaire bourré d'informations sur le déclarant, sa famille, ses parents, ses grands-parents. La très grande majorité des Juifs y a répondu. Pour la Haute-Garonne, le recensement donne une population de 6 786 Juifs, dont 2 573 Français et 4 213 étrangers. Il faut y ajouter les internés et les non-déclarants, soit plus de 1 000 personnes. Mais, même si cette opération est réalisée de manière très méticuleuse, elle est suivie d'une phase d'extrême pagaille administrative. Vichy possède les fiches, les préfectures en ont un sommaire très insuffisant, et Lécussan n'a rien. Il faudra six à sept mois d'efforts et de discussions pour que le siège toulousain du CGQJ obtienne l'intégralité du fameux fichier. Bienheureux désordre qui explique en partie l'impression de tranquillité ressentie par certains Juifs en 1941 et au début de 1942 !

C'est donc vers le milieu de 1942 que le contrôle des Juifs devient véritablement minutieux et tracassier : le véritable démarrage de la persécution française coïncide donc avec les premières déportations vers Auschwitz. La PQJ contrôle les personnes suspectées d'être des Juifs non déclarés. Pour ne pas être inquiétés, il leur faut faire la preuve que deux de leurs grands-parents au moins n'étaient pas juifs. Dans ce cas ils peuvent être considérés comme aryens et échapper à la persécution, mais à la condition de présenter un certificat de baptême antérieur à l'armistice. Pour les demi-Juifs incroyants, l'attestation de baptême peut être remplacée par un certificat de non-circoncision. Un médecin assermenté demeurant place Wilson se fait quelques revenus avec cette spécialité. Une centaine de personnes, soupçonnées d'être juives, font d'elles-mêmes la demande d'un certificat de non-appartenance à la race juive. Parfois Lécussan refuse de la donner lorsque les manières de l'impétrant aryen lui ont déplu. La situation s'aggrave le 18 décembre 1942 : il est désormais prescrit à toute personne de « race juive », française ou étrangère, de faire apposer la mention « JUIF » sur sa carte d'identité et sa carte d'alimentation. Les Allemands peuvent donc arrêter les Juifs à volonté dans la rue, au vu de leurs pièces d'identité.

On fait la chasse aux Juifs restés dans l'Administration ou l'enseignement. Les professions libérales peuvent refuser aux Juifs l'accès à l'exercice de leur métier : c'est ce que fait (au moins dans un cas) l'ordre des médecins de Toulouse.

L'interdiction de pratiquer des activités nécessitant des diplômes de niveau élevé s'accompagne logiquement d'une limitation du nombre des Juifs admis dans les universités. C'est l'objet de la loi du 21 juin 1941 qui fixe un numerus clausus : l'effectif des étudiants juifs ne devant pas dépasser 3 pour cent des non-juifs. Appliquée, semble-t-il, avec un certain laxisme par le cabinet du ministre de l'Éducation, Carcopino, cette mesure a été suivie de manière très différente selon les disciplines concernées.

En faculté de droit et de médecine, on trouve effectivement des états (non datés) du nombre des étudiants juifs : il y en a quarante en médecine, vingt-huit en droit. Établir ces documents ne signifie pas qu'on ait respecté le numerus clausus, d'autant plus que le nom des étudiants n'y figure pas. En fait on est sûr que la législation antisémite a été appliquée en médecine où Léon Schwartzenberg (le futur professeur et ministre) a été empêché de poursuivre ses études. En sciences il existe des fiches spéciales pour l'inscription des étudiants juifs. En revanche, en lettres, la législation a été abondamment bafouée grâce à la complicité active du doyen Dottin, du secrétariat de la faculté et de nombreux professeurs.

La confiscation des biens juifs décidée en zone libre par la loi du 22 juillet 1941, à l'imitation de la zone occupée, concerne les entreprises, biens meubles et immeubles possédés par les Juifs (français ou étrangers), à l'exception de leur logement [13]. Les biens juifs doivent être confiés à des administrateurs provisoires chargés de les vendre à des aryens ou de les liquider. A Toulouse la loi s'applique presque uniquement à des propriétaires déjà installés avant 1939. L'essentiel de la spoliation fut réalisé au cours de l'année 1942, mais elle fut poursuivie jusqu'à la Libération. A Toulouse, deux cent vingt-quatre entreprises et trente-trois immeubles furent confisqués. Cent personnes environ acceptèrent les fonctions d'administrateur provisoire. Il ne fut pas difficile de trouver des amateurs pour un travail rapportant de deux mille à dix mille francs par mois (selon l'importance du bien saisi) et parfaitement compatible avec une autre profession. La plupart de ces personnages, davantage poussés par l'intérêt que par la conviction antisémite, se montrèrent rapaces et teigneux aussi bien avec les spoliés qu'avec le CGQJ. Toutefois un certain nombre d'entre eux surent rester humains, laissant le propriétaire juif continuer à gérer son entreprise comme si rien ne s'était passé, sans chercher à vendre l'affaire. La gestion par les administrateurs provisoires fut généralement catastrophique. Ayant chassé le propriétaire et n'ayant guère de temps à consacrer au bien spolié, ils en faisaient souvent baisser la valeur, contraints au bout de quelques mois de le vendre dans de mauvaises conditions. Pourtant, 40 pour cent seulement des biens confisqués purent être vendus : avant 1943 les candidats acheteurs étaient empressés et faisaient parfois valoir leur patriotisme : il s'agissait pour eux d'éviter que ces biens ne tombent aux mains des occupants ! Mais après Stalingrad le nombre des ventes tend vers zéro. Les acheteurs potentiels comprennent fort bien, en effet, qu'ils risquent de voir leur propriété remise en cause en cas de victoire alliée. Goering, désolé de voir les Français aussi peu antisémites, espérait leur insuffler cette discutable vertu par l'intérêt : ce n'était pas mal vu, mais il aurait fallu que son camp fût vainqueur. Les racistes officiels furent parfois aidés dans la recherche des biens juifs par les comités d'organisation : à Toulouse ceux des garagistes, du livre, de la pelleterie et l'union corporative des agents immobiliers dénoncèrent leurs membres juifs sans se faire prier.

De nombreuses spoliations se présentèrent comme de véritables casse-tête juridiques, en particulier dans le cas des sociétés anonymes (les frères Lissac, les chaussures André, Printafix) qui avaient des succursales à Toulouse et dans celui des biens possédés par un couple dont l'un des conjoints était chrétien. Parfois le propriétaire menacé s'entendait avec un prête-nom qui achetait fictivement l'affaire. A Toulouse, un important magasin de confection fut ainsi confié à un ancien employé, devenu patron en apparence : en août 44, le légitime propriétaire put donc récupérer sans problèmes son entreprise. Mais parfois l'homme de paille se révéla escroc à la Libération : refusant de rendre quoi que ce soit, sinon sous la contrainte.

Les marchands ambulants avaient été laissés de côté par les « aryanisateurs » car leurs biens semblaient trop faibles pour intéresser le CGQJ. Malheureusement pour elle, une marchande foraine de bérets, demeurant rue de la Colombette, craignant de perdre son gagne-pain, écrit au maréchal Pétain en faisant valoir sa situation de femme de prisonnier. Elle attire ainsi l'attention sur elle et se voit confisquer sa carriole et son stock !

Les preuves d'appartenance à la race juive n'étant pas toujours claires et les situations juridiques parfois embrouillées, il y avait là matière à procès. Il y en eut donc une dizaine, engagés soit par le propriétaire soit par le CGQJ. Dans la plupart des cas ils furent gagnés par le propriétaire juif [14] ! Par conscience professionnelle (ou par compassion ?), les magistrats sont souvent venus en aide aux persécutés, pièce à verser à leur étrange dossier !

Du point de vue de Lécussan puis de ses successeurs, la spoliation des Juifs est un succès puisque, malgré quelques procès perdus, elle supprime toute « influence juive sur l'économie ». Car il faut penser que les milliers de réfugiés juifs ont, eux aussi, tout perdu, leurs biens ayant été confisqués en zone occupée sans que les propriétaires puissent intervenir.

Désireux que les Juifs soient contrôlés, comme en Europe orientale, par un organisme juif autogéré, les Allemands obligèrent Vichy à créer l'UGIF (Union générale des Israélites de France) à laquelle toutes les associations juives étaient obligées d'adhérer. Installée rue Cafarelli, dirigée un temps par Simon Lourie, l'UGIF joua incontestablement un rôle charitable très utile avec son centre médico-social animé par le Dr Jules Hofstein secondé par Eva Cohen. Puis vint un moment où son existence devint un danger pour la vie de ses membres puisque les Allemands s'en servaient pour obtenir des informations sur les personnes qu'ils voulaient arrêter. Les dirigeants de l'UGIF ne surent pas se saborder à temps : leur personnel fut arrêté par la Gestapo le 24 mai 1944. Le directeur de l'UGIF-zone sud s'obstina après cette date à vouloir conserver ses structures et maintenir le contact avec les occupants : il envisagea même des sanctions contre ceux de ses employés qui avaient disparu sans laisser d'adresse ! Attitude kafkaïenne que les dirigeants de la Jeunesse juive (Éclaireurs israélites) surent éviter en passant dans la clandestinité après les premières déportations [15].

Les déportations de 1942

Le 9 mai 1942, René Bousquet, chef de la police française, rencontre Heydrich, principal dirigeant des SS après Himmler. Heydrich a besoin de l'aide des Français pour assurer la déportation des Juifs étrangers de zone occupée vers les camps de Pologne. Bousquet lui propose d'intégrer dans les convois les Juifs « apatrides » internés en zone libre. Cette première proposition de Vichy est suivie par celle de Laval qui suggère que les Allemands prennent les enfants de moins de seize ans, ce qui n'était pas prévu [16]. Vichy prit donc l'initiative de livrer aux nazis des populations juives sur lesquelles ceux-ci n'avaient aucune prise, les Juifs de nationalité française restant protégés.

Un échange fébrile de télégrammes entre Bousquet et les chefs de camps de la région toulousaine sert de prélude aux déportations. Les listes de « partants sûrs », c'est-à-dire de déportables, sont soigneusement élaborées. Des cas « intéressants » sont exemptés au début puis inscrits dans les listes des convois suivants. Des internés qui souhaitent accompagner leurs parents sont classés « optants » et ajoutés aux sinistres listes. A la suite d'un malentendu entre le chef du camp de Noé et le délégué de Bousquet, venu à Toulouse le 22 juillet, Vichy prévoit un seul convoi avec des wagons permettant de transporter 150 à 200 « partants sûrs ». Affolement du chef de camp qui a, en fait, plus de 1 000 déportables : 579 pour le Récébédou, 502 pour Noé ! Il réclame donc très vivement des moyens de transport cinq fois plus importants. Zèle intempestif qui fait froid dans le dos [17] !

Au total, si l'on excepte les déportés du camp de Gurs, cinq convois successifs vers Drancy puis Auschwitz quitteront la région toulousaine. La première vague, la plus importante (9 et 14 août 1942), se compose des anciens détenus des camps de Noé et du Récébédou ; la seconde vague (25 août), de gens pris dans les GTE ; la troisième (2 septembre, 25 septembre), surtout des Juifs étrangers capturés dans la grande rafle de zone sud.

Les internés des camps

Le préfet reçoit en juillet les ordres qui prescrivent qu'on doit cacher aux internés leur véritable destination : tout doit être organisé comme s'il s'agissait d'un transport ordinaire d'un camp à un autre. Les consignes sont données pour que le préfet prévoie une surveillance du départ par des unités policières très étoffées et bien armées afin qu'aucun désordre ne se produise. On précise comment les convois doivent être formés : les gendarmes occuperont des wagons de voyageurs de troisième classe et les Juifs des wagons à bestiaux.

Chaque wagon transportant les Juifs doit être garni de paille et comporter un broc à eau, un seau hygiénique et une lampe tempête. Il est précisé avec soin que le seau doit être récupéré à la ligne de démarcation, afin que les Allemands ne s'emparent pas de ce bien de l'État ! L'alimentation est assez chichement prévue, mais, au dernier moment, les Quakers réussiront à faire parvenir des colis supplémentaires.

En Haute-Garonne, pour le premier convoi, les « partants sûrs » venant des camps-hôpitaux sont d'abord regroupés au Récébédou. Puis, le 8 août, ils doivent gagner à pied la gare de Portet-Saint-Simon, distante de deux kilomètres. Les trois cent trente déportés, pour la plupart vieux et malades, mettent des heures à faire le trajet. A la gare, onze wagons les attendent, gardés par d'importantes unités policières munies de mitrailleuses ; des scènes déchirantes se produisent : une crise de folie et plusieurs tentatives de suicide. On embarque un homme qui vient de se tailler les poignets, en état de syncope. Un rapport de Cheneaux de Leyritz au chef du gouvernement décrit les conditions de transport : des femmes s'évanouissent par suite de la chaleur et des odeurs dégagées par la paille humide d'urine. Ce spectacle, déclare le préfet régional, impressionna fortement les populations françaises qui eurent à le voir. Ce premier convoi comprenait au total 1 195 personnes venant de divers camps du Midi, dont 175 du Récébédou et 165 de Noé ; il arrive à Drancy le 9 août et à Auschwitz le 12 [18].

Pour le second convoi, on prend plus de précautions, destinées autant à cacher le spectacle à la population qu'à améliorer les conditions du transfert. Une voiture doit transporter les bagages du Récébédou à Portet, une autre les Juifs en mauvaise santé. A la gare, le directeur de Noé – celui qui avait exigé les wagons qui lui manquaient – fait un discours où il déclare que, « s'il exécute les ordres en tant que chef de camp, il se désolidarise de ces mesures en tant qu'homme et que chrétien » : ambivalence typique des bureaucrates de ce temps. Ce second convoi comprend cent vingt internés de Noé et du Récébédou : il est rejoint, avant la ligne de démarcation, par six cents Juifs venant des camps de la région méditerranéenne ; il arrive à Drancy le 12 août et à Auschwitz le 14.

Les GTE

Le 18 août, ordre est donné aux préfets de zone non occupée de rassembler et envoyer à Drancy les Juifs apatrides des GTE ainsi que leurs familles. Dans la région toulousaine, cet ordre est appliqué à quatre-vingt-quatre travailleurs étrangers de Septfonds et soixante-deux de Penne-d'Agenais (Lot-et-Garonne) qui se retrouvent à Toulouse-Matabiau où ils complètent un convoi de douze cents personnes.

La grande rafle du 26 août 1942

Le 26 août c'est la grande rafle de zone libre, destinée à capturer les Juifs apatrides, ex-polonais, ex-allemands et ex-autrichiens restés en liberté.

Dans la Haute-Garonne, on avait prévu un nombre de trois cents personnes à arrêter. La police en capture cent soixante-dix, dont quarante enfants. Le « rendement » policier de la rafle n'est pas très bon : 56 pour cent. Phénomène assez général dans l'ensemble de la zone libre, dû à des changements d'adresse non enregistrés et aussi à de nombreuses fuites. Beaucoup de Juifs, avertis, avaient quitté leur domicile à temps.

Un des rares survivants de la rafle du 26 a été interrogé par Hélène Régnier : Paul Schaffer, âgé de seize ans en 1942. Arrêté à Revel, il est transporté à Noé où il est accueilli par un officier des GMR qui déclare : « Le premier qui met le nez dehors, on lui tire dessus, à vue ! » Il se souvient que, dans le camp, un homme a tenté de se suicider en s'ouvrant les veines pendant la nuit [19].

Le dernier convoi de 1942 date du 25 septembre, il comprend cent quatre-vingt-dix personnes d'origines diverses, dont quatre-vingt-dix internés du Vernet. Mais déjà s'est produit un événement d'importance : la protestation publique de l'archevêque de Toulouse, Mgr Saliège.

La protestation de Mgp Saliège [20]

Des représentants des œuvres catholiques qui s'étaient rendus au Récébédou afin d'assister les déportés avaient averti Mgr Saliège de ce qui s'y passait. L'archevêque, nous l'avons vu, était au courant des persécutions subies par les Juifs en Allemagne nazie et il avait pris une position très critique à ce sujet. Dans son entourage, plusieurs personnes l'informaient régulièrement de l'évolution de ce problème en France : Mgr de Solages, recteur de l'Institut catholique qui avait fait en mai 1942 une conférence publique sur l'égalité entre les races ; Mgr Courrège, coadjuteur de l'archevêque ; et un groupe de militants qui distribuaient le journal clandestin *Témoignage chrétien*. Mgr Saliège était également en relation avec Mgr Gerlier, archevêque de Lyon, par l'intermédiaire du père de Lubac : les deux prélats adopteront finalement des attitudes très voisines. L'archevêque de Toulouse décida donc de rédiger une lettre pastorale condamnant les déportations de Juifs, et de la faire lire en chaire par tous les curés de son diocèse. Beau texte devenu célèbre dont le contenu est le suivant [21] :

> Lettre pastorale de S. Exc. Mgr Saliège
> Archevêque de Toulouse,
> sur « la personne humaine », lue en chaire le 23 août 1942 sans commentaires.
>
> Mes très chers Frères,
>
> Il y a une morale chrétienne; il y a une morale humaine qui impose des Devoirs et reconnaît des Droits. Ces Devoirs et ces Droits tiennent de la nature de l'homme; ils viennent de Dieu; on ne peut les violer. Il n'est au pouvoir d'aucun des mortels de la supprimer. Que des Enfants, des Femmes, des Pères et des Mères soient traités comme un vil troupeau; que des membres d'une même famille soient séparés les uns des autres et embarqués pour une destination inconnue, il était réservé à notre temps de voir ce triste spectacle.
> Pourquoi le Droit d'Asile de nos Églises n'existe-t-il plus?
> Pourquoi sommes-nous vaincus?
> Seigneur ayez pitié de nous... Notre Dame priez pour la France.
> Dans notre diocèse des scènes d'épouvante ont eu lieu dans les camps de Noé et du Récébédou. Les Juifs sont des hommes; les Juives sont des femmes. Tout n'est pas permis contre eux; contre ces hommes, contre ces femmes, contre ces Pères et Mères. Ils font partie du genre humain. Ils sont nos frères comme tant d'autres. Un chrétien ne peut l'oublier.
> France, patrie bien-aimée, France qui porte dans la conscience de tous les enfants la tradition du respect de la personne humaine, France chevaleresque et généreuse, je n'en doute pas.
> Tu n'es pas responsable de ces horreurs.

La plupart des desservants du diocèse lisent la lettre le 23 août, quelques-uns le 30. Le préfet régional prend immédiatement conscience de la gravité de l'acte de l'archevêque. Il déclare qu'il considère la publication de ce texte comme « un acte d'indiscipline ». Il s'efforce d'empêcher les prêtres de le lire en chaire en faisant intervenir les maires de Haute-Garonne. Sans succès, sauf auprès de quelques ecclésiastiques qui, pris entre un ordre de l'État et un ordre de leur évêque, préfèrent s'abstenir.

A la suite de tractations de son entourage avec le préfet régional, Mgr Saliège accepta de modifier légèrement le libellé de sa lettre;

il fut question de « scènes émouvantes » et non de scènes « d'épouvante » et à la fin « ces erreurs » remplacèrent « ces horreurs ». Ronéotypée, lue à la radio de Londres, la lettre de Mgr Saliège connut un retentissement considérable. Dans le silence entretenu par un régime policier, elle fit un bruit d'autant plus fort.

Mgr Saliège fut imité par Mgr Théas, évêque de Montauban, qui s'engagea le 26 août dans un texte plus clair encore. Puis Mgr Moussaron, archevêque d'Albi, fit lui aussi une protestation publique, mais en termes beaucoup plus prudents. Seuls deux autres prélats français prirent eux aussi position publiquement : Mgr Gerlier, archevêque de Lyon, et Delay, évêque de Marseille. Cinq évêques dans toute la France, c'est bien peu !

Ces protestations eurent donc une grande influence sur l'opinion, puis sur le gouvernement. Dans les jours qui suivent la lettre pastorale de Mgr Saliège, un grand nombre de préfets signalent l'indignation du public et sa compassion envers les Juifs. A Toulouse, Cheneaux de Leyritz et Bézagu sont très inquiets, tout comme Martin à Montauban. Le préfet régional de Toulouse fait savoir dans le langage prudent de rigueur qu'il serait souhaitable d'arrêter les livraisons de Juifs aux occupants :

> Il est vraisemblable que toute cette agitation se calmera bientôt si les opérations en cours contre les Israélites, qui touchent à leur fin pour la région de Toulouse, sont considérées comme devant être les dernières (3 septembre 1942[22]).

Martin, préfet du Tarn-et-Garonne, laisse entendre qu'il ne désapprouve pas la lettre de Mgr Théas, et il insiste pour que ces mesures exceptionnellement impopulaires soient attribuées aux Allemands.

Bousquet s'inquiète, tout comme Laval, persuadé que Vichy ne peut se permettre de perdre l'appui de l'Église et des catholiques. Un texte très intéressant à cet égard est le rapport envoyé le 27 août au Vatican par les services du nonce pontifical et relatant une rencontre entre Mgr Rocco, secrétaire de la nonciature, et Pierre Laval[23]. Le chef du gouvernement s'est montré très préoccupé par l'initiative prise par l'archevêque de Toulouse, estimant que ses conséquences peuvent être très lourdes non seulement sur l'opinion intérieure, mais aussi sur le contexte international au cas où la propagande anglaise se servirait de ce texte. « M. Laval fait donc savoir qu'une éventuelle mise à la retraite de Mgr Saliège l'obligerait beaucoup » : suggestion pleine de tact (!) qui ne fut pas suivie par le pape.

A la suite de ces événements, Laval eut, le 2 septembre, un entretien très important avec le chef SS Oberg à qui il expliqua les difficultés que causaient les évêques. Il lui demanda qu'on « ne lui signifie plus de nouvelles exigences sur la question juive », ajoutant « qu'il n'en est pas de la livraison des Juifs comme de la marchandise dans un Prisunic [24] ». Pour les chefs allemands les plus politiques, le maintien en France du pouvoir collaborateur était une priorité, car il était essentiel que l'économie française fonctionne à plein pour la machine de guerre nazie. Laval obtint donc le répit qu'il demandait et les déportations furent suspendues quelque temps. La détermination de cinq évêques et la pression de l'opinion l'avaient emporté temporairement. Cette accalmie, effective dans toute la France, fut particulièrement marquée à Toulouse où elle dura du 14 septembre 1942 au 23 juin 1943.

Les déportations allemandes (1943-1944)

De novembre 1942 à juin 1943 la Gestapo se montre peu active dans la poursuite des Juifs, malgré les déclarations antisémites tonitruantes de Retzek. C'est d'abord parce qu'elle obtient peu d'aide des autorités françaises. Laval ne souhaite pas que la police se compromette, du moins dans les actions les plus visibles : rafles et encadrement des convois. C'est particulièrement vrai à Toulouse où le préfet régional craint que l'opinion, très sensibilisée à cette question, ne s'enflamme à nouveau. Cette réticence se poursuit jusqu'à la Libération. On le voit bien en comparant le comportement de la police toulousaine à son homologue de Bordeaux ou de Poitiers. A Toulouse, le 9 septembre 1943, les policiers français arrêtent 10 pour cent des Juifs étrangers qu'on leur avait ordonné de capturer [25]. Au contraire, dans une situation similaire, on fait du zèle à Bordeaux le 10 janvier 1944 et à Poitiers le 28 janvier 1944 où la police s'empare de 448 personnes sur les 598 poursuivies.

Il est vraisemblable enfin que Toulouse n'est pas considérée par les chefs SS comme un point névralgique et que la police allemande n'a pas reçu de personnel très remarquable, du moins au début. La Gestapo, nous le savons, a mis du temps à s'organiser ; il lui a fallu attendre d'être dirigée par Suhr et Müller pour devenir vraiment efficace.

Désormais donc ce sont les occupants qui jouent les grands premiers rôles dans la chasse aux Juifs. Lorsque c'est possible, les SS continuent d'utiliser les méthodes massives qui ont leurs préférences. Ainsi, le 30 mai 1944, cent soixante-quinze Juifs de Noé qui avaient été jusque-là considérés comme intransportables sont intégrés à un vaste convoi de mille personnes. Mais désormais cette méthode n'a plus guère cours car les camps français ont été presque entièrement vidés en 1942. Les hommes de la Gestapo s'efforcent donc d'organiser une multitude de petits convois peuplés de personnes arrêtées au coup par coup lors de nombreuses opérations ponctuelles. Cette méthode de fourmi demande un effort constant du personnel nazi. Du point de vue policier elle est moins rentable. En revanche elle a l'avantage d'être moins visible de la population française, d'ailleurs obsédée par le STO. Mais désormais il n'y a plus aucune distinction entre Juifs français et étrangers : la Gestapo ne fait pas de différence, et déporte les uns et les autres.

Les policiers allemands s'attaquent en priorité aux Juifs appartenant à la Résistance, mais dans ce cas ils ont reçu l'ordre de déporter non seulement le responsable mais toute sa famille. En outre, beaucoup de Juifs sont arrêtés pour de petits délits : fausse carte d'identité, vente de stocks de marchandises, pour être ensuite déportés. Mais le cas sans doute le plus fréquent, et policièrement le plus efficace, consiste à repérer un groupe de Juifs réfugiés dans une localité et de les capturer tous au cours d'une brève expédition.

Deux exemples parmi un très grand nombre illustrent ces procédés. Voici d'abord un Juif résistant, Alexandre Vacharsky, que la Gestapo vient arrêter en octobre 1943 chez lui, 116, route de Balma à Toulouse. Elle ne le trouve pas mais emmène sa femme et sa fille âgée de dix-huit mois. Vacharsky entre alors en contact par téléphone avec la police allemande, acceptant de se livrer pour faire libérer sa femme et sa fille. Après accord des Allemands, Vacharsky se livre mais personne n'est libéré. La femme et la fillette périront dans la chambre à gaz le 23 novembre 1943. Seul Alexandre Vacharsky survivra.

Deuxième cas de figure assez fréquent : un groupe de dix-huit Juifs avait trouvé un logement dans un hôtel du petit bourg de Labessonié (Tarn). Mis en éveil par l'arrivée d'un agent du CGQJ venu faire la liste des clients juifs, l'un d'entre eux s'était enfui. Le 4 janvier 1944, trois agents de la Gestapo de Toulouse arrivent à l'hôtel. Ils interpellent Pierre Chimenes, ingénieur né en France, qui refuse d'obéir, prend une hachette et blesse grièvement un Allemand à la tête. Il est immédiatement abattu ainsi que son fils âgé de dix-neuf ans. Treize des Juifs présents sont arrêtés et emmenés à Toulouse, deux malades laissés sur place. Parmi les personnes arrêtées il y avait onze Français. Avant de partir, les policiers allemands pillent les chambres et dépouillent les deux morts de leurs vêtements. Le Tarn-et-Garonne est particulièrement visé par des expéditions de ce genre, notamment Saint-Antonin et Montauban où une trentaine de personnes furent arrêtées.

Le pillage est d'ailleurs souvent le seul but de certains expéditions. Ainsi en juin 1943, trois agents de la Gestapo toulousaine se rendent à la mairie de Lacaune pour s'emparer des bagages laissés sur place par cent vingt Juifs assignés à résidence dans cette petite ville et déportés par les Français le 25 août 1942. Mais il y en a trop. Les Allemands éventrent donc les valises, prennent ce qui a le plus de valeur et le chargent sur leur voiture, revenant ensuite à Toulouse entreposer leur butin. De même la police allemande fait tomber dans un guet-apens Mme Z. qui voulait vendre un stock de fourrures de grande valeur en utilisant les services d'un escroc qui sert d'agent provocateur ; Mme Z. est arrêtée et déportée, les fourrures confisquées et les policiers s'approprient meubles et objets personnels.

Les Juifs arrêtés sont incarcérés dans les prisons toulousaines : femmes, enfants et prisonniers jugés sans danger à la caserne Cafarelli, les autres à Saint-Michel ou à Furgole. Là les détenus sont parfois battus par le sergent Oskar Rau de la section IV J. Rau s'est rendu célèbre par ses sévices, visant souvent à faire avouer aux détenus où ils ont caché leurs biens de valeur. Lorsque le nombre des prisonniers est jugé suffisant, un convoi est formé qui mène les Juifs à Drancy et de là vers les camps de la mort.

Mais bien des Juifs sont massacrés sur place sans attendre la chambre à gaz. Les occasions de le faire sont assez fréquentes. Ainsi en mai 1943, un prisonnier juif essaye de s'évader de la caserne Cafarelli. Un Français qui servait de garde tire sur lui et atteint accidentellement un SS (on ne sait pas si le SS survécut car les témoignages divergent). A titre de représailles, les Allemands désignent quinze otages juifs de sexe masculin qui sont transportés à Miremont (Haute-Garonne), fusillés et enterrés sur place.

Au cours de leurs opérations, il arrive que les membres de la Gestapo tuent des Juifs, comme Mme Isaac abattue à Toulouse dans son appartement de la rue Bayard par des coups de feu tirés à travers la porte de la salle de bains. On signale enfin un Juif exécuté dans des conditions « légales » : le résistant Roger Lévy, condamné par le tribunal militaire allemand en déplacement à Toulouse.

Les responsabilités des Français sont, on l'a vu, bien moindres en 1943 et 1944 qu'en 1942. Elles ne sont pourtant pas inexistantes. Il faut d'abord penser aux dizaines d'informateurs et d'assistants français rétribués par la police allemande. Les archives nous ont livré une vingtaine de lettres de dénonciation adressées au CGQJ ; les Allemands en ont reçu aussi, mais elles ont disparu. Plusieurs Juifs ont été arrêtés par la Milice comme résistants (ou pour d'autres raisons) et livrés ensuite aux occupants. La police française et la gendarmerie, elles aussi, sont mêlées à des processus de cet ordre. On a plusieurs exemples de personnes arrêtées par des gendarmes ou des policiers : on les plaçait en détention dans une prison ou dans un camp, mais cela revenait à les mettre à la disposition des Allemands.

Freddy Szpielfogiel, interné à Noé pour détention de faux papiers, n'échappe à la déportation qu'en s'évadant in extremis du camp et en passant au maquis. Les gardiens de prison et de camp continuent d'exercer leur métier sous le contrôle direct et indirect des Allemands... tout comme les employés de la SNCF à convoyer les Juifs vers Drancy.

Finalement le système des petits convois instauré pendant treize mois par la Gestapo (juillet 1943-août 1944) a été presque aussi meurtrier que les transports massifs organisés par les autorités françaises au cours de l'été 1942. Le bilan des déportations de Juifs domiciliés en Haute-Garonne s'établit en effet à 2 013 victimes parmi lesquelles :
– 1 052 en 1942 regroupées essentiellement en cinq transports.
– 961 en 1943 et 1944 réparties en vingt-huit convois [26].

Il n'y a que trois Français parmi les Juifs déportés en 1942. En revanche il y en a 273 à l'époque de l'occupation allemande, ce qui représente 28 pour cent des déportés juifs de 1943 et 1944. Les Juifs étrangers ont payé un plus lourd tribut au génocide que les Français protégés quelque temps par Vichy. En effet, en Haute-Garonne, un tiers des Juifs étrangers sont partis pour les camps d'extermination contre un dixième des Français. Cent sept enfants juifs du département sont morts dans la chambre à gaz : malgré l'horreur qu'inspire un tel crime, il faut remarquer que ce nombre est très inférieur à la proportion normale des enfants dans la population. C'est l'effort gigantesque entrepris par les organisations juives, aidées par de nombreux Français non juifs, qui en a sauvé un grand nombre [27].

La survie

Les Juifs de Toulouse ont d'abord eu quelque difficulté à s'adapter à des conditions de vie aussi nouvelles. Les habitudes du temps normal ont la vie dure et, au début, il était presque impossible de comprendre que les normes d'avant 1940 n'étaient plus valables. Mais finalement cette force d'inertie a été vaincue : l'instinct vital a poussé les Juifs à la lutte. L'initiative et l'audace dont les Juifs ont fait preuve ont été leur principale sauvegarde. Toutefois ces qualités n'ont pu s'appliquer que parce que l'environnement non juif a été, dans l'ensemble, favorable aux persécutés. A côté des lettres de dénonciation, combien de gestes fraternels qui ont contribué à sauver des vies !

Dans la stupeur de juin 1940, il a existé des Juifs pétainistes. Il n'y avait en effet aucune raison pour que, dans cette ambiance, les Juifs, surtout ceux de nationalité française, ne réagissent pas comme le reste de la population. Assez vite pourtant la majorité d'entre eux comprend que l'illustre vieillard ne leur veut aucun bien. Pas tous cependant : les illusions sont parfois incroyablement tenaces. On peut encore entendre des Juifs survivants de cette époque qui attribuent l'antisémitisme vichyssois uniquement à la pression des Allemands. J'ai même rencontré une vieille dame qui, un peu gênée, m'a avoué qu'elle conservait une certaine affection au maréchal Pétain.

Mais plus que la confiance dans le Maréchal, ce fut le légalisme qui fut difficile à éradiquer. Celui-ci peut être plus fort à l'origine chez les

Juifs que dans le reste de la population. L'immigrant récent, en particulier, veut se faire accepter, dans sa nouvelle patrie, par un respect scrupuleux des règlements, que l'autochtone suit parfois avec quelque désinvolture.

Ce conformisme se manifesta d'abord lors du recensement de 1941. Selon le CGQJ, 90 pour cent des Juifs s'y soumirent. D'après les enfants de ceux qui souscrivirent la déclaration, l'argument classique pour justifier cette obéissance s'exprimait ainsi : « Il n'y a aucune honte à être juif, je ne vois pas pourquoi je ne le dirais pas ! » Cette justification honorable cache une autre motivation : les chefs de famille juifs sont persuadés qu'une situation irrégulière ne peut que causer du tort à leurs proches et, bien sûr, ils n'imaginent pas ce qui va suivre. Un comportement aussi soumis se manifeste en décembre 1942 lorsqu'il s'agit de faire apposer la mention JUIF sur la carte d'identité et la carte d'alimentation. Sans nier que le légalisme fasse encore des ravages à cette date, il faut aussi constater que les familles juives ont alors appris à jouer sur les deux registres, légal et illégal, à la fois : par exemple avoir des papiers en règle pour éviter des poursuites, mais aussi conserver l'ancienne carte d'identité déclarée perdue, et changer de domicile.

Plus que l'obéissance aux lois, ce sont parfois des considérations de moralité et de fierté qui, dans un premier temps, ont pu mettre les Juifs en danger. Ainsi M.J., honorable commerçant, apprend qu'il va être arrêté pour avoir refusé d'ouvrir son magasin à l'administrateur provisoire. Non seulement il reste chez lui, mais il n'avertit même pas sa femme, estimant qu'un honnête homme n'a pas à se comporter comme un voleur. De nombreuses personnes se font prendre pour ne pas nuire à des membres de leur entourage : M. St., pour ne pas causer de tort à son patron qu'un policier a menacé, va se livrer à la police ; il est enfermé à Septfonds puis déporté.

Toutefois les Juifs ont appris plus ou moins vite à réagir de manière adéquate devant la menace, mais pas tous en même temps ni de façon identique. A cet égard l'âge est le premier discriminant séparant l'élan vital de la résignation quasi suicidaire. Les gens âgés sont plus respectueux du règlement, plus attachés à leur maison et à leurs biens. Les jeunes gens doivent les rudoyer pour les obliger à quitter leur domicile, connu de la police. Edgar Morin raconte qu'il lui a fallu déployer des trésors de rhétorique pour convaincre son père, Vidal, de sortir de la légalité [28]. Dans la famille As., les parents ont été pris lors de la rafle du Vél' d'Hiv', alors que le fils, Freddy, encore adolescent, a eu le réflexe de se cacher, comme par jeu, puis de s'enfuir à Toulouse. Aussi, dans une famille, la liste des victimes de la Shoah commence-t-elle presque toujours par les noms des grands-parents.

Le niveau d'instruction n'est pas indifférent. Nous avons vu Mme Z., marchande foraine, écrire naïvement une lettre au Maréchal, ce qui attire sur elle les foudres du CGQJ. En revanche la famille H. (M. H. est un cadre d'entreprise internationale) est d'emblée hostile à Vichy. Tout y est prévu avec précision en cas de menace policière : comportements, comédie à jouer, faux papiers, lieu de fuite. Lorsque l'événement se produit, les cinq membres de la famille exécutent à la lettre le plan, avec simplement quelques aménagements spontanés de dernière minute : le succès couronne ces efforts méthodiques.

L'engagement politique permet aussi une adaptation rapide à l'extrême péril. Le jeune Dr Barsony qui revient d'Espagne, où il avait combattu dans les rangs des Brigades internationales, acquiert rapidement une nouvelle identité par l'intermédiaire d'une organisation communiste. Gérard Epstein obtient le même avantage lorsqu'il entre en communication avec une filiale du parti. Certes, pour eux, les faux papiers ne représentent pas seulement une défense puisqu'ils sont d'abord un moyen d'agir plus efficacement contre l'ennemi. En outre, les deux hommes sont doublement menacés comme Juifs et comme communistes. Mais leur comportement est guidé par la prévision, la froideur du calcul, bien préférables à la passivité et à l'angoisse paralysante.

L'origine nationale a des effets assez complexes. Selon l'avis autorisé d'Adam Rayski, ancien responsable de la MOI juive, les étrangers ont été moins légalistes que les Français, trop longtemps confiants dans les autorités françaises [29]. C'est probable, mais dans la pratique ils se trouvèrent presque toujours dans des conditions très défavorables ; il leur fut difficile de se cacher par manque d'intégration dans le milieu local : pas de relations, une mauvaise compétence linguistique et un accent qui pouvait les faire rapidement repérer.

Les Juifs français sont mieux pourvus ; ils peuvent plus facilement se faire passer pour non-Juifs grâce à leur bonne connaissance des usages et de la langue. Ils sont aidés par leurs amis et relations, ce qui est surtout vrai pour les Juifs déjà installés dans la région avant 1939. Ainsi M. Ge., arrivé à Toulouse dans les années 20, ne compte plus les amis qu'il s'est faits grâce à son caractère sociable et aux services qu'il a rendus. Sa vie après l'été 42 n'est donc qu'une suite de changements d'abris qu'il trouve avec une certaine facilité.

L'argent entraîne une inégalité encore plus grande. Le pauvre doit se cacher et subvenir à ses besoins par des expédients précaires, le Juif aisé peut se concentrer sur le premier problème et y consacrer ses ressources. Tout en se cachant de la police, le jeune Georges E. doit gagner sa vie en faisant des petits boulots, ce qui complique nettement sa situation. Au contraire, M. Ge., négociant très aisé, peut faire acheter une maison par un prête-nom pour y abriter sa famille. M. H., ancien homme d'affaires qui a encore des économies jusqu'en 1943 (ensuite il vendra un à un les bijoux de sa femme), peut acheter fort cher des cartes d'identité à un faussaire. Si Freddy As., simple ouvrier tailleur, réussit à s'en procurer, c'est qu'il est entré en relation avec une organisation de résistance juive.

Nuances importantes sans doute, mais qui ne doivent pas cacher le fait essentiel : c'est grâce à eux-mêmes, à leurs capacités que les Juifs ont dû d'abord leur survie. Cependant, devant le danger ils sont rarement seuls; ce sont presque toujours de petits groupes soudés qui se défendent en bloc : famille élargie incluant neveux et cousins, famille nucléaire, ou minuscule fraternité associant deux ou trois amis intimes qui partagent tout.

Que le couple étendu aux enfants forme une cellule soudée, cela n'a rien d'exceptionnel en France. Mais chez les Juifs en danger, la solidarité familiale joue sans doute un rôle plus fort que chez les Français non juifs. Les jeunes gens, à peine sortis de l'adolescence, se considèrent comme responsables des femmes de leur famille et risquent parfois leur liberté et leur vie pour les accompagner dans une cachette sûre. De même tantes et oncles sont d'un extrême dévouement avec leurs neveux et nièces et jouent le rôle de père et mère d'adoption. Lorsque leurs parents sont à l'étranger ou partis vers les camps de la mort, les jeunes Juifs créent souvent une communauté informelle regroupant deux ou trois camarades qui s'associent et partagent tout.

Après juillet 1942, la plupart des Juifs font tout pour brouiller leur piste. Ils changent de domicile, cherchent des abris discrets. Trois types de solutions sont alors adoptées : partir à la campagne dans un village écarté, se fondre dans l'anonymat d'une grande ville, ou changer continuellement de domicile, « sauter de trou en trou comme des rats », comme dit Mme B.

La première solution a été choisie par le Dr C., avec sa jeune femme et sa petite fille qui vient de naître. Jusque-là assigné à résidence, il part se cacher à Saint-Pierre-de-Trivisy, petit village du Tarn. Est-ce vraiment un choix raisonnable ? C. analyse avec clarté les inconvénients et les avantages de sa décision. L'inconvénient c'est qu'à la campagne tout le monde se connaît et que très vite chacun saura qu'un couple de Juifs et un bébé habitent la commune. Mais l'avantage essentiel c'est qu'on y trouve des fonctionnaires isolés, jouissant d'une certaine autonomie, capables de réagir en êtres humains et non en rouages d'un mécanisme. C., très conscient de ce qu'il fait, va donc voir les divers responsables locaux et en particulier le brigadier de la gendarmerie qui le reçoit courtoisement et lui fait comprendre qu'il l'avertira à la première alerte [30].

La décision opposée est également judicieuse : disparaître dans une grande agglomération. Pour un Juif en danger à Toulouse, la ville refuge peut être Lyon. La famille H., qui a quitté son appartement toulousain en échappant de très peu à la police, a décidé de partir à Lyon. Ce choix est efficace car ils y sont inconnus; leurs faux papiers leur assurent une nouvelle identité, et trois ou quatre parents installés de longue date à Lyon les aident à s'installer. Les H. sauveront leur vie alors que leurs amis restés à Toulouse, comme les cousins qui les ont accueillis à Lyon, perdront la vie dans les chambres à gaz.

Un troisième procédé, sûr mais épuisant, consiste à changer constamment d'abri. En fait cette « méthode » n'est souvent qu'une manière de s'adapter rapidement à la nécessité. Fréquemment les hôtes non juifs, pourtant pleins de bonne volonté, n'acceptent des invités aussi compromettants que pour quelques jours. Les Juifs sont donc obligés de chercher ailleurs. Le procédé convient bien à qui a de l'argent ou des relations (pouvoir payer un loyer augmente évidemment les chances de trouver un abri). Succès probable à la fin pour qui ne s'est jamais lassé, mais on en sort parfois délabré psychiquement pour plusieurs années [31].

De l'été 1942 à la chute de Mussolini, beaucoup de familles juives de Toulouse partent en zone italienne. Ces occupants, fort peu racistes, protègent les Juifs, non seulement contre les hitlériens mais aussi contre les autorités de Vichy ! Malheureusement la protection italienne ne dure que quelques mois et disparaît lors de la capitulation de l'Italie (juillet 1943).

Partir sans laisser d'adresse, c'est déjà un délit pour un Juif. Mais acquérir de faux papiers est beaucoup plus grave. Certains Juifs gardent leurs pièces d'identité, d'autres prennent un nom d'emprunt. Le cas le plus fréquent est un jeu complexe où l'on se trouve en partie en règle, en partie dans l'illégalité. Après le début des déportations, nombreux sont les Juifs qui font l'acquisition d'une fausse carte d'identité : c'est se faire « aryaniser ». Une précaution élémentaire – connue des faussaires –, c'est de faire naître l'intéressé dans une localité où la police ne pourra pas faire de vérification. Deux possibilités s'offrent alors : choisir une commune dont les archives ont été détruites pendant la Première Guerre mondiale, ou une ville d'Afrique du Nord occupée par les Alliés. Mais dans ce cas il faut connaître un minimum de géographie. Ce n'est pas le cas du « spécialiste » qui a fait la carte d'identité de Ga., étudiant en philosophie : elle le fait naître à « Oran, département de Constantine ». A l'époque chacun sait qu'Oran est le chef-lieu du département d'Oran : un commissaire, bon enfant, en fait la remarque à Ga. Il existe de véritables officines de faux papiers : Achille Auban, militant de Libérer et Fédérer, en fournit à plusieurs Juifs et clandestins. La mairie de Moissac, en relation avec les Éclaireurs israélites, en fabrique des centaines, répandues dans toute la région et au-delà.

Après une période de surprise où beaucoup d'entre eux ont été pris, les Juifs ont appris à réagir. Mais leur dynamisme n'aurait pas servi à grand-chose si les gens qui les entouraient avaient montré un comportement antisémite. Pour l'essentiel il n'en fut pas ainsi. Toutefois cette compassion active ne fut pas immédiate. Jusqu'aux premières déportations c'est l'indifférence qui prévalut. Les Toulousains sont alors obsédés presque exclusivement par les restrictions, problème tout nouveau pour eux. Ils n'ont que peu d'informations sur les internés des camps français (ou préfèrent rester aveugles, selon un processus bien connu en Allemagne).

Avant l'été 1942, les Juifs restés en liberté ne semblent pas souffrir particulièrement. Qui plus est l'antisémitisme latent dans l'opinion française se développe quelque peu. A Luchon on voit des Juifs oisifs assignés à résidence traîner au café toute la journée, ce qui déclenche des jugements défavorables de gens qui ne comprennent pas qu'ils sont contraints à l'oisiveté. Le contrôle postal et les rapports des Renseignements généraux indiquent assez nettement que ce type d'antisémitisme populaire s'est développé dans les premiers temps du régime de Vichy. C'est le moment où les Juifs essuient des rebuffades humiliantes et, à l'occasion, des grossièretés antisémites. La propagande officielle essaye de développer ce préjugé en répandant l'idée que les Juifs sont les principaux responsables du marché noir, ce qui a l'avantage de correspondre à un stéréotype très enraciné. En réalité, si certains ex-commerçants juifs font du trafic illicite, c'est qu'ils essayent de vendre le stock de marchandises soustrait à leur administrateur provisoire.

S'ils sont pris sur le fait, ils sont punis de manière impitoyable. Deux Juifs sont surpris vendant des fourrures ; « Que faut-il en faire ? demande-t-on au préfet. – Internez les deux compères ! » répond joyeusement Bézagu, les mettant ainsi à la disposition des Allemands.

Certains Toulousains persistent dans une attitude hostile aux persécutés jusqu'à la veille de la Libération, comme le montre une anecdote racontée par Marguerite B. Celle-ci, qui vit avec de faux papiers, quitte une chambre du boulevard Murat pour une cachette plus sûre chez les Dominicaines. La propriétaire de la chambre – ignorant l'identité réelle de sa locataire – lui dit en guise d'adieu : « Tâchez de m'envoyer quelqu'un comme vous, quelqu'un de bien, pas de ces petites Juives qui se cachent. »

Mais, avec les déportations, les rafles et la protestation de Mgr Saliège, l'antisémitisme tend, en général, à s'évanouir. C'est la compassion qui l'emporte, et l'indignation envers un gouvernement qui exécute les basses œuvres de l'ennemi. Cette opinion se traduit dans les actes.

Bien sûr les persécutés n'ont pas trouvé d'aide partout où ils en ont cherché ; certaines portes se sont fermées devant eux. Mais ils ont assez vite obtenu l'assistance dont ils avaient besoin. Tous les Juifs que j'ai rencontrés, qui ont vécu à Toulouse et dans sa région après l'été 1942, se louent de l'attitude des non-Juifs. Certains d'entre eux ont même dressé une liste de douze ou quinze noms, afin que le souvenir des gens qui avaient contribué à les sauver ne se perde pas. « Si les gens n'avaient pas été gentils, nous ne serions pas là ! » déclare une de ces survivantes de la Shoah.

Les aides apportées par les goys sont de qualité très variable. La plus simple, mais très appréciée des persécutés, c'est le silence. Des villages entiers au courant de la présence sur leur commune de Juifs venus de Toulouse se taisent. Saint-Pierre-de-Trivisy dans le Tarn et même la petite ville de Condom (où un groupe de Juifs se cachait chez des religieuses) ont ainsi participé à la conspiration du silence. Très fréquent aussi, et un peu plus dangereux, le mensonge opportun. Nombreux sont les Juifs, cachés dans une ferme de la périphérie de Toulouse, ou une chambre d'hôtel, qui ont dû leur vie à l'affirmation en apparence paisible d'un non-Juif : « Il n'y a personne ici. » Une souricière est installée par les Allemands chez un Juif ; immédiatement deux de ses voisins vont l'en avertir. C'est aussi le cas de maints gendarmes et policiers, écœurés de la tâche qu'on leur impose. Accueillir des Juifs devient pour certains une seconde profession. L'histoire de la famille Labro à Montauban, racontée de façon véridique pour l'essentiel par Philippe Labro dans *Le Petit Garçon*, se retrouve à Toulouse. Ainsi une famille de Toulouse, les V., a accueilli pendant deux ans une jeune fille juive et l'a traitée comme les enfants de la famille, avec laquelle on la confondait.

Les gens de toutes croyances ont ainsi lutté à leur façon contre l'entreprise d'extermination nazie. Cependant, une mention spéciale doit être faite pour le clergé catholique. De nombreux ecclésiastiques sont restés fidèles au maréchal Pétain, une minorité a pris parti pour la Résistance. Mais ces choix n'ont pas toujours grand-chose à voir avec l'aide aux Juifs menacés de mort : pour les prêtres et religieuses c'est un devoir chrétien. En France, ce comportement n'est pas partout aussi marqué ; il est plus fort dans le diocèse de Toulouse que dans quelques autres. L'impulsion décisive donnée à ce mouvement par Mgr Saliège n'y est pas étrangère.

On n'en finirait pas de citer tous les établissements catholiques, les simples prêtres et religieuses qui ont porté secours aux Juifs en danger. On le constate jusque dans une lettre de dénonciation qui indique à la SEC le presbytère de Vacquiers comme un refuge de Juifs. M. H., qui devint après la guerre un éditeur de grande classe, m'a raconté les années qu'il a passées chez des religieux des environs de Toulouse. Marguerite B. a passé les deux derniers mois de l'Occupation chez des Dominicaines. Une école professionnelle catholique de Toulouse comptait parmi ses élèves un groupe d'adolescents juifs qui passaient ainsi inaperçus. L'influence de Mgr Saliège a débordé largement au-delà du diocèse dont il avait la charge. Il est ainsi entré en relation avec le couvent de Massip, à Capdenac (Aveyron), où plus de quatre-vingts personnes, surtout des enfants, furent cachées, mêlées aux élèves et aux religieuses. Mme Bergon, directrice de l'école de Massip (aujourd'hui supérieure du couvent), s'est dépensée sans compter : allant chercher les enfants à Toulouse et dans les autres endroits où ils étaient menacés, se procurant de fausses cartes d'alimentation, obtenant la neutralité bienveillante de l'évêque de Rodez et l'appui de l'inspecteur d'académie anticlérical. Toute une comédie fut en outre montée au couvent afin que les jeunes Juives fassent figure de bonnes catholiques, ce qui réussit au-delà de tout espoir puisque la plupart des sœurs n'étaient pas du complot et ne s'aperçurent de rien.

Initiative d'autodéfense chez les uns ; amitié efficace chez les autres : l'un ne va pas sans l'autre. Les Juifs n'ont pas été passifs, les goys n'ont pas été indifférents. Mais s'il s'agit d'une aide efficiente, elle est purement spontanée et dépourvue de plan d'ensemble. C'est une organisation globale qu'on rencontre au contraire lorsque se développe la Résistance juive.

La Résistance juive

La Résistance juive s'est particulièrement développée dans la région de Toulouse qui est un de ses hauts lieux. Cette concentration s'explique pour des raisons géographiques et historiques déjà signalées : situation au cœur de la zone libre, proximité des frontières, existence de zones favorables à l'implantation de maquis, etc. Il faut ici accorder au terme de résistance une acception plus large que celle qu'on donne d'habitude à ce mot. Apporter des rations complémentaires ou des vêtements aux détenus des camps, fabriquer de faux documents d'identité, « planquer » des familles juives que leur accent empêchait de se fondre dans la société française, organiser le passage des enfants vers l'Espagne, c'est déjà faire acte de résistance. D'ailleurs, dans la vie de nombreux militants juifs, il n'existe pas de rupture entre l'aide légale aux coreligionnaires les plus défavorisés dans le cadre de l'UGIF, le sauvetage illégal des Juifs menacés de mort et l'action armée contre l'ennemi. Beaucoup d'entre eux sont passés sans transition de l'une à l'autre de ces formes d'action.

Nous avons déjà fait allusion à l'aide médico-sociale faite d'abord dans le cadre de l'UGIF. Le secours aux enfants fut le domaine de l'OSE [32] et des EI (Éclaireurs israélites) qui, pendant la période de la zone libre, installèrent des homes d'enfants et des fermes écoles de manière très officielle. A côté de l'aide matérielle, d'autres s'employaient à apporter aux Juifs une aide spirituelle, à défendre leur religion et leur identité. Ce fut d'abord la vocation naturelle des rabbins, car, malgré les persécutions, la synagogue, 2, rue Palaprat, resta presque tout le temps ouverte. Le rabbin Moïse Cassorla, aidé de David Nahon, exerça ses fonctions pour un nombre de fidèles beaucoup plus considérables qu'avant guerre. Cette obstination peut paraître imprudente et même absurde. Quoi de plus facile que d'aller arrêter les Juifs dans leur temple ? C'est ce qui faillit arriver le 25 août 1943. Ce jour-là, après l'attentat contre Mas, quinze miliciens, avec Frossard à leur tête, se précipitèrent à la synagogue et déclarèrent aux Juifs présents qu'ils seraient exécutés si Mas mourait. Après un jour de séquestrationn, les démarches du rabbin Hosanski auprès de Cheneaux de Leyritz aboutirent, nous le savons, à un succès, et les Juifs furent libérés. Le rabbin Hosanski qui succéda à Cassorla en février 1943 s'engagea dans la Résistance. Arrêté par la Milice, il fut remis aux Allemands et mourut en déportation.

Caractérisé avant guerre par la dispersion et les conflits d'idées, le monde des organisations israélites demeure d'une surprenante richesse. Mais il faut nuancer cette remarque par une observation déjà faite à propos de la Résistance non juive : chez les résistants de tout rang, la double ou triple appartenance est très fréquente. La collaboration entre divers groupements est également courante : ainsi l'OSE, les EI, et quelquefois les organisations sionistes, ont travaillé la main dans la main en vue du sauvetage des enfants. Certes les membres de cette avant-garde minoritaire (chez les Juifs comme chez les non-Juifs) ne forment pas d'emblée un mouvement uni. Mais avec le temps, comme pour le reste de la Résistance, les divergences se sont atténuées et l'unité s'est progressivement réalisée.

La Résistance juive prend naissance dans des institutions d'entraide généralement dépourvues à l'origine de tout aspect illégal. C'est à Toulouse que se forme le premier centre local d'assistance, le Comité de bienfaisance israélite qui s'installe dans le bâtiment de la rue Cafarelli, futur siège de l'UGIF. Deux rabbins, Samuel Kapel et Henri Schilli, prirent l'initiative des secours en faveur des internés du midi de la France. Après la création de l'UGIF, Toulouse devint pour un temps le siège de la commission des camps. A Toulouse, Kapel organisa un système de parrainage d'internés par des familles juives de la région. D'une manière évidemment plus occulte, les Juifs communistes et leur mouvement « Solidarité » firent fonctionner un réseau d'aide aux prisonniers du Vernet, anciens membres des Brigades internationales.

D'autres Juifs de Toulouse s'efforcent de réveiller l'identité de leur peuple. Dès l'été 1940 apparaît un cercle de réflexion. Puis un militant sioniste, Moïse Finkelstein, rédige et fait reproduire des cours d'histoire juive, de littérature hébraïque, de géographie de la Palestine. Il s'agit d'imprégner ses lecteurs d'idéologie sioniste. Ces activités devaient être reprises avec plus d'ampleur dans le cadre du mouvement scout depuis sa capitale provisoire : Moissac.

Devant les débuts de l'assassinat collectif entrepris par l'ennemi, les responsables juifs non communistes s'aperçurent assez vite qu'il fallait sortir du cadre légal. Une priorité s'imposa à eux : sauver d'abord les enfants. Cette œuvre imposante, accomplie en commun par plusieurs organisations, a obtenu incontestablement des résultats. Dans le nombre d'entreprises de ce genre, deux structures se détachent : le réseau Garel de l'OSE et la « Sixième » des EI.

Après l'affaire de Vénissieux où plusieurs centaines de personnes furent sauvées grâce à l'aide de Mgr Gerlier, archevêque de Lyon, Georges Garel et Lederman, responsables de l'OSE, prirent contact avec Mgr Saliège. L'archevêque mit en relation les deux militants avec Mgr Courrège, son coadjuteur, et avec Mlle Thèbes, directrice de l'œuvre de Sainte-Germaine. Une vingtaine d'enfants confiés à l'OSE, pourvus de fausses identités aryennes, furent en quelques jours placés dans des familles en relation avec cette œuvre.

La collaboration entre Garel et l'archevêque de Toulouse se développa et le leader de l'OSE entra en rapport avec d'autres œuvres et institutions catholiques : ce furent alors trois cents enfants du Midi toulousain qui furent cachés par ses soins. Puis le mouvement, centré à Lyon, se développa au plan national, et seize cents enfants furent cachés, dont environ le quart dans la région toulousaine.

Les EI, de leur côté, avertis de la rafle d'août 1942, commencèrent par cacher et éparpiller les enfants placés sous leur protection. Ainsi naquit une nouvelle structure d'évasion et de protection baptisée la « Sixième » (c'est-à-dire, par dérision, la sixième direction de l'UGIF qui n'en avait que cinq). La France fut découpée en régions confiées à des cadres du mouvement scout israélite. Une de leurs activités principales fut la confection de faux papiers excellents grâce à des complicités à Moissac, documents largement répandus à Toulouse. Parmi les permanents de la Sixième, vingt-six furent déportés ou fusillés. Mais environ neuf cents enfants de la région toulousaine furent sauvés par les efforts coordonnés de l'OSE et des EI.

Pour leur part, les familles isolées tentèrent souvent de passer les Pyrénées car le régime franquiste ne se montrait nullement antisémite et, au contraire, protégeait les Juifs espagnols des Allemands et de Vichy. Entreprise pleine de risques, souvent ratée, qui aboutit à un très grand nombre d'arrestations. Devant ces échecs, les sionistes organisèrent deux réseaux très efficaces, le SER et le SERE (Service d'évasion et de regroupement des enfants). Ces entreprises coûtaient cher car les passeurs, qui connaissaient la montagne, se faisaient payer de cinq mille francs (cas le plus fréquent) à trente mille francs par fugitif. Elles se firent avec des pertes humaines assez faibles, parmi lesquelles il faut déplorer celles de Jacques Roitman, fondateur du SER, et Léo Cohn, aumônier des EI, arrêtés à Toulouse le 17 mai 1944. Elles permirent à de nombreux enfants juifs, après leur passage en Espagne où ils étaient pris en charge par le *Joint*[33], d'émigrer en Palestine.

Le sauvetage d'enfants et de familles menacés par la solution finale est sans doute l'œuvre la plus réussie de la Résistance juive. Face à l'énorme mécanisme de la police, puis de la Gestapo, un groupe de militants solidement organisés fit des merveilles. Mais la lutte clandestine juive comprend aussi un volet plus conforme à ce qu'on entend couramment par « résistance ». On y trouve en effet des groupes qui se consacrèrent à la lutte armée contre l'ennemi.

Parmi eux le courant sioniste est représenté par l'*Armée juive*. Son histoire commence à Toulouse en 1940 où le poète d'origine russe, David Knout, publia un manifeste intitulé *Que faire ?* Se plaçant dans le long terme, il affirmait que, après avoir surmonté l'immense péril constitué par les nazis, il faudrait se préoccuper de l'État juif en Palestine, et pour cela préparer une élite de militants triés sur le volet réunis par le serment. Dès août 1940, Knout fonda un petit groupe nommé *Main-forte* qui changea de nom plusieurs fois et prit finalement celui d'Armée juive [34]. Ce groupuscule au rituel ésotérique prit de la force avec l'adhésion de personnes de valeur : militants de jeunesse, comme Simon Lévitte, et rabbins, comme Kapel ou Hosanski. L'Armée juive organisa des camps de formation dont le but était de préparer des combattants pour la Palestine.

Parmi les groupes armés, l'un des plus combatifs fut, nous le savons, la 35e brigade Marcel-Langer qui n'appartient pas à la résistance juive *stricto sensu* mais au courant communiste. Nous savons qu'à Toulouse les jeunes Juifs étaient très nombreux dans cette unité de la MOI (cf. chapitre 9).

De nombreux Juifs, souvent venus de Toulouse, trouvèrent place dans les maquis du Tarn, au sein d'une région où les protestants étaient bien implantés. Gardant le souvenir des persécutions subies au temps de la monarchie absolue, les réformés, descendants de galériens et de camisards, étaient sans doute prédisposés à comprendre la détresse des Juifs. Mais les catholiques du Tarn firent aussi bon accueil aux persécutés de Vichy. C'est autour du petit bourg de Vabre principalement que se formèrent deux unités de Juifs : un groupe de l'Armée juive intégré au corps franc de la Montagne noire (l' « escadron blanc-bleu ») et la « compagnie Marc-Hagueneau » issue des Éclaireurs israélites. Ils joueront un rôle, parfois spectaculaire, dans les combats de la Libération.

Entre survivre et vivre

Malgré le péril extrême qui pèse sur eux, les Juifs continuent à vivre. Il y a souvent une tension entre vivre et survivre, car ce qui donne à l'existence sa couleur et sa signification met souvent en danger la sécurité du persécuté. Malgré cette contradiction, les Juifs continuent de se livrer aux activités les plus variées. Dévotion, vie culturelle, plaisirs, peines de cœur et passions suivent leur cours selon un rythme, il est vrai, différent de l'ordinaire.

Dans le malheur, les Juifs pieux cherchent plus que jamais les secours que la religion peut leur offrir. Ainsi les fidèles veulent obtenir du pain azyme – qui leur est procuré par le consistoire contre des tickets d'alimentation; c'est l'objet de toute une organisation à l'échelle du pays. On possède les états des versements de tickets effectués par les diverses communautés : Toulouse s'est particulièrement distinguée. Des familles en fuite s'exposent parfois à des risques insensés pour pouvoir continuer à pratiquer. Le jeune J. manque de peu l'arrestation par les Allemands à l'issue d'un cours d'hébreu préparatoire à la bar mitzvah. La culture conserve aussi ses prestiges et ses attraits. Des étudiants juifs – dûment « aryanisés » – continuent leurs études ou même en entreprennent de nouvelles par goût du savoir. Ga., docteur en médecine, se lance dans un cycle de philosophie et sociologie. H., qui avait acquis ses diplômes à Vienne, recommence ses études à la faculté des lettres avec un brio que ses anciens camarades n'ont pas oublié.

Des peintres juifs pratiquent leur art avec l'appui de l'adjoint à la culture de la municipalité pétainiste de Toulouse. Meyerson, Jankélévitch continuent, avec quelques précautions, leurs cours, conférences; ils participent même à des colloques! Une cinquantaine de Juifs se retrouvent tous les soirs au café Borios, place du Capitole. La SEC l'apprend et décide de disperser ces réunions, odieuses aux vrais aryens!

L'attraction entre les sexes, on s'en doute, ne disparaît pas sous le règne de Xavier Vallat ou Darquier de Pellepoix, on pourrait même dire au contraire! Les idylles naissantes entre adolescents dans les rocailles de la piscine, les liaisons, les mariages (entre Juifs, ou entre goys et Juifs) continuent d'éclore. Ces couples ont eu souvent des bébés nés en 1942 ou 43, un souci supplémentaire – et un réconfort. Les conflits conjugaux ne disparaissent pas par enchantement : M. C., honorable père de famille, très dévoué envers les siens, les quitte en 1945 pour aller vers une nouvelle compagne dont il s'est épris pendant l'Occupation. Le sport, le cinéma, les bals (interdits) continuent d'attirer les jeunes gens. Tous les survivants de la Shoah insistent sur ce fait central : malgré l'angoisse, on trouve encore le temps de s'amuser, le temps de vivre... au risque de se faire capturer.

Entre vivre et survivre, la majorité des Juifs de Toulouse a échappé au massacre, même si deux milliers d'entre eux ont connu une mort atroce. Ils ont subi les persécutions d'ennemis acharnés : Lécussan, Bilfinger, Suhr, Müller, mais surtout d'une bureaucratie sans visage, sans amour et sans haine, celle-là même qui, après la tourmente, continue de régir notre vie de chaque jour. Devant le péril, les Juifs ne se sont pas comportés comme le troupeau de moutons que décrivent Raul Hilberg, Hannah Arendt ou Bruno Bettelheim. On comprend aisément pourquoi : ces auteurs analysent surtout le comportement des Juifs d'Allemagne et d'Europe orientale qui vivaient au milieu d'une population terrorisée et fanatisée (Allemagne) ou terrorisée et antisémite de longue date (Pologne). En revanche, les gens de Toulouse continuent de voir dans les Juifs des hommes « envers qui tout n'est pas permis » (Mgr Saliège). Le réflexe d'autodéfense est donc indissociable du réflexe de solidarité. Les Juifs ont pu réagir parce que l'environnement leur était favorable et, réciproquement, c'est parce qu'ils ne se sont plus considérés comme des objets que les initiatives de solidarité sont apparues. On a vu se former une longue chaîne destinée à préserver la vie. Dans ces années où, au sommet de l'État, la lâcheté était prônée comme une vertu, c'est un spectacle qui procure un certain réconfort.

11

La fin des haricots

Éleveurs compétents de lapins, de dindons, de poules et de canards, les habitants de Saint-Agne, Saint-Cyprien, Moscou, Soupetard, les Trois-Cocus, etc., l'étaient déjà avant guerre. Avec le temps des restrictions, il leur a suffi de persévérer dans leur être en développant ces activités. Mais, dans le nouveau contexte alimentaire, l'élevage citadin gagna les autres couches sociales qui manquaient parfois des capacités requises. La mise à mort des volailles, en particulier, pouvait poser quelques problèmes à un professeur de philosophie, surtout quand le volatile décapité traversait la cour, tel saint Denis, en éclaboussant de son sang les spectateurs de l'exécution. Dans la bonne bourgeoisie, voire l'aristocratie, l'élevage pouvait se pratiquer avec plus d'ampleur mais une incompétence égale. Le jour de 1943 où un cochon s'évada par un porche de belle apparence, dans un quartier résidentiel, tout le voisinage lui donna la chasse. On n'eut d'ailleurs aucune peine à le rattraper car la pauvre bête ne tenait pas sur ses pattes : l'éleveur improvisé, partant du principe que les porcs sont omnivores, avait nourri le sien de feuilles mortes... L'historicité d'un autre animal est plus sûre, car recoupée par deux témoignages attestant l'élevage d'une vache laitière dans l'ancienne écurie d'un hôtel particulier du quartier Saint-Étienne jouxtant la préfecture. Vache fort bien traitée par son propriétaire qui possédait des terres près de Revel et connaissait, lui, l'alimentation des bestiaux. Obsédés de nourriture, à la fois par un besoin réel, mais aussi par une gourmandise insatisfaite, les Toulousains passaient leur vie à chercher des relations à la campagne. Les agriculteurs susceptibles de vendre une oie grasse ou un demi-cochon étaient entourés de prévenances courtoises : on envoyait des cadeaux de mariage à leur fille, on faisait vingt kilomètres à vélo pour assister aux obsèques de l'aïeul.

Car la bicyclette était devenue d'un usage universel. Pour se déplacer en ville, pour aller au ravitaillement dans les fermes, tout le monde ou presque avait son vélo. Excellente gymnastique pour les citadins, énorme progrès sur l'avant-guerre où beaucoup de Toulousains manquaient nettement d'exercice. Le vélo eut un effet remarquable sur la santé et sur l'esthétique. La mauvaise graisse se faisait rare, les jambes se musclaient. Filles et garçons avaient souvent meilleure allure qu'avant 1939. Les filles étaient plus jolies, dit-on, en tout cas leurs jarrets de sportives, harmonieusement musclés, faisaient rêver les lycéens. Spectacle facilité par la mode des jupes courtes, imposée par la pénurie de textiles et contraire à la pudibonderie officielle. Nos témoins masculins, lorsqu'ils sont sincères, reconnaissent qu'ils ont maudit le new-look qui, vers 1950, allongea sottement les jupons.

Si je me suis permis de commencer par ces considérations plaisantes, ce n'est pas pour méconnaître la gravité de la question. Les problèmes posés par la pénurie n'avaient rien de comique, chez les vieillards ou dans les milieux ouvriers guettés par la misère. Le recours au système D s'imposait à tous, le rationnement légal étant notoirement insuffisant. Si les Toulousains, dans l'ensemble, se tirèrent de ce mauvais pas, ce fut grâce à une ingéniosité constante et à de pénibles efforts.

Pénurie – rationnement

Innombrables sont les causes de la pénurie, qui forment un faisceau complexe : absence d'un million et demi de prisonniers en âge de travailler, départ des jeunes gens au STO, rupture des liaisons commerciales dues à la séparation rigide des deux zones (qui se prolongea encore quelques mois après novembre 1942), réquisitions allemandes, blocus maritime... Elles atteignent pratiquement tous les secteurs d'activité : production agricole et industrielle, énergie, transports. Elles retentissent les unes sur les autres ; le manque de charbon entraînant une diminution des communications ferroviaires qui entrave à son tour le ravitaillement en charbon : spirales vicieuses emboîtées, aux conséquences inattendues... Dans la vie quotidienne, les pénuries engendrent le rationnement, les queues, l'invention des ersatz, le marché noir. La pénurie alimentaire (qui n'est pas toujours la plus grave car des vieillards sont morts de froid) est la plus ressentie, celle dont on parle le plus. Elle n'atteint pas toutes les régions françaises avec la même intensité.

La région toulousaine, essentiellement rurale, n'a pas connu une situation aussi tragique que l'agglomération parisienne ou le Midi méditerranéen, très pauvre en produits alimentaires. Toutefois elle présente quelques graves handicaps. Avant guerre, le Midi toulousain était largement excédentaire en blé et en viande : c'était un très gros producteur de volailles, glorieusement mises en valeur par la gastronomie locale (confits, foies gras [1]). Mais la région devait acheter dans les provinces voisines ou à l'étranger le sucre et l'huile en quasi-totalité, et – ce qui est moins connu – le lait et les pommes de terre en quantités importantes [2].

Avec la guerre, il devient très difficile de se procurer ces produits. Certes l'huile pouvait être remplacée par des corps gras d'origine animale : graisse de porc ou d'oie. Les surfaces cultivées en pommes de terre se développèrent grâce à la mise en culture d'innombrables parcelles qui échappaient aux statistiques : jardins ouvriers ou familiaux, courettes ou massifs de fleurs transformés en potagers, etc. Mais la production de pommes de terre demeura trop faible : c'est l'un des points noirs permanents de l'alimentation toulousaine, suscitant le lamento répétitif des autorités dans leurs rapports à Vichy. A cet égard, l'un des témoignages que j'ai recueillis vient confirmer les comptes rendus préfectoraux et certains textes de la Résistance. C'est l'expérience d'un homme âgé d'une trentaine d'années en 1940 qui vécut à Limoges et à Toulouse. En Limousin, déclare-t-il, les pommes de terre ne faisaient pas défaut, on vendait des frites sans ticket dans des étals en plein air : miracle impensable à Toulouse ! Dans certaines familles on remplaça le sucre de canne ou de betterave par du sucre de raisin fabriqué à la maison. Ce produit se présentait comme un pain rectangulaire d'une matière spongieuse de couleur brunâtre assez peu engageante, mais, d'après mes souvenirs, d'un goût exquis; les enfants en raffolaient.

Les handicaps régionaux étaient plus marqués encore dans la capitale régionale. Il est clair que la population toulousaine était trop importante pour être ravitaillée tout à fait correctement. Les petites villes voisines, comme Albi ou Montauban, trouvaient à leurs portes un ravitaillement assez facile et étaient donc dans une situation plus favorable que Toulouse qui devait drainer la production d'une zone plus vaste, alors que les transports étaient déficients. En France, Toulouse se situait donc dans une situation moyenne, ni tout à fait dramatique ni absolument satisfaisante.

Dans la gamme des produits alimentaires, demeurèrent en vente libre les légumes frais et les fruits : presque tout le reste était contingenté. Le système des cartes d'alimentation et des prix imposés évita que ne s'établisse le rationnement par l'argent qui aurait réduit les pauvres à la famine. L'édifice complexe du rationnement était fondé sur des livraisons obligatoires que devaient effectuer les producteurs. Celles-ci étaient ensuite réparties entre diverses rubriques parmi lesquelles trois principales : ravitaillement général pour les acheteurs munis de tickets, collectivités et, bien sûr, prélèvements des occupants.

Issue de l'expérience de 14-18, l'organisation du rationnement s'est mise en place assez vite. Ses principes avaient été prévus avant la guerre. Les cartes de sucre ont été les premières distribuées en mai 1940. Les cartes d'alimentation générales ont fait leur apparition quatre mois plus tard, le 23 septembre. Les rations étaient alors de 350 grammes de pain par jour, 350 grammes de viande par semaine, 140 grammes de fromage et 500 grammes de sucre par mois [3]. La ration moyenne se situait autour de douze cents calories par jour, avec, dès le début, un déficit en lipides pour les adultes [4]. En fait ces chiffres représentent le cas moyen le plus fréquent, celui du groupe A (adultes). Il existait en effet toute une série de catégories qui avaient droit à des tickets particuliers correspondant en principe aux besoins de leur âge et de leurs activités. Après quelque flottement, le classement définitif s'établit ainsi :

E : enfants de moins de 3 ans,
J1 : de 3 à 6 ans,
J2 : de 6 à 13,
J3 : de 13 à 21 + femmes enceintes,
A : adultes de 21 à 70 ans,
T : travailleurs « de force »,
C : cultivateurs de plus de 21 ans,
V : vieillards de plus de 70 ans [4].

Le lait était plus abondant pour les catégories E et J1 ; les J1, J2, J3 avaient généralement droit à du chocolat ; les T, à une ration de viande supérieure à la moyenne... Les rations ont eu tendance à baisser : ainsi la viande passe de 350 à 250 grammes par semaine en novembre 1941, et même à 125 grammes dans les communes rurales de banlieue dont les habitants sont supposés profiter d'un élevage privé.

L'organisation du ravitaillement à ses débuts présente quelques ratés. L'opinion est très montée contre l'incapacité de la nouvelle administration, les retards des imprimeries qui fournissent les tickets, les erreurs des informations communiquées aux journaux qui annoncent que tel ticket est honoré en macaronis alors qu'il ne donne droit qu'à de la confiture sans sucre, etc. Les nouveaux agents chargés de cette tâche sont très mal payés et s'acquittent, dit-on, de leur besogne avec hargne et stupidité. Le sommet de l'incapacité est atteint par l'organisation interprofessionnelle du lait, chargée du ramassage et de la répartition de ce produit essentiel pour les enfants. Cependant, au bout d'une année, le système trouve son rythme et ses méthodes, sans pouvoir malheureusement fournir correctement les familles, car le lait est toujours très insuffisant à Toulouse et dans sa région. A la fin de 1941, on peut en distribuer deux cent cinquante grammes par semaine en ville, ce que le rapport officiel juge satisfaisant : ce n'est sûrement pas l'opinion des mères de famille. Le préfet, très critique vis-à-vis des fonctionnaires du ravitaillement, signale leurs carences jusqu'en décembre 1941 – où il estime que ses agents ont finalement appris leur métier.

Les prélèvements du ravitaillement officiel dépendent beaucoup du bon vouloir des agriculteurs et, symétriquement, de leur capacité de dissimulation. Les producteurs livrent le blé et les bestiaux à peu près selon les normes prévues. En revanche, ils camouflent d'autres denrées dont ils prétendent ne pas disposer. C'est le cas des œufs, presque absents des magasins et qu'on ne peut se procurer que dans les fermes; les pommes de terre sont également cachées. Aussi Cheneaux se plaint-il beaucoup du manque de civisme des paysans, souvent haïs des autres catégories sociales.

Les prix sont fixés par le préfet selon des normes nationales qu'on peut adapter aux besoins locaux. Mais leurs variations ont parfois des effets pervers inattendus : chaque taxation nouvelle en matière agricole amène immédiatement une raréfaction de la denrée sur les marchés et une poussée en flèche des prix. Ainsi, en août 1943, les porcelets se vendaient-ils librement : ils avaient alors atteint le prix de cinquante francs le kilo. Dès la taxation à un prix inférieur, ils disparaissent des marchés officiels et atteignent sur le marché parallèle des prix de cent à cent cinquante francs le kilo.

Marché noir – répression

Aussi, dès 1940, apparaît le marché « noir » où se pratique clandestinement la vente sans tickets, à des prix nettement plus élevés que la taxe. S'il demeure modéré en 1940, car les habitudes ne se sont pas encore créées, les autorités s'en plaignent beaucoup à partir de 1941 et ne cessent de signaler son extension jusqu'à la Libération et au-delà. On pourrait à la rigueur tolérer l'existence d'un réseau commercial légal et d'un marché parallèle si les livraisons étaient conformes aux prévisions. Mais il est clair que le marché noir soustrait des quantités considérables de marchandises au réseau légal et les réserve à la clientèle aisée. Son existence est une obsession pour les Toulousains, qui souhaitent souvent qu'on punisse énergiquement les trafiquants et les paysans qui le pratiquent... tout en ayant presque tous recours à lui pour nourrir leur famille. L'attitude des quelques témoins qui ont évoqué ce problème m'a semblé en effet très ambiguë. Certaines phrases sont à double sens, laissant entendre que le marché noir tant décrié a été, au fond, perçu comme un progrès lorsque ses réseaux se sont bien installés à Toulouse. En fait le trafic paraît d'autant plus tolérable qu'on a les moyens suffisants pour s'y livrer. Inversement, pour beaucoup de gens très modestes, le tort principal du régime de

Vichy est de tolérer – voire de « favoriser » – le marché noir. Il faut ajouter que les pratiques illégales ne sont pas seulement entretenues par les particuliers mais aussi par les collectivités ayant un statut officiel, comme les régiments de l'armée de l'armistice, ou les unités des Chantiers de jeunesse, qui se servent directement à la ferme et achètent au-dessus de la taxe avec les deniers publics ! Les trafiquants pouvaient prétendre (certains n'ont pas hésité à le faire) qu'ils agissaient ainsi par patriotisme puisqu'une part importante des prélèvements allait aux Allemands. Patriotisme bien douteux en vérité car avant novembre 1942 il existait aussi une véritable contrebande florissante de Toulouse vers la zone occupée, destinée aux occupants ! Ceux-ci achetaient à n'importe quel prix : ils n'avaient aucune difficulté financière puisque l'idemnité versée par Vichy à la Wehrmacht dépassait de beaucoup ses besoins et s'accumulait à la Banque de France. Côté français, des instructions très sévères ont été données pour stopper ce commerce illicite grâce à un contrôle accru à la ligne de démarcation.

La répression du marché noir est en effet une obsession des autorités. Les autorités ! Le pluriel s'impose ici, car, en 1941, la lutte contre le commerce clandestin dépend d'une série d'institutions qui se superposent en couches géologiques successives, depuis les administrations qui existaient déjà avant-guerre jusqu'aux plus récentes. Ces services se chevauchent dans un chaos ahurissant : la répression des fraudes, les contributions indirectes, la gendarmerie, la police économique, le contrôle du ravitaillement, le contrôle des prix. Le préfet régional décide donc, en décembre 1941, d'unifier toutes ces instances. On regroupera les organes compétents dans un même immeuble, avec mise en commun des moyens de locomotion (essentielle vu la pénurie d'essence) et constitution d'un fichier unique. La répression va donc bon train à partir de 1942 : Cheneaux de Leyritz est orfèvre en la matière.

Que faire à l'égard des petits consommateurs qui vont chercher à la campagne un ravitaillement de complément pour leur famille ? En règle générale, les gendarmes et la police économique ont la consigne de fermer les yeux sur ces menus délinquants. Toutefois, on ne peut pas les laisser agir impunément sous peine de voir le commerce illicite prendre des proportions gigantesques. Aussi est-il recommandé aux agents de la répression économique d'arrêter de temps en temps quelques contrevenants à qui le contenu de leur valise ou des sacoches de leur vélo est confisqué, le tout assorti d'un PV. Il faut maintenir une certaine crainte permanente chez les honnêtes gens ; tant pis pour le malchanceux sur qui tombe la sanction !

Avec les gros trafiquants, au contraire, la sévérité est recommandée. Lorsqu'ils sont pris, on commence par confisquer leur stock ; certaines confiscations atteignent des valeurs astronomiques : ainsi, un grossiste en vins et spiritueux se voit-il délesté de 627 litres d'armagnac et de 5 222 litres d'apéritifs en octobre 1942 ; il est vrai qu'il avait vendu pour 2 268 000 francs de marchandises à des prix illicites. La vie du trafiquant de marché noir n'est d'ailleurs pas toujours semée de roses car il est souvent dénoncé par ses propres clients ! C'est le cas d'un laitier qui vendait, au-dessus de la taxe, du lait fortement coupé d'eau. Plusieurs consommateurs, furieux, adressèrent donc des lettres anonymes à la police : ce commerçant risquait une punition particulièrement sévère, non seulement pour vente au-dessus du prix fixé, mais surtout pour avoir dénaturé un produit consommé par les enfants. Il s'en tira en accusant sa femme du méfait : elle mouillait le lait sans que son mari s'en rende compte, c'était, affirma-t-il, une malheureuse malade mentale qu'il venait d'ailleurs de faire enfermer à l'asile psychiatrique de Saint-Lizier !

A côté du marché noir, le rationnement et l'institution des cartes d'alimentation donnent naissance à une nouvelle industrie à laquelle se livrent des imprimeurs sans scrupule : la fabrication des fausses cartes, qui se vendent à un cours élevé. En mai 1942, la police découvre un trafic de ce genre et évalue à trois mille les fausses cartes qui ont été mises sur le marché.

A partir de 1942, la répression devient donc draconienne. Il y avait déjà 19 694 PV pour l'année 1941, prononcés sous l'égide de Cheneaux de Leyritz ; le chiffre est plus élevé encore l'année suivante. Sévérité qui n'arrête pas le mal, loin de là ! En effet, on tâtonne avant de trouver la formule répressive adéquate. Les tribunaux sont submergés, ils ne jugent qu'une part très faible des délits qui leur sont signalés. En outre le jugement intervient trop tard pour avoir des effets dissuasifs. Les trafiquants continuent leur activité jusqu'à leur jugement et payent leur amende grâce aux bénéfices accumulés pendant plusieurs mois. C'est la raison pour laquelle les internements administratifs remplacent de plus en plus les sanctions judiciaires. Nous savons que le préfet régional ne répugne pas à les appliquer. En 1943, les princes du marché noir peuplent les camps : ils y reçoivent des colis somptueux de victuailles et écrasent les politiques de leur mépris.

Chronique des restrictions

La pénurie alimentaire a beaucoup varié de 1940 à 1944, mais d'une manière complexe car plusieurs facteurs contradictoires ont joué. La tendance générale est à l'aggravation : STO, saisies allemandes, blocus, ont accru les difficultés. Mais d'autres éléments indépendants de la guerre ont pu jouer, comme les conditions météorologiques ; on a même pu observer quelques embellies temporaires.

En 1940, les restrictions sont relativement faibles mais le désordre administratif est grand, d'où une certaine irrégularité des distributions. Beaucoup de gens sont au chômage, ce qui les amène à réduire drastiquement leurs achats. Une mévente relative freine l'inflation. Quant à l'organisation du marché noir, elle est, nous l'avons dit, encore en enfance.

Le début de 1941 connaît une amélioration très nette due au départ de la plupart des réfugiés (consommateurs mais non producteurs), ainsi qu'à une meilleure organisation administrative et à la reprise économique. L'hiver 41-42 se signale en revanche par une indiscipline généralisée, « tout le monde se sert directement » chez les producteurs – sauf, bien sûr, ceux qui n'en ont pas les moyens. Le marché noir connaît une flambée inconnue jusque-là.

En 1942 commence la période la plus noire, qui s'étend jusqu'à l'automne 43. En mai 42, on craint de ne pouvoir assurer la soudure du blé ; elle se fait néanmoins. Puis survient une circonstance imprévue qui, en temps ordinaire, n'aurait pas eu de conséquences très graves, mais qui, dans le cadre de la pénurie généralisée, prend des allures de catastrophe : la sécheresse. De juin 42 à la mi-43, il pleut très peu. L'eau manque dans les puits et les légumes frais se raréfient. Autre effet de la sécheresse : la production hydroélectrique, grande richesse régionale, diminue, ce qui entraîne des coupures de courant.

1943 est en gros une mauvaise année qui débute par une pénurie de lait. En revanche, la situation s'améliore un peu pour les légumes ; mais de nouveau la soudure en blé est difficile. Aux calamités naturelles s'ajoutent désormais les Allemands : plusieurs milliers de nouveaux consommateurs. La fin de 1943 marque néanmoins une amélioration due à la fin de la sécheresse.

Le répit ne dure guère : 1944, malgré des conditions météorologiques plus favorables, est encore une mauvaise année. Aux prélèvements allemands viennent s'ajouter de nombreux « désordres » : sabotages des voies de communication, destruction des récoltes par certains maquis. Ils sont aggravés par les réquisitions massives de camions et de voitures par les Allemands, lesquelles réduisent les capacités de transports. En outre, les unités SS, méprisant ouvertement les interdictions de la Wehrmarcht, achètent leur ravitaillement à la ferme. Aussi le rationnement s'aggrave-t-il. Dans les derniers mois du régime de Vichy, la ration de viande n'est plus que de quatre-vingt-dix grammes par semaine ; les tickets de matière grasse ne sont plus honorés. Heureusement la récolte de 1944 est bonne pour les céréales : le pain ne manquera pas après la Libération. Mais l'isolement de Toulouse et de sa région va entraîner la disparition totale des denrées venant de l'extérieur : huile, sucre, café, d'où une immense déception populaire ; car l'opinion était persuadée que le départ de l'ennemi résoudrait miraculeusement tous les problèmes. On est loin du compte !

Et ce n'est pas tout

La pénurie alimentaire n'est pas la seule qui ait eu des conséquences graves. Il en était d'autres tout aussi préoccupantes : manque de logement, de textiles, de chaussures, de combustibles, etc.

Le manque de logement s'est fait durement sentir à Toulouse. Ses causes sont multiples et assez évidentes : le surpeuplement de la ville, la création de nouvelles administrations, la sous-occupation de certains logements par des personnes ayant plusieurs domiciles, le manque de matériaux de construction qui auraient permis de construire les logements nouveaux nécessaires ou de réparer ceux qui tombaient en ruine. Son premier effet a d'abord été l'utilisation de tous les taudis, en particulier par les réfugiés, puis la hausse des loyers et la transformation des appartements vides en chambres meublées plus rémunératrices. Sachant qu'ils trouveraient toujours des locataires, les propriétaires n'ont fait aucun effort pour réparer leurs appartements, sans parler de les améliorer. Aussi les anciens réfugiés que j'ai rencontrés décrivent-ils des logements hideux : murs lépreux, coins infestés de cafards et d'insectes divers, lieux d'aisances nauséabonds... Les Parisiens et les Alsaciens-Lorrains attribuent volontiers leurs conditions de logement aux mœurs primitives des Toulousains; certains d'entre eux, nous l'avons dit, ont gardé une rancune tenace contre les habitants de la ville rose. Il est évident que l'arrivée des Allemands en novembre 1942 et les nombreuses réquisitions auxquelles ils ont procédé n'ont pu qu'aggraver sévèrement cette crise du logement permanente.

Le manque de peinture a entraîné le délabrement des portes et des volets. Les devantures des magasins, déjà négligées pendant la crise des années 30, se craquellent et prennent une teinte grisâtre uniforme. L'un de nos témoins m'a dit son étonnement et son plaisir de voir le décor urbain redevenir pimpant et coloré avec la prospérité des années 50.

Les gens souffrent du froid : on appréhende le retour des mois d'hiver, pendant lesquels on ne chauffe qu'une pièce, généralement la cuisine. Les chambres sont glaciales et l'habitude du bonnet de nuit, qui s'était perdue, réapparaît.

Le manque de textiles provoque des adaptations parfois pittoresques. Les deux sexes, selon les besoins, échangent parfois leurs vêtements. Une jeune femme se rappelle avoir porté le manteau de son père, cependant qu'un lycéen était chaussé de bottines de dames 1900 : ne sachant comment garder une contenance, il en tirait des effets comiques auprès de ses camarades et de ses professeurs. Un jeune garçon arborait un blouson d'un violet épiscopal, taillé dans une couverture. Comme la Scarlett d'*Autant en emporte le vent*, les élégantes se faisaient faire des robes dans des rideaux. Une jeune fille a porté fièrement une jupe faite avec une nappe décorée de légumes : tomates, carottes et salades. Tout le monde connaît la mode des semelles de bois ou le remplacement des bas de soie par une teinture passée sur les mollets, un trait noir indiquant la couture...

Le vélo étant devenu le mode de déplacement universel, les réparateurs ont pignon sur rue. Les cyclistes les plus maladroits apprennent à poser des rustines. Deux pneus usagés cousus l'un dans l'autre équivalent à un pneu neuf. Dès 1940 la pénurie prévisible d'essence avait fait chercher des solutions de remplacement pour les automobiles. L'ancien maire socialiste Bedouce, réputé l'inventeur de la « bedoucette » (poubelle toulousaine) vers 1906-1909, se fait le promoteur passionné du gazogène et de tous les ersatz dans le *Midi socialiste* de 1940. Il sera suivi, nécessité faisant loi. On verra donc se multiplier le nombre des voitures surmontées des gros tubes à gazogène : avec ce système l'économie est remarquable, mais la vitesse et les reprises sont lamentables. A tout instant on se heurte à la difficulté des transports, même dans les domaines les plus inattendus. C'est ainsi que la Police aux questions juives concentre ses activités sur Toulouse ; certains départements comme le Lot sont à l'abri de ses inquisitions car les policiers anti-Juifs n'ont ni voiture ni essence ! De même, lorsque les inspecteurs allemands de la Commission d'armistice exigent en 1943 de se faire accompagner par des voitures de la police en cas d'attaque par des terroristes, ses services, pressentis, font valoir qu'ils n'ont que des voitures à gazogène ; les Allemands, qui se réservent l'essence, « sèment » régulièrement leur escorte française, qu'ils précèdent de plusieurs kilomètres !

On voit réapparaître les fiacres (baptisés les « citadines ») et surgir les vélos-taxis. Plus importante pour la vie économique est la réapparition de la « cavalerie du canal ». Le long des chemins de halage du canal du Midi, ce sont de nouveau des chevaux qui tirent les péniches. Le trafic du canal n'est plus que la moitié de ce qu'il était avant 1939, mais son importance est cruciale car il convoie désormais une partie essentielle du ravitaillement de Toulouse. En 1942, la sécheresse rend problématique l'alimentation de la fameuse cavalerie car le fourrage manque ; il faut d'urgence nourrir ces rosses salvatrices, sans quoi Toulouse sera réduite à la disette !

Pénurie en apparence secondaire, le manque de tabac est néanmoins considéré comme insupportable par les gros fumeurs. En revanche les hommes non fumeurs (à cette époque les femmes sont censées ne pas fumer) peuvent se servir de leurs tickets comme d'une monnaie d'échange permettant d'améliorer le ravitaillement familial. Le militant communiste toulousain Marcel Thourel, sorti du camp où il était interné, et qui vit à Verdun-sur-Garonne avec sa famille dans une extrême pauvreté, essaye divers ersatz de tabac : barbe de maïs, feuilles de sauge [5]. Il s'aperçoit que la feuille de topinambour finement découpée en lanières est ce qui, « l'illusion aidant », se rapproche le plus du tabac. Il en fait donc grand usage pour lui-même. Puis il lit une annonce dans un journal : un ingénieur de Toulouse fait « un appel d'offre pour tous produits non toxiques pouvant remplacer le tabac ». Thourel envoie un échantillon du produit qu'il a découvert. Marché conclu, on lui en commande cinquante kilos. Toute la famille Thourel ramasse fébrilement les précieuses feuilles, les découpe en bandes fines, et Thourel, bravant l'interdiction de séjour qui le frappe, porte les cinquante kilos à Toulouse sur son vélo. Les Thourel sont persuadés d'avoir trouvé le gagne-pain miracle. Mais, dès la seconde livraison, ledit ingénieur, voyant sans doute l'extrême détresse de son fournisseur, fait brusquement baisser les prix... La reprise de Thourel avec le parti mettra fin à ces aventures pour lui en faire découvrir d'autres : celles du métier de permanent du PC au temps de la Gestapo et de l'intendant Marty.

Emploi, salaires et prix

Après la débâcle, la désorganisation générale, la ligne de démarcation qui coupe une grande partie des réseaux d'échanges traditionnels, entraînent une chute extraordinaire de la production et une montée spectaculaire du chômage. On voit dans les colonnes de *La Dépêche* des listes de demandes d'emploi trois ou quatre fois supérieures à celles des offres. La présence des réfugiés aggrave naturellement le phénomène. Le pouvoir croit être devant une tendance de longue durée et décide une série de mesures draconiennes. En particulier on s'en prend au travail féminin qui, dans l'optique traditionaliste, éloigne les femmes du foyer, leur fait négliger leurs enfants et, horreur ! rencontrer d'autres hommes que leur mari. Il est donc projeté d'interdire le cumul de deux salaires dans une famille ; si le mari travaille, la femme devra abandonner son emploi. Tout en prenant un ton soumis, il est clair que Cheneaux de Leyritz juge la mesure inapplicable (30 octobre 1940) ; il indique qu'elle est peu opportune dans de nombreux cas, par exemple dans le petit commerce.

D'ailleurs on oublie très vite cette règle car la situation s'inverse complètement, et, un an plus tard (Toulouse ici suit la conjoncture française), le chômage a complètement disparu ; en septembre 1941, les chômeurs secourus sont moins d'une centaine [6]. On est passé à la pénurie de main-d'œuvre – qui se fait nettement sentir dans les travaux les plus pénibles. La reprise de la production et l'absence des prisonniers sont évidemment responsables de cette situation. Ce sont désormais les offres d'emploi qui l'emportent dans les colonnes de *La Dépêche*. Il y aura quelques phases de chômage technique dans certaines industries, liées à l'absence de matière première ou d'énergie, mais rien d'important. Avec le STO, la pénurie de main-d'œuvre va devenir extrême en 1943 et 1944, et les entrepreneurs feront tout leur possible pour conserver leurs salariés par toutes sortes de procédés, y compris, nous l'avons vu, la servilité à l'égard des occupants.

Comme toute période de pénurie, l'époque connaît la hausse des prix. L'inflation a paru très élevée à l'époque car les Français n'ont aucun point de comparaison dans leur histoire récente [7]. Pourtant elle fut relativement modérée : on l'évalue en moyenne à moins de 30 pour cent par an. Elle est donc sans commune mesure avec celle de l'Allemagne en 1923 où le mark avait perdu des milliards de fois sa valeur. Mais les statistiques sont trompeuses car elles n'incluent pas les prix du marché noir qu'il faut comparer au salaire moyen.

Le salaire moyen toulousain est évalué par les services officiels à 950 francs par mois en septembre 1941. Le préfet insiste beaucoup pour relever les bas salaires, les ouvriers étant, sans cela, menacés par la famine. Le salaire *minimum* masculin est donc fixé à 5,50 francs en décembre 1941 (environ 1 000 francs par mois), le salaire minimum féminin à 3,75 francs l'heure (à peu près 700 francs par mois). Mais, en 1942, le kilo de pommes de terre au marché noir atteint souvent 25 francs, soit 4 heures et demie de travail masculin ; le litre de haricots coûte 180 francs : 33 heures de travail ! C'est dire à quel point les privations sont différentes selon les classes sociales. Si elles sont réduites au salaire d'une personne, les familles ouvrières vivent dans le dénuement. Le STO améliorera un peu le niveau de vie des ouvriers restés sur place, la pénurie de main-d'œuvre entraînant une hausse spontanée des rétributions. Les fonctionnaires sont mieux lotis. Un instituteur gagne en moyenne 2 000 francs par mois, un professeur agrégé 3 000 francs, un couple de fonctionnaires gagne couramment 4 000 francs par mois, ce qui donne accès au marché noir.

Il est clair que certaines personnes ont fait des bénéfices considérables mais, à part la nourriture, on ne peut pas s'acheter de produits de luxe. C'est donc le règne de la thésaurisation forcée. On constate ainsi deux phénomènes qui paraissent paradoxaux à première vue : la hausse constante des dépôts à la Caisse d'épargne et la hausse des cours de la Bourse [8]. Aussi dans les tableaux sinistres de l'économie générale le préfet ne manque-t-il pas de le souligner. Les valeurs cotées à la petite Bourse toulousaine connaissent généralement des cours élevés pendant toute la guerre, mais cette prospérité factice ne peut faire illusion. Simplement l'épargne et la Bourse épongent les bénéfices et empêchent la hausse des prix d'être catastrophique.

Les entrepreneurs sont en effet obligés de thésauriser leurs profits car ils ne peuvent ni investir ni même entretenir correctement leur outil de travail, faute de matières premières et d'énergie. En septembre 1941, Cheneaux de Leyritz préconise donc une nouvelle politique économique : il faut développer en priorité la production de matières premières. Les grands travaux tels que curage de ruisseaux, creusement des égouts, etc., ont été utiles quelques mois en 1940 lorsque sévissait le chômage. Désormais ils ne sont plus de saison, il faut d'abord procurer des matières premières aux entreprises, donc orienter les ouvriers vers les mines, l'exploitation des forêts, la production du ciment. Ceci revient à éparpiller la main-d'œuvre toulousaine dans les campagnes et les petites villes. C'était sans doute bien pensé, mais il ne semble pas que ce projet ait décidé beaucoup d'habitants à quitter Toulouse.

D'ailleurs, après les grandes errances de 1940, chacun vit frileusement replié dans son coin. L'« ailleurs » semble une contrée inquiétante pleine de dangers. L'Administration elle-même est atteinte d'un étrange esprit de clocher. En effet, la difficulté des transports est telle qu'en 1943 on ne peut guère compter sur des livraisons d'autres régions. Il en résulte un particularisme très net chez les autorités, qui protestent lorsqu'on les oblige à céder du blé ou de la viande aux régions voisines. Comme sous l'Ancien Régime, on s'efforce de garder ce qu'on a, car on ne sait jamais si le voisin « vous rendra la pareille ».

Comment s'en sortir ?

Les Toulousains ont-ils souffert de la faim (et du froid) entre 1940 et 1944 ? Pas de réponse simple à cette question. Toute une gamme de cas se présentent, qui correspondent à des situations différentes sur le plan social et personnel. La pauvreté a réduit beaucoup de gens à un état de disette chronique ; les scrupules moraux, l'absence d'initiative, l'isolement, ont pu avoir le même résultat. En revanche, la majorité de la population a su trouver un ravitaillement de complément qui palliait l'insuffisance des rations officielles.

Certains vieillards pauvres, des salariés non qualifiés, ont véritablement souffert de la faim en devant se contenter des rations officielles. Leur situation, on l'a vu, inquiète beaucoup le préfet régional qui voit dans leur sort un terrain favorable à la propagande communiste : il ne se trompe pas. Mais certaines personnes issues de la bourgeoisie ne s'en tirent pas mieux, faute de savoir, ou de pouvoir, changer leurs habitudes. Ainsi Mme D., âgée d'une trentaine d'années en 1940, femme d'un officier, touche la solde de son mari, prisonnier en Allemagne. Elle dispose ainsi d'un revenu mensuel d'environ trois mille francs, pour elle et ses trois enfants. Mais elle ne sait pas monter à vélo et ne connaît personne dans les environs de Toulouse. Quoique fort intelligente, elle ne sait pas prendre des initiatives. En 1940 et

1941, elle se contente donc des rations légales, et, sans être à proprement parler sous-alimentés, les D. vivent avec une « fringale » obsédante. Quand Mme D. fait cuire un poulet puis l'emballe soigneusement [9] pour l'envoyer à son mari, elle prépare le colis en cachette de son fils que l'odeur de la cuisson rend « comme enragé ». Heureusement pour eux, le père s'inquiète des possibles bombardements et, depuis son Oflag, conseille à sa femme d'aller habiter à la campagne. L'épouse obtempère en 1942, va s'installer avec ses enfants à Auterive. Ils y trouvent un ravitaillement facile dans les fermes environnantes : la fin de l'Occupation se passe donc mieux pour eux que le temps de la zone libre.

M. P., jeune professeur célibataire, nommé à Toulouse après des études dans d'autres villes, a des ressources suffisantes pour se procurer quelques suppléments d'alimentation, mais il ne peut pas se servir d'une bicyclette en raison d'une infirmité. En 1940 et 1941, il souffre véritablement de la faim : les restaurants qu'il fréquente ne lui procurent qu'une pitance désespérante en quantité et en qualité. Certains jours il « se sent les jambes faibles » (formule que j'ai entendue plusieurs fois) et doit rentrer aussitôt s'allonger dans sa chambre. Après un séjour dans une autre région, il revient à Toulouse en 1943 et découvre avec soulagement que, dans certains restaurants, on peut manger correctement en payant plus cher que le prix normal : les réseaux du marché noir sont désormais en place.

Chez d'autres personnes, ce sont les scrupules moraux qui empêchent la famille de trouver une alimentation de complément. Les F. sont des instituteurs pétris de morale laïque : pas question pour eux de violer la loi. Ils se contentent donc de ce que procure la carte d'alimentation : leurs enfants, toujours affamés, maudissent l'éthique de Jules Ferry.

Un cas particulier, parfois très pénible, est celui des élèves pensionnaires d'établissements scolaires et des étudiants. L'internat du lycée de garçons, surpeuplé de jeunes réfugiés, est très mal géré jusqu'en 1944 et les internes sont sous-alimentés. Christian G., élève d'hypokhâgne, trompe sa faim en fumant ; il échange même du pain contre des cigarettes. A l'intérieur du lycée il « tient le coup », mais sa sous-alimentation se manifeste dès qu'il sort en ville : toute marche un peu longue le fait, lui aussi, « flageoler ». Les étudiants dont le sort paraissait le plus grave étaient les réfugiés, parfois coupés de leur famille. C'est pourquoi en 1940, le professeur de géographie Daniel Faucher, chez qui le sens de la solidarité n'était jamais en défaut, organisa le Centre des étudiants réfugiés qui procurait des repas substantiels. Ceux-ci se déroulaient en plein air, sur une grande table, dans la cour de la bibliothèque universitaire, rue du Taur. Le secrétaire du Centre était le jeune Edgar Morin ; mais lorsque ces secours prirent fin en raison du départ de la majorité des réfugiés, un appétit effrayant refit son apparition : le jeune homme se nourrissait donc de figues sèches et de dattes restées en vente libre ; à l'occasion, il achetait dans les pâtisseries d'ignobles gâteaux de couleur indécise qui avaient pour seul avantage de caler l'estomac.

En 1943, un groupe de trois amis, étudiants membres du Parti communiste, ont trouvé la solution idéale : ils pratiquent la « reprise individuelle » dans les épiceries : en langage courant, le chapardage ! L'un des jeunes gens entreprend l'épicier, le saoule de paroles, pendant que les deux autres décrochent des saucissons et se remplissent les poches de fruits.

Les queues devant les magasins d'alimentation posent parfois un problème très difficile en raison du temps qu'elles mobilisent : pas question de faire la queue quand on a une journée de travail régulière : les grands-parents, lorsqu'ils vivent avec leurs enfants, sont souvent délégués dans cette fonction. Une autre solution est qu'une seule personne se charge des courses de plusieurs foyers. Mais, parfois, faute de temps, les membres d'une même famille fréquentent les restaurants collectifs où le prix des repas est évidemment plus élevé que ceux qu'on prépare chez soi. Le Secours national et la Légion organisent des restaurants populaires qui ont un réel succès ; la Milice propose des plats à emporter. Mais certaines ménagères accusent les gestionnaires de ces restaurants de retirer trop de victuailles au ravitaillement général : les Renseignements généraux se font l'écho de ces doléances.

Le cas des S. montre comment des gens très modestes parviennent à éviter la faim à force de travail. Le père est employé à la STCRT, la mère a un petit emploi dans une imprimerie, le fils, âgé de vingt ans, auxiliaire des PTT, fait une seconde journée de travail comme contrôleur au cinéma l'Olympia (l'actuel ABC) ou comme manutentionnaire. Aucun des trois ne refuse un petit boulot supplémentaire s'il s'en présente. La famille atteint ainsi un revenu de l'ordre de deux mille cinq cents francs par mois, ce qui est correct. Mais personne n'a le temps d'aller faire la queue. Aussi, père, mère et fils se retrouvent-ils à midi aux « fourneaux économiques », cantine qui propose des repas suffisants à un prix modéré. Le soir on improvise une collation sur un réchaud à alcool (le gaz n'est pas installé dans le logement). En fin de semaine, le fils va de temps en temps acheter des œufs, une volaille et quelques légumes chez un ami, cultivateur en banlieue. Les S., qui élevaient des pigeons, une ou deux poules et des lapins avant la guerre, ont dû y renoncer, faute de grains. Somme toute, s'ils n'ont pas souffert de la faim, on voit à quelles conditions...

Le cas le plus commun à Toulouse est celui de familles qui « se débrouillent » avec beaucoup d'initiative, de l'imagination, et un mépris à peu près complet des règlements. Comme on l'a dit, l'exploration sportive des campagnes procure généralement l'essentiel des compléments alimentaires. Mais ce n'est pas tout, les G., par exemple, ont transformé en potager leur jardin à fleurs au bord de la Garonne, ils se sont procuré deux autres parcelles dans les faubourgs et les mettent vaillamment en culture. Les J. sont enseignants : à eux deux ils gagnent cinq mille francs par mois. Ces intellectuels, assez maladroits de leurs mains, apprennent le jardinage, s'épuisent dans des courses à vélo pour se procurer des œufs et des volailles. Ils achètent chaque année un demi-cochon qu'ils transforment en boudins, saucisses et pots de graisse. Le jour où l'on « fait le cochon » n'est pas ignoré des voisins : l'odeur écœurante de graisse chaude qui règne sur la maison et gagne tout le quartier indique clairement à quelle turpitude on s'y livre ! Les J. ont un peu peur d'être dénoncés : ils se réconfortent par des agapes qui durent trois ou quatre jours, où l'on consomme les fritons et la viande fraîche : bombance dont on reparle avec émotion pendant le reste de l'année.

Monsieur T. est technicien, sa femme secrétaire ; ils n'ont pas de vélo. Ils ignorent tout de la campagne toulousaine et n'ont pas l'idée de s'y risquer. Apprenant que la mercière a du beurre et que le coiffeur vend du saucisson, ils s'adressent à ces dispensateurs de merveilles, mais doivent renoncer à faire des économies. Le troc réapparaît. C'est par ce moyen que les paysans obtiennent l'essence ou les machines agricoles qui leur font défaut. Un artiste-peintre fait des portraits au pastel très ressemblants, payés en cigarettes, lesquelles, à leur tour, entrent dans le circuit des échanges.

Si j'en crois les « sondages » sans grande rigueur que j'ai pu faire, la majeure partie de la population s'en tire donc par la débrouillardise, les relations, les échanges de services. On leur consacre beaucoup de temps et d'efforts. Pour certaines mères de famille qui avaient pris la direction du ravitaillement domestique (le père se déclarant incompétent), la tension perpétuelle provoquée par cette quête incessante a laissé des séquelles désastreuses : le délabrement nerveux qui en est résulté a duré plusieurs années après la guerre.

LA SANTÉ, LA MORT, LA VIE

Les effets de la pénurie sur la santé ne peuvent pas être mesurés puisqu'ils se sont fait sentir après coup. Les restrictions ont certainement eu des conséquences fâcheuses, par exemple sur la croissance des enfants et des adolescents : je ne dispose malheureusement d'aucune donnée sur ce point. Mais, comme le souligne Alfred Sauvy, les résultats n'en ont pas été uniquement négatifs [10]. Le grand démographe insiste sur ce paradoxe : avant 1939, la gourmandise poussait beaucoup de Français à une surconsommation alimentaire vraiment abusive ; pour nombre de gens le régime de la guerre sera nettement plus hygiénique, d'autant plus qu'il s'accompagnera, nous l'avons dit, d'une reprise de l'exercice physique. Un point important : la baisse de la consommation d'alcool. Ce n'était pas une tare très grave à Toulouse où l'alcoolisme n'était pas très développé. Toutefois les restrictions dans ce domaine ont abouti à une diminution de certaines maladies nerveuses et des cirrhoses du foie. Ce qui est certain, c'est que *le taux de mortalité n'a pas augmenté par rapport aux chiffres d'avant-guerre*. En 1942, il est pratiquement le même qu'en 1938, compte tenu de l'augmentation de la population; il a même légèrement baissé.

TAUX DE MORTALITÉ À TOULOUSE

Année	Population	Nombre de décès	Décès pour mille habitants
1938	213 220	3 698	17,34
1941	258 200	4 285	16,59
1942		4 456	17,25

Cette régularité cache peut-être des divergences qu'on peut simplement présenter à titre d'hypothèse. On peut imaginer que la mortalité ait augmenté pour des catégories comme les vieillards, les nourrissons et peut-être dans les couches les plus pauvres de la population. En revanche, si l'on suit Alfred Sauvy, la guerre s'est traduite par une amélioration de la santé des membres du secteur tertiaire, fonctionnaires, commerçants, désormais moins sujets aux « maladies de civilisation » liées à l'alimentation trop copieuse, à l'alcool et au tabac.

En revanche, une catégorie de la population – quantitativement mineure – s'est trouvée dramatiquement défavorisée, ce sont les hôtes des hôpitaux psychiatriques. La surmortalité régnant dans ces établissements, phénomène très général en France, était très nette à Toulouse. En effet, en janvier 1942, un rapport général concernant l'ensemble des hôpitaux psychiatriques de la XVIIe région, et en particulier de l'hôpital Marchant à Toulouse, constate l'existence d'une mortalité anormalement élevée qui a doublé par rapport à 1939. Les médecins et les fonctionnaires compétents cherchent l'explication de cette hécatombe et se perdent un peu dans des considérations de détails, confondant les modalités du phénomène avec ses causes.

Ils ont d'abord observé que ces décès étaient dus à l'apparition des maladies nouvelles comme l'avitaminose ou la déficience endocrinienne. En fait, déclare l'auteur du rapport, la carence alimentaire due aux restrictions atteint gravement les débiles mentaux qui sont souvent boulimiques : l'apparition brutale des restrictions provoque chez eux un déséquilibre qui peut leur être fatal. En outre, ces populations sont plus sensibles aux maladies que la population normale. On constate en effet chez les malades mentaux sous-alimentés des décès dus à des pneumonies, à des défaillances cardiaques, à des diarrhées intenses. La mortalité est plus forte chez les hommes que chez les femmes. Pourquoi ? C'est que les antécédents des hommes sont généralement plus graves : alcoolisme, syphilis.

De telles considérations sont sans doute fort judicieuses, mais elles indiquent plutôt la manière dont meurent les malades mentaux que la cause générale de leur surmortalité. Le rapport s'approche sans doute de la vérité lorsqu'il constate que les hôpitaux du Tarn et du Lot, où l'on pratique le jardinage, ont une mortalité plus faible que celui de Toulouse. Deux témoignages actuels d'anciens étudiants en médecine permettent de mieux cerner le phénomène. D'abord en soulignant que ces établissements étaient très mal organisés, que l'hygiène y était déplorable. Ensuite en signalant tout simplement que leur budget était resté presque le même depuis la guerre. Avant 1939, on prévoyait un franc cinquante pour les frais de nourriture journalière d'un malade mental. Avec cette somme on pouvait alors se procurer cinq ou six kilos de pommes de terre : mais nous venons de voir que le kilo de pommes de terre coûtait vingt-cinq francs au marché noir en 1942 ! Les malades des hôpitaux psychiatriques ont donc été beaucoup moins bien nourris que le reste de la population, même limitée à la ration ordinaire. La stagnation des subventions suffit à expliquer l'hécatombe.

Il serait absurde d'affirmer que Vichy, à l'instar des nazis, ait voulu exterminer les malades mentaux. A l'échelon toulousain, la bonne volonté de l'Administration semble totale. En revanche, l'indifférence au sort de ces malheureux semble avoir régné au sommet de l'État, où l'on avait bien d'autres chats à fouetter !

En tout état de cause, la santé mentale est bien meilleure qu'en 1939. Plusieurs signes le montrent; la diminution des suicides par exemple. Le phénomène a souvent été constaté : les guerres sont excellentes, en règle générale, pour l'équilibre mental et nerveux. Le malheur public fait oublier les problèmes de la psyché individuelle, les difficultés de la vie quotidienne sont un obstacle au nombrilisme. La diminution de la consommation d'alcool va dans le même sens. Beaucoup d'hôpitaux psychiatriques sont donc vides : beaucoup de décès et peu d'entrées. On a donc envisagé de regrouper l'hôpital de Lannemezan, l'hospice de Saint-Lizier et l'hôpital de Toulouse-Braqueville en un seul établissement.

La santé publique n'a pas été menacée par des épidémies importantes, à l'exception du typhus baptisé pudiquement par les autorités « maladie n° 2 » pour ne pas affoler les populations. Ce danger est signalé en mars 1942, mais on ne sait trop à qui l'attribuer. Dans le doute, des précautions assez sévères sont prises. Les prisonniers libérés sont surveillés médicalement pendant vingt jours, et tous les gens qui passent la frontière espagnole sont épouillés (puisque le microbe du typhus se transmet par les poux). Au total, la maladie ne prit pas une forme endémique.

Comme on le sait, la période de la guerre se manifesta par une vigoureuse reprise de la natalité. Bien que je n'aie pas trouvé de données fiables sur ce sujet, Toulouse ne fait sans doute pas exception. Phénomène bizarre, paradoxal, incompréhensible si l'on se tourne vers des explications rationnelles. Ne s'agit-il pas d'une sorte de compensation recherchée par les couples en proie aux dangers et aux difficultés de toutes sortes ? Recherche du plaisir et de la joie : à la fois dans les rapports sexuels... et dans la joie plus élevée qu'apporte un enfant ? A coup sûr signe de force morale et de dynamisme.

Mais cette question se caractérise par sa complexité. Si certains parents souhaitent des enfants, d'autres s'en débarrassent. En effet la période connaît aussi un accroissement considérable des abandons d'enfants, signalé à Toulouse en mars 1942. Pour lutter contre cette tendance, les autorités régionales prennent l'initiative d'augmenter les secours aux filles mères et aux familles nécessiteuses. De même, la rétribution des parents nourriciers qui prennent chez eux des enfants de l'Assistance est relevée afin que ceux-ci ne soient pas sous-alimentés. Elle est donc portée à trois cent cinquante francs par mois au début de 1942. Trois enfants équivalent à un salaire, ce qui peut paraître alléchant pour certaines familles rurales, beaucoup moins sans doute à Toulouse où l'on aurait trop de difficultés à les nourrir.

Contradictions, nuances, étrangetés : sous son apparente simplicité, la pénurie provoque des phénomènes sociaux assez complexes. La souffrance fut réelle chez une minorité de Toulousains : le froid, la faim transformèrent pour eux le temps de la guerre en un long cauchemar. Mais, pour la majorité, la pénurie provoqua surtout un souci permanent qui empêchait parfois de penser à autre chose, supprimant même chez quelques-uns la compassion la plus élémentaire et tout intérêt pour les événements extra-familiaux. Les mères de famille qui prirent souvent sur elles l'organisation du ravitaillement durent déployer beaucoup d'énergie. Les autorités surent mettre sur pied une planification qui permit d'éviter les injustices sociales les plus choquantes. Et le marché noir ? Fut-il seulement une calamité, ou un complément spontané aux insuffisances du marché organisé ?

Au total il semble évident que les restrictions à Toulouse ont été généralement supportables. A part le cas des malades mentaux, leurs conséquences n'ont pas été dramatiques. Et pourtant les personnes que j'ai interrogées en parlent sur un ton grave. Elles évoquent les topinambours et, bien pires, les rutabagas, ces aliments pour animaux. La plupart des témoins avouent qu'ils n'ont pas vraiment souffert de la faim mais considèrent les restrictions comme une douloureuse calamité. Le préfet l'avait bien compris et signalait en janvier 1944 que les Toulousains étaient terriblement las de manger des choux, des carottes et des navets, ces légumes sans goût et d'une monotonie ! Leurs rêves étaient hantés de pommes de terre frites croustillantes. Pour un Français, le mal-manger est une nuisance insupportable : pour un habitant de Toulouse, amateur éclairé de bonne chère s'il en est, la fin des confits de canard, des saucisses, des cassoulets onctueux, c'est le naufrage !

12

On ne vit pas seulement de pain

La cuisine et les manières de table, outre le plaisir qu'elles procurent, offrent un éventail de signes qui marquent l'écoulement du temps, les distinctions sociales, les rôles sexuels, etc. Dans toute la France les repas des dimanches et fêtes se sont toujours distingués par un raffinement spécifique ; mais le maintien des rituels de cuisine dans une région de bien-manger représentait pendant la guerre une vraie performance. Les témoignages que nous avons recueillis l'attestent : on s'est efforcé d'honorer les traditions, quoique diversement selon les milieux. Dans certaines familles d'extraction rurale, mettre au menu une substantielle platée de haricots blancs cuisinés à la graisse d'oie, c'était faire honneur à ses invités, alors que, dans la bonne bourgeoisie, il eût semblé malséant de servir un mets aussi vulgaire ! C'est dire que la rage des Toulousains à visiter les fermes du Lauragais entre 1940 et 1944 allait au-delà des nécessités de la survie alimentaire : elle signale un goût de la vie plus essentiel, et qui ne s'est jamais démenti.

Ce goût ou ce sens de la vie se manifeste, outre la cuisine, dans un ensemble de pratiques culturelles qui constituent l'identité toulousaine. Quelques traits en sont bien connus ; dans le domaine des divertissements, un amour pour le bel canto comme pour le rugby ; dans le registre de la sociabilité, une extrême facilité des rapports humains, tempérée par un goût très vif du « chacun chez soi ». Nous avons également souligné de solides convictions de gauche, assorties d'une passion républicaine pour l'école et les diplômes... Ces caractères disparates forment en apparence un kaléidoscope aux taches colorées discontinues ; mais en fait il n'est pas impossible de déceler les liens qui les unissent, même si l'on ne dispose pas d'une formule simple qui en livrerait tous les aspects.

Cet ensemble de pratiques ne disparaît pas avec la guerre, qui ne réduit pas l'existence à un minimum vital incompressible. Bien au contraire, par attachement à leur identité, les Toulousains s'efforcent de les perpétuer malgré les difficultés de l'époque. Par compensation pour les souffrances et les inquiétudes subies, ils vont même jusqu'à une *surconsommation* culturelle, signalée par Mathieu Milhau pour les activités de la « culture cultivée [1] » : beaux-arts et spectacles, mais qui s'étend souvent à d'autres domaines.

Aussi, en voulant reproduire de leur mieux le style de vie antérieur à la guerre, les Toulousains sont-ils amenés à se comporter différemment. C'est le paradoxe des pratiques culturelles de la guerre qui apparaissent à la fois comme une répétition volontaire de ce qu'on faisait en temps de paix et comme un phénomène nouveau. Cette contradiction se retrouve dans les activités culturelles traditionnelles – enseignement, vie religieuse, arts et spectacles – comme dans celles de la culture au sens plus large – presse écrite et parlée, cinéma et sports.

Activités culturelles traditionnelles

L'enseignement

L'acquisition du savoir jouissant d'un grand prestige à Toulouse, les établissements d'enseignement y avaient un rôle social plus important que dans d'autres grandes villes françaises. Les professeurs, du moins ceux du secondaire et du supérieur, y faisaient un peu figure de notables. Situation sans doute favorable à l'essor de la culture, mais plus apte à produire des forts en thème – Toulouse exportait de brillants diplômés vers les autres régions de France – que des inventeurs, artistes et esprits originaux.

L'établissement dont les professeurs ont eu le plus d'influence à la fois par leur talent, leur jeunesse et la nature de leur public, est certainement le lycée de garçons (aujourd'hui lycée Pierre-de-Fermat) qu'on appelait alors tout simplement *le* lycée [2]. (Le lycée de jeunes filles occupait évidemment une place un peu inférieure, vu les idées de l'époque sur le rôle respectif de chaque sexe.) On entrait dans le lycée comme aujourd'hui par le très bel hôtel de Bernuy : ensemble très réussi du style Renaissance toulousain. Mais l'essentiel des deux hectares couverts par les salles de classe et l'internat se composait de bâtiments sans grâce construits aux XIXe et XXe siècles. Outre le secondaire proprement dit, le lycée dispensait aussi une préparation aux grandes écoles avec les classes de khâgne, taupe, Navale, Saint-Cyr, Agro, et un enseignement primaire regroupé dans le « petit lycée ». C'était un ensemble énorme avec 2 700 élèves et 425 internes en octobre 1940, 2 564 à la fin de 1942, difficilement gérable et d'ailleurs mal géré [3].

Quelques professeurs jouissaient d'une certaine renommée. On peut citer deux professeurs de khâgne (première supérieure en argot lycéen et normalien) : Michard en lettres, futur coauteur du fameux manuel Lagarde et Michard, et le jeune Vernant en philosophie [4]. A l'époque, son cours, réputé difficile, passionnait un petit nombre d'auditeurs qui se groupaient autour du professeur, cependant qu'une majorité indifférente rêvassait ou même jouait aux dés au fond de la classe. Vernant laissait faire en souriant et renvoyait à l'occasion les dés lorsqu'ils venaient rouler jusqu'à lui. D'autres philosophes connurent aussi le succès auprès d'une élite enthousiaste : Rossignol et Borne furent de ceux-là.

Même dans les grandes classes, les élèves demeuraient soudés entre eux par une camaraderie non conformiste hostile à l'ordre établi. Et pourtant la politique a fait son entrée dans cet univers préservé. Dans les classes de philo, math élém. et préparatoires, on compte presque toujours parmi les élèves deux ou trois « collabos », sympathisants de la Milice, et quelques pétainistes fervents ; à l'opposé une équipe de gaullistes, démocrates-chrétiens ou socialistes ironisent sur le Maréchal. Les classes de Saint-Cyr sont plutôt pétainistes, khâgne et taupe plutôt gaullistes. Mais on ne parle guère des événements et l'ambiance demeure bonne.

Le proviseur est un vichyste confirmé. Nous savons qu'il s'est donné en spectacle à la piscine lors de la seconde visite de Pétain à Toulouse. Mais, à part le salut aux couleurs, il n'impose pas le rituel pétainiste dans le lycée : on n'y chante pas *Maréchal nous voilà !*. Certains professeurs font des allusions favorables au Maréchal ; d'autres sont connus comme gaullistes. Le professeur de philosophie Pradines, découvrant dans des dissertations des déclarations antiallemandes, notait en marge : « Bravo, mais hors du sujet [5] ! » Plandé, professeur d'histoire, avertit les élèves juifs des jours où il valait mieux qu'ils s'absentent du lycée. Enfin le lycée est une pépinière surprenante de résistants, parfois de premier plan : nous connaissons Vernant, chef départemental des FFI, Badiou, maire désigné, Debauges, membre du CDL ; il y a aussi Docquiert, secrétaire de Raymond Naves, A. Rey et Mlle Sévènes [6]. Mais ceux-ci se gardent de toute allusion politique et leur appartenance demeure presque toujours secrète.

En revanche, quelques élèves se font repérer assez vite après avoir mis sur pied un groupe clandestin : le GIF (Groupe insurrectionnel français). Parmi eux, trois fils de résistants notoires : Bruno Trentin, fils de Silvio, Francis Naves, fils de Raymond, et Philippe Viguier, dont le père dirige *France au Combat*, groupe armé du Parti socialiste. Le GIF, avec neuf élèves du lycée et trois adolescents de l'extérieur, se manifeste en distribuant des tracts artisanaux, en détruisant des portraits de Pétain, traçant des croix de Lorraine sur les murs de la rue Lakanal, imitation sympathique et maladroite de l'exemple paternel. Le proviseur réussit facilement à les identifier. Ils sont arrêtés par la police française et incarcérés à Saint-Michel le 13 décembre 1942. Acquittés par le tribunal correctionnel vu leur âge, seize ou dix-sept ans, ils sont libérés le 15 janvier 1943, mais le même jour condamnés par la cour d'appel : Trentin, Naves, Terre et Viguier à huit jours de prison et mille francs d'amende ; Brun, Nicolas, Roques et les frères Tanguy à quatre jours de prison et cinq cents francs d'amende. Ils reprennent les cours la tête rasée mais sont exclus du lycée sur décision du ministre de l'Éducation nationale [7].

L'année 1943 marque un tournant dans l'histoire du lycée. D'abord parce que celui-ci perd brusquement un millier d'élèves : certains ont été requis pour le STO, d'autres se cachent ou partent au maquis. De plus, de nombreux parents qui habitent hors de Toulouse préfèrent garder leurs enfants chez eux où ils sont en sécurité et mieux nourris qu'à l'internat. 1943 est aussi l'année où les drames se multiplient. Un élève juif de troisième, Jean Bloch, âgé de treize ans, est enlevé en classe par la Gestapo. Deux élèves membres du groupe Bir-Hakeim, Guyaux, vingt et un ans, et Sauveyrain, vingt-deux ans (qui vient d'être reçu à Polytechnique), sont arrêtés par la Gestapo, condamnés à mort et exécutés le 9 novembre 1943. Malgré l'interdiction, une messe du souvenir est célébrée en leur honneur à la chapelle du lycée par l'abbé Cistac, aumônier, lui aussi actif dans la Résistance. Un autre élève résistant, G. Belchun, ancien du GIF, est torturé par la Milice, rue Alexandre-Fourtanié. Cette année-là, il n'y eut pas de distribution des prix.

Le lycée de jeunes filles, situé à l'hôtel du Barry, place Saint-Sernin, attire évidemment moins l'attention que son homologue masculin. La directrice en place en 1940, Mme Falcucci, femme d'un conseiller municipal socialiste, fut révoquée comme juive. Ici encore bien des élèves se sont à peine aperçues qu'on était en guerre. D'anciennes élèves juives, obligées de se cacher à la fin de 1942, ont gardé un excellent souvenir de l'ambiance conviviale qui régnait au lycée, comme de la qualité de certains professeurs. Il y eut dans le corps enseignant plusieurs membres de la Résistance [8].

A côté de ces établissements publics, il faut placer le Caousou : grand collège catholique tenu par les Jésuites. Fréquenté par la bourgeoisie et l'aristocratie, il dispense un enseignement excellent en langues et littératures anciennes, et une formation morale et sociale appréciée par les familles conservatrices. On y retrouve l'encadrement strict des établissements catholiques, avec cependant une pointe de libéralisme et de curiosité intellectuelle comme il convient chez les Jésuites. Dans le grand parc du Caousou ont été creusées quelques tranchées-abris où les élèves, ravis de ces interruptions de cours, sont conduits lorsque retentissent les sirènes d'alerte. Il est vrai que les alertes sont sans suite, car, comme on l'a dit, les bombardiers alliés se sont fort peu intéressés à Toulouse. Les élèves, vu leur origine familiale, sont majoritairement pétainistes. Les professeurs sont plus partagés : la majorité d'entre eux – c'est ce qu'écrit un informateur de la Résistance dans un rapport au BCRA – sont des gaullistes [9]. Dans certaines familles aristocratiques qui régnaient sur Toulouse au temps de Villèle, la tradition militaire se maintient au cours des générations, mais la formation en mathématiques et en sciences de la maison des Jésuites n'a pas bonne réputation; lorsque les adolescents sont destinés à Navale, Polytechnique ou Saint-Cyr, ils passent au lycée après le premier bac. Ils y éprouvent une certaine impression de liberté, mais sans avoir le sentiment d'un changement total car les grands principes régissant l'organisation d'un établissement secondaire, qu'il soit public ou privé, sont à l'époque identiques et ne laissent aucune place à l'initiative des jeunes.

Toulouse, ville universitaire, possède cinq facultés : droit, lettres, sciences, médecine et pharmacie, et une école d'ingénieurs, l'IET (Institut électrotechnique). Les facultés sont alors des établissements minuscules par leurs dimensions et leurs effectifs étudiants, par rapport à ce qu'elles sont devenues aujourd'hui. Lettres et droit se partagent un ensemble de bâtiments entre la rue des Salenques et la rue des Puits-Creusés. Sciences, médecine et pharmacie sont installées dans le même groupe d'édifices Troisième République, à côté du Jardin des plantes.

Le droit et les lettres sont alors deux facultés jumelles où les enseignants se connaissent bien et donnent parfois des cours dans l'établissement voisin. C'est le cas du jeune Ourliac, ancien élève de l'école de Rome, spécialiste d'histoire du droit qui enseigne aussi en lettres. Les deux facultés ont, ensemble, un effectif étudiant comparable à celui du lycée (trois quarts en droit, un quart en lettres environ). La faculté de droit est marquée par le souvenir de Maurice Hauriou, lui-même disciple de Duguit, qui eut une influence sur son ami Silvio Trentin. Son fils André, de tendance démocrate-chrétienne, perpétue la tradition : nous connaissons son rôle important dans la Résistance. En lettres, quelques professeurs déchaînent l'enthousiasme et attirent un public passionné. C'est ainsi que Bertaux connut un grand succès en 1940-1941 pour son commentaire critique de *Mein Kampf*. Les cours de Raymond Naves sur Stendhal et Diderot sont très fréquentés en 1942, peu avant son arrestation. En philosophie, le logicien Blanchet a introduit à Toulouse sa discipline, jugée très austère. Il est assisté par le jeune Albert Lautmann, spécialiste de philosophie des sciences, qui a réussi une évasion extraordinaire de son camp de prisonniers grâce à son excellente connaissance de l'allemand. A la fois juif et résistant, Lautmann sera arrêté par la Gestapo en plein Toulouse sous les yeux de ses étudiants Escat et Granet. L'helléniste Caster charme son auditoire par la précision de sa pensée servie par un style soutenu. Daniel Faucher, ancien instituteur (cas rarissime à l'époque), introduit la géographie de Vidal de La Blache et de Demangeon, ignorée à Toulouse avant lui. L'histoire est en retard sur la géographie ; la « révolution des Annales » due à Marc Bloch et Lucien Febvre n'est pas encore connue : les historiens sont avant tout des érudits impeccables comme le médiéviste Calmette, auteur très fécond de nombreux ouvrages aujourd'hui oubliés.

Plusieurs professeurs connus ont été exclus en 1940 : Jankélévitch et Meyerson comme juifs, Bayet comme franc-maçon. Ces exclusions ont fait scandale. Le doyen Dottin a montré publiquement sa colère [10] et les étudiants ont organisé une manifestation de soutien à Jankélévitch. Par la suite, la faculté, malgré la présence de quelques professeurs très favorables au régime du Maréchal, se signale par son non-conformisme décidé. Le doyen et l'Administration n'appliquent pas le numerus clausus concernant les Juifs : officiellement, il n'y a pas d'étudiants juifs ; en réalité il y en a et de fort brillants, qui, chassés de leur pays, ont repris leurs études à Toulouse, comme l'Autrichien Georges Hahn et le Hongrois Gabel qui stupéfient leurs camarades par leurs compétences en langues et leur culture encyclopédique. Daniel Faucher, providence des étudiants juifs et de tous les clandestins, fait passer les examens de licence des maquisards avec un de leurs camarades qui monte la garde devant la porte, discrètement armé. Chez les juristes on note un peu le même phénomène qu'au Caousou : bon nombre de professeurs sont gaullistes, les étudiants plus favorables au régime (en raison du recrutement de la faculté dans la bonne bourgeoisie et l'aristocratie conservatrices).

Mais, comme au lycée, si la politique pénètre dans les facs, l'essentiel de la vie des étudiants est ailleurs. La grande affaire des années de guerre, m'ont affirmé quelques-uns d'entre eux, ce fut la lecture des grands auteurs. Et de citer pêle-mêle Stendhal, Spinoza, Joyce, Hegel, Dumézil... Tels sont pour eux les grands noms de l'époque, beaucoup plus que de Gaulle ou Laval, sans parler de Frossard ou Ravanel. Pourtant un petit groupe de littéraires s'est passionné pour le marxisme sous sa forme trotskiste, introduit à Toulouse par le jeune Pagès. Mais la pensée de Marx était souvent comprise comme une méthode permettant d'aborder l'Histoire, d'analyser les groupes sociaux (sans oublier la bureaucratie soviétique), plutôt que comme l'aliment d'une pratique militante.

J'ai obtenu moins d'informations sur les autres facultés. La médecine avait, elle aussi, quelques professeurs célèbres, à la fois pour leur compétence et pour leurs options non conformistes, comme Ducuing, Soula, Bugnard et Dide. Mais les anciens étudiants en médecine que j'ai rencontrés ne sont pas portés sur l'admiration pour leurs maîtres. A les entendre, ils ne fréquentaient guère la faculté et compensaient leurs absences par des périodes de travail intensif dans la solitude de leur chambre. Les sciences et les écoles scientifiques étaient fréquentées par un grand nombre d'étrangers venus d'Europe centrale et orientiale (Bulgares, Roumains) : tradition déjà ancienne de Toulouse comme en France en général. Parmi ces « métèques », mal considérés par le pouvoir, un grand nombre de Juifs, souvent interrompus dans la poursuite de leurs études. Ici encore la vie personnelle a laissé parfois plus de traces sur la mémoire que l'Histoire. Un ancien étudiant en médecine et résistant ne m'a-t-il pas affirmé que ce qui comptait pour lui sous l'Occupation, c'est qu'il était éperdument amoureux !

La bibliothèque municipale, rue du Périgord, était un peu une annexe des facultés : elle était très fréquentée par les étudiants [11]. Les Toulousains la connaissent bien : elle n'a pas changé. Le bâtiment, terminé en 1935, orgueil de la municipalité socialiste, est de style vaguement Art-Déco ; des artistes de la région ont participé à sa décoration (l'élément le plus connu est un vitrail de Marc Saint-Saëns). La salle de lecture, vaste, claire, confortable, attirait et attire toujours les lecteurs. Un étudiant juif démuni, réfugié à Toulouse, m'a raconté comment, après avoir gagné sa vie par toute une série de petits métiers, il revêtait un costume correct et allait passer une heure ou deux à la bibliothèque, se donnant ainsi l'impression de retrouver son statut d'avant-guerre. La bibliothèque n'est pas seulement un lieu de culture, c'est aussi un havre de repos, de sérénité et un lieu de sociabilité. A la belle saison, les jeunes gens s'esseyaient sur les marches de l'entrée pour bavarder au soleil, comme ils le font toujours. Au printemps l'affluence était maximale avec trois cents à quatre cents lecteurs par jour ; il y avait toujours plus de lecteurs que de livres communiqués. Officiellement, l'utilisation des manuels et de la presse explique cet écart, mais la vraie raison est tout autre : on s'y donnait et on s'y donne toujours beaucoup rendez-vous ; l'amitié et l'amour sont beaucoup dans le succès qu'elle obtient ; bien des idylles sont nées à la BM et dans les jardinets qui l'entourent !

La « culture cultivée »

Pour cette expression empruntée à Edgar Morin, j'entends les activités culturelles au sens étroit et premier du mot : théâtre, musique, arts plastiques, conférences, revues... Dans ce domaine Toulouse a atteint pendant la guerre une vitalité sans doute supérieure à celle qu'elle connaissait avant 1939 [12].

Les spectacles

A tout seigneur tout honneur ! L'emblème culturel numéro un de la ville de Toulouse est le théâtre lyrique du Capitole installé dans l'aile sud du palais municipal. Situé toujours au même endroit, il est aujourd'hui méconnaissable, à la fois dans son aménagement intérieur et dans la conception de ses spectacles. Très célèbre depuis le XIXe siècle et même avant, le Capitole était une scène prestigieuse en raison de l'exigence et de la compétence attribuées à son public. Avant 1914, pour un artiste, être passé au Capitole sans avoir déchaîné de charivari était un label d'excellence. Le public, issu de classes sociales très diverses, avec un élément populaire important juché au poulailler, se signalait alors par des débordements inouïs qui sanctionnaient les chanteurs jugés insuffisants : le spectacle était dans la salle autant que sur la scène. En 1940-1944, les spectateurs se sont un peu assagis, même s'il est resté quelque trace de leur antique vigueur.

Le théâtre avait été reconstruit en 1923 selon un projet de 1892, dû à Paul Pujol, prix de Rome : on n'avait lésiné ni sur la décoration ni sur les couleurs. Ce mauvais goût criard aurait peut-être fait la joie d'André Breton pour son surréalisme involontaire. Laissons Paul Mesplé, futur conservateur du musée des Augustins, raconter le choc qu'il reçut lors de l'inauguration du théâtre :

> Je n'oublierai jamais l'impression de stupeur que je ressentis lorsque je vis pour la première fois ce fatras invraisemblable de girandoles, de masques, de colonnes baguées, de statues argentées, les inoubliables imitations de tapis en stuc bariolés qui garnissaient les balcons des deuxièmes galeries, le tout constellé de lampes électriques, et enfin ce fronton de scène où les personnages et les guirlandes commençaient en peinture, s'enflaient sans avoir l'air de rien et s'achevaient en sculptures peintes aux tons les plus suaves de la palette des fabricants de calendriers [13]...

Pendant la guerre de 1939-1945, le théâtre a été plus que jamais fréquenté par un public très varié. En effet il existait tout un éventail de prix : de cinq francs pour le paradis à trente francs pour les loges de face et d'avant-scène. On pouvait aussi, pour le même prix qu'un billet de paradis, prendre une place debout au parterre libre où les amateurs venaient simplement le temps d'un aria écouter leur interprète favori. Tout un public populaire et petit-bourgeois aime ainsi son théâtre et lui est fidèle.

Après une interruption pendant la drôle de guerre qui désola les supporters des cantatrices toulousaines, le programme du Capitole reprit après l'armistice comme si rien ne s'était passé. Chaque année la saison commence dans la première quinzaine d'octobre et s'achève sept mois plus tard avec en moyenne cent cinquante représentations réparties à peu près à égalité entre les opéras et les opérettes [14]. Pour les opéras, c'est le répertoire français du XIXe siècle qui vient en tête, suivi par les pièces lyriques italiennes. Pour les opérettes, même primauté aux titres français avec cependant une place importante réservée au répertoire viennois.

Les organisateurs comme les spectateurs accordent une attention presque exclusive à la voix. Les répétitions sont réduites à presque rien (d'où le nombre important de titres proposés). Les vedettes seules comptent. A cet égard Toulouse est gâtée ; les interprètes qui s'y déplacent figurent parmi les meilleurs : José Luccioni, Georges Thill, Michel Dens, Ninon Vallin et la Toulousaine Geori Boué. En seconde position viennent de bons chanteurs du cru tels Louis Izar, futur directeur du Capitole, ou Pierre Nougaro (le père du chanteur Claude Nougaro). Les spectateurs sont chauvins mais ils savent apprécier les grandes voix. Comme c'était la coutume à l'époque, les textes étrangers sont traduits en français. Appréciant avant tout le bel canto, le public ne s'intéresse guère aux beautés orchestrales : c'est dire que Wagner et Mozart sont peu joués (*Les Noces de Figaro* les 3 et 4 mars 1942, *L'Enlèvement au Sérail* le 17 mars de la même année). Les décors, d'ailleurs charmants, sont interchangeables : les spectateurs les reconnaissent d'un spectacle à l'autre, mais ne s'en formalisent pas. On joue aussi des opérettes et des spectacles de variétés à la salle des nouveautés, boulevard Carnot, qui est à la fois cinéma et théâtre. Ce goût pour la musique vocale, qu'on retrouve dans toute l'Europe du Midi, s'impose ici d'une manière impérieuse : il est difficile de lui trouver des explications spécifiquement toulousaines. Contentons-nous de la constater.

Plusieurs salles donnent des concerts : le Capitole bien sûr et le Trianon, mais aussi le théâtre du Jardin-Royal (rue Ozenne, à l'emplacement de l'actuelle clinique Saint-Michel), l'ancien amphithéâtre de la faculté rue de Rémusat (salle du sénéchal), sans oublier le kiosque du Grand-Rond et la scène du Jardin des plantes. Cette abondance pourrait laisser croire à un goût très vif des Toulousains pour la musique instrumentale : il n'en est rien, car les concerts ne réunissent le plus souvent qu'un public clairsemé. Malgré les efforts intelligents déployés par le Conservatoire pour développer l'enseignement musical, la musique ne passe guère à Toulouse, répétons-le, que par l'intermédiaire de la voix humaine.

Quant au théâtre proprement dit, il n'a pas ici, et de loin, une tradition comparable à celle des spectacles lyriques. Peu développé avant la guerre, il connaît après l'exode un relatif essor, grâce au passage de troupes parisiennes repliées en zone sud et cherchant à s'y produire. Les représentations se donnent surtout au Capitole et au Trianon. Toulouse possède néanmoins une troupe autochtone financée par l'État, dirigée par un animateur dynamique, Léon Chancerel, ancien compagnon de Jacques Copeau. Celui-ci et ses « comédiens routiers » animent le théâtre du Taur et l'association « Dire, lire, conter ». Il se propose de donner aux Toulousains, surtout à la jeunesse, le goût de la mise en scène et de l'expression scénique [15]. Mais Chancerel se montre prudent, il ne faut pas choquer un public peu averti : la programmation comprend donc surtout des œuvres classiques. L'audace consiste à faire alterner les tragédies grecques et Molière ou Shakespeare. Encore bien modeste à Toulouse, le germe de l'art dramatique, né pendant la guerre, devait se développer après 1945.

Les arts plastiques

Tradition ancienne pour l'opéra, naissance d'un mouvement encore modeste pour le théâtre, faible succès des concerts : telle est la situation des principaux spectacles toulousains, le cinéma mis à part. Le statut des arts plastiques se signale à la fois par un certain désintérêt pour le patrimoine architectural et par un goût très vif de la peinture « moderne », combiné à un traditionalisme assez poussiéreux.

Les Toulousains laissent tomber en déshérence l'ensemble de leurs beaux monuments anciens. La mairie les laisse plus ou moins à l'abandon, et aucune société locale n'est assez vigoureuse ni assez imaginative pour les restaurer. L'intérieur de Saint-Sernin est badigeonné d'un emplâtre grisâtre et « décoré » de nombreux tableaux assez sinistres. Les Jacobins sont en grand danger de s'écrouler, donc interdits au public; le cloître sert de cour au petit lycée et les piliers sont couverts de graffitis. La façade du Capitole est recouverte d'une couche de poussière telle qu'on s'aperçoit à peine que les colonnes de la façade sont en marbre rose. Les hôtels particuliers du quartier de la Dalbade sont déshonorés par des constructions adventices, des traînées d'eaux usées, des couches de crépi inopportunes. Tous ces inconvénients n'empêchent pas de jeunes étudiants réfugiés, tel Edgar Morin, de se passionner pour l'architecture toulousaine. La fermeture du musée des Augustins, en raison du plan de protection des œuvres d'art en temps de guerre, ne suscita pas beaucoup de regrets parmi le public; en effet ce vaste édifice triste et obscur n'attirait pas beaucoup de visiteurs avant 1939.

Le mérite de son conservateur était ailleurs : il s'efforçait avec succès d'organiser périodiquement des expositions qui présentaient les œuvres des peintres méridionaux. Car le goût pour la peinture contemporaine était vif à Toulouse, goût teinté de chauvinisme puisqu'on s'intéressait surtout aux peintres du cru. En effet, on trouvait dans la ville rose un ensemble de galeries de peinture très remarquable pour la province. La plus importante : Chappe-Lautier, rue du Poids-de-l'huile, organisait un grand nombre d'expositions qui trouvaient la faveur d'un public attentif. Fondée à la fin XIXe siècle, cette galerie fait preuve de courage et d'initiative en présentant des œuvres nouvelles de Matisse, Van Dongen, Picasso, Chagall ou Zadkine.

Mais las ! dans les années 30 et 40 on n'y présentait guère que des œuvres d'un académisme moderne prudentissime. C'est dire qu'à Toulouse les arts plastiques connaissaient une certaine somnolence et que l'art contemporain y était à peu près ignoré, Gauguin et Van Gogh y faisant figure d'audacieux novateurs. Mais, curieusement, pendant la guerre, le métier de peintre nourrissait son homme. L'argent inutilisé était placé en tableaux : la peinture jouait un peu le même rôle de protection du capital que la Bourse toulousaine ou la Caisse d'épargne. Un bon peintre toulousain tel Bergougnan, qui avait adopté un style rappelant celui des Nabis, vendait facilement ses toiles [16]. Faute d'apprécier la véritable avant-garde, les amateurs toulousains n'avaient pas réellement mauvais goût. Au total : sur le front de la peinture, situation grave mais pas désespérée !

Conférences

Si les peintres trouvent des clients, les conférenciers rencontrent l'intérêt constant d'auditeurs assoiffés de connaissances et d'idées. On remarque en effet à Toulouse, entre 1940 et 1944, une surprenante floraison de conférences sur les sujets les plus divers, organisées par tout un éventail de sociétés et d'associations. On peut citer les trois académies : jeux floraux, législation, sciences, et les deux sociétés d'archéologie et de géographie qui se réunissent à l'hôtel d'Assézat. Minerva et les Lundis littéraires sont des filiales de l'Université qui donnent des causeries à l'ancienne faculté des lettres rue de Rémusat (aujourd'hui salle du Sénéchal) ou au grand amphi des facultés des lettres et de droit. N'oublions pas les Sociétés d'astronomie populaire, d'agriculture et d'horticulture, situées toutes trois au 9, rue Ozenne. Et bien d'autres clubs ou sociétés de moindre renom. Les intellectuels, généralement hostiles au régime, qui s'intéressent aux sciences sociales naissantes créent la « Société de psychologie comparée », plus confidentielle mais de contenu plus novateur que beaucoup d'autres associations ayant pignon sur rue. La qualité de ces diverses prestations est en effet infiniment variée. Les sujets frivoles, par exemple les amours des écrivains, font toujours recette et permettent sans doute d'oublier un quotidien dépourvu de charme. L'histoire, la géographie vue sous l'angle de l'exotisme, les sciences et les techniques ont leur public. La guerre entraîne l'apparition de sujets à vocation pratique : les ersatz, les produits de remplacement, le système D ; « la culture du topinambour » donne lieu à une causerie le 13 janvier 1941, « quelques conseils sur la culture de la patate » à une autre le 23 mars 1942. Dans l'ensemble l'actualité ne se manifeste guère que par cette rubrique nouvelle.

Pourtant, les associations culturelles sont parfois amenées à prendre parti. C'est le cas de l'Académie des jeux floraux, orientée dans un sens vichyssois sans équivoque. Elle a reçu solennellement le Maréchal, elle a élu mainteneur l'amiral Abrial et maîtres ès jeux Joseph Barthélemy, ministre de la Justice à Vichy, Charles Maurras et le procureur Lespinasse. A la Libération, le professeur Soula proposera qu'on la supprime, mais le commissaire de la République, Bertaux, songeant aux académies supprimées par la Révolution et rétablies peu après, jugera plus sage de s'abstenir [17].

Publications

Quelques publications, sans grand succès, sont typiques à la fois du lieu et de l'époque. Le régionalisme, s'il est favorisé par le pouvoir, ne signifie pas que tous ceux qui s'y intéressent soient des fervents du régime, loin de là. *Lo gai saber*, revue de l' « Escola occitana » (qui compte parmi ses dirigeants Charles Maurras), publie des textes en langue d'oc, en particulier ceux qui ont été couronnés par l'Académie des jeux floraux.

Les *Cahiers violets* [18], publiés chez Privat, manifestent explicitement la volonté de développer une vie culturelle pétainiste, inspirée des grands thèmes de la Révolution nationale. A mi-chemin entre la revue et une collection d'ouvrages d'inspiration analogue, ils se composent de huit fascicules parus entre 1940 et 1944 dont l'auteur principal est Paul Crouzet, grand spécialiste de manuels scolaires. Le but en est de préciser la notion de redressement moral « jusqu'à présent plus ressassé que défini ». Il s'agit donc de donner un contenu à la pensée pétainiste dans le domaine moral et culturel. La collection se place sous le patronage de Charles Péguy, dont elle édite les *Paroles aux éducateurs de France*. Elle se situe plutôt dans la lignée des écrivains conservateurs de la fin du XIXe et des débuts du XXe siècle : Barrès, Brunetière, Paul Bourget, mais avec beaucoup de fadeur et un moralisme de style très victorien. Paul Crouzet s'en prend à l'enseignement de la République qu'il juge trop axé sur l'acquisition des connaissances et pas assez sur l'éthique. Même point de vue chez Jacques Bompard qui s'attaque à l'immoralisme de la littérature des années 1920-1930, en égratignant plusieurs grands écrivains de l'époque et en chargeant à fond Dada et le surréalisme. Enfin, Jules Véran fait une apologie du régionalisme et de la décentralisation culturelle qui n'a rien de typiquement pétainiste si ce n'est une introduction de style barrésien sur la terre et les morts due à Crouzet. Au total rien de bien virulent, un ton moralisateur assez banal qui, somme toute, s'apparente assez à l'état d'esprit des manuels primaires de la Troisième République à ses débuts ! Bref, une littérature de patronage, et rien de comparable aux publications des écrivains collaborateurs de Paris, ni pour la qualité de l'écriture ni pour la virulence du contenu.

De son côté, la Résistance a peu produit d'œuvres substantielles. On peut néanmoins rappeler que les articles de *Libérer et Fédérer*, dus à Silvio Trentin, présentent avec vigueur une doctrine originale, reprise partiellement dans le manifeste de Combat rédigé à Toulouse par Frenay, Bourdet et Hauriou. Mais le texte clandestin le plus intéressant est sans doute un fascicule intitulé *Le Mensonge raciste*, paru en 1944, qui propose une autopsie de l'antisémitisme vue par trois sensibilités différentes : l'humanisme laïc de Daniel Faucher, le catholicisme d'Étienne Borne, le marxisme révolutionnaire de Vladimir Jankélévitch (qui, à l'époque, se rattachait nettement à ce courant). Ce dernier décrit avec esprit l'antisémitisme comme le socialisme des imbéciles. Quant à Borne, dont la contribution est sans doute la plus riche, il précise d'abord la nature darwinienne de l'hitlérisme et explique l'attrait qu'il a pu exercer sur une jeunesse avide d'héroïsme ; il exalte ensuite le rôle historique d'Israël en proclamant que l'étoile jaune ne saurait être « un signe avilissant » puisqu'elle rappelle aux fidèles « le souvenir de cette enfant juive, la vierge Marie, mère du Messie [19] ».

La vie religieuse

Au pays de *La Dépêche*, le catholicisme ne se porte pas si mal : les prêches anticléricaux passionnés du journal radical n'ont pas « écrasé l'infâme [20] ». Quelques chiffres en font foi : en 1935, à Toulouse, il n'y avait que 1,6 pour cent des enfants nés dans l'année qui n'étaient pas baptisés, 15 pour cent d'enterrements sans prêtres, 23 pour cent de mariages civils. La population restait donc fermement attachée aux traditions catholiques, ce qui, du point de vue de l'Église, est nécessaire mais non suffisant. La pratique religieuse présentait un bilan moins brillant sans être catastrophique : 17 à 18 pour cent des femmes faisaient leurs Pâques, la proportion chez les hommes était moindre encore. Le diocèse demeurait correctement encadré avec 611 prêtres, un pour 726 habitants. Et, surtout, la vitalité de l'Église et des catholiques pratiquants se manifestait par une participation étonnante des fidèles aux mouvements et aux œuvres : groupements de type ancien animés par des notables, ou associations spécialisées de l'action catholique dont le type est la JOC (Jeunesse ouvrière chrétienne). La Conférence Saint-Vincent-de-Paul, réservée aux hommes, comprenait dans le diocèse 789 adhérents, les Dames de la charité 820 dont 426 visiteuses. La Ligue féminine d'action catholique avait 11 000 membres en 1939. A la même date, on comptait 450 JOC (ce qui est remarquable dans une ville dominée par la SFIO) et davantage encore de JOCF (branche féminine des JOC), 500 Scouts de France et 318 Guides de France. Le pèlerinage de Sainte-

Germaine, à Pibrac, était très fréquenté, non sans une certaine dose de superstition dénoncée par le curé.

Avec la guerre et l'Occupation, il semble que ce bilan, somme toute très honorable, se soit encore amélioré. Ce n'est pas très surprenant : il est bien connu que les angoisses des époques troublées font rechercher les secours de la religion. Pibrac connaît donc une vogue inouïe ; la Ligue féminine d'action catholique atteint 12 000 participantes ; la JOC comprend 600 membres, la JOCF 800, les troupes de scouts catholiques se développent. En revanche, les ordinations sont en déclin, ce qui peut s'expliquer en partie par la captivité en Allemagne de jeunes hommes en âge de devenir prêtres. Il y a seulement 21 ordinations de 1940 à 1944 ; elles ne compensent pas les 68 décès de prêtres. Un certain renouveau des vocations se fait néanmoins sentir à la fin des hostilités.

Le diocèse est dirigé depuis 1929 par Mgr Saliège. Celui-ci, souvent mal vu par ses subordonnés à cause de son caractère dur et autoritaire, sera au contraire de plus en plus apprécié des fidèles pour son ouverture d'esprit et son courage. Ce prélat a pris diverses positions politiques éclatantes : on sait qu'à plusieurs reprises il a condamné le racisme nazi ; mais il ne fut en rien un évêque partisan ni le pétainiste convaincu, ni le gaulliste, ni même l'évêque « rouge [21] » qu'on a successivement présentés. Ses déclarations furent toujours inspirées par des motifs religieux et nourries par la doctrine sociale de l'Église, comme l'a démontré Jean-Louis Clément.

Dès son accession à l'épiscopat il avait prôné à son clergé l'apolitisme. C'était sans doute devenu nécessaire dans un diocèse où une partie des catholiques demeurait attachée aux idées conservatrices, mais où une proportion grandissante des fidèles votait pour les partis de gauche. En fait la question du régime politique n'était pas primordiale pour Mgr Saliège. Il détestait la politique anticléricale de la République, mais non la République elle-même. Il s'était associé pleinement à la condamnation de l'Action française et avait recommandé à son clergé de ne pas se mêler des élections. Mgr Saliège était un fervent partisan du laïcat et de l'action catholique spécialisée par milieu, c'est pourquoi la JOC profita de son appui constant.

Du point de vue de la doctrine religieuse, Mgr Saliège attachait un grand prix au culte marial qui distingue nettement le catholicisme des Églises réformées, et il donna une grande extension à cette dévotion. Il aurait même, semble-t-il, frisé l'hérésie en insistant sur la coopération de la Vierge avec son fils dans la rédemption. Le culte de N-D de Fatima fut promu par le chanoine Barthas avec l'appui de l'archevêque. A l'opposé de cette tendance traditionaliste, il s'était intéressé, à la veille de la guerre, à la pensée de Teilhard de Chardin, introduite à Toulouse par Bruno de Solages, recteur de l'Institut catholique, et Mgr Bergougnieux, professeur de paléontologie et de géologie au même établissement. Mais cet intérêt ne fut pas rendu public.

La venue au pouvoir du maréchal Pétain combla les vœux de Mgr Saliège et de son clergé, réaction très générale dans l'Église française. La Révolution nationale avait trop de points communs avec la doctrine sociale de l'Église pour ne pas le satisfaire. L'insistance sur les fonctions des groupes sociaux intermédiaires entre l'individu et l'État – famille, métier, province – ne pouvait que lui convenir. En outre, l'ancien combattant de 14-18 qu'était Mgr Saliège était satisfait de voir l'ancien chef de l'armée française devenir chef de l'État. Aussi les signes publics d'allégeance au nouveau régime qui remplaçait la démocratie impie se multiplièrent-ils de la part de l'évêque et de son clergé. Nous en avons signalé qui sont particulièrement marquants.

Mais le problème politique devait assez vite amener un désaccord larvé entre l'archevêque et une partie de son clergé. Mgr Saliège fut, en effet, assez vite déçu par l'attitude des gouvernements successifs du Maréchal, trop marqués à ses yeux par le laïcisme : l'interdiction de placer des crucifix dans les lieux publics le choqua ; il regretta la nature de l'aide à l'enseignement catholique qui prit la forme de dons exceptionnels. Il aurait en effet souhaité que le choix des pères de famille entre le public et le privé fût entièrement libre, c'est-à-dire qu'il n'y eût point de sacrifice financier à faire pour que les parents puissent faire donner à leurs enfants un enseignement chrétien. Il déplora que la charte du Travail comporte la mise en place progressive d'un syndicat unique qui ferait disparaître le syndicalisme chrétien. Il y avait en outre chez ce prélat courageux ce qui est, pour nous, une certaine étroitesse d'esprit en matière de mœurs (en fait tout à fait habituelle chez un ecclésiastique de l'époque) : on l'entendit donc dans des conversations privées ironiser sur le mythe du « maréchal chrétien » qui vivait pourtant dans le péché avec une épouse divorcée (mais Pétain régularisera cette situation en se mariant religieusement, dans la discrétion, en 1941).

En tout état de cause, son hostilité au nazisme ne désarmait pas malgré la politique de collaboration prônée par Vichy. Le 30 octobre 1941, le ministre de l'Intérieur Pucheu ayant prononcé une conférence de presse où il avait dit que la France devait imiter la reconstruction de l'Allemagne et de ses satellites, il fut très explicitement critiqué par une lettre épiscopale du mois de novembre. Le 16 novembre 1941, la *Semaine catholique*, organe officiel de l'évêché, signala un discours de Goebbels où le propagandiste numéro un du Reich déclarait que des concessions sur la Pologne n'auraient fait que retarder une guerre nécessaire. Ce que le chanoine Louis Vié commenta fort nettement : « Ces déclarations du docteur Goebbels, écrivit-il, peuvent éclairer non seulement le peuple allemand, mais encore certains Français sur les causes, les origines et les buts de la guerre actuelle. »

Ces réserves étaient souvent assez nettes pour être comprises. C'est cette attitude fièrement non conformiste de l'archevêque qui amena le général de Gaulle à envoyer une lettre (datée du 27 mai 1942) à Mgr Saliège. Le Général sollicitait son ralliement à la France libre. Il n'y eut pas de réponse : Mgr Saliège demeurait partisan du « loyalisme sans inféodation » au régime légal. Ceci n'empêcha pas la France libre d'utiliser les prises de position de l'archevêque : celui-ci ayant fait dire des prières pour les ouvriers requis au titre de la Relève, Maurice Schumann en fit état à la BBC le 2 août 1942.

L'attitude de l'archevêque différait de celle de beaucoup des prêtres de son diocèse qui, avec un sens des nuances bien moindre, demeuraient attachés aveuglément à la ligne pétainiste. On peut en trouver de multiples exemples parmi les ecclésiastiques qui s'exprimaient dans des écrits.

Dans *La Croix du Midi*, Charles Barthas applaudit à la charte du Travail et accepte le syndicalisme unique ; il souhaite que le Maréchal suive les traces de Salazar et signe un concordat avec le Saint-Siège. Louis Capéran fait totalement allégeance au régime dans son livre *France nouvelle et Action catholique*, publié à Toulouse en 1941. Cavallera, professeur au grand séminaire, indique à l'archevêque que, si l'on veut un peuple chrétien et pas seulement une élite, il faut soutenir à fond un État favorable à l'Église. L'abbé Louis Sorel, connu déjà avant guerre par ses causeries à la radio, conseiller national, proche du francisme de Bucard, est du même avis ; il va même très loin dans la « religion » maréchaliste puisqu'il affirme avoir vu une auréole se dessiner derrière l'auguste tête du Maréchal !

La tendance adverse, proche de celle de l'archevêque, représentée par Mgr de Solages et ses amis de l'Institut catholique, Mgr Courrège, le chanoine Jèze et quelques autres, se manifesta surtout à propos des persécutions antisémites. L'abbé de Naurois avait même rappelé dans un prêche que la Vierge Marie était juive, ce qui lui valut un rappel à l'ordre de Cheneaux de Leyritz. Nous avons déjà beaucoup parlé de la fameuse lettre pastorale de Mgr Saliège qui condamnait les déportations des Juifs. C'est la question qui provoqua le plus de difficultés à l'archevêque, à la fois avec une partie de son clergé et avec les autorités officielles. Sur ce terrain, la position doctrinale de Mgr Saliège était très claire. Il condamnait tout racisme et toute pratique inhumaine à l'égard d'une catégorie particulière de la population ; en revanche, il n'avait pas refusé à l'État le droit de légiférer sur la question juive, d'accord en cela avec les cardinaux et archevêques de France réunis à Lyon le 30 août 1940. Mgr Saliège et son équipe étaient parfaitement au courant de l'antisémitisme nazi et de ses manifestations en France. Le récit que fit Thérèse Dauty, assistante sociale aux étrangers, des événements qui avaient eu lieu au Récébédou les 8 et 10 août 1942, arriva donc sur un terrain tout préparé. Il est clair que c'est Mgr Saliège qui a pris la responsabilité courageuse de publier la lettre condamnant les déportations, mais que celle-ci est en fait l'œuvre de tout un groupe de catholiques lucides.

La lettre, nous le savons, eut un retentissement énorme dans tout le pays et au-delà. A Toulouse, le clergé se montra généralement discipliné envers son évêque bien que certains prêtres lui aient obéi à contrecœur. Le gouvernement essaya d'obtenir des réactions dans la presse. *La Garonne* prit la défense du gouvernement avec modération, *Le Grand Écho du Midi* du 4 septembre 1942 se référa à l'exemple des peuples du Moyen Age pour défendre les mesures antisémites. Maurice Sarraut eut la dignité de refuser toute déclaration sur ce point dans *La Dépêche*. Enfin, la réaction la plus connue est celle de Brasillach, dans *Je suis partout*, qui déclara, « il faut se séparer des Juifs en bloc et ne pas garder les petits ». A Toulouse, les milieux catholiques suivirent le plus souvent leur évêque et s'engagèrent dans l'aide aux Juifs la plus périlleuse. Toutefois certains catholiques pétainistes regrettèrent l'audace de Mgr Saliège. On vit même paraître un opuscule, probablement dû à l'abbé Sorel, qui déclarait que le problème juif était purement politique : la France vaincue devait se soumettre et donner à son vainqueur les gages qu'il était en droit d'exiger !

En réponse à l'article du *Grand Écho du Midi*, l'archevêque tint à préciser qu'il considérait toujours le Maréchal comme le chef légal de l'État français. Il publia en effet dans la *Semaine catholique* du 27 septembre 1942 un texte où il déplorait l'usage politique qui avait été fait de sa protestation. Il affirmait qu'il demeurait fidèle au gouvernement de Vichy et précisait sa position en concluant que « l'affirmation d'un principe chrétien n'a jamais impliqué la négation d'un autre principe chrétien ».

Ayant pris une position en flèche sur l'antisémitisme, Mgr Saliège se montra moins net sur le STO, qu'il ne condamna pas ouvertement. En revanche, il fit une communication aux membres de la JOC requis pour le travail en Allemagne : il les mettait en garde avec la dernière énergie contre l'immoralisme nazi, en des termes qui ne devaient guère les inciter à se soumettre [22].

Mgr Saliège, qui devient à la Libération la figure emblématique du prélat résistant (aux côtés de Mgr Théas), n'en demeure pas moins avant tout un ecclésiastique habité par des préoccupations spécifiques qui sont politiquement inclassables. C'est un militant de la résistance à l'immoralisme nazi, pas de la résistance au régime de Vichy.

Je possède peu de données sur la vie religieuse protestante à Toulouse, où les réformés ne constituent qu'une faible minorité. La pratique religieuse se développa chez les calvinistes comme chez les catholiques et pour les mêmes raisons. Certains mouvements protestants comme les EU (Éclaireurs unionistes) connurent un essor certain ; il leur arriva de collaborer avec les EI pour aider les Juifs persécutés. Sur ce point, les protestants se montrèrent en général exemplaires : les œuvres protestantes jouèrent un rôle important dans l'aide aux détenus des camps, et les pasteurs dans le camouflage des Juifs en fuite. Leur rôle est évidemment plus connu là où ils étaient nombreux – dans les Cévennes ou dans la montagne tarnaise – que dans la cité rose où leur action était forcément moins visible.

Culture de masse, culture populaire

Presse écrite et parlée [23]

Avant-guerre, l'archevêché et *La Dépêche* apparaissaient comme deux puissances symétriques en état de conflit permanent. Leur antagonisme s'était atténué sous le ministère Daladier (avril 1938-mars 1940) où l'on avait tenté une politique d'apaisement avec l'Église. Toutefois, la lecture du quotidien « sans Dieu » demeurait interdite aux fidèles. Interdiction de peu de poids, sauf auprès des catholiques les plus proches de l'institution ecclésiastique : la grande majorité des Toulousains, chrétiens ou non, lisaient *La Dépêche*. Lorsqu'on disait « j'ai lu le journal », c'était, bien entendu, de *La Dépêche* qu'il s'agissait. Dans son républicanisme teinté d'idées sociales, sinon dans ses options anticléricales, celle-ci était à coup sûr en accord avec les tendances profondes des Toulousains ; les triomphes électoraux de la SFIO en 1935 et 1936 n'y avaient rien changé. Il est vrai que beaucoup de lecteurs ne s'intéressaient ni aux nouvelles ni aux éditoriaux de la première page. On trouvait en effet dans le quotidien des Sarraut une foison de nouvelles régionales, sportives, pratiques, de petites annonces, etc. Irremplaçables. Les supporters du Stade toulousain y lisaient avant tout les comptes rendus des matches ; les chômeurs y épluchaient les offres d'emploi ; les vieillards les plus âgés se félicitaient de leur longévité en découvrant les actes de décès de leurs relations ! L'excellence du réseau de correspondants locaux qu'il contrôlait assurait ainsi au journal de la rue Bayard un avantage extraordinaire sur ses concurrents.

Avec la guerre, on lit davantage encore le journal pour y trouver des informations absolument indispensables : échéances et produits honorés par les tickets d'alimentation, nouvelles des réfugiés, offres et demandes d'emploi. Une rubrique qui prend de l'extension, c'est le commerce d'occasion : on vend et on achète les marchandises les plus improbables qui, de nos jours, iraient tout droit à la décharge. Cette fonction pratique devient de plus en plus difficile à remplir avec les pénuries de papier qui réduisent *La Dépêche* à une demi-page en 1944, mais elle se perpétue jusqu'au bout. C'est – avec l'augmentation de population – la raison pour laquelle le tirage de *La Dépêche* passe de 230 000 exemplaires en 1939 à environ 300 000 sous l'Occupation.

On a vu comment *La Dépêche* était passée du maréchalisme républicain à un conformisme prudent en juillet-août 1940. Maurice Sarraut et son équipe n'ont jamais voulu se saborder en vertu de deux arguments : éviter le licenciement des quinze cents travailleurs de l'entreprise, et empêcher que le journal ne soit repris par un groupe d'orientation politique différente. Arguments qui se contredisent l'un l'autre. Car si le journal avait été repris par une nouvelle direction les ouvriers auraient conservé leur emploi ! En fait, Sarraut et son équipe, tout en conservant l'espoir d'une restauration de la République, sont ralliés au gouvernement du Maréchal, jugé la seule solution réaliste [24]. Ils estiment que leur maintien à la direction du journal est indispensable car ils « limitent les dégâts » au maximum en éliminant les textes les plus outrancièrement fascisants ou collaborationnistes. La marge de manœuvre était étroite, et différente selon les époques puisque, en 1943, *La Dépêche* accepta, comme la plupart des journaux, de passer un contrat avec le pouvoir, assurant à celui-ci un loyalisme sûr en échange d'une disparition de la censure. Après cette date, *La Dépêche* suivit les consignes officielles en pratiquant une autocensure particulièrement pernicieuse. Cependant, la volonté de garder quelque chose de son passé républicain amena ce journal à réduire au maximum les éditoriaux et les commentaires sur l'actualité. Le point de vue officiel apparut le plus souvent sous la forme de très longues citations sur lesquelles il ne s'engageait pas. Il en résulta une forme terne, ennuyeuse, qui faisait l'indignation de Cheneaux de Leyritz : celui-ci y voyait de l'incapacité alors qu'il s'agissait plutôt d'une prudente réserve. En faisant son possible pour réduire les communiqués des mouvements collaborationnistes, Maurice Sarraut se heurta à Frossard et à Berthet.

A propos des nouvelles de la guerre, *La Dépêche* publia d'abord les communiqués alliés en petites lettres alors que les nouvelles envoyées par les Allemands faisaient les gros titres. Elle se signala aussi par de nombreux articles concernant les États-Unis rédigés dans un esprit très proaméricain. Mais l'arrivée des Allemands à Toulouse mit fin à cet équilibrisme délicat. Il est cependant peu probable que les Toulousains aient été conscients de cette guérilla (qui aboutira néanmoins au meurtre de Maurice Sarraut). Pour ses lecteurs, la première page de *La Dépêche* donne les informations allemandes comme le font les autres journaux et la radio. On n'en croit pas un mot, et on ne remarque guère les nuances avec les autres journaux. Comme ses concurrents *La Dépêche* défend le STO, l'URSS y est diabolisée, le président Laval est présenté comme un grand homme, c'est suffisant pour que le lecteur moyen se fasse une religion.

Certains milieux vichyssois auraient pourtant aimé que le grand journal toulousain fût dirigé par une équipe authentiquement pétainiste et non par ces nouveaux convertis plus ou moins sincères. On fit donc des offres d'achat intéressantes à Sarraut – qui refusa. C'est ce qui entraîna la fondation du *Grand Écho du Midi*, émanation de *La Petite Gironde*, quotidien bordelais conservateur. Le nouveau journal toulousain, dirigé par Cathala et Chapon, prit d'emblée un ton de prêche pétainiste assez lourd, beaucoup plus accusé que celui de son concurrent. Bien qu'il ait profité de maints appuis officiels, en particulier de facilités dans les attributions de papier, il n'attira pas le public, faute d'avoir la masse d'informations locales et pratiques proposées par *La Dépêche* ; il ne se vendit guère qu'à quinze ou vingt mille exemplaires. Cette feuille se déshonora en publiant l'article signé Saint-Julien qui, en septembre 1942, approuva les persécutions contre les Juifs.

Les deux autres journaux de Toulouse présentent une physionomie originale. *La Garonne*, fondée en janvier 1938, remplace à la fois *Le Télégramme* modéré disparu en 1936 et *L'Express du Midi* monarchiste. Le président du conseil d'administration est Maurice de Solages, membre de la célèbre famille d'industriels, frère de Bruno de Solages, directeur de l'Institut catholique. Comme ce dernier, le directeur de *La Garonne* est profondément hostile au régime nazi, les RG le considèrent même comme gaulliste, ce qui ne l'empêche pas de diriger un journal gouvernemental ! Combinaison qui n'est pas rare chez les notables de l'époque. *La Garonne* se veut avant tout un journal catholique. Après juin 1940, Solages ne pouvait qu'être favorable au nouveau régime ; il se fit donc le défenseur de la Révolution nationale, en accord avec son rédacteur en chef Victor Lespine. Mais un conflit éclata entre les deux hommes sur la politique extérieure ; en effet, Solages demeurait antiallemand et anglophile, alors que Lespine suivait de très près le point de vue officiel ; il se serait plaint que *La Garonne* était « beaucoup moins gouvernementale que *La Dépêche* ». Il en résulta une lutte d'influence entre les deux hommes : Lespine réussit à s'emparer de la direction du journal ; puis Solages rétablit sa situation avec l'appui de l'assemblée générale des actionnaires (fin 1943). Il est peu probable que les lecteurs de *La Garonne* se soient aperçus de ces péripéties. Il faut ajouter que ce journal possédait un excellent reporter-photographe, en la personne d'une femme dynamique, Germaine Chaumel, dont on peut admirer les œuvres dans l'album intitulé *Toulouse en noir et blanc*, qui illustre superbement les années de guerre.

Le Midi socialiste dont nous connaissons le style original – conformisme gouvernemental d'un côté, nostalgie républicaine et socialiste de l'autre – continua de paraître en changeant de nom : il devint simplement *Le Midi* en 1940, puis reprit son titre ancien le 30 juillet 1941. Les actionnaires étaient d'anciens élus socialistes tels Bedouce, Ellen-

Prévot, Émile Berlia. Vincent Auriol, en désaccord marqué avec la ligne du journal, avait liquidé ses titres. Le quotidien se vendant fort peu et faisant de mauvaises affaires, il fut racheté par *La Dépêche* en mai 1942. Jean Baylet qui se chargea de l'opération laissa à l'équipe ex-SFIO toute indépendance pour en assurer la publication. En août 1943, *Le Midi socialiste* eut de sérieux ennuis avec les Allemands. Dans son numéro du 31 juillet, il avait publié un article sous le titre : « Le front allemand est percé en plusieurs points », formule refusée par le censeur mais maintenue par Hudelle, le directeur du quotidien. Des policiers allemands vinrent donc poser des scellés sur les portes du journal socialiste qui ne put reparaître que le 20 octobre, sans changement de direction.

Une autre tentative de concurrencer *La Dépêche* avait tourné court. Son auteur était Prouvost, directeur du grand journal populaire *Paris-soir* réfugié en zone sud. Prouvost prévoyait trois éditions, à Lyon, Marseille et Toulouse. L'édition toulousaine ne se vendit qu'à cinq mille exemplaires et cessa d'être diffusée en décembre 1943.

Bien que lue plus que jamais, la presse est discréditée devant l'opinion en raison de son asservissement. La radio est à peu près dans la même situation. Dans ce domaine, comme l'a fort bien montré Henri Sempéré, le cas de Toulouse est particulier du fait de la création, depuis 1925, de deux stations se faisant concurrence : Radio-Toulouse et Toulouse-Pyrénées [25].

La première, Radio-Toulouse, était une radio privée mise sur pied par un journaliste, Jacques Trémoulet, et un négociant d'origine juive, Léon Kierzkowski. Radio-Toulouse devint vite un poste d'importance nationale, à la fois par la conception de ses programmes et la puissance de ses émetteurs. La station s'inspirait en effet du modèle américain en associant la publicité (à l'époque on disait « la réclame »), la musique et les informations : style populaire qui séduisait un public très étendu. Par l'intermédiaire de la société Radio informations née en 1935, Trémoulet et Kierzkowski avaient créé un puissant trust radiophonique qui lança des ramifications complexes vers Radio-Bordeaux, Radio-Agen, Radio-Montpellier, et le Poste de l'Ile de France. Du point de vue toulousain, le plus beau fleuron de cet empire était le poste périphérique Radio-Andorre, qui faisait couler des flots de musiquette. La voix de sa speakerine annonçant de façon charmeuse « Aqui Radio-Andorra » suscita d'innombrables passions chez les auditeurs, entraîna, dit-on, des milliers de demandes en mariage ! Jacques Trémoulet, devenu l'un des responsables de la Fédération nationale des postes privés, jouissait de l'amitié des Sarraut et de Pierre Laval (lui-même à la tête d'affaires radiophoniques d'importance).

Les PTT avaient courageusement tenu tête à ce géant en lui opposant une station publique concurrente : Toulouse-Pyrénées. Elle possédait elle aussi de gros moyens, les plus importants pour les postes d'État en dehors de Paris : elle avait un orchestre, une troupe théâtrale. L'émulation était vive entre les studios de la rue Alsace (Radio-Toulouse) et ceux des allées Jean-Jaurès (Toulouse-Pyrénées).

Après 1940, Toulouse-Pyrénées s'insère dans le système de la radio d'État (radiodiffusion nationale – RDN). La station possède l'émetteur le plus puissant de zone libre et dispose ainsi d'une très large audience ; Radio-Toulouse, pour sa part, réalise un programme commun avec les autres radios commerciales dans le cadre de la fédération des postes privés. L. Kierzkowski, « absent pour insuffisance d'aryanisme [26] », J. Trémoulet demeure le seul chef de la société Radio-information, repliée à Toulouse. C'est le magnat de la radio privée de zone libre puisque sa société contrôle Radio-Agen et Radio-Montpellier, sans compter la régie publicitaire d'autres stations. La détente facile que procure Radio-Andorre sert de soupape au trop-plein de fatigue et d'inquiétude, et connaît, avec les circonstances de la guerre, une vogue extraordinaire : le poste périphérique aurait ainsi rapporté trente millions de francs par an à Trémoulet entre 1940 et 1944. Radio-Toulouse se place en outre au service de l'État français en lançant deux séries d'émission de propagande : Radio-révolution, de style très collaborationniste, et Radio-Jeunesse. En échange de ce service, Trémoulet reçoit de fortes subventions publiques. Le préfet, très sceptique sur l'utilité de cette propagande menée sans finesse, attache au contraire beaucoup d'importance à Radio-Toulouse II, autre filiale du trust toulousain qui couvre seulement la ville de Toulouse et sa banlieue ; cette station donne surtout des nouvelles locales, ce qui correspond aux idées du préfet sur le régionalisme. On y fait des émissions sur la culture régionale avec quelques séquences en langue d'oc : on peut enfin faire passer l'idéologie vichyssoise en douceur, au milieu d'informations qui intéressent directement les Toulousains.

Les communiqués du poste privé et du poste public sont identiques et parfaitement méprisés par les auditeurs toulousains qui les considèrent comme la « radio allemande ». Les Toulousains écoutent passionnément la radio anglaise. A cet égard, les témoignages reçus démontrent des comportements assez divers. Certains n'écoutent pas la BBC par crainte (son audition est interdite) ou parce que le brouillage leur paraît trop désagréable : ils constituent sans doute une petite minorité. D'autres écoutent la radio officielle *et* la BBC ; d'autres encore n'écoutent les nouvelles qu'à la radio de Londres. Enfin, il en est qui mettent la radio britannique à pleine puissance « pour embêter le voisin collabo » !

Cinéma, music-hall

Lorsqu'on aborde le sujet du cinéma avec des personnes qui ont des souvenirs de la guerre, on entend des affirmations très contrastées. Les uns affirment que le cinéma n'a jamais connu floraison semblable, et de citer : *Goupi mains rouges, Les Visiteurs du soir, Le Corbeau, Les Enfants du Paradis* [27], et autres grands classiques projetés à Toulouse au temps de l'Occupation et de la Libération. Les autres, même devenus aujourd'hui des cinéphiles avertis, déclarent de concert : « Il n'y avait que du Tino Rossi ! » et affirment que le cinéma de l'époque était d'une affligeante nullité. A la lecture des programmes de films publiés chaque jour dans *La Dépêche*, je donnerais plutôt raison aux premiers, ce qui ne veut pas dire que les seconds avaient tout à fait tort, comme on va le voir. D'où vient ce refus de voir la qualité de nombreux films projetés à Toulouse ? Un tel mépris vient sans doute du statut médiocre qui était celui du cinéma auprès des gens instruits (ou qui aspiraient à la culture reconnue) : ce n'était guère, disait-on, qu'un divertissement léger et plébéien. Les films ne faisaient pas partie de la culture légitime, et si une personne cultivée se laissait aller à y prendre plaisir, c'était souvent avec un certain sentiment de remords.

En fait, le cinéma à Toulouse était alors d'une extrême richesse et offrait des possibilités variées à un public étendu. D'abord grâce à un nombre élevé de salles, plus nombreuses qu'aujourd'hui et géographiquement bien réparties. *La Dépêche* du 8 octobre 1943 présente les programmes de vingt cinémas, non compris le Gaumont réquisitionné par les Allemands. Les salles les plus huppées et les plus grandes sont, comme aujourd'hui, situées place Wilson et sur ses abords : Gaumont, Plaza, Variétés, Trianon, Nouveautés. Quelques salles de standing moyen sont localisées dans les diverses rues du centre : le Vox, Cinéac (rue Alsace), le Gallia, l'Olympia (aujourd'hui ABC). On compte enfin une quinzaine de petits cinémas de quartier tous disparus aujourd'hui : Castille, Florida Novelty, Saint-Agne, Pérignon, Saint-Cyprien, etc. Et aussi, le Ciné-Bleu, avenue Frédéric-Mistral, où tous les enfants de bonne famille allèrent voir *Trois de Saint-Cyr* qui exaltait les valeurs de l'armée française.

Les séances comportaient toujours les actualités, pétainistes, voire pro-allemandes, que l'on pouvait siffler si on en avait le courage (d'où la mesure imposée par le préfet de les présenter lumières allumées). Il y avait ensuite un petit film sans prétention suivi d'un entracte, puis du « grand film ».

Certaines salles de cinéma avaient aussi d'autres fonctions puisque plusieurs d'entre elles présentaient des spectacles de music-hall : en particulier l'Olympia, le Trianon, les Nouveautés et le Plaza. Réfugiées en zone libre après la débâcle, un certain nombre de vedettes des variétés étaient venues se produire à Toulouse de juillet à décembre 1940 : Édith Piaf, Mistinguett, Pierre Dac, Reda Caire, Charles Trénet, Max Régnier, Pauline Carton – et aussi des stars de cinéma qui présentaient sketches et chansons : Fernandel, Marguerite Moreno, Orane Demazis, Françoise Rosay, Jules Berry. Toulousains et réfugiés appréciaient cette aubaine qui devint moins fréquente à partir du retour de ces artistes à Paris (généralement fin 40 ou début 41).

Les salles de quartier jouaient un rôle social important. Ouvertes seulement le samedi soir et le dimanche, elles accueillaient les spectateurs de milieux populaires, qui s'y rendaient en famille sans chercher à savoir quel film était au programme. Dans une atmosphère de gaieté et au milieu du brouhaha, les voisins se retrouvaient et bavardaient à l'entracte, cependant que des enveloppes de bonbons et des avions en papier tombaient en vol plané du balcon sur le parterre. C'était surtout le domaine du « cinoche » (selon l'expression de Jean-Louis Bory), c'est-à-dire de ces films à vocation uniquement commerciale, souvent oubliés quelques semaines après leur sortie. Mais même dans ces salles bas de gamme, on pouvait avoir de la chance et voir une bonne reprise (Pagnol ou Tourneur), ou un film policier bien ficelé comme *Le Dernier des six* de G. Lacombe (au Pérignon le 8 octobre 1943).

Des mobiles extra-cinématographiques pouvaient pousser maints spectateurs dans les salles. D'abord, en hiver, celles-ci étaient chauffées : on pouvait passer l'après-midi au Cinéac, le seul permanent, dans une béatitude qu'on n'avait pas toujours chez soi, en grillant une partie de sa ration de tabac : à tel point que l'écran était à demi voilé par un brouillard de fumée de cigarettes ! En toutes saisons, les amoureux, fort gênés par la crise du logement et le puritanisme ambiant, fréquentaient assidûment les salles obscures pour y échanger de longs baisers hollywoodiens tout en jetant quelques coups d'œil distraits à l'écran.

Diversité des salles, gamme très vaste des programmes : les spectacles proposés peuvent être classés les uns dans le registre de la culture populaire, les autres dans celui de la culture des élites, même si une partie des milieux cultivés ne lui accorde pas de légitimité.

Mais on allait aussi au cinéma par amour pour le septième art, et on y trouvait son compte. Les historiens du cinéma soulignent la qualité de cette production de la guerre, ajoutant qu'elle témoigne d'un certain conservatisme dans le choix des sujets et dans l'esthétique de la mise en scène. l'idéologie pétainiste a peu marqué la production de l'ère vichyssoise, et la guerre elle-même est très peu présente : les scénarios se situent soit dans un passé romanesque (*Pontcarral*) ou même mythique (*Les Visiteurs du soir*), soit dans l'entre-deux-guerres. Le cinéma sous Vichy procurait donc l'évasion et l'oubli.

Certes, les Variétés présentèrent une série de films allemands, avec, en particulier, l'odieux film raciste (techniquement très bien réalisé), *Le Juif Süss*, ce qui se termina mal avec l'attentat de la 35e brigade qui causa la mort de deux des poseurs de bombe le 1er mars 1944.

Passions sportives

A côté du cinéma, les compétitions sportives sont sans doute les divertissements populaires les plus prisés à Toulouse [28]. De nombreux sports y sont pratiqués, à commencer par la pétanque qui a l'avantage d'être accessible aux joueurs de tous âges que l'on voit, à la belle saison, lancer leurs boules sur maintes allées et places. La natation s'est beaucoup développée grâce à la piscine municipale qui, surtout en été, attire un public important de jeunes gens et d'adolescents. Toulouse a donc d'excellents nageurs qui s'illustrent dans la traversée de Toulouse à la nage, patronnée par *La Dépêche* : le grand champion toulousain est Alfred Nakache, des Dauphins du TOEC, recordman du monde des deux cents mètres brasse le 6 juillet 1941, champion de nage libre le 7 septembre de la même année... et déporté comme juif à la fin de 1943 [29] ! Le basket enfin, encouragé par le gouvernement, se développe rapidement entre 1940 et 1944.

Mais, aux yeux des Toulousains, le sport-roi c'est bien sûr le rugby. Pourquoi ce jeu aristocratique anglais s'est-il épanoui dans le sud-ouest de la France et en particulier à Toulouse ? On glosera encore longtemps sur la question. On pourra remarquer, avec quelques historiens du sport, que le rugby a été encouragé par des instituteurs laïques dans les terres radicales et socialistes du Midi toulousain et bordelais... et parfois combattu par l'Église à cause de sa violence et de son « indécence » : trop de contacts entre épidermes ! Mais l'explication laisse un peu insatisfait : tous les terroirs de gauche français n'ont pas été des pépinières de rugbymen.

Quoi qu'il en soit, on jouait déjà au rugby à Toulouse à la fin du XIXe siècle, mais c'est en 1907 que naquit le Stade toulousain – dont les joueurs portaient maillot rouge et épaulière noire – de la fusion de Véto-sport et du SOET. Il s'installa au stade des Ponts-Jumeaux, terminus de la ligne des tramways. Le club fut très brillant entre 1912 et 1927 où il remporta sept fois le championnat de France et mérita, grâce à sa défense inexpugnable, le surnom incongru de « vierge rouge » ! Puis il entra en stagnation et même en franche décadence en 1936 : déclin accentué par le grand schisme provoqué par l'apparition au rugby à XIII.

Ce nouveau jeu fut créé en France en 1934 par de très bons joueurs radiés de la Fédération française de rugby (FFR). Alors que la FFR n'acceptait que les joueurs amateurs, les clubs à XIII se rapprochèrent du professionnalisme ; c'est pourquoi ils écrémèrent les meilleurs champions. A Toulouse la scission se traduisit par l'existence de deux clubs : le Stade toulousain maintenu, à la FFR, et Toulouse-olympique, membre de la Ligue française de rugby à XIII. La règle du jeu à XIII était, comme on le sait, légèrement différente de celle du rugby initial, mais les joueurs pouvaient sans difficulté passer de l'un à l'autre.

Le régime de Vichy, dans le souci de détruire le sport professionnel, décida de réduire l'importance du rugby à XIII. Le problème fut confié à une commission où figuraient des Toulousains comme le commandant Pascot et le Dr Voivenel. Ce dernier était une personnalité bien connue à Toulouse par ses articles (d'un style rabelaisien un peu lourd) dans *La Dépêche* et ses ouvrages (de la même veine). Le 15 novembre 1940, la commission proposa d'interdire purement et simplement le XIII qui subsista uniquement au niveau scolaire. Les clubs existants pouvaient fusionner ou garder leur indépendance, mais devaient tous adhérer à la FFR.

On eut donc deux clubs de rugby toulousains à XV : le Stade et Toulouse-olympique. A l'époque, le plus brillant était sans doute le second, avec des joueurs comme Robert Barran, Y. Bergougnan, Duffau et Sylvain Bès (qui devaient faire beaucoup parler d'eux lorsqu'ils rejoignirent le Stade en 1945).

Pendant la guerre, la coupe de l'Espérance remplaça le championnat de 1940 à 1942. Le championnat étant rétabli, Toulouse se retrouva en demi-finale en 1944. L'équipe mit deux jours à atteindre Paris, subit un bombardement, et finalement les trois quarts des joueurs se retrouvèrent quelque temps en prison à la suite d'un malentendu avec les Allemands.

Au cours de son histoire sportive, Toulouse a moins brillé au football qu'au rugby. La période de la guerre fait exception. En effet, sa principale équipe de ballon rond, le Toulouse Football Club (TFC), renforcé d'athlètes réfugiés dont le fameux demi Diagne, gagna la coupe de zone libre en 1941. Pour beaucoup de supporters toulousains, les succès de ces équipes sont les grands événements de la période 1940-1944 !

La vie de café

A la sortie des matches, les convois de tramways lourdement chargés dégorgeaient les supporters vers le centre et vers les faubourgs éloignés, en particulier le quartier populaire de Saint-Cyprien, sur la rive gauche de la Garonne. Mais, avant de retraverser le fleuve, les spectateurs des compétitions faisaient une halte dans les cafés où ils commentaient longuement les péripéties de l'action. Les terrasses spacieuses se peuplaient, mais aussi les petits bistrots fermés comme le Père Louis, rue des Tourneurs, où l'on buvait du quinquina sur des tonneaux en communiant dans une admiration fervente, à la fois pour les rugbymen et pour ces autres champions – chanteurs toulousains et « diseurs à voix » du music-hall – dont les photos dédicacées ornaient les murs. La vie de café comptait en effet beaucoup pour les Toulousains, sociables et bavards, mais assez peu portés à ouvrir les portes de leur demeure. Il existait, plus qu'aujourd'hui, d'innombrables cafés de quartier où se retrouvaient les amis, et aussi quelques terrasses célèbres de la place Wilson et des boulevards qui donnaient à la rue une couleur et une vie extraordinaires aux pires moments de l'Occupation. Le café le plus chic était le Lafayette (place Wilson), fréquenté avant-guerre par Saint-Exupéry. Le plus grand, et le plus connu (le plus grand de France), était le café des Américains, à l'angle des allées Lafayette et du boulevard Carnot : on y écoutait des concerts, très prisés même si leur qualité n'était pas exceptionnelle. Le café était le lieu par excellence de la sociabilité toulousaine : en effet, les habitants de la ville rose étaient, contrairement aux Provençaux et aux gens du Nord (eux aussi très sociables), peu portés aux associations organisées auxquelles répugnait leur individualisme un peu anarchiste.

Aussi les cafés étaient-ils l'endroit idéal pour passer inaperçu. C'est en plein air, sur une terrasse de la place du Capitole, que fut rédigé le manifeste de Combat. De même, Jean Cassou et ses camarades se rencontrèrent longtemps au Père Léon, place Esquirol. Ces clandestins appliquaient ainsi le principe défini par Edgar Poe dans *La Lettre volée*, comme quoi l'endroit le plus en vue constitue souvent la meilleure cachette. Souvent, mais pas toujours : Cassou et ses amis faillirent se faire pincer en poussant l'idée trop loin, lorsqu'ils s'installèrent dans un café situé derrière la place Wilson où les Allemands de la Gestapo avaient leurs habitudes, au sortir de l'hôtel de l'Ours blanc [30]. Car les occupants appréciaient aussi le charme des terrasses toulousaines !

Maintenir son identité, rester soi-même, c'est démontrer son attachement à la vie en conservant ce qui en fait le goût : les pratiques culturelles toulousaines dans leur déconcertante diversité apparaissent ainsi comme des signes de vitalité. Si la volonté de rester soi-même ne va pas sans une certaine dose de conservatisme – dont on a trouvé des traces dans plusieurs rubriques de cette vue cavalière –, lorsque des forces hostiles visent à détruire les valeurs anciennes, maintenir sa culture c'est aussi résister. L'alliance des deux principes a parfois donné lieu à des comportements d'une extrême qualité.

Les catholiques toulousains qui suivaient Mgr Saliège étaient attachés à une conception de la religion que leur archevêque avait imposée avant la guerre : ce christianisme évangélique séparant nettement le domaine de Dieu et celui de César a entraîné beaucoup d'entre eux dans des conduites courageuses et même héroïques en les mettant au service de leurs frères juifs persécutés. L'Église toulousaine a été une force de résistance sans être en rien une branche de la Résistance. Quant aux universitaires toulousains, attachés aux valeurs libérales et démocratiques qui étaient les leurs avant la débâcle, ils ont joué un rôle essentiel dans la Résistance : la place immense que les enseignants y ont occupée va apparaître au grand jour à la Libération [31].

QUATRIÈME PARTIE

LA LIBÉRATION

13

La Libération : phase militaire

A la nouvelle du débarquement en Normandie le 6 juin 1944, l'air semble brusquement devenu plus léger sur Toulouse : la libération si longtemps rêvée est en passe de devenir réalité. Puis, avec le second débarquement, le 15 août en Provence, les perspectives apparaissent encore meilleures. Les troupes allemandes qui occupaient le centre et le sud de la France sont prises en tenaille ; leurs chefs doivent en tirer les conséquences s'ils ne veulent pas subir un second Stalingrad. La France du Sud-Ouest est devenue une vaste nasse dont l'issue se rétrécit rapidement. L'ennemi va donc battre en retraite avant que les armées alliées venant de l'ouest et du sud ne fassent leur jonction. C'est dire que les événements militaires mettant fin à l'occupation de Toulouse dépendent de facteurs qui dépassent de beaucoup la région. Au début du mois d'août, sur place, ni l'ennemi ni la Résistance n'avaient prévu ce processus accéléré : il leur a fallu improviser. C'est le moment où se produit une double évolution en sens contraire qui affecte les deux camps. Du côté des FFI, les longs efforts vers l'unité, même s'ils ne se termineront jamais, portent leurs fruits : Ravanel et Vernant donnent des ordres et, oh merveille ! ils sont le plus souvent (pas toujours) obéis. Côté allemand le moral est atteint, la superbe machine de guerre germanique se détraque. Les combattants de l'ombre, arrivés brusquement au grand jour, vont en tirer parti pour faire à l'ennemi le plus de mal possible.

LE DISPOSITIF ALLEMAND DANS LA RÉGION TOULOUSAINE MAI-AOÛT 1944*

Groupe d'armée G
général Blaskowitz

- 1re armée — Bordeaux
- Masse de manœuvre centrale — Région toulousaine
- 19e armée — Marseille

Masse de manœuvre centrale, Région toulousaine :

- 56e corps de réserve
- 58e *Panzerkorps* — Gal Gimmler puis Kruger
- Division de l'Ostlegion

58e *Panzerkorps* :

- 2e *Panzerdivision SS Das Reich* — Gal Lammerding
- 9e *Panzerdivision*
- 11e *Panzerdivision*

* D'après David Wingeate Pike, « Les forces allemandes dans le sud-ouest de la France, mai-juillet 1944 », dans *Guerres mondiales et conflits contemporains*, 152, oct. 1988, p. 3 et suiv.

Les forces allemandes entre juin et août 1944

En mai 1944, l'armée allemande en France méridionale avait subi une importante réorganisation. Son moral était fortement affaibli du fait du harcèlement que les maquis lui faisaient subir, mais elle conservait sa discipline et un armement de qualité qui lui permettait souvent de prendre l'offensive contre les partisans.

La restructuration de la Wehrmarcht en mai 1944 avait abouti à la création du groupe d'armée G dirigé par le général Blaskowitz qui occupait tout le territoire au sud de la Loire[1]. Son symétrique, le groupe d'armée B installé au nord, était dirigé par Rommel. Dans ce système, Toulouse occupait d'abord une position centrale pour le groupe méridional. Devant faire face à une menace alliée qui pouvait venir soit de la Méditerranée, soit de l'Atlantique, Blaskowitz avait installé son QG à mi-chemin, à Rouffiac, village situé à huit kilomètres au NE de la ville rose. La vallée de la Garonne avait ainsi, aux yeux des occupants, une valeur stratégique essentielle puisqu'elle était susceptible de permettre le passage des troupes de l'est vers l'ouest, ou vice versa selon les besoins. Mais, lors de l'invasion du 15 août, cette position ne sera plus adaptée à la situation. Blaskowitz abandonnera le Midi toulousain pour aller s'installer à Pierrelatte, à proximité du nouveau front.

L'organigramme du groupe d'armées G est donné par le croquis p. 270. L'unité occupant la région toulousaine : le *58ᵉ Panzerkorps*, eut son QG successivement au château de Montastruc-la-Conseillère, à Montauban, puis à Toulouse. Il était composé de trois divisions blindées dont la 2ᵉ SS *Das Reich*, général Lammerding, le futur responsable d'Oradour. La mission essentielle de ces divisions consistait à maintenir libres les deux axes de communication majeurs de la région : le chemin de fer Bayonne-Tarbes-Toulouse et la Nationale 113 Bordeaux-Toulouse-Narbonne. La division *Das Reich* était éparpillée dans toute la région, une partie de ses effectifs contrôlant aussi certains passages des Pyrénées. Les éléments ennemis qui entrèrent en lutte avec les FFI comprennent à la fois l'élite et la lie de l'armée allemande puisqu'on y trouve aussi bien les meilleures troupes de choc SS, de jeunes recrues sans expérience et des troupes dites « de l'Est » : Russes, Polonais, Tchèques, Arméniens [2]. Parmi ceux-ci, nombre d'anciens prisonniers de guerre soviétiques engagés avec Vlassov aux côtés des Allemands par anticommunisme ou, plus souvent, pour ne pas mourir de faim dans les camps de prisonniers.

A Toulouse, les cadres de l'état-major de liaison nº 564 vivaient dans l'inquiétude car ils voyaient leur tâche singulièrement compliquée par la Résistance. Un rapport rédigé après l'évacuation (on peut le lire en annexe p. 285), parfaitement explicite, décrit une situation difficile [3]. Avant même le débarquement en Normandie, les FFI en voie d'unification avaient déjà remporté un grand succès en portant gravement atteinte au moral des occupants. Ceux-ci ont une mentalité d'assiégés. Par les sabotages et les embuscades, les maquisards entretiennent l'insécurité sur les lignes de communication de la Wehrmacht. Seuls les gros convois allemands peuvent circuler, non sans essuyer quelques coups de feu. Les garnisons périphériques, de Cahors à Tarbes, n'ont presque aucun lien avec le HVS central. Les occupants, qui ont conservé leur confiance dans les préfets, se rendent compte que l'administration est en train de basculer puisque les maires reçoivent souvent leurs ordres des maquis. La garnison de Toulouse est la plus importante, mais elle est composée en partie de troupes de l'Est en qui le général Schmidt-Hartung, chef du grand état-major de liaison, n'a guère confiance.

Cette extrême inquiétude, qui affecte les cadres de l'armée d'occupation, repose en partie sur une mauvaise appréciation de la réalité. Les Allemands estiment que dès le mois de mai les « terroristes » contrôlent entièrement de vastes territoires, ce qui est exagéré. Seul le Lot est à peu près entièrement entre les mains des maquis (à l'exception de Cahors) vers le 8 juin [4]. Les effectifs des « bandes » sont constamment surévalués. Inversement, Lammerding se fait des illusions sur les sentiments de la population, persuadé qu'elle n'aide les résistants que terrorisée par les « communistes ». De même un rapport allemand décrit les Français catastrophés par le meurtre de Philippe Henriot, exécuté par la Résistance le 28 juin 1944. Des bandes terroristes puissantes et bien armées, une population ne demandant qu'à revenir au bercail de Vichy : on est loin du compte !

Aux côtés des Allemands, le pouvoir vichyssois se défait. Le préfet régional Sadon se désole parce qu'on lui a enlevé, fin mai, ses principales compagnies de GMR, puis se réjouit de leur retour. Il va, dit-il, pouvoir développer l'action contre les « terroristes ». Mais dans les textes officiels une intéressante évolution sémantique traduit le trouble des autorités. Les résistants, qui étaient d'abord désignés comme « les terroristes », deviennent les « maquis » ou les « maquisards » en juillet et les « éléments FFI » début août. Les bandits communistes des bois deviennent ainsi de respectables soldats français. Quelques jusqu'au-boutistes de la collaboration, à la Milice et à la Brigade Marty, continuent de lutter aux côtés des occupants. En fait, nous le savons, l'essentiel des combats et des actes de répression est dû aux Allemands, non aux collabos.

Malgré la baisse de leur tonus, les Allemands conservent encore beaucoup de leur mordant et le prouveront par les attaques qu'ils mèneront contre les forces de la Résistance.

Les FFI

Ravanel, officiellement confirmé par le général Koenig dans ses fonctions de chef régional FFI le 6 juin, avait été averti que, lorsque le débarquement surviendrait, il faudrait transférer le commandement hors des grandes villes [5]. A la nouvelle que le jour J est enfin arrivé, le chef régional des FFI enfourche donc son vélo en compagnie de deux de ses lieutenants et va occuper une ferme isolée dans une boucle de l'Agout, entre Lavaur et Saint-Sulpice. A partir de cette base, il établit des contacts permanents avec trois autres dirigeants que nous connaissons : Jean Cassou, commissaire de la République, Vernant, chef FFI pour la Haute-Garonne, et Carovis (M. Jean), président du CDL et dirigeant de la Résistance dans le secteur de Grenade-sur-Garonne. Les quatre hommes s'entendent fort bien : ils ont les mêmes conceptions stratégiques et politiques. Ce sont tous les quatre des hommes de gauche partisans de l'intégration des communistes dans la Résistance. En outre, tous quatre sont issus des MUR-MLN. Leur entente va donner une impulsion certaine à la lutte et une unité d'action aux groupes armés.

L'unification des FFI dans la région toulousaine est en bonne voie, mais elle ne se terminera jamais puisque le corps franc de la Montagne noire refusera jusqu'au bout de s'y intégrer. Mais, tout en continuant habilement ses négociations, Ravanel met au point une stratégie précise avec ses lieutenants. Ils tablent sur une longue période de combats car l'évacuation rapide de l'armée allemande n'est pas prévue. Ils envisagent un remplacement progressif des autorités de Vichy par les préfets de la Résistance au fur et à mesure que les préfectures seront libérées [6]. Dans cette perspective, il faut s'efforcer de maintenir des groupes armés importants dans les villes, et en particulier à Toulouse. Il faut même prévoir la venue des maquis dans la métropole régionale.

Inversement, Ravanel et Vernant font tout leur possible pour que les groupes trop importants se scindent en petites unités très mobiles et peu visibles. Ils veulent à tout prix éviter les gros rassemblements comme celui qui a abouti au massacre des Glières en mai. Ils déconseillent l'attaque des garnisons allemandes, beaucoup trop fortes par leur armement et leur expérience. Il faut mettre en œuvre la guérilla en pratiquant systématiquement le sabotage et les petits engagements suivis d'un rapide décrochage qui usent le moral de l'ennemi.

Enfin, dernier point, le plus délicat. Ravanel et Cassou ont reçu du Conseil national de la Résistance (CNR) l'ordre de déclencher l' « insurrection nationale » contre l'ennemi [7]. L'expression est ambiguë. En quoi consiste exactement cette insurrection ? L'idée du CNR est que la population civile, au moment crucial de la Libération, pourra aider les FFI de mille manières : édification des barricades, ravitaillement, soins médicaux, liaisons, transports : ce schéma se réalisera lors de la libération de Paris. Dans l'état-major FFI, le représentant de l'ORA, un militaire de carrière, le colonel de Bermont de Vaux, est hostile à cette idée, souhaitant que les FFI soient seuls à intervenir. En revanche, Delcamp, des FTP, en est un chaud partisan. Ravanel et Cassou avaient une position intermédiaire. Ils estimaient l'idée valable mais l'expression malheureuse car, si elle était prise au pied de la lettre, elle risquait d'entraîner des massacres inutiles dans la population civile. Ils auraient préféré qu'on parle de « mobilisation de la population pour aider l'action de la Résistance ».

Mais ce serait une erreur totale de ne considérer l'action de la Résistance que du point de vue du sommet. Vu l'imperfection des liaisons entre la direction et les groupes locaux, ceux-ci sont en effet amenés à exercer l'initiative la plus large. D'autre part – nous avons déjà pu le constater –, tout leader qui a réussi à créer une unité de résistants au prix de mille périls a tendance à se considérer comme le propriétaire ou le seigneur féodal du groupe qui lui obéit. Pour comprendre les événements, il faut donc adapter constamment une double perspective et examiner les faits simultanément du point de vue du sommet et de la base : de l'état-major qui conçoit – et qui dispose d'une influence réelle – au groupement local qui pense et agit parfois à sa façon.

Un accord total règne entre l'état-major et la base sur l'importance extrême des sabotages. Peu avant le débarquement, les FFI avaient reçu l'ordre de déclencher les plans vert – sabotage des chemins de fer – et violet – sabotage des lignes téléphoniques. Consignes appliquées avec soin : désorganisation des liaisons allemandes assurée ! Les destructions continuent de plus belle après le débarquement, elles atteignent les chemins de fer, les lignes à haute tension, les S Betriebe, les routes et les lignes téléphoniques. Les autorités de Vichy et les Allemands signalent leur importance en mai-juin et la préfecture renonce à en donner un état régulier. Les voies ferrées sont presque constamment bloquées, en particulier l'axe principal Tarbes-Saint-Gaudens-Toulouse-Montauban : l'ennemi ne pourra pas utiliser ce moyen dans sa retraite. La Nationale 113, en revanche, continuellement parcourue par les SS, ne se prête pas aux actions de la Résistance ; les FFI ne la prendront pour cible qu'au moment de la retraite allemande.

Toutefois la spontanéité de la base va parfois à l'opposé des objectifs du sommet. Ainsi la nouvelle du débarquement suscite-t-elle l'enthousiasme, provoquant de nombreux départs au maquis : afflux trop considérable dans bien des cas, car on ne peut pas équiper les nouveaux venus. A contrecœur, il faut parfois se résigner à les renvoyer chez eux. Le préfet Sadon, informé de ces flux contradictoires, les interprète avec satisfaction comme le signe d'un découragement des nouveaux partisans vite fatigués par la rude vie du maquis (et par le rôle qu'y jouent les communistes !). On peut lire son rapport en annexe de ce chapitre. Explication qui a pu être exacte dans quelques cas mais qui passe à côté de l'essentiel.

En outre, beaucoup de résistants toulousains déjà membres d'une organisation clandestine quittent la ville pour le maquis. Le chef départemental FFI, J.-P. Vernant, s'inquiète donc de la faiblesse de la Résistance armée à Toulouse et de la fragilité de certains groupes trop étoffés et géographiquement exposés. Il va faire son possible pour ne laisser subsister que les maquis qui peuvent facilement trouver un abri en terrain montagneux d'où ils peuvent harceler les voies de communication [8]. En outre, le problème de l'armement demeure très difficile. En mai, Vernant ne dispose que d'une arme pour dix hommes. Mais l'été 44, grande saison historique des parachutages, apporte aux FFI une belle récolte d'armes et de munitions : en juillet-août, les containers tombent sur les terrains clandestins en plus grand nombre que pendant tout le reste de la guerre ! Manne trop abondante en si peu de temps car les hommes n'ont pas le temps d'apprendre à se servir de leur nouvel arsenal !

Combats et souffrances de la Libération

Un peu plus de six semaines s'écoulent entre le débarquement en Normandie et le départ des Allemands : phase cruciale pour la Résistance, car cette brève période est émaillée par une multitude de combats et d'actes de violence qui feront plusieurs centaines de victimes. A l'initiative des FFI : d'innombrables « piqûres de guêpes », selon l'expression du général Blaskowitz; elles répandront dans l'armée ennemie le venin de la défaite avec l'inquiétude et la perte de confiance. C'est aussi le temps de la « chasse aux traîtres » où les agents de l'Allemagne sont abattus. A l'initiative des Allemands : les principaux combats entre SS et maquisards, et aussi une répression inhumaine qui s'abat sur la population civile et les détenus.

Il est impossible de recenser toutes les petites embuscades et interventions rapides où les FFI mettent fin à la sécurité des occupants. En voici une particulièrement remarquable : le 15 août, le maquis de Cazères reçoit de Vernant l'ordre d'arrêter quatre trains de renforts allant vers Tarbes porter assistance à la garnison allemande. La voie saute de chaque côté de la gare de Saint-Julien-Saint-Élix et le convoi est bloqué [9].

La chasse aux agents de l'ennemi est ouverte : elle fait une cinquantaine de victimes en Haute-Garonne. Une série de gestapistes français sont tués, comme ce photographe de Salies-du-Salat qui fut pendu par les FFI et dont Roland Dorgelès raconte l'histoire dans *Carte d'identité* [10]. Sont également exécutés quelques escrocs qui s'étaient servis du nom de la Résistance pour commettre des pillages baptisés réquisitions. A Toulouse le groupe Morhange réussit ses dernières opérations. Mais sur le total de ces meurtres, il est vraisemblable qu'il y eut quelques règlements de comptes crapuleux.

Les plus importants combats et accrochages autour de Toulouse sont dus à l'initiative des Allemands. Les SS s'efforcent de mener à bien la mission qu'ils ont reçue en éliminant les partisans à proximité des voies de communication. Chaque fois l'ennemi entreprend ces opérations avec une colonne d'une vingtaine de camions transportant trois à quatre cents hommes. Comme ils ne passent pas inaperçus, la population a parfois le temps d'avertir les maquisards [11]. Plusieurs combats ont lieu autour de Toulouse : parmi les plus importants citons ceux de Saint-Lys (12 juin), Rieumes-Savères (17 juillet), Grenade (18 juillet), Campells-Aspet (19 juillet), l'Arsène (31 juillet), Labaderque (11 août).

L'affaire du maquis de Saint-Lys illustre bien les déphasages existant parfois entre l'état-major FFI et les unités de base. Le 7 juin, la rumeur de l'arrestation massive des hommes adultes de Toulouse par les occupants et la promesse d'un prochain parachutage sont à l'origine d'un vaste déplacement. Trois chefs des MUR-MLN : Degon, Victor et Jean Chaubet de France au combat (*FAC* : formation armée dépendant du Parti socialiste) donnent l'ordre de se rendre au maquis de Saint-Lys à vingt-cinq kilomètres à l'ouest de Toulouse dans une région de bois et de collines. Cent soixante hommes, presque tous résidant à Toulouse, prennent la route : ce sont des employés de la mairie, des ouvriers de l'ONIA et de la Cartoucherie, et aussi des Espagnols républicains (FAC et Franc-Tireur). Le 12, alors que le parachutage attendu n'est pas arrivé, des SS du régiment *Deutschland* (appartenant à la division *Das Reich*) attaquent le maquis et le dispersent sans difficulté. Bilan vingt et un morts : neuf combattants français parmi lesquels Jean Chaubet et douze civils fusillés. Le parachutage qui devait assurer l'armement du maquis arrive quelques heures après le combat sur un terrain de secours ; la veille, la BBC avait lancé le message : « Le poêle est un moteur [12]. » Les autres combats sont moins meurtriers malgré l'utilisation par les Allemands de l'aviation à Campells et de l'artillerie à Labaderque. Assez souvent les gendarmes et même les GMR rejoignent les maquisards avec leurs armes (Campells-Labaderque).

Devant la recrudescence des actions de la Résistance, les Allemands s'en prennent aux populations civiles. Ce sont les SS associés à la Gestapo qui sont le principal agent de la répression. Le 10 juin, des éléments disséminés de la division *Das Reich* se déchaînent simultanément dans l'ouest du Massif central et à proximité de Toulouse. En Limousin c'est l'affaire d'Oradour où toute la population du village est massacrée. Le même jour, en Haute-Garonne, quatre localités voisines subissent les violences des SS : Saint-Martory, Marsoulas, Mazères et Betchat, avec un total de cinquante-cinq civils tués. A Marsoulas, petit village de cent cinquante habitants, « sorte d'Oradour haut-garonnais », vingt-sept personnes périssent dont douze enfants et six femmes [13]. Les SS du régiment *Deutschland* fusillent quinze personnes à Castelmaurou le 27 juin. Le 17 août, une cinquantaine de détenus de la prison Saint-Michel, à Toulouse, sont transportés à Buzet-sur-Tarn où ils sont fusillés. Le 19 août, il y a encore vingt-huit exécutions à Bordelongue.

Une série de convois de déportation partent de Toulouse dans les dernières semaines de l'occupation allemande. Deux d'entre eux méritent une mention particulière : les « déportés d'honneur » et le « train fantôme ».

En prévision du débarquement, des listes d'otages choisis parmi les notables avaient été établies par les divers KDS. Leur arrestation devait avoir lieu simultanément dans toute la France à la date fixée par Himmler. C'est dans la nuit du 8 au 9 juin que l'ordre leur parvint. Furent donc incarcérés à la prison Saint-Michel [14] :

– l'ancien président du Conseil Albert Sarraut et Jean Baylet, dirigeants de *La Dépêche*,

– le maire de Toulouse, Haon, le recteur Deltheil,
– huit personnalités de la police et de l'armée,
– les magistrats Fau et Escudié,
– des membres du clergé : Mgr de Solages, recteur de l'Institut catholique de Toulouse, et ses collaborateurs, le chanoine Carrière, les abbés Decahors et Salvat,
– le directeur de banque Courtois de Viçose,
– une série de cadres de la SNCF.

Certaines personnalités régionales bien connues à Toulouse firent aussi partie de cette fournée : Mgrs Théas, évêque de Montauban, et Rodié, évêque d'Agen, les préfets du Lot-et-Garonne et du Tarn, le maire d'Agen, des sous-préfets, etc. [15].

Liste étrange qui comprend des adversaires notoires du nazisme comme Mgrs Théas ou de Solages et des hauts fonctionnaires de Vichy, le président Fau, qui avait fait voter la mort de Marcel Langer par le jury (et pour qui la déportation fut une chance extraordinaire), et des personnalités sans couleur politique particulière. Quant à Albert Sarraut et Jean Baylet, nous savons qu'ils étaient depuis longtemps dans le collimateur de la Gestapo à cause de l'influence politique occulte qu'elle leur attribuait. L'état-major de liaison est très mécontent de ces arrestations. En effet il perd certains de ses interlocuteurs habituels. Le 15 juin, les « déportés d'honneur » partirent pour le camp de Compiègne en wagon de voyageurs. Ils seront traités avec des égards relatifs, c'est-à-dire beaucoup moins mal que les déportés ordinaires, sans que leur captivité, on s'en doute, soit une partie de plaisir ! La plupart d'entre eux seront transportés en Allemagne le 16 août. Parmi les Toulousains, seul le banquier Courtois mourut en détention.

Les déportés du « train fantôme », quant à eux, n'eurent droit à aucun égard [16]. Ce convoi parti le 12 juillet 1944 se compose de tous les détenus qui se trouvaient encore au camp du Vernet et à la section allemande de la prison Saint-Michel à la fin de juin 1944. Ensemble composite de six cent cinquante personnes environ comprenant des résistants, des Juifs, la plus grande partie des membres de la MOI-FTP, qui avaient été capturés auparavant. En raison des progrès des Alliés, le train mit deux mois à arriver en Allemagne (2 juillet - 27 août). Il partit d'abord vers l'ouest ; arrivé à Angoulême il rebroussa chemin. A Bordeaux, la police allemande retira du train une dizaine de prisonniers : parmi eux l'universitaire Albert Lautmann qui avait le double tort d'être résistant et juif. Ils furent fusillés. Puis le convoi repassa par Toulouse et s'engagea dans la vallée du Rhône. Il y fut attaqué par l'aviation alliée. La faim, la soif, la chaleur firent des ravages chez les déportés ; beaucoup moururent au cours de cet itinéraire compliqué. Mais plusieurs d'entre eux, dont quelques membres de la 35e brigade et parmi eux les deux frères Claude et

Raymond Lévy, réussirent à s'évader alors que le convoi était encore en territoire français.

La retraite allemande

Probablement informés par les agents de la Gestapo, les Allemands désarment les gendarmes et les GMR de Toulouse le 12 août. En effet, il était prévu que ces hommes, au nombre de quinze cents, devaient rejoindre les FFI avec leurs armes lors des combats décisifs. Immense déception pour Vernant et Ravanel [17].

Trois jours plus tard c'est le débarquement en Provence (15 août 1944) : opération singulièrement payante. Sans que les Alliés aient à faire face à une résistance aussi importante qu'en Normandie, ils obtinrent un résultat extraordinaire. Les forces allemandes, nous le savons, couraient le risque d'être coupées de leur base et furent contraintes d'évacuer rapidement le midi de la France.

L'état-major de liaison de Toulouse, et tous ceux qui dépendaient de lui, reçut l'ordre de retraite le 18 août. La ville devait être évacuée le 19 à 14 heures. Le délai était bien trop court pour permettre aux Allemands d'organiser une retraite ordonnée. L'ordre de départ fut donc exécuté d'une manière confuse : pas la moindre coordination entre la garnison de Toulouse et les troupes occupant les autres départements de la région. Ce fut le règne du chacun pour soi. Nous possédons le rapport d'évacuation de la section administrative concernant les vingt mille hommes dépendant de l'état-major de liaison (qui ne s'applique pas à l'intégralité des troupes, en particulier aux SS de Lammerding engagés dans l'ouest du Massif central [18]). Ce document ne cache pas le désordre extrême dans lequel l'opération fut menée ; il a un ton accusateur sans qu'on sache bien qui est visé : le commandement supérieur, qui a donné les ordres, ou celui de Toulouse qui les a exécutés ? On y sent la colère des officiers administratifs de l'état-major 564, contraints d'exécuter un ordre mal conçu et sans doute désireux de se couvrir pour ne pas être accusés de l'échec de l'opération. En voici la traduction :

> Lyon le 10 septembre 1944 Section administrative et intendance
> Rapport au Militärbefehlshaber
>
> L'état-major de liaison 564 Toulouse reçut l'ordre d'évacuation le 18 août 1944 pour le 19 à 14 heures. Les préparatifs suffisants pour une évacuation méthodique n'avaient pas été réunis, mais les mesures furent prises dans la nuit du 18 au 19 août. La conséquence en fut un départ tout à fait désordonné. Les

> mesures pour l'évacuation des matériels et la destruction des établissements industriels importants ne purent être effectués. Le commandant et le chef d'état-major formèrent leur colonne avec des véhicules rapides et atteignirent Lyon dès le 21 août 1944. Le reste de l'effectif fut abandonné à son sort. Les pertes en matériel et en hommes furent importantes. Une grande partie des éléments du corps atteignirent Lyon seulement 10 jours après, d'autres même plus tard. Un contrôle des départs des états-majors de liaison inférieurs [c'est-à-dire les garnisons des chefs-lieux de la région] n'eut pas lieu dans la plupart des cas. L'état-major de liaison d'Agen, un des rares dont on eut des nouvelles, atteignit Toulouse deux heures après le départ du grand état-major 564 et fut accueilli par un feu violent des terroristes qui entre-temps avaient occupé la ville.

Comme on peut s'en rendre compte, les destructions effectuées par les occupants avant leur départ ne furent pas de l'ampleur qu'ils auraient souhaitée. Les Allemands incendièrent leurs archives et une partie de leurs locaux : l'école primaire supérieure de jeunes filles et certains bâtiments de la Gestapo, rue Maignac. Ils détruisirent également une trentaine de wagons de munitions à Blagnac, les installations télégraphiques et téléphoniques de la Grande Poste et de Saint-Aubin. Les magasins généraux furent incendiés. En fait, les dégâts furent très faibles en regard de ce qu'ils auraient pu être. Les ponts étaient intacts; les Allemands n'avaient pas touché aux grandes usines d'aviation ni à l'ONIA.

Point essentiel : la dispersion des unités en retraite fut considérable. L'élément principal, fortement armé, put partir par la Nationale 113 vers Montpellier, sans être inquiété par les FFI. Mais les garnisons isolées, les traînards, les corps secondaires – administratifs, auxiliaires féminins – s'enfuirent par tous les moyens à leur disposition dans le plus grand désordre et tombèrent très souvent entre les mains des FFI. Roland Dorgelès, réfugié à Salies-du-Salat, jubile au spectacle de la débandade :

> ... long convoi renâclant de camions, de bétaillères, de limousines, d'autocars, de voitures de livraison, d'omnibus d'enterrements, de gazogènes fumeux, de vélos aux pneus à plat – tout ce qui pouvait rouler, tout ce qu'on pouvait voler –, cavalcade minable d'un cirque après faillite, avec ses dompteurs, ses pitres, ses palefreniers, en vert, en gris, en kaki, toutes les armes confondues, des aviateurs auprès des douaniers, vétérans de Rommel et blessés de Russie appelés à faire ensemble le dernier saut périlleux [19].

Et voici le tableau vu à Toulouse :

> Camions hétéroclites chargés d'armes, de munitions, de bidons d'essence, de matelas, de paniers d'osier, de ces arrogantes petites souris grises que l'épuisement de l'armée allemande avait contraint la Wehrmacht d'enrôler [20].

Ironie de l'Histoire : ne se croirait-on pas revenu à l'exode de 40, mais à rebours ?

Surprise du côté de la Résistance : on ne s'attendait pas à un départ aussi précipité ! Persuadés que l'ennemi chercherait à s'accrocher à Toulouse, Ravanel et Vernant étaient, nous l'avons vu, inquiets de la faiblesse de leurs forces dans la ville. Aussi, le 14 août, par son ordre d'opération n° 3, Ravanel tentait de concentrer sur la métropole régionale les principales forces dont il disposait. Destinataires de cet ordre : les maquis du Lot sous les ordres du colonel Georges, le bataillon de l'Armagnac dans le Gers, deux brigades des CFR et des éléments sous le commandement de Pommiès. Ces unités se trouvaient dans des zones en grande partie libérées et, surtout, elles formaient « une palette représentative des diverses formations militaires de la Résistance : ORA, CFL et FTP ». Quatre à cinq mille hommes au total devaient ainsi converger vers Toulouse [21]. Là-dessus, incident bien prévisible : Pommiès refuse d'obéir ; il rétorque qu'il a reçu directement du général Koenig l'ordre de surveiller les Pyrénées. Ravanel insiste : il est essentiel, dit-il, que le corps franc Pommiès participe à la libération de Toulouse. Pommiès finit par céder : il enverra dans la ville un groupe symbolique. Une fois de plus c'est Pommiès lui-même qui laisse le champ libre aux forces politisées de gauche et aux communistes.

Les combats de Toulouse

Les combats de la libération à Toulouse se déroulèrent les 18, 19 et 20 août 1944.

Le 18 août

Dès le vendredi 18, les accrochages commencent entre les Allemands qui préparent leur départ et des groupes isolés. Ce ne sont encore que des escarmouches.

Le 19 août

Le 19, la plus grande partie de la garnison réussit à partir sans encombres par la route de Carcassonne [22]. D'autres convois allemands ne cessent de traverser la ville d'ouest en est. Devant cette situation, Ravanel, par son ordre d'opération n° 7, demande aux unités FFI déjà contactées d'être prêtes à entrer à Toulouse le 21 au matin. Mais l'évacuation rapide – à l'opposé des prévisions – oblige le commandement FFI à modifier l'esprit de son plan. Il ne s'agit plus de chasser les Allemands mais d'en empêcher le plus grand nombre possible – garnisons isolées et traînards – de rejoindre le front. Toulouse, carrefour essentiel de la région, étant bloquée, les Allemands en retraite seront contraints de prendre des itinéraires compliqués, par des routes secondaires, où il sera possible de les harceler et de les encercler. Pour accélérer la réalisation de ce plan, Vernant se rend au maquis Roger dans la forêt de Saint-Lys, dans le secteur de Grenade dépendant de Carovis, unité nombreuse et bien organisée : il lui donne l'ordre d'aller à Toulouse le lendemain 20 août occuper les ponts de la Garonne pour en interdire le passage aux convois ennemis.

Dans la journée du 19, Toulouse n'étant pas occupée par des forces FFI puissantes, les combats furent d'importance relativement secondaire [23]. Il y eut une multitude d'échanges de coups de feu entre les groupes allemands qui se trouvaient sur place pour des raisons diverses et de petits éléments résistants : FTP-MOI (35e brigade reconstituée) et CFL appuyés selon Vernant « sur tous ceux qui ont pu mettre la main sur une pétoire [24] ». C'est dire que des civils ont participé spontanément à ces combats. Mais l'« insurrection » qui devait appuyer la lutte armée des FFI n'eut pas lieu (et ne pouvait pas avoir lieu). Batailles surtout autour de la gare Matabiau et de la gare Raynal que les Résistants tenaient à occuper fermement pour empêcher l'ennemi d'utiliser la voie ferrée. Attaques des camions allemands qui continuent de sillonner la ville avenue de Lyon, aux Minimes, à Saint-Cyprien, etc. Les Allemands réquisitionnent le maximum de véhicules (on voit à quel point l'opération est improvisée). Les résistants empêchent les Allemands de détruire les réserves de l'usine à gaz.

Dans le courant de cette même journée du 19, la prison Saint-Michel est libérée. Cette fois ce sont surtout les parents des prisonniers qui interviennent, forçant les portes de l'extérieur. On peut en lire un récit dans les *Antimémoires* d'André Malraux : l'écrivain, qui avait été arrêté fin juillet à Gramat, s'attribue un rôle dirigeant dans l'insurrection de la prison. Curieusement il est le seul à en avoir conservé le souvenir !

La libération de Toulouse étant certaine dès le samedi soir 19 août, une réunion importante des principaux chefs a lieu en fin de journée dans les bureaux d'un établissement industriel près de la gare. Il est décidé que, le lendemain, le commissaire de la République s'installera à la préfecture. Jean Cassou rédige et signe la proclamation que les Toulousains liront le lendemain sur les murs de la ville. A cet instant survient la catastrophe !

Au sortir de la réunion, Jean Cassou, dans une voiture à fanions tricolores, est arrêté au coin des boulevards et de la rue Roquelaine par un convoi de Vlassov qui traverse la ville. Ses deux compagnons sont tués : Courtinade, le chauffeur, et Lucien Cassagne, du Parti socialiste. Cassou, assommé, est laissé sur place par ses agresseurs. Comme nous le savons déjà, il fut pendant quinze jours entre la vie et la mort dans le service du Pr Ducuing qui, après hésitations, décida de ne pas le trépaner. Cet incident sanglant compliqua de manière incroyable la situation toulousaine à la Libération [25].

En effet, un commissaire suppléant avait été désigné par les autorités compétentes en cas d'empêchement de Cassou [26] : c'était Pierre Bertaux, que nous connaissons, résistant de la première heure qui présentait l'avantage d'avoir déjà une expérience administrative de haut niveau. Cette nomination, longtemps contestée, est indubitable, puisque P. Laborie en a retrouvé les traces dans les papiers de d'Astier de la Vigerie, ministre de l'Intérieur du GPRF [27]. Mais les chefs résistants, qui, apprenant l'accident de Cassou, s'étaient réunis à nouveau, l'ignoraient. Décidés à désigner rapidement un commissaire provisoire, ils ne savaient qui choisir ; lorsque Poggioli, chef de division à la préfecture et intendant de police désigné, proposa Bertaux qui fut accepté. Bertaux fut donc choisi deux fois, d'abord par les autorités de la France libre, ensuite, de façon assez confuse, par l'assemblée des chefs résistants de la région. Mais presque personne ne le connaissait puisqu'il avait passé la plus grande partie de la période en prison. Il eut donc à souffrir de la prévention des principaux chefs de la Résistance régionale qui, ayant l'habitude du travail en commun, virent parfois en lui un intrus indésirable.

Le 20 août

Le 20, l'état-major FFI s'installe à la préfecture. Les hommes du maquis Roger sont en position sur les ponts de la Garonne et interdisent aux Allemands venant des petites garnisons le passage du fleuve. Ils arrêtent certaines unités allemandes qui doivent contourner Toulouse pour s'enfuir. Muret est occupé par le maquis Lacroux depuis le 19 au soir. Le 20 à 13 h 30, une colonne allemande déroutée de Toulouse aborde Muret par le nord, elle est attaquée : quatre-vingt-dix prisonniers, onze morts. Près de l'Isle-Jourdain les unités allemandes sont accrochées et ne peuvent rejoindre la ville.

Une forte colonne de la FLAK (artillerie antiaérienne), venant de Blagnac et ne pouvant traverser Toulouse, contourne la ville par le nord. A son passage à Villaudric, elle procéda encore à l'exécution d'une vingtaine de civils ! Elle fuit vers l'est, interceptée à plusieurs reprises par des groupes de résistants, pour arriver trois jours plus tard dans l'Hérault, ayant perdu de nombreux véhicules : elle finit par capituler entre les mains de FFI de la région de Montpellier [28].

Le soir du 20, les combats étaient terminés à Toulouse et dans son voisinage immédiat. On eut à déplorer trente-cinq morts côté français. Les maquis convoqués par Ravanel entrèrent dans la ville dans la nuit du 20 au 21 alors que les combats étaient terminés.

Dans l'ensemble de la région R4, les derniers combats se déroulèrent le 23 août.

Bilan des combats de la Libération

Le triomphalisme des discours qui ont été prononcés après la Libération a fait parfois naître quelque scepticisme sur l'efficacité de la résistance toulousaine. En application de l'adage « tout ce qui est excessif est insignifiant », on a cru à une action insignifiante devant ces propos excessifs. En effet, il serait absurde d'affirmer que les FFI *ont chassé* les Allemands de Toulouse ; il est clair pour tout le monde que l'ennemi a battu en retraite en raison de la situation stratégique créée par le débarquement du 15 août. Toutefois, on peut affirmer que l'intervention de la Résistance a fortement contribué à aggraver le désordre chez l'ennemi et à lui causer de lourdes pertes.

Les Allemands reconnaissent eux-mêmes, dans un rapport postérieur à l'évacuation, que, sur les onze garnisons que contrôlait le HVS n° 564, deux ont « disparu » entièrement : celles de Foix et de Tarbes, et que les autres ont subi des pertes importantes [29].

Mon but n'est pas de raconter par le menu les victoires remportées par les FFI dans l'ensemble de R4 : la capitulation des garnisons de Foix, Castres et Mazamet, la destruction des troupes des Hautes-Pyrénées dont une partie passa en Espagne, les pertes subies par les troupes du VS d'Auch...

En revanche on peut se demander si le rassemblement à Toulouse des maquis convoqués pour le 21 par le commandement régional FFI a eu quelque utilité puisqu'à cette date les combats avaient cessé dans la ville. Nous avons déjà vu que l'impossibilité de passer par Toulouse a considérablement gêné plusieurs unités ennemies en retraite. C'est plus flagrant encore dans le cas de la colonne partie de Saint-Gaudens qui, ne pouvant rejoindre Carcassonne par la route de Toulouse, emprunta la départementale 117 vers Foix : bloquée à l'ouest de Saint-Gaudens, encerclée, elle dut capituler le soir du 22 août. Bilan : douze cents prisonniers; mais le village de Rimont avait été incendié par l'ennemi et une partie de sa population masculine fusillée. Rimont, Villaudric : deux malheureux villages frappés in extremis par la répression la plus brutale.

Le total des prisonniers faits par les FFI en R4 est considérable. Il est difficile d'en connaître le chiffre exact : douze mille selon l'historien Labedan, treize mille d'après Serge Ravanel, quinze mille si l'on en croit Casimir Lucibello, cadre important des FTP [30]. Toutefois, même si ces chiffres ne sont pas d'une précision parfaite, leur ordre de grandeur est valable et le succès remporté par les FFI évident. Au cours d'un nombre élevé de combats et d'escarmouches, les résistants de la région toulousaine ont usé l'orgueilleuse Wehrmacht. Ils ont su tirer parti de la désorganisation de l'ennemi pour le retarder et l'affaiblir – les rapports des Allemands confirmant clairement leur échec. De forts contingents ennemis n'ont pas pu rejoindre le front ou y sont arrivés trop tard. Malgré leur dispersion initiale et la difficulté que Ravanel a eu à les rassembler, les « guêpes » des maquis ont réalisé leurs objectifs : apporter à l'action des Alliés « une valeur ajoutée, un plus réel » (Serge Ravanel [31]).

Annexes au chapitre 13

1. *Le préfet Sadon présente à sa façon la situation des maquis en juin 1944*[32]

Convaincus de la proximité de la fin de la guerre et cédant à un mouvement irraisonné, un grand nombre d'individus ont quitté leurs emplois pour gagner la campagne et se joindre aux groupes des maquis.

La plupart ne connaissaient ces éléments que par les émissions des radios étrangères exaltant le courage de ceux qui les composaient. Ennoblissant la vie de ces hommes et ne retenant de leur existence que ce qui pouvait plaire à leur imagination et répondre à leurs souhaits, le débarquement leur a offert la possibilité de réaliser à leur tour ce qu'ils considéraient à la fois comme un devoir patriotique et une occasion de se distinguer.

Les faits devaient, en quelques jours, ramener presque tous ces partisans à une vue plus exacte de la réalité.

La vie du maquis, incertaine et dangereuse, ne ressemble en rien au cliché idéalisé des propagandes étrangères. L'incertitude où chacun de ces hommes se trouve en permanence, la fréquentation forcée d'éléments éminemment douteux, l'emploi de procédés qu'ils condamnent dans leur for intérieur, la présence des communistes, ont provoqué une rapide et vive déception.

Après avoir abandonné leurs foyers sans avoir réfléchi, ces mêmes hommes ont regretté leur geste et souhaité le retour chez eux.

Cette tendance fut particulièrement nette chez les jeunes qui craignaient d'être arrêtés en cas de débarquement (on sait, en effet, que lors des premières opérations de Normandie, le bruit d'une arrestation de tous les hommes âgés de dix-huit à soixante ans fut très rapidement propagé) et dans la police inquiétée par les menaces de mort du maquis. Après les premiers jours du débarquement, et les uns et les autres n'ont point tardé à regagner leurs maisons.

Il est à noter, cependant, que si ce mouvement a touché la grande majorité des hommes, beaucoup de ceux qui ont gagné le maquis n'ont pu l'abandonner, parce que trop compromis et craignant des sanctions sévères.

Le préfet Sadon présente l'inflation des maquis de la façon la plus favorable possible à la cause de Vichy. Il ignore, ou feint d'ignorer, que c'est par manque d'armes que les volontaires ont parfois été renvoyés chez eux.

2. *Rapport du HVS n° 564 sur l'évacuation d'août 1944* [33]. Non daté : rédaction vraisemblable 1re semaine de septembre 44.

État-Major de liaison 564 — Autorité d'occupation
Toulouse — Rapport d'activité
Situation générale

Dans les dernières semaines avant l'invasion, les autorités d'occupation perdaient de plus en plus le pouvoir réel. L'activité des terroristes s'accroissait constamment : elle était beaucoup plus forte en France du Sud que dans le Nord, et les terroristes contrôlaient entièrement de vastes territoires. Les groupes terroristes apparaissaient au grand jour. L'utilisation des grands axes routiers n'était possible qu'avec de grands convois. Dans les Feldkommandanturen isolées, on ne pouvait plus quitter les bâtiments de service sans se faire mitrailler. Même les escortes les plus fortes étaient prises à partie. Les territoires contrôlés par les terroristes ne pouvaient être traversés que par des troupes très nombreuses. Les dynamitages de voies ferrées et de ponts se multipliaient. Les lignes à haute tension étaient souvent sabotées.

Les travaux de battage des céréales étaient interdits par les terroristes; les transports de bestiaux ou de produits agricoles étaient interrompus ou soumis au pillage. Les lignes à haute tension étaient souvent sabotées. Les usines exécutant des commandes allemandes étaient fermées ou détruites. Les installations de mine de houille, etc., étaient surveillées par les terroristes qui avaient donné la consigne de ralentir le travail. Les maires recevaient des ordres des terroristes. Seule une dense occupation militaire aurait pu aboutir à un succès. On en était loin. Finalement les troupes allemandes ne se trouvaient presque plus sous le contrôle de l'état-major de liaison, à part quelques compagnies d'un régiment de sécurité et quelques unités d'un régiment de l'Est (*Ostregiment* = les Vlassov) qui paraissaient peu fiables.

De nombreux chefs-lieux de département et commandements ruraux ne pouvaient plus joindre Toulouse depuis des semaines. Les relations avec Lyon étaient, elles aussi, interrompues. Les commandements supérieurs et commandements locaux étaient largement livrés à eux-mêmes.

Ce rapport allemand aurait fait plaisir à Ravanel s'il avait pu le lire. Il exagère d'ailleurs la force des FFI. Quant à l'interdiction des battages par les maquisards, si elle eut lieu quelquefois[34]*, elle fut forcément exceptionnelle car elle aurait tourné la population contre la Résistance.*

14

La Libération : phase politique

Coupés des armées d'Eisenhower et du Gouvernement provisoire, au milieu de la liesse populaire, voici les ex-clandestins, confédérés par Cassou et Ravanel, au pouvoir à Toulouse. Loin des yeux du général de Gaulle et n'imaginant pas lui déplaire, les résistants chez qui le projet militaire était inséparable du projet politique se lancent dans la transformation de la société. D'emblée l'initiative est à l'ordre du jour : il faut d'urgence détruire le système vichyssois exécré, châtier les traîtres et construire la Quatrième République de la justice et du travail qui se dessine dans le programme du CNR. Dans une ambiance de spontanéisme révolutionnaire s'ébauche un pouvoir politique toulousain, autonome et original, qui devait provoquer l'ire du Général. Car ce chef autoritaire, désireux de restaurer la grandeur de la France, n'appréciait pas les forces centrifuges. Cette « Commune de Toulouse », qui n'eut guère le temps de porter les fruits rouges de la révolution, était-elle un danger pour l'État central (et centralisé) comme son ancêtre de 1871 ? D'excellents historiens ont démontré le contraire. S'agit-il purement et simplement d'un mythe ? C'est moins certain.

L'ANARCHIE INITIALE

L'ordre de Ravanel à six ou sept mille maquisards de diverses obédiences (CFL, FTP et ORA) de pénétrer à Toulouse a été exécuté : signe de bon fonctionnement des FFI. Mais la conséquence immédiate de l'arrivée de ces milliers d'hommes c'est qu'une série de petits groupes habitués à mener une action autonome se mettent à régenter la ville à leur façon. Toulouse se morcelle entre de multiples commandements féodaux. Il en est résulté une période d'anarchie, surtout sensible pendant la première semaine qui a suivi la Libération. Dans cette ambiance survoltée, le représentant du Gouvernement provisoire, Pierre Bertaux, chargé d'instaurer à Toulouse l'ordre républicain, a fort à faire simplement pour qu'on reconnaisse son autorité et même son existence. Suivons-le pendant quelques heures cruciales de la journée du 20 août [1].

Dans la matinée du dimanche 20, Bertaux, ayant appris la blessure de Cassou, se rendit à l'hôpital et trouva son ami dans le coma. Il décide alors de gagner la préfecture pour occuper son poste, puisque c'est lui qui est désormais commissaire de la République. Mais ce qu'ignorait Bertaux c'est que le préfet Sadon avait la veille rencontré des représentants de la Résistance et qu'il avait accepté de passer les pouvoirs sans problèmes. A 11 heures du matin, Bertaux, armé d'un revolver 7,65 et accompagné de deux amis, se rend place Saint-Étienne à l'hôtel de la préfecture et monte au bureau du préfet régional. Laissons-lui la parole :

> Je trouvai, assis derrière son bureau, un personnage assez petit et qui me parut assez rondouillet – il est vrai qu'en prison j'avais pris l'habitude de fréquenter des gens plutôt maigres – qui se leva et vint à ma rencontre en frétillant. Je me présente : « Je suis le Commissaire de la République ». Lui : « Monsieur le Commissaire de la République, je vous attendais. » ... Je m'assis avec le plus de dignité possible dans le fauteuil du préfet, lui désignai – on est bien élevé – l'un des sièges devant le bureau et lui posai quelques questions pratiques : y a-t-il eu des destructions graves ? L'alimentation de la ville de Toulouse en eau, en électricité, est-elle assurée ? Combien de jours de farine, combien de bois de boulange dans les boulangeries ? Une huitaine ? Bien. « Monsieur le Préfet, vous êtes en état d'arrestation. Retirez-vous dans un coin de vos appartements, n'en sortez sous aucun prétexte, attendez là des instructions. C'est un ordre et c'est aussi un conseil... »
>
> Je le raccompagnai jusqu'à la porte du bureau. Il crut que je voulais en sortir, il s'effaça pour me laisser passer. Je lui dis : « Passez le premier, Monsieur le Préfet, je suis ici chez moi. – Oui, oui, vous êtes chez vous, Monsieur le Commissaire de la République. » Refermant sur lui la porte, je le vois encore, dans le couloir, disparaissant comme une boule de billard japonais avalée par un trou [2].

Exit Vichy de Toulouse ! Le préfet est à la trappe. Les seconds rôles se montrent tout aussi discrets. Bien sûr, on a parlé comme partout des miliciens tirant des toits, mais il est probable que la grande majorité, sinon la totalité de ces fusillades sont le fait de FFI à la gâchette facile ! Le pouvoir vichyssois s'est effondré, d'un seul coup ; personne n'a songé à le défendre.

Bertaux, inconnu de la plupart des chefs de la Résistance toulousaine, dut faire preuve de beaucoup d'acharnement pour s'imposer. Sa situation difficile apparaît dès les minutes qui suivirent le départ de Sadon, car le choix de Bertaux par un groupe de résistants avait été si rapide que certains pensaient déjà à le remettre en question. En effet, « un groupe gesticulant » envahit son bureau sans frapper, c'est le CDL, tout surpris de voir cet homme à la place du préfet. Le CDL est suivi de l'état-major FFI « plus agité encore », raconte Bertaux. Pendant quelques jours, le commissaire de la République n'a qu'un souci, défendre son territoire, c'est-à-dire « les deux mètres carrés derrière son bureau ». Il faut avouer que la Libération à Toulouse commence dans un tohu-bohu remarquable.

Si l'hôtel de la préfecture est en plein chaos, les rues de la ville ne sont guère différentes. On compte soixante-treize colonels à Toulouse et trente-sept « 2e Bureau » identifiés dont certains épurent de façon contestable. On enferme des suspects dans des caves, où on les interroge sans ménagement. L'ancien parlementaire Hippolyte Ducos est arrêté par erreur (?). Et l'on se prépare à incarcérer un groupe d'hommes dont on a trouvé les noms au siège de la Milice : on s'aperçoit in extremis qu'il s'agit de socialistes, non de miliciens ! D'autres suspects sont mis sous les verrous sans vérifications approfondies. Des femmes à qui l'on reproche d'avoir été les maîtresses des Allemands sont déshabillées, tondues, promenées à travers la ville, des croix gammées peintes sur le corps : excellent alibi que le patriotisme pour satisfaire des instincts inavouables [3].

Des autos innombrables, bourrées de FFI, sillonnent la ville à toute vitesse, provoquant des embouteillages. Les accidents de voiture, souvent graves, ne se comptent plus. Les chambres d'hôtel sont réquisitionnées par les maquisards et il devient impossible de se loger dans Toulouse. Des coups de feu éclatent de manière inattendue. En août, et même encore en septembre, des milliers de résistants de la vingt-cinquième heure s'engagent dans les FFI. Il y en eut peut-être dix-huit mille. Bertaux souligne, dans ses Mémoires, qu'ils trouvèrent ainsi une solde, un logement, une nourriture correcte. Mais le climat d'enthousiasme sincère qui soulevait alors les Toulousains incite « à ne pas ramener à des motivations exagérément suspectes les engagements tardifs de ceux que l'on a ensuite appelés les “ résistants de septembre ” » (Pierre Laborie) [4].

En effet, l'enthousiasme est prodigieux, la population vit un de ces rares instants de joie et d'unité où les différences de classes, de croyances religieuses et d'opinion s'estompent devant la ferveur générale. Cette joie se manifeste à plein le lundi 21 août où, place du Capitole, Bertaux, Ravanel et Badiou présentent le nouveau pouvoir à la population. Ravanel appelle la population à dresser des barricades, consigne déjà dépassée devant la fuite des Allemands.

Bertaux, cherchant une issue pour sortir du chaos, a une idée astucieuse qu'il fait approuver par Ravanel : demander au commandant Georges, chef des FFI du Lot, l'unité la plus forte et la plus disciplinée parmi celles qui sont cantonnées à Toulouse, d'y assurer le maintien de l'ordre [5]. Il ne peut être question d'utiliser la police, ou pire encore les GMR, compromis dans la lutte contre les maquis. Alors rien de mieux qu'un FFI pour ramener l'ordre parmi les siens. Georges, de son vrai nom Robert Noireau, était membre du Parti communiste ; il avait au début de 1944 rallié (avec Chapou) la majorité des maquis du Lot autour des FTP et libéré son département, Cahors excepté, bien avant le départ des Allemands. Sympathique, énergique, il fit merveille dans ses nouvelles fonctions dès le 23 août. Dans la semaine, Bertaux prononce la dissolution des GMR et des gardes mobiles qui sont invités par Ravanel à s'engager individuellement dans les FFI. En peu de temps, Georges, sans violence inutile, supprime tous les états-majors particuliers ; tous les prisonniers sont désormais rassemblés à Saint-Michel. La circulation indue des véhicules est interdite. Les hôtels réquisitionnés par les chefs d'unité sont vidés et les FFI envoyés dans les casernes. Le couvre-feu est instauré de 20 h 30 à 6 heures du matin. Choix excellent que celui de Georges et de ses FTP ! Mais voilà un communiste responsable de la sécurité à Toulouse : motif puissant d'inquiétude pour tous ceux qui, au gouvernement et ailleurs, se méfient des manœuvres du PC.

En même temps que Bertaux et Georges rétablissent l'ordre à Toulouse, les préfets des départements nommés par Cassou (ou par Bertaux en cas de défaillance) s'installent dans les divers chefs-lieux. A Toulouse c'est Cassagneau qui succède à Bézagu comme préfet de Haute-Garonne.

CHOIX POLITIQUES ET RAPPORT DES FORCES [6]

Cassou, Ravanel et la plupart des dirigeants résistants de Toulouse étaient animés par un état d'esprit unitaire qui incluait les communistes dans la grande famille de la Résistance. Pour eux tous les éléments qui luttaient contre l'occupant devaient être mis sur un pied d'égalité, Front national et FTP compris. C'est une perspective qui les avait guidés et qui avait accompagné la croissance de la Résistance et son unification. En fait, comme on va le voir, une série de conflits latents, et parfois ouverts, vont apparaître : entre résistance intérieure et pouvoir central d'une part ; entre communistes et autres courants – principalement ici les socialistes – d'autre part. On a donc taxé Ravanel (Cassou étant hors jeu) tantôt de machiavélisme procommuniste, tantôt de naïveté : Jacques Soustelle navigue ainsi entre les deux attitudes dans son livre de souvenirs *Envers et contre tout* [7]. En fait, la position de Ravanel reposait sur un choix, celui de l'unité, qu'il avait fait sans arrière-pensée et que lui imposait sa fonction de fédérateur des forces résistantes.

Pour les résistants toulousains (à l'exception du groupe Pommiès), la Libération est une étape vers une société plus juste. Les leaders et les militants les plus actifs se réfèrent constamment au programme du CNR (publié le 15 mai 1944) où les chefs de la Résistance intérieure proposaient un projet de réformes assez ambitieux quoique peu précis, comportant des nationalisations et un plan de sécurité sociale. Ils estimaient qu'il fallait immédiatement avancer dans cette voie et que la population devait activement collaborer à ces transformations. La plupart des courants de la Résistance de Toulouse sont d'accord sur ce point.

Mais même s'il souhaite personnellement des réformes sociales et économiques profondes, Bertaux, représentant sur place le gouvernement central, ne peut partager cette perspective dans son intégralité. Son souci premier est de rétablir l'ordre, mais aussi d'assurer le ravitaillement et une administration régulière. Il se fonde sur l'autorité de l'État au sens traditionnel, appuyée sur le pouvoir central et strictement obéie par l'armée des fonctionnaires. De par sa fonction il se méfie de tout pouvoir populaire autoproclamé, des « soviets », de ce qu'on n'appelle pas encore l'autogestion.

En face de lui, le Comité départemental de libération (CDL) où les principales tendances sont représentées, se montre particulièrement vivant et dynamique. Installé par Cassou, dirigé par Carovis, il est plus actif que dans beaucoup d'autres départements. Il entend gouverner la Haute-Garonne : diriger et activer l'épuration, participer à l'organisation de la police et du ravitaillement, impulser les réformes sociales, alors que Bertaux, interprète exact des intentions du GPRF, veut le cantonner dans des attributions consultatives. En fait, dans la clandestinité, on n'a pas strictement délimité les pouvoirs respectifs du commissaire de la République et de ses préfets d'un côté, du CDL de l'autre. Les conflits sont inévitables : effectivement ils se produisent sur de nombreux sujets.

La mairie avec Raymond Badiou, homme pondéré, mathématicien logique et rigoureux, pose moins de problèmes. La municipalité provisoire (CLL : Comité local de libération), choisie avant la Libération sous l'égide de Cassou, comprend quatorze membres ; elle est dominée par des socialistes ou socialisants qui avaient la majorité, à côté de quelques communistes et radicaux résistants. Le Front national eut l'idée d'élargir le conseil municipal en y faisant entrer quatorze membres d'organisations de résistance, ce qui aurait changé la majorité en faveur du Parti communiste ; cette tentative échoua. Par la suite, la municipalité Badiou se lança dans une œuvre ambitieuse menée avec précision et qui, somme toute, fut un réel succès.

Le Parti socialiste, sans retrouver sa position hégémonique d'avant-guerre, occupait donc une place de choix à Toulouse. Il se réconciliera peu à peu avec son rival Libérer et Fédérer : Auban, l'un des principaux dirigeants de ce groupe, deviendra l'un des leaders de la SFIO toulousaine, plus tard député et ministre sous la Quatrième République. Il est remarquable que la SFIO et le MLN (ex-MUR) manifestent plus d'ardeur que les communistes pour réclamer des réformes sociales immédiates, nationalisations et municipalisations.

Le Parti communiste, devenu beaucoup plus puissant qu'autrefois, n'est pas toutefois la force dominante à Toulouse. Certes, avec Georges et Vernant, il est très fort à la tête des FFI, mais il ne domine aucun organe civil. Il ne parle guère de révolutionner la société mais semble avant tout préoccupé de développer son pouvoir par la pratique du noyautage. Une idée lancée par les communistes dans la clandestinité, dont on a beaucoup parlé, concerne les « Milices patriotiques [8] ». Elles étaient conçues comme un corps supplétif des FFI qu'il faudrait armer progressivement pour aider les FFI au combat, lutter contre les collaborateurs, maintenir l'ordre populaire. Il est clair que, par ce projet, le PC entendait créer une force à son service qui lui aurait assuré une puissance considérable. Pourtant l'idée fut reprise par les autres éléments de la Résistance. Le CDL est-il dupe du PC lorsqu'il pousse à la constitution et au développement des milices patriotiques ? Quelle fut l'importance de ce corps éphémère et fluctuant à Toulouse ? Il est difficile de répondre à ces questions. Bertaux sera soulagé lorsque Maurice Thorez, secrétaire général du PCF, acceptera le désarmement des Milices (le 21 janvier 1945).

Les autres partis représentent peu de chose. Le Parti radical, qui a peu participé à la Résistance (à l'exception de quelques personnalités comme le commissaire Philippe), est plutôt discrédité. Les démocrates-chrétiens, qui, en revanche, se sont distingués dans la clandestinité, sont représentés à la municipalité ; mais leur vrai poids ne se révélera que lors des élections législatives avec la naissance explosive du MRP.

Deux paires de forces antithétiques sont donc susceptibles de provoquer des conflits : commissaire de la République et CDL d'une part, Parti communiste et Parti socialiste de l'autre ; la présence dans la ville de plusieurs milliers d'hommes en armes capables de se rallier à un camp ou à l'autre aggrave le risque d'explosion. Mais l'antidote à tous ces dangers c'est l'enthousiasme et le consensus. Tout le monde, on l'a vu, est d'accord sur l'urgence des réformes. Les combattants clandestins au pouvoir ont une œuvre à accomplir qui ne souffre aucun retard.

Cette œuvre présente deux volets : médiatique (expression inusitée à l'époque mais commode) et socio-économique.

L'Œuvre de la Libération : les médias

Pendant les combats de la Libération, les journalistes résistants occupent les locaux de la presse toulousaine, en particulier ceux de *La Dépêche*, jugée coupable de collaboration. Les journaux ayant paru sous l'Occupation sont suspendus de fait avant de l'être de droit. Une série de nouveaux périodiques voient le jour [9].

La République, organe du Mouvement de libération nationale (MLN ex-MUR), paraît un temps le journal dominant, successeur de *La Dépêche*. Dirigé par Pierre Degon, le quotidien est publié dans l'immeuble de *La Dépêche*, 57, rue Bayard. André Hauriou y publie un article appelant à la Révolution par la loi.

Le Patriote, qui paraissait déjà clandestinement, est l'organe du Front national. Il est dirigé et animé par des communistes. Son directeur, André Wurmser, écrit sous le pseudonyme du Dr Guillotin (!) des textes virulents qui réclament une épuration impitoyable.

L'Espoir, dirigé par Raymond Badiou et Paul Debauges, est le journal du Parti socialiste. Il est installé dans l'immeuble de *La Garonne*, 25, rue Roquelaine. Debauges y défend les positions d'un socialisme ambitieux et réclame des réformes de structure.

La Victoire est apparue en dernier. Elle représente le courant démocrate-chrétien. Elle occupe les locaux du *Grand Écho du Midi*. Son animateur principal est Pierre Dumas. Elle deviendra l'organe officiel du MRP en novembre et souhaite une épuration prudente et humaine.

Cette multiplicité surprend un peu les Toulousains habitués à la toute-puissance de *La Dépêche*, mais ont-ils vraiment le temps de faire connaissance avec tous les nouveaux titres qui surgissent ?

La Voix du Midi (qui existait déjà avant-guerre) est l'organe officiel du Parti communiste. *Vaincre* est le quotidien du soir des FFI, *La Liberté* établie au *Midi socialiste* prend la suite de *Libérer et Fédérer* avec Paul Descours et Gilbert Zacksas. On voit enfin plusieurs journaux de langue espagnole qui connaissent une vogue considérable. Seule la tendance radicale, si importante à Toulouse avant guerre, n'est pas représentée. Jean Baylet réussira à obtenir l'autorisation de publier *La Démocratie* le 8 octobre 1945, en attendant la renaissance de *La Dépêche*.

Cette explosion de journaux nouveaux est légalisée après coup avec l'interdiction des périodiques paraissant sous l'Occupation. *La Dépêche, la Garonne, Le Grand Écho du Midi, Le Midi socialiste* sont suspendus entre le 22 août et le 5 septembre. Les sociétés éditrices de ces feuilles sont placées sous administrateur provisoire. La situation des nouveaux organes résistants est régularisée le 14 septembre 1944 par des arrêtés du commissaire de la République [10].

La radio est également prise en main par la Résistance [11]. Le magnat de la radiodiffusion à Toulouse, Jacques Trémoulet, s'enfuit en Espagne et fait passer une partie de son matériel en Andorre. Les Allemands, avant de partir, sabotent Radio-Toulouse et Toulouse-Pyrénées. C'est donc sur un petit émetteur de fortune que Ravanel et Bertaux annoncent la libération de Toulouse. Dans la clandestinité, René Laporte a reçu la charge de diriger la radio à la Libération.

Il réquisitionne ce qui subsiste de Radio-Toulouse et installe deux stations de service public, Toulouse-Pyrénées I et II. Mais, pendant quelque temps, les auditeurs de Toulouse et de sa région entendent sur une longueur d'onde proche de Radio-Toulouse des émissions répandant des nouvelles bizarres. Il s'agit d'un poste installé en Espagne et animé par des collaborateurs ! La radio toulousaine vit son autonomie dans l'allégresse. Elle devient une tribune libre permanente dont l'accès n'est pas chichement mesuré : le CDL, le commissaire de la République, partis, syndicats et associations s'y succèdent. Certes les variétés n'ont pas perdu leur place, pas plus qu'à Radio-Andorre où J. Trémoulet, triste exilé mais toujours entreprenant, continue d'abreuver les nombreux amateurs de chansonnettes et de publicité.

Le style libertaire de la radio toulousaine est l'un des signes de l'existence de cette fameuse « République rouge de Toulouse ». Mais c'est dans le domaine économique et social que l'orientation à gauche du nouveau pouvoir toulousain se manifeste avec le plus d'éclat.

Les soviets de Toulouse [12]

Toulouse n'a jamais remis en cause l'unité nationale ni le pouvoir du général de Gaulle et du Gouvernement provisoire. Nul occitanisme avant la lettre en 1944 ! En revanche, dans le domaine social, l'audace est extrême car les résistants, entraînant la masse des travailleurs, contestent, sinon le droit de propriété, du moins l'un de ses attributs essentiels : le pouvoir du propriétaire. Deux séries d'initiatives surgissent en quelques jours : les comités de libération d'entreprise dont Rolande Trempé a révélé l'importance, et les régies municipales.

Les comités de libération d'usine ou d'entreprise sont souvent issus d'organes déjà créés avant la Libération : on en a la preuve à la STCRT (Société des transports en commun de la région toulousaine). Ils installent parfois un comité de gestion élu par le personnel où les ouvriers sont majoritaires (Air France). Ils mettent donc en place le pouvoir ouvrier dans les principales entreprises toulousaines publiques ou privées avec l'appui de la CGT reconstituée. On les voit d'abord se constituer à la STCRT et à la SNCASE le 21 août. Puis toutes les grandes usines aéronautiques sont atteintes par le mouvement entre le 23 août et le 1er septembre. Les comités s'installent également à des dates mal précisées dans les grandes usines de l'État (ONIA, Poudrerie, Cartoucherie), dans plusieurs autres grands établissements industriels, grands magasins et banques. Les nouveaux conseils ignorent délibérément la légalité et innovent en toute candeur. Ils épurent d'abord la direction de leur établissement sans souffrir la moindre opposition. Ils s'attribuent un droit de regard sur la gestion, grâce aux cadres et ingénieurs résistants associés aux militants ouvriers. Le principe du pouvoir ouvrier dans l'entreprise est affirmé comme allant de soi. Mais, dans l'ordre politique, cette subversion ne visc point à subvertir. Les comités veulent en effet soutenir le gouvernement en intensifiant l'effort de guerre : accroître la discipline et le travail, non le contraire. Des records sont battus. Une petite aviation FFI est mise sur pied en un clin d'œil. Les cheminots rétablissent en une semaine l'essentiel du trafic régional ; de même les PTT remettent en état les lignes téléphoniques [13]. Les comités n'ont aucune méfiance envers le commissaire de la République à qui ils se réfèrent constamment. Leur bible, c'est le programme du CNR dont l'imprécision autorise toutes les audaces.

Toute la presse résistante les soutient, du *Patriote* (Front national) à *La Victoire* (démocratie chrétienne). Les ouvriers catholiques se réfèrent à la formule retentissante lancée par Mgr Saliège le 3 septembre : « Il faut que le prolétariat disparaisse. » Les comités d'entreprise sont donc portés par un mouvement immense et consensuel. Le PC semble occuper la place la plus importante en nombre de sièges dans les nouveaux comités, mais il n'est pas la force la plus ardente à pousser le mouvement.

Il est naturel que les milieux patronaux n'apprécient pas les nouveaux comités : ils y voient des « soviets », terme qui sera souvent repris. Dans l'immédiat, le rapport de forces est tel qu'il est impossible aux anciens dirigeants de s'opposer au mouvement. Ils acceptent donc ces innovations en s'efforçant de les présenter comme provisoires. Bertaux, sollicité des deux côtés, joue les arbitres. Dans son ouvrage sur la Libération, il a tendance à présenter les « comités mixtes » de l'aéronautique comme son œuvre, mais il faut prendre cette affirmation avec prudence [14]. En tant que représentant de la puissance publique il s'efforce de canaliser, de limiter l'ardeur autogestionnaire, tout en lui donnant un cadre contractuel.

Cet effort concerne essentiellement l'industrie aéronautique où les nouveaux organes prirent une forme officieuse. En effet, des pourparlers se déroulèrent à la préfecture entre le 8 et le 13 septembre ; la discussion fut présidée par Grunebaum-Ballin, conseiller d'État, ami de Léon Blum. Le président du CDL, « Monsieur Jean » (Carovis), joua un rôle central dans les négociations. Elles aboutirent aux « *accords de Toulouse* » qui créèrent les « comités à la production ». Ceux-ci n'obtinrent qu'un droit de contrôle sur la direction, non un pouvoir de décision. L'acquis était donc en retrait sur les ambitions initiales. Le commissaire de la République favorisa les accords mais n'en contresigna pas le procès-verbal, ne voulant point engager l'État sur ce texte.

Le mouvement gagna la métallurgie; des initiatives similaires eurent lieu à Marseille, à Lyon et dans l'Allier. Le gouvernement légalisa les nouveaux organes le 1er octobre 1944. Ce sont les prédécesseurs des actuels comités d'entreprise : institution fort utile, mais singulièrement affadie par rapport aux ambitions immenses des premiers comités de libération d'usine. On ose à peine rappeler que les comités d'entreprise ressemblent d'assez près aux comités sociaux de Vichy tant l'atmosphère qui entoura la naissance de ces deux types d'organismes est contrastée !

A la mairie, Raymond Badiou décida d'utiliser « le fait de vivre dans une période exceptionnelle, où bien des choses extraordinaires étaient possibles », pour réaliser la mise en régie des services publics : compagnie du gaz, électricité, tramways [15]. Ceux-ci, à Toulouse, étaient du domaine privé. Juridiquement, il utilisa la loi sur la nation en temps de guerre de 1938 pour « réquisitionner l'usage des biens » appartenant aux trois compagnies. Le pouvoir de réquisition fut délégué au maire par le préfet de Haute-Garonne Cassagneau avec accord du commissaire de la République. A l'époque, déclare Badiou : « Tout le monde était d'accord sur une gestion " socialiste " mais on ne savait pas exactement ce qu'il y avait derrière ce mot. » Badiou avait réfléchi à l'antagonisme existant entre l'intérêt des usagers qui, pour les tramways, par exemple, voulaient une disponibilité la plus large possible, tandis que les employés voulaient, eux, réduire les horaires de travail. Il organisa donc les trois services de la manière suivante : un conseil d'administration formé de cinq conseillers municipaux représentait la population, un comité de gestion élu par le personnel donnait son avis, en particulier sur les questions du travail, un directeur nommé par le maire assurait la marche de l'entreprise. En cas de conflit entre le directeur et le comité de gestion, le conseil d'administration servait d'arbitre.

Cette gestion dégagea pour la ville un bénéfice de cent millions qui fut utilisé pour construire des logements destinés à des familles nombreuses sur un terrain municipal au sommet de la Côte-Pavée. Lorsque le gaz et l'électricité furent nationalisés dix-huit mois après la Libération, la gestion passa à EDF et GDF. Comme on peut le constater, le maire de Toulouse écarta l'autogestion ouvrière; ses conceptions sur le pouvoir dans l'entreprise n'étaient pas très différentes de celles de Bertaux.

La création des comités à la production et des régies municipales sont le signe le plus patent de l'ambiance quasi révolutionnaire régnant à Toulouse à la Libération. Même si les artisans de ces réformes ne se voient pas comme des adversaires du Gouvernement provisoire, il est clair qu'ils forcent la légalité en prenant ces initiatives. Si la « République rouge de Toulouse » a une réalité, c'est bien dans le domaine de la cogestion des entreprises.

Le conflit entre Paris et la « République rouge »

L'image de Toulouse vue de Paris où vient de s'installer le Gouvernement provisoire c'est celle d'une dangereuse « République rouge » à demi autonome, dominée par les communistes [16]. Lorsque Bertaux se rend à Paris, il est salué ironiquement comme « Monsieur le commissaire – virgule – de la république de Toulouse » ! Cette vision repose sur des faits réels, sur une confusion et sur des exagérations.

Parmi les faits réels – nous en avons énuméré quelques-uns –, il faut souligner l'extrême isolement de Toulouse : il est très difficile de joindre Paris en raison des destructions de ponts, voies ferrées, lignes téléphoniques. Insularité de l'ex-R4 qui facilite les initiatives locales, choquantes pour le pouvoir central. Après coup, le signe le plus marquant de l'existence d'une République *rouge* sera le développement des conseils d'entreprise. Mais ce n'est pas celui qui inquiète le plus de Gaulle et son entourage : la présence à Toulouse de « fractions armées » incontrôlées leur paraît plus dangereuse.

Quant à la confusion, elle consiste à tout voir sous l'angle du « complot communiste ». Il est clair que la volonté du PC, non pas de prendre le pouvoir, mais d'accroître démesurément sa puissance, est présente ici comme ailleurs. Mais tous les désordres, tous les problèmes ne viennent pas de lui. Le CDL n'est pas entre ses mains. C'est Bertaux qui a eu l'idée de nommer le communiste Georges comme responsable du maintien de l'ordre à Toulouse. C'est le même Bertaux qui a dissous les GMR, ce que Paris déplorera.

Les exagérations enfin viennent de nouvelles envoyées à Alger, puis à Paris, par des envoyés de la France libre à Toulouse : agents du BCRA puis de la Direction générale des services spéciaux (DGSS) dirigée par Jacques Soustelle. Florilège étonnant de bobards officieux dévoilés en 1985 par Pierre Laborie [17]. Dès le 21 août, en effet, puis à nouveau le 23, des télégrammes (non signés) sont envoyés au gouvernement par le biais des services spéciaux. La situation, déclarent-ils, est si grave à Toulouse qu'elle réclame l'envoi d'un régiment d'infanterie – sous-entendu, pour rétablir l'ordre. A Alger, Jacques Soustelle, responsable du DGSS, décrit la situation toulousaine comme « absolument chaotique [18] » et confirme ce jugement dans son livre de souvenirs. L'autonomie dont jouit Ravanel à la tête de plusieurs milliers d'hommes, parmi lesquels beaucoup de FTP, paraît dangereuse :

il convient de le coiffer d'urgence sur place par des supérieurs hiérarchiques, afin que son pouvoir soit contrôlé par le gouvernement. Il faut rapidement affaiblir le chef régional des FFI, évacuer une bonne partie des maquisards installés dans la ville, diminuer la force des FTP à Toulouse.

Sur l'impulsion de Jacques Soustelle, sont désignés pour partir à Toulouse Pierre Bloch, en tant que représentant du gouvernement, et Chevance-Bertin, comme délégué militaire. Celui-ci, premier compagnon de Frenay, ce qui lui assure un prestige certain aux yeux des résistants de l'intérieur, est nommé général en cours de mission ; il arrive à Toulouse dans la dernière semaine d'août en compagnie du colonel Schneider. La décision est prise de créer sous la direction de Schneider une colonne mobile chargée de poursuivre les Allemands en retraite au sud de la Loire. Elle sera formée par les FFI de R4 complétés par des unités prises dans les régions voisines. L'objectif militaire est clair, Ravanel ne s'y oppose pas et procure huit mille hommes à Schneider. Mais le motif politique caché est tout aussi puissant : il s'agit de soustraire à Ravanel une partie des forces dont il dispose. Comme le dit le colonel Schneider, sept mois plus tard, *« il était urgent de décongestionner le Sud-Ouest »*. La colonne est effectivement formée et sera engagée avec succès sur la Loire contre les Allemands en retraite, à partir du 8 septembre. Mais la colonne Schneider comportait en fait assez peu de FTP : elle se composait surtout de membres du Corps franc Pommiès jugés politiquement fiables, la plupart des FTP restant à Toulouse ! Nouvelle intrigue des communistes associés à Ravanel, estime-t-on au GPRF !

Entre-temps, Pierre Bloch et André Philip atterrissent à Francazal le 30 août comme délégués du gouvernement. Pierre Bloch est stupéfait de voir que Toulouse n'est pas sous le signe de l'Apocalypse. Il se félicite de la bonne tenue des milliers de FFI qui défilent devant lui mais signale néanmoins au gouvernement qu'il se trouve en présence d'une « situation politique difficile ». Il confirme Bertaux en tant que commissaire de la République.

Le ballet continue entre le GPRF et Toulouse avec la venue du général Cochet, délégué militaire zone sud. Les télégrammes alarmistes continuent d'affluer. La région, disent-ils, est sous l'autorité d'un véritable directoire commandé par le colonel Ravanel, jeune homme « sentimental et utopiste » qui est sous l'influence du communiste Georges. Les milices patriotiques poursuivent des buts politiques. Ravanel dispose d'énormes possibilités, grâce en particulier à un budget de cent millions par mois.

Il est intéressant de comparer ces documents analysés par Pierre Laborie avec les déclarations de Ravanel dans ses mémoires (*L'Esprit de résistance*) parus en mai 1995. Ravanel y insiste sur son loyalisme envers le général de Gaulle et sur son désir de faire participer les FFI de Toulouse à la continuation des combats [19]. Quant à Pierre Bertaux, il déclare le 10 septembre 1944 : « La situation générale, dans l'ensemble, est satisfaisante. Elle n'a jamais été aussi dramatique qu'auraient voulu le faire croire des rapports tendancieux parvenus au Gouvernement provisoire par des voies que j'ignore. »

C'est sur ces entrefaites que survient la visite de De Gaulle à Toulouse les 16 et 17 septembre. Accueilli avec tous les honneurs imaginables, follement acclamé par la foule, ce n'est pas trop dire que de Gaulle étonne ceux qui le rencontrent. Stupéfaction, effroi, colère, aucun mot n'est assez fort pour caractériser la déception des résistants venus faire fête à leur chef historique. En effet, de Gaulle est venu à Toulouse pour faire reconnaître sa légitimité. Il a besoin des vivats qui ne lui sont pas mesurés. Il veut aussi remettre à leur place les résistants toulousains qui s'imaginent à tort être quelque chose dans l'État. Ils ne sont rien, estime le Général, qui les agresse d'un ton cassant et brutal [20].

De Gaulle s'efforce d'abord d'humilier Ravanel. Au cours de l'entretien d'une heure qu'ont les deux hommes, le Général commence par reprocher au chef FFI de porter le ruban de la croix de la Libération (d'Astier et Pierre Bloch avaient fait part à Ravanel de sa promotion, mais celle-ci n'était pas encore officielle). Puis il le met en accusation : la région FFI se caractérise, selon lui, par un vaste désordre. Avec les autres chefs FFI et résistants, le style est identique. De Gaulle tourne en dérision les uniformes, les galons, les atteintes au règlement militaire. Il fait rectifier la position à Georges qui blêmit sous l'humiliation. Il fait expulser de France, comme agent étranger, l'officier anglais Hilaire, organisateur de maquis dans le Gers. Certains des leaders de la Résistance locale furent si déçus qu'ils pensèrent un moment organiser l'enlèvement de celui qui leur apparaissait comme un dictateur en herbe, l'emmener dans un maquis et lui faire « toucher du doigt ce qu'avait été l'existence de ces gens-là » : projet qui, s'il eût été réalisé, aurait justifié toutes les fausses nouvelles susurrées depuis le 21 août [21]. Bertaux fait son possible pour atténuer le choc, obtenant in extremis que le Général adresse aux résistants un petit discours élogieux.

Le 17 septembre à 7 heures du matin, de Gaulle passe en revue les FFI qui défilent silencieusement – ils sont en espadrilles. Émouvante parade mais fort peu militaire ! Quand survient une troupe d'allure bien différente : des hommes disciplinés, parfaitement ordonnés, de redoutables guerriers. De Gaulle demande : « Qui c'est ? – Ce sont des Vlassov, retournés par des communistes et transformés en FFI » ! Pas de commentaire.

Il est clair que le chef de la France libre, fort peu sentimental, attachait peu de prix aux épreuves subies par la Résistance de Toulouse et à son action contre l'ennemi. Son souci premier était de restaurer l'autorité de l'État qui, à ses yeux, ne se conciliait avec aucune autonomie régionale. Il avait d'ailleurs eu à Marseille une attitude très semblable à celle qu'il adopta à Toulouse. En outre, comme l'a fait remarquer François Bédarida, de Gaulle est alors hanté par des préoccupations de politique étrangère [22]. Les Américains refusent encore de reconnaître le GPRF. Il importe que celui-ci soit strictement obéi dans toute la France pour apparaître comme le pouvoir légitime. Aux yeux du Général, Toulouse apparaît comme son talon d'Achille, car les Américains ont évidemment eu vent des bruits sur la « République rouge ». Peu importe finalement que ces rumeurs soient ou non fondées. Il faut qu'aux yeux de l'étranger le chef du GPRF montre avec vigueur son autorité. C'est dans ce contexte que s'explique la brutalité de De Gaulle à Toulouse.

Le hasard met Ravanel hors jeu trois jours après la visite du chef du gouvernement. Parti à Paris pour informer de la situation les dirigeants de la Résistance intérieure, il est victime le 20 septembre d'un grave accident de moto. Sa Résistance « s'achève sur un lit d'hôpital [23] ». Il ne devait pas revenir à Toulouse avant plusieurs années. Certaines unités FFI, dont celle de Georges, partirent lutter contre les Allemands retranchés dans « les poches de l'Atlantique ». Sur ce front oublié, les maquisards passèrent l'hiver 44-45 sans vêtements chauds, avec un armement insuffisant. Ce furent des FFI toulousains qui libérèrent l'île d'Oléron en avril 1945. D'autres furent mêlés avec les troupes venues d'Afrique du Nord : ce fut « l'amalgame », œuvre du général de Lattre de Tassigny. Une division, la 14e, fut formée à Toulouse et confiée au général Salan qui participa aux combats en Allemagne. Le 114e bataillon médical du Dr Baudot, « groupe sanitaire de Toulouse », avec une centaine de volontaires, se joignit à la colonne Schneider puis à la 1re armée. A Toulouse, Jean-Pierre Vernant succéda à Ravanel à la tête des FFI de la région ; il s'entendit fort bien avec le général Collet, nommé commandant militaire.

La normalisation fut donc assez rapide ; les terribles FFI « rouges » se montrèrent finalement fort accommodants avec le pouvoir. A la radio, la restauration se fit en novembre 1944 ; les postes toulousains furent intégrés dans le réseau d'État, servant désormais de relais au programme national, les émissions régionales réduites à un horaire-croupion. Les protestations du commissaire de la République et du personnel furent sans effet. Quant au CDL, il se maintint longtemps, mais perdit progressivement sa raison d'être.

Les rapports de Bertaux indiquent qu'en 1945 l'ordre règne dans la région, à l'exception d'attentats et de menaces contre des collaborateurs (ou soi-disant tels) libérés par les tribunaux de l'épuration. Mais ces incidents sont relativement peu nombreux à Toulouse et en Haute-Garonne. L'épuration, pomme de discorde entre les partis et les hommes, constitue l'un des plus graves problèmes débattus à l'époque et longtemps après. C'est une question qui nous oblige à sortir quelque peu de notre champ chronologique.

L'ÉPURATION

Deux légendes symétriques courent sur l'épuration toulousaine. Si l'on lit les articles de Wurmser (signés Guillotin) dans *Le Patriote* de 1944-1945, elle a été scandaleusement indulgente avec les pires criminels de la collaboration. En revanche, la légende noire lancée par l'historien Robert Aron, reprise depuis par divers publicistes, tel Michel Droit, y voit un hideux massacre [24]. L'observation des faits ne correspond à aucune des deux images [25]. En fait, l'épuration toulousaine se présente très différemment selon les phases qui se sont succédé, caractérisées par la présence ou l'absence des garanties offertes aux accusés. On peut en distinguer quatre : la dernière d'entre elles nous retenant beaucoup plus que les trois autres.

1. Phase préliminaire : les exécutions sommaires faites par la Résistance avant la Libération. D'après l'enquête réalisée par Guy Labedan, on en compte, pour la Haute-Garonne, trente-neuf avant le 6 juin 1944 et quarante-neuf pour la période allant du 6 juin au 20 août 1944 : soit au total quatre-vingt-huit morts avant la libération de Toulouse. Dans ce nombre assez élevé, il faut évidemment tenir grand compte de l'action du groupe Morhange, spécialisé, nous le savons, dans la capture et l'élimination des agents allemands. Le Corps franc Pommiès revendique lui aussi de nombreuses « neutralisations » de gestapistes français. Il me semble qu'il n'est pas légitime de compter ces morts parmi les victimes de l'épuration : il s'agit d'actes de guerre, non de justice, à une époque où la Gestapo et ses aides ne faisaient pas de cadeau.

2. Après le 20 août 1944, il faut déplorer, selon Labedan, seize *exécutions extra-judiciaires* en Haute-Garonne. Chiffre qui n'est pas absolument certain mais qui donne un ordre de grandeur de ce genre d'abus, commis dans une ambiance de désordre et de passion.

3. La première épuration judiciaire est due à la *cour martiale* composée de résistants, créée par le commissaire de la République. Elle offre aux accusés quelques garanties et le droit à la défense. Mais il s'agit d'une justice très sommaire dont les sentences sont exécutées immédiatement. A Toulouse, dix-sept condamnations à mort sont exécutées, mais aussi soixante-dix-sept acquittements. La cour martiale sera remplacée par un tribunal militaire fonctionnant selon les règles normales le 16 septembre 1944.

4. L'épuration judiciaire proprement dite fut menée par trois juridictions :

– Le tribunal militaire fut relativement peu actif.

– *La cour de justice* est le principal tribunal de l'épuration; elle examina les cas les plus graves ayant pour chef d'accusation l'intelligence avec l'ennemi. Elle applique les lois existant avant le régime de Vichy.

– La chambre civique est une innovation punissant un nouveau délit défini de fait rétroactivement : l' « indignité nationale », c'est-à-dire les cas de collaboration les moins graves qui n'étaient pas définis dans la législation républicaine. Elle ne prononce ni peine de mort, ni peine privative de liberté, mais une punition appelée « dégradation nationale » qui entraîne un certain nombre de disqualifications : exclusion du droit de vote et de l'éligibilité, élimination de la fonction publique, exclusion des fonctions de direction dans les entreprises, etc. [26]. Elle inflige aussi des amendes et des confiscations.

Les arrestations furent nombreuses dans les trois premiers mois suivant la Libération. Les suspects furent incarcérés d'abord à la prison Saint-Michel, puis au camp de Noé. On utilisa beaucoup l'internement administratif (selon le décret Daladier) comme l'avait fait Vichy. Selon Pierre Bertaux il y avait environ quinze cents détenus soit à Saint-Michel soit à Noé au 1er octobre 1944 [27].

Le camp de Noé, vidé de ses prisonniers antérieurs, servit donc à une tout autre population, les suspects de collaboration [28]. D'authentiques agents ou amis des nazis ont été placés derrière les barbelés. Si le directeur de Noé figure parmi les nouveaux détenus, la plupart des gardiens sont demeurés en place. Au début on a « ratissé large » et interné des personnes dont le dossier est presque vide, comme des admirateurs du Maréchal qui avaient clamé leur conviction un peu trop fort ou des abonnés à un journal collaborationniste. L'ancien maire socialiste de Toulouse, Ellen-Prévot, figura ainsi parmi les détenus : finalement aucune charge ne fut retenue contre lui. Le colonel Georges fit même arrêter des prostituées atteintes de maladies vénériennes, susceptibles de contaminer les FFI : mesure que n'aurait pas désavouée Cheneaux de Leyritz !

Devant les lenteurs de l'instruction, le camp se remplit : six cents internés en novembre 1944, mille en mars 1945, quinze cents en avril, mais, à cette date, il est devenu centre régional d'internement (j'ignore quelle est la population de la prison Saint-Michel au même moment). L'îlot spécial qui existait sous le régime de Vichy, destiné aux détenus les plus dangereux, fut maintenu pour les cas les plus graves : francs-gardes et membres du PPF. Un camp de femmes fut également créé. En dehors de l'îlot spécial, le régime de détention était assez libéral. Les détenus, qui n'étaient pas maltraités, devaient surtout lutter contre l'ennui. Ils fréquentaient beaucoup la chapelle – et reçurent la visite de Mgr Saliège; Noé était devenu « la meilleure paroisse du diocèse ». La presse communiste protestait régulièrement contre le scandale des « prisons de villégiature pour hitlériens »; au contraire, *La Victoire* démocrate-chrétienne réclamait un peu de compassion pour les prisonniers. Deux cent quarante-quatre détenus furent libérés avant le 14 novembre 1944 par la commission de criblage instituée par le CDL. D'autres suivirent.

J'ai reçu le témoignage d'un ancien responsable de la propagande ouvrière dans le cadre de la charte du Travail qui resta neuf mois à Noé avant d'être libéré sans jugement. Il n'y fut pas trop malheureux, déclare-t-il, car sa femme lui apportait régulièrement des colis de nourriture. Les membres de la commission de criblage, qu'il connaissait personnellement, lui dirent à deux reprises « qu'il n'y avait rien dans son dossier » ; mais l'étude d'un si grand nombre de cas, disaient-ils, nécessitait de très longs délais ! Même si le régime du camp n'a rien à voir avec ce qu'il fut pour les Juifs promis à la chambre à gaz, il est clair que, pour de nombreux innocents, le séjour à Noé fut une intolérable humiliation. La seule justification qu'on puisse apporter à cet abus c'est que l'internement a peut-être sauvé la vie de quelques personnes en les soustrayant aux amateurs de lynchage.

La majeure partie des détenus passèrent devant la cour de justice ou la chambre civique. Les causes jugées par la cour de justice concernent le plus souvent des cas extrêmement graves : agents allemands, dénonciateurs multiples, miliciens ayant combattu aux côtés de la Wehrmacht... Les punitions furent sévères [29].

D'après Guy Labedan, les peines prononcées par la cour de justice de Toulouse se répartissent comme suit [30] :

Peine de mort exécutée	16	
Peine de mort commuée	232	Total des peines privatives de liberté : 706
Travaux forcés et réclusion	244	
Prison	230	
Dégradation nationale	2	
Confiscation des biens	43	
Acquittement	66	

Parmi les condamnations à mort exécutées, trois concernent des premiers rôles à la collaboration : Hornus, Frossard et Barthet. L'intendant de police Hornus, qui avait participé à la répression du soulèvement de la centrale d'Eysses aux côtés de Darnand, fut condamné à mort le 2 décembre 1944. Le chef de la Milice toulousaine, Henri Frossard, fut reconnu coupable le 10 avril 1945 : dans son dossier figurait avant tout le meurtre de Maurice Sarraut sur lequel la police possédait depuis longtemps des éléments solides. Deux de ses complices furent condamnés et exécutés en même temps : G., secrétaire de la LVF, et S., reconnu en outre coupable du meurtre du capitaine de Lattre, chef du maquis de Rieumes. Barthet, chef du PPF de Toulouse, fut condamné à mort le 25 septembre 1945.

Les juges de Toulouse avaient souvent déjà siégé sous Vichy. Les tribunaux sont manifestement beaucoup plus sévères lors des procès d'épuration que dans les procès politiques au temps du Maréchal. Mais leur dureté présente n'a pas plus d'effet que leur relative indulgence passée. En effet, comme les cours de justice de l'Hexagone se montrèrent incroyablement inégales en sévérité, le gouvernement chercha à rétablir l'équilibre : cela ne pouvait se faire que dans le sens de l'indulgence. Aussi les condamnés à des peines privatives de la liberté n'ont-ils jamais fait plus de huit ans (quelquefois neuf ans) de prison par le jeu des remises de peine et grâces successives : ce n'est toutefois pas insignifiant.

La chambre civique évoqua tous les cas mineurs. *Parmi ceux-ci*, il faut bien y insister, *figurent la grande majorité des miliciens* contre qui la seule charge était l'appartenance à la Milice. Ils furent frappés des peines de dégradation nationale, elles aussi réduites par remises de peine. En fait, la grande majorité des procès de l'épuration eurent lieu devant cette juridiction qui n'avait pas le pouvoir de prononcer des peines sévères [31]. L'épuration se prolongea longtemps. Sortons de la période qui est le cadre de ce livre pour examiner les cas de quatre personnages qui sévirent à Toulouse : Joseph Lécussan, l'intendant Marty et deux chefs de la Gestapo de Toulouse.

Joseph Lécussan ne fut pas jugé en tant qu'ancien directeur de la subdivision toulousaine du CGQJ, mais pour ses actes comme chef milicien de la région lyonnaise, en particulier pour le meurtre de Victor Basch et de sa femme ; condamné à mort le 25 septembre 1946 par la cour martiale de Lyon, il tint à commander lui-même le peloton d'exécution qui le fusilla le 13 décembre 1946. Marty, intendant de police au moment de la lutte la plus intense contre la Résistance, ne fut jugé qu'en 1948, tant l'instruction avait été longue. S'efforçant d'utiliser l'anticommunisme ambiant (on se situait alors entre le coup de Prague et le blocus de Berlin), il se présenta comme un ennemi des FTP et comme un protecteur des gaullistes. Mais sans succès, car trop de témoins racontèrent les tortures, meurtres et pillages de sa brigade. Il fut condamné à mort avec cinq de ses hommes le 23 juillet 1948 [32] et exécuté.

Le procès des membres de la Gestapo de Toulouse n'eut lieu que beaucoup plus tard [33] : en juin 1953 devant le tribunal militaire de Bordeaux. Il concerne surtout deux anciens chefs du KDS de Toulouse : Retzek et Bilfinger, car Suhr, capturé par les Américains, s'était suicidé dans sa prison. Rau était mort à Bordeaux en captivité. Six anciens membres du KDS furent jugés par contumace, parmi lesquels Müller. Les Anglais avaient en effet refusé de livrer l'ancien responsable de la section IV dont, disaient-ils, l'identité était mal attestée. Certes, les Müller sont aussi proliférants en Allemagne que les Martin en France ; mais celui-là avait été fort bien reconnu sur photographies ! La ligne de défense de Retzek et de Bilfinger est très cohérente : ils ignorent tout des tortures et des exécutions sommaires dont leurs subordonnés se sont rendus coupables. En outre ils affirment n'avoir jamais arrêté de Juifs pour raison raciale. Les hauts fonctionnaires de Vichy appelés à témoigner – Cheneaux de Leyritz, Sadon et l'intendant Danglade – ont tendance à ménager les accusés alors qu'ils accablent Suhr qui n'est plus là pour se défendre. D'où un verdict incroyablement indulgent : Bilfinger est puni de huit ans de travaux forcés et Retzek de quatre ans de prison. Leur temps de prévention dépassant la durée de leur peine, les deux hommes sont immédiatement libérés. Les deux tortionnaires avaient profité des règles juridiques d'un État de droit ; il était malaisé de prouver de manière indiscutable leur responsabilité dans les crimes commis par leurs subordonnés. Il est également très vraisemblable que, en pleine guerre froide, il paraissait inopportun d'accabler des citoyens de l'Allemagne fédérale, alliée du camp occidental. Les gestapistes de second rang qui avaient participé personnellement aux tortures sont plus faciles à confondre que leurs supérieurs. C'est ainsi que les chefs des équipes de la Gestapo installés à Tarbes et à Agen, jugés avant les chefs du KDS de Toulouse, ont été condamnés plus sévèrement : vingt ans de travaux forcés, inconséquence qu'on retrouve à des degrés divers dans les procès faits aux Français. Karl Heinz Müller échappa à la justice et fit une carrière très normale de commissaire de police en Allemagne fédérale, du moins jusqu'à ce que Serge et Beate Klarsfeld retrouvent sa trace. Lorsque ses supérieurs découvrirent (?) qu'il avait été membre de la Gestapo, Müller subit une sanction : sa pension de retraite fut supprimée pour avoir caché son passé lors de son entrée dans la police de la RFA !

Ces jugements tardifs mis à part, quel bilan faut-il établir de l'épuration toulousaine ? Le total des exécutions s'établit ainsi :

Exécutions extra-judiciaires	16
Cour martiale	17
Tribunal militaire	6
Cour de justice	16
Total :	55

Un adversaire de la peine de mort ne peut que les déplorer, les considérant comme des meurtres, qu'ils soient légaux ou illégaux : mais c'est évidemment un anachronisme puisque, à l'époque, ce châtiment était généralement considéré comme légitime dans les cas les plus graves. Ce sont effectivement les cas les plus graves qui ont été punis par la peine capitale. Au total, l'épuration toulousaine ne me paraît pécher ni par excès d'indulgence, ni par excès de sévérité. Elle a cependant ses faiblesses comme toute œuvre de justice humaine.

Le temps d'abord a joué un rôle immense dans l'importance de la peine : les premiers jugements sont beaucoup plus sévères que les derniers. On peut s'en rendre compte dans le cas de Jean Collomb, dont nous connaissons le rôle important dans la Milice, qui s'enfuit à Sigmaringen en août 44. Condamné à mort par contumace en même temps que Frossard le 10 avril 1945, Collomb réussit à échapper à la justice. Il est probable qu'au vu de l'extrême lourdeur des charges pesant sur lui et de sa notoriété à Toulouse, il eût alors été exécuté avec son chef. Il se présenta devant ses juges neuf ans plus tard, le 12 mars 1954, au tribunal des forces armées de Paris : il fut alors condamné à cinq ans de travaux forcés.

Mais l'incohérence la plus lourde c'est que certains responsables majeurs de l'Administration n'ont subi aucune peine judiciaire alors que leurs subordonnés furent frappés. Ainsi les deux préfets régionaux successifs, Cheneaux de Leyritz et Sadon, ne passèrent pas en jugement. Certes, ils furent révoqués. Cheneaux s'enfuit d'abord en Espagne puis fit une seconde carrière dans les affaires. Les deux hommes qui avaient supervisé la répression restèrent en liberté. Voici en revanche G., gardien de la paix, membre du GMR, jugé le 8 janvier 1945 : il est condamné à deux ans de prison pour sa participation à un combat contre le maquis en 1943. Souvenons-nous que les GMR dépendaient de l'autorité du préfet régional. On punit le sous-fifre, on épargne le chef. En 1995, les affaires Bousquet et Papon en témoignent, notre point de vue a changé et nous comprenons mal l'indulgence dont profitèrent certains hauts fonctionnaires de Vichy.

De l'ardeur à la désillusion – la dernière flambée de l'unité

Le cœur des Toulousains battait toujours plus fort pour la cause de la Résistance depuis l'arrivée des Allemands. Au moment de la Libération, l'image de Vichy était totalement dégradée, le prestige de la Résistance au plus haut [34]. La Libération porte à son comble la ferveur de la population et Toulouse connaît quelques semaines d'immense enthousiasme. Le projet de transformation politique et sociale qui animait les mouvements clandestins est admis par la grande majorité des Toulousains, des catholiques aux communistes : adhésion de type sentimental et non raisonnée, et donc d'autant plus puissante. Il n'est pas question de revenir à la Troisième République (à l'exception de quelques nostalgiques de feu *La Dépêche*), il faut faire du neuf !

Cette ardeur est particulièrement vive chez les FFI qui sont persuadés d'avoir un rôle historique à jouer. Une école de cadres FFI destinée à former rapidement des officiers de l'armée nouvelle dans un nouvel esprit démocratique est fondée à Lespinet; son directeur, le colonel Darnault, a été frappé par l'atmosphère d'enthousiasme qui y régnait [35].

Pierre Bertaux, qui, dans le scénario de la Libération, est censé représenter la froideur et la lucidité du haut appareil d'État, est emporté lui aussi par la vague. Il annonce d'imposantes réformes, se déclare partisan de l'association de la classe ouvrière à la gestion du pays et le fait savoir au gouvernement. Tout paraît possible. C'est une de ces époques où « les institutions, qui sont normalement et par définition rigides, connaissent exceptionnellement et pendant de très brèves périodes une phase de fluidité [36] ».

Mais les espérances utopiques étaient si hautes que la fin de l'état de grâce fut douloureux. Pierre Laborie en signale les premiers signes dès septembre-octobre 1944. Le mécontentement est d'abord provoqué par les difficultés du ravitaillement. On aurait cru que le départ des Allemands signifierait la fin des restrictions, or il n'en est rien. Bien au contraire, l'huile, le beurre, le savon, le lait, le sucre disparaissent presque complètement. Le marché noir est plus virulent que jamais. On accuse donc l'incompétence des nouveaux dirigeants, comme on avait condamné l'impéritie de Vichy.

Les autorités – commissaire de la République, CDL, préfet – sont alors beaucoup plus préoccupées par le souci du ravitaillement que par les grandes réformes (CDL compris). Michel Goubet indique que c'est l'une des limites essentielles à l'esprit novateur des nouveaux organes de direction [37]. Signe de malaise : les rumeurs, les bobards toujours présents depuis 1940 connaissent une nouvelle flambée. On parle de maquis formés de miliciens, mais, à l'opposé, d'exécutions en masse dans les départements voisins; la crainte du communisme resurgit dans certains milieux. Dans ce brusque discrédit qui atteint les nouveaux maîtres, seul de Gaulle est épargné : son prestige est immense. Il est le recours suprême, occupant un peu dans les esprits et dans les cœurs la place qui était celle de Pétain trois ou quatre ans plus tôt.

Une opinion courante qui se fait jour au cours de l'hiver 44-45 c'est que les meilleurs résistants sont morts au combat ou victimes de la Gestapo. Ceux qui restent ne seraient que de médiocres arrivistes, décidés à occuper les places laissées vacantes par les hommes de Vichy. On oublie que beaucoup de FFI sont en train de se battre dans l'Est ou dans les poches de l'Atlantique.

Une série de maladresses commises par les FFI (dont nous connaissons déjà quelques-unes) accentuent le processus. On raille les officiers trop rapides à se coudre des galons. On critique la circulation excessive de voitures arborant les fanions à croix de Lorraine. La fainéantise, la jactance, les soldes des « FFI de septembre » sont commentées avec aigreur. Cette désillusion, ce dégoût se rencontrent aussi chez de jeunes résistants qui ne reconnaissent plus leur idéal. A cinquante ans de distance, plusieurs témoins qui avaient participé à la Résistance se sont souvenus devant moi de leur déception : ce n'était pas pour mettre en place ce « gâchis » qu'ils avaient risqué leur vie.

Ces opinions très critiques ont en effet surnagé jusqu'à aujourd'hui. Les réactions des témoins actuels qui évoquent la Libération sont en effet presque toujours ambivalentes. On évoque l'immense joie ressentie du fait du départ de l'ennemi mais compensée presque aussitôt par une touche de critique ou d'ironie sur « les colonels à six galons » ou les absurdités de l'épuration. Cette ironie fait parfois oublier les acquis incontestables de la période : l'efficacité militaire des maquisards lors de la retraite ennemie, les grandes réformes nationales sur lesquelles nous vivons toujours.

Cette désillusion, ce scepticisme ne signifient point que l'esprit unitaire de la Résistance qui avait animé Cassou et Ravanel ait disparu totalement. On s'en aperçut en avril 1945 lors des élections municipales – qui eurent lieu un peu avant la fin des combats et surtout en l'absence des prisonniers et déportés. Sous la présidence de Raymond Badiou, les groupes et partis résistants de Toulouse avaient en effet décidé de présenter une liste unique, dont le noyau serait la municipalité provisoire [38]. Comme cette liste avait des chances d'être élue en entier, le dosage entre les diverses tendances prenait une grande importance : il y eut d'épuisantes nuits d'âpres marchandages entre socialistes et communistes. Les socialistes devaient faire face à une liste dissidente menée par l'ancien maire Ellen-Prévot et à une liste radicale ; ils ne pouvaient donc exiger de retrouver leur hégémonie d'avant-guerre. Il fallait tenir compte en outre de l'incontestable percée du Parti communiste dans la population. Finalement, ces discussions donnèrent la répartition suivante : six démocrates-chrétiens, quatre radicaux résistants, quatorze socialistes ou sympathisants, douze communistes et compagnons de route.

Comme prévu, la liste d'unité résistante l'emporta mais avec une avance inattendue. La liste Badiou obtint en effet une moyenne de soixante-dix mille voix, celle des radicaux vingt-deux mille et celle d'Ellen-Prévot neuf mille. La liste d'union de la Résistance fut donc élue en entier et Raymond Badiou conserva son poste de maire. Malgré ses déceptions, l'opinion toulousaine restait donc fidèle à l'esprit de la Résistance, et les partis issus de la clandestinité conservaient une façade d'union qui ne devait pas durer.

Les socialistes, même s'ils conservaient le poste de maire, avaient perdu leur toute-puissance de 1935 ; les années de guerre avaient profondément transformé les idées de l'électorat. Mais, curieusement, il est un domaine où la permanence l'emporte, c'est celui de la composition socio-professionnelle de la municipalité qui est presque identique avant 1940 et en 1945, comme en témoigne le tableau qu'on peut lire en annexe de ce chapitre. La composition plébéienne du conseil, associant les éléments populaires et intellectuels, se retrouve dans les deux cas. En cinq ans, la structure sociale de Toulouse ne s'était guère modifiée, ni les rapports de force entre groupes sociaux dans le cadre de la démocratie. L'élection de la liste Badiou marque sans doute la dernière flambée de l'esprit résistant à Toulouse et la fin de la période de la Libération qui aura duré neuf mois.

Neuf mois riches et complexes. On est passé sans transition du règne des SS à « l'anarchie » FFI – qui ne dure guère. Toulouse vit une brève phase de passion et d'effervescence où Paris voit un danger pour l'État. Que ce péril fût imaginaire ou du moins fortement exagéré, c'est certain. En revanche, une authentique volonté de transformation habitait les Toulousains : la mise en place de la cogestion dans les grandes entreprises en est la preuve ; si elle avait duré, elle aurait pu mettre en danger l'ordre social établi. Le brutal rappel à l'ordre fait par de Gaulle et le départ discipliné des FFI pour le front ramènent la normalité à Toulouse, comme d'ailleurs le retour en force du scepticisme et de l'esprit critique lorsque l'opinion quitte les cimes de l'idéal pour reprendre contact avec la décevante réalité.

Annexe au chapitre 14

COMPOSITION SOCIO-PROFESSIONNELLE DE LA MUNICIPALITÉ

	1935	1945
Travailleurs manuels et petits salariés	13	14
Cadres moyens	5	6
Bourgeoisie diplômée	7	9
Commerçants et artisans	6	5
Possédants	2	2
Inclassables	2	

Bilan, perspectives

La Libération : une révolution avortée ? Peut-être. On peut aussi l'interpréter comme une immense fête. On y découvre en effet les traits des carnavals d'antan ou des cérémonies sacrées des peuples primitifs : la ferveur d'une société devenue, pour un temps, communauté, mais aussi les attributs grotesques et dérisoires de la fête, mascarades et débordements. Enfin, les victimes expiatoires : complément nécessaire de la fête, destinées à rendre sa pureté au corps social ; les femmes tondues et les morts de l'épuration sauvage figurent ainsi au passif de cette catharsis.

Après le stade du défoulement nécessaire, la raison reprit ses droits ; dans les procès d'épuration en particulier, dès qu'on appliqua les règles juridiques : droits de la défense, proportionnalité des peines, appel. Le but de ces procès était bien sûr de punir et d'éliminer les associés de l'ennemi des postes de direction, mais ils devaient aussi éclairer l'opinion, lui faire comprendre ce qui s'était passé. Par leur rôle pédagogique, les jugements de la cour de justice et de la Chambre civique apparaissent en effet comme le début d'une prise de conscience, d'un long travail de réflexion et de recherche sur les années noires : processus discontinu, coupé de temps morts et de retournements spectaculaires, que décrit Henry Rousso dans *Le Syndrome de Vichy* [1]. Le présent ouvrage est un maillon de cette chaîne et certainement pas le dernier. Il s'est ainsi efforcé d'apporter un éclairage transitoire sur une période complexe ; son bilan ne peut donc être que provisoire et schématique.

A Toulouse comme ailleurs, l'époque de Vichy et de l'Occupation se signale d'abord par son lot de victimes et de souffrances. Plus graves peut-être à longue échéance sont les nombreuses compromissions avec l'ennemi qui ont laissé une plaie morale impossible à cicatriser ; on peut présenter quelques éléments de ce problème sans prétendre le trancher. Toulouse à l'heure allemande présente enfin à l'observateur actuel un spectacle mi-proche, mi-lointain, parsemé d'étrangetés que l'on ne peut saisir selon nos critères actuels : ce sont quelques cadres mentaux de cet « étrange pays [2] » que je voudrais brièvement évoquer pour finir.

En combinant divers travaux [3], on peut dresser un bilan chiffré des victimes de la guerre à Toulouse et dans le département de Haute-Garonne. Il se présente comme suit :

VICTIMES DE LA GUERRE
EN HAUTE-GARONNE
(POSTÉRIEURES À L'ARMISTICE)

	DÉPORTÉS ET INTERNÉS	EXÉCUTIONS MORTS EN CAPTIVITÉ
Déportés politiques,	1 370	
... dont morts en déportation		644
Internés,	407	
... dont morts en internement		9
Déportés comme juifs,	2 013	
... dont morts en déportation		1 898
Exécutés		617
Total déportés et internés	3 790	
Total des décès		3 168

Ce bilan montre que Toulouse et la Haute-Garonne, bien qu'éloignées des principaux théâtres de la guerre, en ont subi durement les effets. Outre qu'il est probablement incomplet, malgré le soin avec lequel il a été établi, il ne donne pas un état exhaustif des souffrances subies par les habitants de Toulouse. Il faut aussi tenir compte des soldats morts au combat, des victimes des bombardements, des milliers de travailleurs du STO, des prisonniers de guerre... On doit aussi penser à ceux qui n'ont pas souffert dans leur chair mais dont les peines morales ne sont pas quantifiables : parents des déportés et des fusillés, Juifs humiliés et terrorisés des années durant.

Et, pourtant, Toulouse a eu de la chance : la chance d'être en

France d'abord. On sait que les nazis ménagèrent relativement les Français qui, à leurs yeux, n'étaient pas des « sous-hommes », et qu'ils ne se livrèrent pas chez nous aux atrocités incroyables commises en Russie ou en Pologne. En France même, Toulouse et sa région furent moins frappées que d'autres provinces, que l'Alsace-Lorraine avec ses « malgré-nous » mobilisés de force dans la Wehrmacht et morts en grand nombre sur le front de l'Est, ou la Normandie atteinte de plein fouet par les combats de juin-juillet 1944. A Toulouse les bombardements alliés ne firent que peu de victimes et peu de dégâts : la ville, en août 44, avait à peu près conservé sa physionomie de 1939. En outre, Toulouse étant en zone libre, elle n'a été occupée par les Allemands que vingt et un mois au lieu de cinquante. Cela compte dans les mentalités et dans la vie quotidienne.

Les souffrances subies à Toulouse se situent donc dans la moyenne nationale, elles n'ont rien d'exceptionnel. Mais l'exemple toulousain n'en est que plus probant puisqu'il permet, dans sa modestie relative, de voir à l'œuvre la barbarie nazie. Les massacres de civils, les tortures, les pillages, les déportations, le massacre des Juifs se retrouvent ici comme ailleurs. L'horreur est omniprésente même si quantitativement elle n'atteint pas les sommets. Dans cet ouvrage on a souvent parlé de *l'ennemi* : ce n'était pas tellement à l'Allemagne ennemie de la France que l'on pensait, mais au système nazi, ennemi du genre humain.

Et pourtant, à Toulouse comme ailleurs, il s'est trouvé une minorité pour se mettre au service direct de ce système barbare. Quelques-uns l'ont fait sans fard et sans équivoque : auxiliaires de la Gestapo et miliciens sont les plus notoires. Les premiers étaient efficacement intégrés dans une redoutable structure policière rodée par neuf ans de dictature en Allemagne et deux ans de répression dans divers pays d'Europe ; ils firent donc beaucoup de mal. Le cas des miliciens est plus difficile à saisir : capables d'actes atroces, ils se montrèrent néanmoins plus matamores qu'efficients. Déjà quelques contemporains ont eu conscience de l'immaturité et de l'incapacité qui les caractérisaient [4]. Mais, pour la plupart des témoins de l'époque, les miliciens représentent les coupables par excellence. Comme on l'a dit, les partisans de Vichy sont les premiers auteurs de ce mythe, désireux d'attribuer aux fidèles de Darnand toutes les perversions du régime. Mais les gaullistes y ont contribué en forgeant la chimère d'un peuple uni autour de De Gaulle, trahi par une poignée (dont les miliciens forment l'essentiel). Bien sûr je ne puis affirmer que ce qui est vrai à Toulouse le soit aussi ailleurs, encore que la double fonction de la Milice – police politique et parti chargé de la propagande – ait partout attiré l'attention sur elle plus que sur d'autres, et soit donc susceptible de produire partout les mêmes effets.

A Toulouse les miliciens ont bon dos et permettent de laisser dans l'ombre de nombreux auxiliaires de l'ennemi, moins voyants mais, sans doute, plus nocifs. Les exactions de la Milice sont en effet sans commune mesure avec celles que commirent les forces répressives ordinaires – police, gendarmerie, GMR, personnel pénitentiaire – encadrées par l'administration préfectorale ordinaire. A côté de la Gestapo, c'est à une bureaucratie française anonyme qu'on doit les violences les plus graves : c'est elle, par exemple, qui a livré à l'ennemi un millier de Juifs de Toulouse et du département au cours de l'été 1942, alors que la ville était encore en zone libre. Il est vrai que le régime de l'État français était né dans les formes légales : ses agents pouvaient donc trouver naturel – au moins au début – de lui obéir comme ils avaient obéi à la République. Mais le respect des règles et des habitudes devint de moins en moins légitime. Parmi les Français, le responsable majeur de la répression n'est pas le militant collabo tonitruant, mais le bureaucrate à la silhouette indécise, effectuant son travail avec discipline et percevant son traitement en toute bonne conscience. Le prestige du maréchal Pétain a sans doute renforcé cet effet, mais il a moins joué à mon sens que la simple routine bureaucratique. Il faudra trois années pour qu'un nombre décisif d'agents de l'État apprennent à désobéir [5]. La période de Vichy justifierait donc une remise en cause du principe de l'obéissance des agents de l'État aux ordres reçus ; il est un seuil où le jugement moral doit pouvoir les récuser au nom des lois non écrites, comme le dit déjà l'Antigone de Sophocle. La notion juridique de crime contre l'humanité pourrait contribuer à actualiser ces principes anciens, trop souvent oubliés.

Mais certains hauts responsables ont dépassé de beaucoup la simple passivité. Les préfets et quelques-uns de leurs collaborateurs furent saisis d'une griserie de pouvoir devant les possibilités extraordinaires que leur offrait le régime dictatorial. Attentifs en général au bien-être de leurs administrés, veillant avec intelligence à la difficile mise en œuvre du ravitaillement, visiblement préoccupés par le sort des Toulousains les plus humbles, ces hauts fonctionnaires abusèrent du droit exorbitant de priver les hommes et les femmes de leur liberté. Ils internèrent à tour de bras dans des camps, particulièrement nombreux autour de Toulouse, où, après novembre 1942, les Allemands n'eurent plus qu'à se servir. Dans ce tableau une nuance doit toutefois être apportée, qui concerne les magistrats. Ce corps a certes accepté d'appliquer des lois iniques, mais il l'a fait en suivant les traditions juridiques antérieures, et ce respect du droit l'a conduit à une certaine modération.

Le service public n'est pas le seul domaine où l'inconscience routinière ait exercé ses ravages. Les milliers de travailleurs toulousains qui ont accepté de servir l'Allemagne dans les S Betriebe continuèrent pour la plupart un travail semblable à celui qu'ils exerçaient avant guerre, et ceci avec un alibi majeur : gagner leur pain et celui de leur famille. Mais, pour beaucoup de jeunes Toulousains, le travail dans les usines protégées résulte d'un choix : nombreux furent en effet ceux qui firent des efforts pour y être recrutés afin d'éviter le départ en Allemagne au titre du STO. Pendant plusieurs mois c'est sans scrupule bien apparent que tous ces travailleurs ont contribué à l'effort de guerre ennemi. Mais ici la réaction fut assez rapide, c'est un peu affaire de calendrier : les accords Speer-Bichelonne instituant les usines protégées datent du 17 septembre 1943 ; mais déjà au printemps 44 la situation militaire allemande s'est beaucoup dégradée. C'est le moment où se multiplient sabotages et grèves perlées dans les usines d'armement toulousaines sous l'impulsion de la Résistance.

Encore ces salariés ne tirèrent-ils aucun avantage de leur travail au service de l'ennemi, sinon leur maigre rétribution. On ne peut pas en dire autant des chefs d'entreprise qui acceptèrent, sollicitèrent même, le classement « S » ou « R » de leur usine. Sans doute ces malheureux (!) trouvèrent-ils dans leurs profits la contrepartie de leurs remords, avantage que n'eurent même pas tous les petits patrons qui supplièrent qu'on les admît dans ce cercle choisi, sans y réussir !

Signaler ces faiblesses et ces lâchetés ne signifie pas condamner qui que ce soit : ce n'est d'ailleurs pas la fonction d'un ouvrage historique. Le nombre élevé de ces défaillances n'est pas douteux. Elles furent le fait de gens ordinaires à qui il est difficile de jeter la pierre. L'auteur de ce livre ne s'y risquerait pas, qui se demande parfois comment il se serait comporté s'il avait eu l'âge de se trouver dans une telle situation.

Si de nombreux habitants de Toulouse appartenant à toutes les classes sociales ont accepté des tâches que nous pouvons juger dégradantes, c'est peut-être qu'ils conservaient leur mode de pensée du temps de paix : la guerre que nous saisissons en bloc avec toutes ses conséquences se révélait à eux au jour le jour par morceaux minuscules dont ils avaient peine à comprendre la signification. D'où les erreurs de perspective, les choix qui se veulent réalistes et qui se révèlent erronés, les jugements qui, après coup, paraissent trop facilement absurdes.

Nous savons que les Juifs furent d'abord victimes de ces habitudes du temps de paix : ils se montrèrent trop confiants envers la France du Maréchal, confondue à tort avec celle d'avant 1939.

Des erreurs de perspectives analogues atteignent parfois des personnages haut placés et jouissant de toute l'information accessible. On en a un exemple lors de l'arrestation de Raymond Naves en février 1944. L'ex-maire de Toulouse Ellen-Prévot, bouleversé par l'incarcération de son collègue, ancien normalien de la rue d'Ulm comme lui, professeur et socialiste comme lui, écrivit le 28 février une lettre à Suhr, chef de la Gestapo toulousaine. Il y expliquait au policier nazi que, tous deux socialistes, appartenant au courant pacifiste de la SFIO, Naves et lui étaient partisans d'un rapprochement entre la France et l'Allemagne ; bref que Naves ne pouvait pas faire partie de ce mouvement clandestin « qu'on appelle résistance ». Le ton de ce texte est celui d'un discours de Briand à la SDN dans les années 20, et Ellen-Prévot semble croire qu'il s'adresse à un citoyen de la république de Weimar. Inutile de dire que Suhr ne tint aucun compte des candides efforts de l'ancien maire [6].

Les références au passé ont pour symétrique de fausses prévisions de l'avenir, phénomène évident trop souvent oublié, entraînant des erreurs de jugement qui paraissent trop aisément stupides quelques années plus tard. Ainsi nous avons signalé la vague d'adhésions à la Milice en janvier 44, lors de l'entrée de Joseph Darnand au gouvernement. Frossard, le chef milicien de la Haute-Garonne, l'expliquait par l'arrivisme des candidats. Effectivement, à cette date, il y avait encore des gens qui se passionnaient pour la lutte des clans à Vichy et qui espéraient en tirer des avantages de carrière. Malgré les revers allemands, ils n'arrivaient pas à prendre la mesure de la situation ; encore moins pouvaient-ils deviner que, huit mois plus tard, ils se retrouveraient derrière les barbelés du camp de Noé.

Incompréhension du présent assimilé abusivement au passé, ignorance de l'avenir ont pour conséquence une logique qui n'est plus la nôtre. Ainsi le succès final de l'entreprise gaulliste, commencée dans la témérité, poursuivie avec obstination, nous a habitués à des simplifications : le camp de Vichy s'opposant clairement à celui de la Résistance. Mais les Toulousains trouvaient normal, entre 1940 et 1943, d'associer des options qui paraissent maintenant opposées et inversement de séparer ce qui nous paraît uni. Ainsi nous avons vu l'opinion, à la fois très hostile à la collaboration et très favorable au maréchal Pétain : beaucoup de Toulousains ne comprenaient pas que le vieillard était la clef de voûte du système de la collaboration. Inversement, si les habitants de Toulouse sont d'emblée très majoritairement antiallemands et souhaitent la victoire des Alliés, ils ne se sentent pas gaullistes pour autant. La fusion, dans les esprits, de l'hostilité à l'occupant et du gaullisme mettra au moins trois ans à s'accomplir.

Il serait donc absurde de transporter nos cadres de pensée et de sensibilité dans un univers qui, même s'il paraît proche à première vue, nous est largement étranger. Cette impression d'étrangeté n'est d'ailleurs pas toujours liée aux événements : elle est due quelquefois tout simplement au changement des mentalités et des structures sociales qui s'est produit depuis un demi-siècle.

Une série d'exemples éclaire assez bien ces transformations : ils concernent la morale sexuelle telle que l'époque la comprend. L'acharnement que les préfets, la police, puis les autorités FFI mettent à poursuivre les prostituées ne peut s'expliquer seulement par le souci de protéger la santé publique. Il y a dans cette obstination quelque chose de plus : c'est contre « le mal » incarné par les malheureuses filles qu'on sévit en les poursuivant. De même la préoccupation constante dont témoigne Mgr Saliège envers la morale sexuelle peut avoir des côtés surprenants, ainsi lorsqu'il condamne la République pour la dégradation des mœurs qu'elle aurait suscitée, ou lorsqu'il souhaite protéger les jeunes requis du STO contre la facilité supposée des femmes allemandes ! Ce souci est daté, il est l'expression, normale chez un ecclésiastique, d'un puritanisme qui n'est plus le nôtre.

Ce puritanisme, on le retrouve dans d'autres domaines et, encore une fois, fort bien partagé entre camps en présence. Nous n'avons pas parlé des zazous : ces jeunes excentriques, passionnés de jazz et de danse, vêtus avec beaucoup de soin et d'élégance de vêtements très amples (nécessitant des années de tickets-textiles !). Eh bien, les zazous sont condamnés de tous les côtés : par Collomb dans le journal de la Milice qui leur reproche leur indifférence à la rénovation de la France entreprise par le Maréchal ; par *Libérer et Fédérer* qui tance ces jeunes jouisseurs qui feraient mieux de s'engager dans la Résistance que de hanter les bals clandestins !

Époque lointaine, époque étrange, et, pourtant, sur certaines questions fondamentales, les Toulousains de 1940-1944 ont réagi comme nous le faisons. Ils ont eu en outre dans certains cas le mérite de mettre leurs actes en accord avec leurs opinions. Les déportations des Juifs ont indigné une partie considérable de la population, comme elles nous indignent aujourd'hui ; les persécutés ont donc trouvé une aide fraternelle auprès des Français non juifs. A côté de l'inertie, de la lâcheté même, dont ils ont fait preuve, les habitants de cette ville ont su réagir avec dignité lorsqu'ils ont connu le sort terrible qui attendait les Juifs.

Cette réaction collective implique l'existence de guides qui ont conseillé leurs concitoyens et leur ont apporté des modèles de pensée et d'action. A cet égard, le rôle joué par l'archevêque de Toulouse doit être une fois de plus salué. A sa suite une grande partie du clergé a pris la tête d'une résistance morale qui, si elle ne se situe généralement pas dans le domaine politique, n'en eut pas moins un effet immense. Quant à la résistance politique et armée proprement dite, elle est issue d'une élite, minuscule à l'origine, mais provenant de milieux variés. Des militants ouvriers, quelques militaires s'y mêlent à de nombreux intellectuels [7]. La présence et l'influence de ces lettrés souvent venus d'ailleurs sont pourtant une spécificité de Toulouse, ville alors fort assoupie économiquement, où l'ascension sociale – on l'a dit – se fait par les diplômes, et où l'adhésion aux idées républicaines s'identifie au culte de l'école et du savoir.

Cette identité toulousaine, nous l'avons souvent rencontrée dans cet ouvrage : dans les pratiques culturelles provinciales qui s'affirment entre 1940 et 1944, dans la lenteur des Toulousains à accepter les nouveautés politiques, qui se marque par les réticences du patronat devant la Charte du travail, dans le comportement indépendant de son clergé... La Résistance toulousaine présente elle aussi des aspects régionaux. Elle fut favorisée par certains caractères géographiques de la région (proximité de la frontière pyrénéenne, zones difficiles d'accès où les maquis ont pu se développer, dans le Lot, le Tarn, l'Ariège). L'appartenance à la zone libre a permis aux grands mouvements de s'y développer plus aisément qu'en zone occupée jusqu'en novembre 1942. Proliférante, désordonnée, donc difficile à décapiter, elle fut finalement fédérée avec succès par des chefs pleins de diplomatie. La chance, enfin, qui épargne Ravanel alors que les chefs FFI des régions voisines ont péri, crée en août 44 une situation unique : la concentration à Toulouse d'une foule de FFI convoqués par leur chef. On peut donc suivre Ravanel lorsqu'il affirme dans *L'Esprit de Résistance* que, si de Gaulle s'est montré si dur à Toulouse, c'est parce que la Résistance y était mieux organisée qu'ailleurs [8]. Apparent paradoxe mais qui n'est pas dépourvu de sérieux : de Gaulle ne s'est montré cassant que là où la Résistance intérieure était forte, donc susceptible de lui porter ombrage.

Envisager le cas de Toulouse, c'est prendre connaissance d'une spécificité, mais aussi, inversement, d'une généralité. Car l'histoire de Toulouse permet d'observer à la loupe des phénomènes qu'on décrit d'ordinaire au seul plan national. Toulouse « non point semblable à tout le monde, mais, précisément, l'incarnation de tout le monde [9] ». Spécificité et généralité examinées dans ses détails, telles sont les deux perspectives contradictoires qui pourraient permettre aux lecteurs de cet ouvrage une relecture que l'on souhaiterait fructueuse... et agréable !

Notes

Chapitre 1. Toulouse 1940

1. Sandrine Arrecgros, *Ellen-Prévot*, maîtrise, université de Toulouse-le Mirail, 1991. Ellen-Prévot, comme la majorité des militants socialistes toulousains, appartenait à la tendance pacifiste dirigée par Paul Faure, ce qui explique un peu sa formule.

2. Jean-Louis Crémieux-Brilhac dans *Les Français de l'an 40*, Gallimard, 1990, a détruit le poncif selon lequel les Français n'étaient pas décidés à la guerre. C'est la drôle de guerre qui, peu à peu, a usé le moral de la nation.

3. Dans un autre texte, Raymond Naves se montre plus perspicace et semble pressentir la défaite. Il n'est pas prouvé que Raymond Naves ait appartenu à la tendance Paul Faure (pacifiste) de la SFIO, les renseignements à ce sujet sont contradictoires. Mais l'ambiance qui régnait à Toulouse chez les socialistes était incontestablement pacifiste, et la tendance Paul Faure était majoritaire en Haute-Garonne.

4. Henri Lerner, *La Dépêche*, PUM, Toulouse, 1978, t. II, p. 981.

5. Cité par François Bédarida dans *La France des années noires*, sous la direction de Jean-Pierre Azéma et de François Bédarida, Seuil, 1993, t. I, p. 41.

6. Jean-Paul Sartre, *Les Carnets de la drôle de guerre*, Gallimard, 1983, p. 124 et suivantes. Tout en faisant la théorie de la « guerre-paix », Sartre se demande ce qu'il « fout là » puisqu'on ne lui fait rien faire.

7. Beaucoup d'informations dans Vidalenc (Jean), *L'Exode de mai-juin 1940*, PUF, 1957, en particulier p. 5 et p. 343.

8. *Ibid.*

9. Cette crainte s'est parfois réalisée.

10. Marie-Françoise Manolesco, *La Municipalité de Toulouse (1940-1944)*, intéressante maîtrise, université de Toulouse-le Mirail, 1987, p. 47.

11. *Ibid.*, p. 50.

12. Une analyse des effets du discours de Pétain et une mise en valeur de l'esprit de résistance de *La Dépêche* dans Pierre Laborie, *Résistants, Vichyssois et autres*, CNRS, Toulouse, 1980, p. 146-148.

13. Jean Coppolani, *Toulouse. Étude de géographie urbaine*, Privat, Toulouse, 1954, p. 280 et suiv.

14. ... et même des porcs.

15. Jules Michelet, *Histoire de France*, t. I, Tableau de la France, p. 18.

16. La piscine et la bibliothèque étaient l'orgueil des mairies socialistes de Toulouse, réalisations de prestige, jugées extraordinaires à l'époque.

17. Cf. Coppolani, *op. cit.*, chapitres sur l'industrie et Philippe Wolff, *Histoire de Toulouse*, Privat, Toulouse, chap. 12 dû à J. Godechot, p. 501 et suivantes.
18. Lerner, *op. cit.*, t. I, p. 331.
19. *La Libération dans le midi de la France*, édition préparée par Rolande Trempé, Eché et PUM, Toulouse, 1986, art. de Jean Estèbe, p. 284.
20. Vincent Auriol fut le seul parlementaire du département à refuser les pleins pouvoirs au maréchal Pétain (10 juillet 1940). Surveillé étroitement par la police de Vichy, il passa clandestinement à Alger aux côtés du général de Gaulle en 1943.
21. Annie Weidknett, *Aspects du cinéma non commercial à Toulouse, un ciné-club, 1933-1937*, maîtrise, Toulouse-le Mirail, 1987.

Documents utilisés :
– Archives départementales : 3155/73 (statistiques des étrangers), M 1460 (rapports de l'inspecteur de police de la gare Matabiau) 1867-66 (article de R. Naves).

Chapitre 2. Une adhésion ambiguë au Maréchal

1. Formellement, le Maréchal n'avait pas le droit de changer immédiatement la Constitution puisque le texte voté par les Chambres prévoyait une procédure précise de ratification par les Assemblées créées par le maréchal Pétain. Cependant, comme le fait remarquer Jean-Pierre Azéma, « le rapport préalable établi par une commission spéciale mixte avait précisé on ne peut plus explicitement que l'Assemblée nationale accordait au gouvernement du maréchal Pétain les pleins pouvoirs exécutif et législatif ». J.-P. Azéma et F. Bédarida, *La France des années noires, op. cit.*, t. I, p. 126.
2. *La Croix*, 28 juin 1940.
3. Le ton du *Midi socialiste* est tout à fait différent de celui des journaux ultra-collaborationnistes « de gauche » publiés à Paris. La manière dont ce quotidien parle des députés, du Parti socialiste d'avant guerre, etc., demeure (avec des variations au cours des quatre années) constamment nostalgique.
4. Il est de la tendance Paul Faure, donc pacifiste comme on l'a déjà signalé.
5. Marie-Françoise Manolesco, *op. cit.*, p. 54 et suivantes : *La Dépêche*, 10 août 1940.
6. Malheureusement je ne dispose d'aucun document concernant les réactions des Toulousains devant l'affaire de Mers El-Kébir (3 juillet 1940) où la flotte anglaise détruisit la flotte française stationnée devant Oran pour qu'elle ne tombe pas aux mains des Allemands. Remarquons simplement que, s'il y eut à cette occasion un réflexe anglophobe, il ne dura guère puisqu'en octobre on n'en trouve plus trace.
7. Il y a malheureusement des lacunes parfois assez importantes en 1940 et 41. Les années 42 et 43 en revanche sont bien couvertes. On peut aussi s'aider des ouvrages de Pierre Laborie, *Résistants, Vichyssois et autres. L'évolution de l'opinion et des comportements dans le Lot de 1939 à 1944*, *op. cit.*, et *L'Opinion française sous Vichy*, Seuil, 1990 : irremplaçables sur les questions d'opinion.
8. Les réactions des diverses catégories de la population devant les mesures de la politique intérieure de Vichy seront examinées dans le chap. 3.
9. Pierre Laborie, *Résistants, Vichyssois et autres, op. cit.*, p. 176.
10. Pierre Laborie, dans ses ouvrages, a signalé ce changement de 1941 qui semble en effet indiscutable. Toutefois, j'apporterais une nuance : il me semble qu'à Toulouse les bases essentielles de l'opinion demeurent inchangées d'octobre 40 à novembre 42 et que ce virage de 1941 n'est qu'une fluctuation relativement secondaire.
11. Beaucoup de préfets dirent assez crûment des vérités désagréables, mais une lecture comparée de leurs rapports montre que le style de Cheneaux de Leyritz est

particulièrement tranchant et dépourvu de ménagements. Il change néanmoins légèrement au moment du retour de Laval, émaillant ses phrases brutales de considérations laudatives sur le chef du gouvernement, réaction commune dans le corps préfectoral. Cf. Laborie, *Résistants, Vichyssois et autres, op. cit.*

12. Pascale Froment, *René Bousquet*, Stock, 1994, p. 172.

13. Ceux-ci remplacent les conseils départementaux institués au début du régime.

14. Cheneaux de Leyritz indique que la formule employée par Laval dans son discours du 22 juin 1942, selon lequel l'État français deviendrait une « république socialiste plus humaine et plus forte », a rallié au gouvernement l'élite des radicaux et certains éléments socialistes ou néo-socialistes jusque-là réservés (synthèse des rapports des préfets de zone libre, juillet 1943). Par la suite, les radicaux qui avaient accepté de figurer dans le nouveau conseil départemental reçurent une lettre de menace de la part d'un mystérieux parti radical clandestin.

15. Michel Goubet et Paul Debauges, *Histoire de la Résistance dans la Haute-Garonne*, Milan, Toulouse, 1986, chap. 2.

16. Récit que m'a fait un témoin de la scène ; cf. aussi Goubet et Debauges, *op. cit.*, chap. 2.

Documents utilisés :

– Essentiellement les rapports préfectoraux (Archives départementales et nationales) contenant les synthèses des RG.

Chapitre 3. La Révolution nationale : hommes et réalisations

1. Je suis ici la terminologie de J.-P Azéma qui regroupe sous ce terme tous les hommes de droite, y compris ex-républicains ralliés à la dictature.

2. Cette question sera traitée dans le chap. 12. Cheneaux a exécuté sans sourciller l'ordre de faire déporter les Juifs étrangers. Il n'a rien fait pour améliorer les conditions atroces du transport des déportés. Il ne s'est ému qu'après les protestations de Mgr Saliège.

3. On verra dans le chap. 9 que certains résistants affirment que Cheneaux de Leyritz a fermé les yeux sur les activités de quelques gaullistes toulousains, dont il était informé.

4. Pierre Laborie, *Résistants, Vichyssois et autres, op. cit.*, p. 228.

5. Une étude complète et intéressante dans Marie-Françoise Manolesco, *op. cit.*

6. René Terrisse, *Bordeaux 1940-1944*, Perrin, 1993, p. 34.

7. Henri Dalet, Charles Dupont, Albert Ginesty, André Igon, Henri Lanusse-Crouse et Bernard Rauzy.

8. Jean Estèbe, « De l'avant-guerre à la Libération. La stabilité du personnel politique toulousain », dans *La Libération dans le midi de la France*, sous la direction de Rolande Trempé, Eché et PUM, Toulouse, 1986.

Les membres du conseil municipal définitif sont les suivants : André Haon, avocat ; Jean Brotet, peintre ; René Rieussec, épicier ; Alfred Laporte, négociant en charbon ; Jean-Marie Croc, droguiste en gros ; Henri Dalet, négociant ; André Igon, industriel ; Bertrand Camilli, maître imprimeur ; Mme Édouard Privat, libraire ; Albert Ginesty, médecin ; Georges Camps, aspirant au notariat ; Geneviève Cosnuel, présidente de la Croix-Rouge ; Paul Fourcassié, ingénieur ; Henri Lanusse-Crouse, ingénieur ; André Ribeyrols, ingénieur ; Charles Dupont, inspecteur des Eaux et Forêts en retraite ; Bernard Rauzy, directeur honoraire des contributions directes ; Léon Dutil, professeur honoraire ; Charles Seguin des Hons, inspecteur en chef des douanes de l'Indochine (retraité) ; André Bordes, chef de section à la Manufacture des Tabacs ; Laurent Jourda, contremaître menuisier du bâtiment ; Jean-Paul Reilhes, conducteur typographe ; André Tillard, chef de service à la SNCASE ; François Vila, contremaître aux fonderies. (Cf. Manolesco, *op. cit.*, p. 91.)

9. D'après un témoin, socialiste, connaissant bien la mairie et son personnel.

10. Cf. une maîtrise bien documentée : Henri Mauriès, *Manifestations publiques de la Légion française des combattants 1940-44*, sous la direction de P. Laborie, Toulouse, 1987. Voir aussi Archives dép. de Haute-Garonne, 1896-138.

11. UFC : Union française des combattants, plutôt de gauche. UNC : Union nationale des combattants, plutôt conservatrice.

12. On retrouvera Jean Collomb parmi les principaux chefs de la Milice.

13. D'après un témoignage d'ancien fonctionnaire.

14. Mgr Saliège déplore toutefois que l'aide aux écoles libres se présente comme un don révocable. M. Goubet et P. Debauges, *op. cit.*, chap. 1.

15. Sylvaine Guinle-Lorinet, « Les chrétiens au secours des Juifs », chap. 7 dans *Les Juifs à Toulouse et en Midi toulousain*, sous la direction de Jean Estèbe, PUM, 1996. Nous verrons que les réserves de Mgr Saliège sont, en fait, plus étendues.

16. C'est l'expression employée dans un rapport du 30 décembre 1941 (Archives départementales, M 1510).

17. Jacques Poumarède, « Les premières tentatives de régionalisation », dans Pambenel, *Politique en Midi-Pyrénées*, Eché, Toulouse, 1987, p. 12, et « Le provincialisme du régime de Vichy (idéologie et action régionale à Toulouse) » dans *Études d'histoire du droit à l'époque contemporaine (XIXe-XXe siècles)*, PUF, Paris, 1983, p. 283-289.

18. Daniel Faucher, qui introduisit la géographie moderne à Toulouse, aida les étudiants juifs et résistants. Il rédigea avec V. Jankélévitch et E. Bornes un opuscule clandestin intitulé *Le Mensonge raciste* (1944). Il fut doyen de la faculté de lettres après la guerre et organisa les œuvres universitaires à Toulouse.

19. Un bref exposé lumineux dans Robert O. Paxton, *La France de Vichy*, Points Histoire, Seuil, 1973, p. 204.

20. Une étude complète et très documentée sur les syndicats dans la thèse de Delpoux (Yannick), *Étude sur la scission de la CGT et la naissance de la CGT Force ouvrière en Haute-Garonne, janvier 1936 – décembre 1948*, université de Toulouse-le Mirail, 1990, t. I.

21. Laurent Douzou , *La Désobéissance. Histoire du mouvement Libération-Sud*, Odile Jacob, 1995, p. 86-89.

22. Yannick Delpoux, *op. cit.*

23. Les archives ne font que très rarement allusion à leur mise en place. Celle-ci, d'après le témoignage d'un ancien responsable des institutions de la charte (propagande ouvrière), fut ici un échec total.

Documents utilisés :

– Rapports préfectoraux consultables aux Archives départementales de Haute-Garonne et aux Archives nationales.

– Archives départementales : 1896-138 (Légion française des combattants).

Chapitre 4. Une ville bien policée

1. Pascale Froment, *op. cit.*, p. 179, 181.

2. *Ibid.*, et Annie Charnay, « Les sources de l'histoire de la Seconde Guerre mondiale aux Archives départementales de la Haute-Garonne », *Annales du Midi*, n° spécial sur « Les Années quarante dans le Midi », juillet-décembre 1992, p. 483 et suiv.

3. Rémy, *Morhange, les chasseurs de traîtres*, Flammarion, 1975 ; le témoignage de Pierre Salètes dans le chap. 1 de cet ouvrage coïncide parfaitement avec les données des Archives départementales : 1896-73, 2008-190, et tous les rapports préfectoraux.

4. Pascale Froment, *op. cit.*, p. 189. Conflit PQJ-police (AD 1960-51) : affaire de corruption au camp du Récébédou dans laquelle la PQJ est impliquée !

5. D'après un témoignage oral.

6. Sur toute cette question, j'ai beaucoup utilisé l'intéressante maîtrise de Martine Fernandez et Florence Gourrat, *Les Internements administratifs dans le Midi toulousain sous Vichy. 1940-1944,* dact., Toulouse-le Mirail, 1985.

7. Sur les Juifs, voir le chap. 11 qui leur est consacré, et *Les Juifs à Toulouse et en Midi toulousain*, sous la direction de Jean Estèbe, *op. cit.*

8. Lilian Pouysegur, « Les réfugiés espagnols dans le sud-ouest de la France » dans *Les Camps du sud-ouest de la France. Exclusion, internement et déportation*, sous la direction de Eric Malo, Privat, Toulouse, 1994, p. 31.

9. Calculs faits à partir des informations fournies par Fernandez et Gourrat, *op. cit.*

10. Tous les exemples concernant les internements sont tirés de Fernandez et Gourrat, *op. cit.*

11. Cf. les ouvrages et articles d'Eric Malo, excellent spécialiste de cette question : *Le Camp de Noé, des origines à novembre 1942*, maîtrise, Toulouse-le Mirail, 1985; « De Vichy à la Quatrième République : le camp de Noé 1943-1945 », *Annales du Midi*, juillet-décembre 1992, p. 441 ; *Les Camps du sud-ouest de la France, op. cit.* ; chapitres de cet auteur dans *Juifs à Toulouse et en Midi toulousain, op. cit.*, liste non exhaustive.

12. Lilian Pouysegur, art. cit., p. 28.

13. Anne Grynberg, « Aide et soutien aux internés juifs des camps d'internement français », *Les Camps du Sud-Ouest, op. cit.*, p. 155.

14. *La Dépêche*, 26 mars 1941.

Documents utilisés :

– Rapports préfectoraux très détaillés sur la police (Archives départementales et nationales).

– Archives départementales de Haute-Garonne : 1896-73, 1278 W 15, 2008-190 (police), 3808-1 (tribunal spécial et section spéciale), 3808-2 (chambre de révision), M 1510 (Bousquet et les internements), 1831-1, 1831-3 et 1960-117 (camps).

Chapitre 5. Les balbutiements de la Résistance

1. Qui veut en savoir plus sur la Résistance à Toulouse et dans sa région doit lire l'excellent ouvrage de Michel Goubet (historien) et Paul Debauges (ancien résistant), *Histoire de la Résistance dans la Haute-Garonne, op. cit.*

2. Jean Lacouture, *De Gaulle*, Seuil, 1984, t. I, p. 395.

3. Laurent Douzou, *op. cit.*, p. 53 et suiv.

4. Henri Frenay, *La nuit finira*, Robert Laffont, 1973, p. 31.

5. Entretien avec E. Morin.

6. Claude Bourdet, *L'Aventure incertaine*, Stock, 1975, p. 27.

7. Dans un fascicule édité par la mairie de Toulouse consacré à la Libération.

8. Jean Cassou, *La Mémoire courte*, Ed. de Minuit, 1953, p. 57.

9. Marcel Ophüls, *Le Chagrin et la Pitié*, Alain Moreau, 1980, p. 144; cité par Douzou, *op. cit.*, p. 35.

10. Jean-Baptiste Duroselle, *Politique étrangère de la France. L'abîme 1939-1944*; Points Histoire, 1979, p. 419. Je ne suis pas d'accord avec cet auteur en ce qui concerne Toulouse. Passage néanmoins passionnant sur le recrutement de la Résistance.

11. Bourdet, *op. cit.*, p. 27.

12. Goubet et Debauges, *op. cit.* chap. 1. Rosengarten (Frank), *Silvio Trentin d'all'interventismo alla Resistenza,* Feltrinelli, Milano, 1980. *Opere Scelte di Silvio Trentin,* a cura di Norberto Bobbio, Marsilio, Venezia, 1987 (introduction biographique par Norberto Bobbio).

13. *Giustizia e Liberta*, fondé par Rosselli, Lussu et Nitti en 1929, devint l'un des

groupes essentiels de la nébuleuse antifasciste et donna naissance au « Parti d'Action » en 1942, élément essentiel de la guerre de partisans en Italie du Nord en 1943-45. Parmi les ouvrages de Silvio Trentin on peut citer *Riflessioni sulla crisi e sulla rivoluzione* (1933) et *La Crise du droit et de l'État* (1935).

14. Jean Cassou, *La Mémoire courte, op. cit.* ; du même, *Une vie pour la liberté*, Robert Laffont, 1981 (très intéressant). *Jean Cassou (1897-1986),* notice pour l'exposition de la Bibliothèque nationale, mars 1995. *Encyclopaedia Universalis,* Thesaurus.

15. Cassou, *Une vie pour la liberté, op. cit.*, p. 149.

16. Aux Archives nationales 72 AJ 31. Texte dactylographié de Bertaux sur sa vie et sur la Libération. Pierre Bertaux, *Libération de Toulouse et de sa région*, Hachette littérature, 1973.

17. Cassou, *Une vie pour la liberté, op. cit.*, p. 174.

18. Bertaux, *op. cit.*, p. 13.

19. Archives nationales AN 72 AJ 31, Bertaux, *op. cit.*, et Goubet, Debauges, *op. cit.*, chap. 2.

20. Cassou, *Une vie pour la liberté, op. cit.*, p. 155.

21. *Ibid.* Selon un intéressant témoignage dû à un haut responsable, membre de l'entourage du ministre de l'Éducation nationale, Carcopino, on fit tout à Vichy pour adoucir le sort du Pr Bertaux ; Carcopino obtint ainsi qu'un tribunal militaire (plus discipliné que le civil) fût choisi, avec des consignes d'indulgence.

22. Goubet et Debauges, *op. cit.*, chap. 1.

23. Cf. note n° 12. Jean-Pierre Pignot, *Aspects de la Résistance à Toulouse et dans sa région, Libérer et Fédérer*, maîtrise, Toulouse, 1976.

24. Henri Frenay, *op. cit.*

25. *Ibid.*, p. 38, 134, 189, 283, 284.

26. Goubet, Debauges, *op. cit.*, chap. 2.

27. Frenay, *op. cit.*, p. 202, 576. Après 1945, Frenay s'engagea à fond dans le mouvement fédéraliste visant à créer les États-Unis d'Europe.

28. Laurent Douzou, *op. cit.*, p. 88, 92, 246-251.

29. Goubet, Debauges, *op. cit.*, chap. 2.

30. Thierry Ginestous, *Le Parti socialiste toulousain pendant la Deuxième Guerre mondiale*, maîtrise, Toulouse-le Mirail, 1987.

31. Le Parti socialiste clandestin a créé un réseau Brutus-Boyer actif en Haute-Garonne, et des groupes armés France au Combat (FAC) importants dans le Lot, mais assez peu à Toulouse, semble-t-il, au moins avant 1944 où ils jouent un rôle important.

32. Document oral.

33. Goubet et Debauges, *op. cit.*, chap. 2.

34. Art. de Rolande Trempé dans *Les Communistes français de Munich à Châteaubriand*, sous la direction de Jean-Pierre Rioux, Antoine Prost et Jean-Pierre Azéma, Presses nationales de la fondation des sciences politiques, p. 395-412. Tract : texte cité p. 410.

35. Cassou, *Une vie pour la liberté, op. cit.*, p. 158.

36. Goubet et Debauges, *op. cit.*, chap. 2.

37. Cassou, *La Mémoire courte, op. cit.*, p. 70.

38. Archives nationales, AJ 41 1434. Dépôts d'armes clandestins à Toulouse.

39. Archives nationales et départementales, rapports des préfets.

40. Rémy, *op. cit.*, témoignage d'André Bousquet, p. 98. Ce membre du réseau Morhange était à la brigade politique des RG et faisait les rapports au préfet régional.

41. Cassou, *Une vie pour la liberté, op. cit.*, p. 156. Philippe Burrin parle des tournées de conférences de Grimm dans son passionnant ouvrage, *La France à l'heure allemande. 1940-1944,* Seuil, 1995, p. 415, mais ne signale pas le chahut.

Chapitre 6. Les Allemands à Toulouse

1. Eberhard Jäckel, *La France dans l'Europe de Hitler*, et Wingeate Pike (David), « Les forces allemandes dans le sud-ouest de la France, mai-juillet 1944 », *Guerres mondiales et conflits contemporains*, n° 152, 1988, pages 3-24. Du même auteur, communication sur les forces d'occupation dans le Midi, colloque de Toulouse sur « La Résistance et les Français », 16-17-18 décembre 1993.

2. On peut noter au passage que certains services allemands n'ont pas une conscience claire de la situation militaire et qu'ils se comportent alors comme s'ils devaient rester encore des années à Toulouse. La percée d'Avranches (29-31 juillet) puis le débarquement en Provence rendent le débat obsolète.

3. Sur la Gestapo je me suis servi avant tout des documents du procès du KDS de Toulouse à Bordeaux en 1951 (déposés au centre d'archives de la justice militaire, Le Blanc) + Dossier Latapie sur la Gestapo (Archives départementales de Haute-Garonne) rassemblé par cet excellent connaisseur de la période.

4. En fait, cette section IV est la Gestapo proprement dite au sein du Sipo-SD. Mais, comme nous l'avons dit plus haut, nous avons pris le parti d'appeler Gestapo le Sipo-SD.

5. P. a été capturé puis interrogé par le groupe Morhange qui a envoyé un gros rapport sur lui à Alger, cf. Rémy, *op. cit.*, annexe I.

6. Cf. les jugements de la Cour de Justice 1944–1947, Archives départementales de Haute-Garonne.

7. Philippe Burrin, *La France à l'heure allemande*, Seuil, 1995, p. 215. Philippe Burrin donne divers exemples de régions où le même phénomène a été observé.

8. Par exemple un nommé Katz qui arrive à Toulouse avec les réfugiés sarrois : il se déclare socialiste et juif. Il obtient un prêt municipal pour acheter une ferme près de Grenade... Mais, en novembre 42, Salètes, membre du groupe Morhange, voit sortir Katz de l'hôtel Capoul où était installée la section économique de la Gestapo (section V). Katz contribue à l'arrestation de François Verdier. Il se cacha après 1945 (cf. Rémy, *op. cit.*, p. 188).

9. *Les Juifs à Toulouse et en Midi toulousain*, *op. cit.*, chap. 8.

10. René Terrisse, *op. cit.*

11. G. Bixel, *Souffrance en Haute-Garonne, 1940-1944*, dact., s.d. (consultable à la Bibliothèque municipale de Toulouse, cote LmB 35-46). M. Bixel a sous-estimé les déportations de Juifs, voir Serge Klarsfeld, *Vichy-Auschwitz. Le rôle de Vichy dans la solution finale de la question juive en France*, Fayard, 2 vol., 1983-1985. Et pour la Haute-Garonne : Hélène Régnier, *La Déportation des Juifs en Haute-Garonne de 1942 à 1944*, DEA, Toulouse-le Mirail, 1990.

Ce chapitre est fondé sur les documents d'archives suivants :

– AD Haute-Garonne : rapports des préfets, 1896-73 (les RG et les Allemands), M 2844 (réquisitions), 2008-45 (relations franco-allemandes), 2008-43 (échec de la section de liaison de Toulouse), 2008-44 (relations franco-allemandes), 2008-190 (la MOI, dossier), 1831-16 (arrestations), 1867-66 (arrestations).

– Archives nationales : rapports des préfets, F1a 3978 (informations de la Résistance à Londres), F1a 3980 (affaires Sarraut), 72 AJ 262, AJ 40965 et AJ 40967 (documents allemands), AJ 41 1434 (dépôts d'armes clandestins), AJ 41 1510 (« S » Betriebe), AJ 41 1429 (commission d'armistice).

– Archives de la justice militaire, Le Blanc : procès du KDS de Toulouse, 1951.

Chapitre 7. Une économie en coupe réglée

1. Cette loi a, en fait, été précédée par un système mixte, décrit par allusions dans les rapports officiels : le volontariat est maintenu en principe mais on s'efforce de faire signer des contrats d'engagements aux ouvriers par des menaces et pressions. La loi du 4 septembre 1942 concerne en principe toutes les catégories de la population. En fait à Toulouse elle semble n'avoir été appliquée qu'aux travailleurs de l'industrie. Sur les femmes, entre autres voir H. Roderick Kedward, « STO et maquis », dans Azéma et Bédarida, *La France des années noires*, *op. cit.*, t. II, p. 273.

2. *Ibid.* Le système des exemptions était complexe, en constante évolution, et son application dépendait beaucoup des initiatives locales.

3. J. Évrard, *La Déportation des travailleurs français dans le IIIe Reich*, Fayard, 1971. Jean-Marie d'Hoop, « La main-d'œuvre française au service de l'Allemagne », *Revue d'histoire de la Seconde Guerre mondiale*, 1971.

4. Goubet et Debauges, *op. cit.*, chap. 3, p. 45 et suiv. M. Van Impe, l'un des responsables de l'association des anciens du STO, estime les déportés du STO à 5 000 pour la Haute-Garonne (en se fondant sur l'effectif de son association).

5. Chiffre très approximatif vu le caractère très désordonné des sources : bilans dont le cadre chronologique varie constamment ; même chose pour le cadre géographique (la ville, le département, la région). Toutefois, il est hors de doute que le nombre des réfractaires était fort dès le début du STO.

6. J. Évrard, *op. cit.*, et J.-P. Azéma, *De Munich à la Libération, 1938–1944*, Points, Seuil, 1979, p. 180 : cet auteur signale 60 000 déportés au travail soignés pour tuberculose en 1946 et 35 000 morts en Allemagne, en partie dans les bombardements. M. Van Impe, responsable de l'association des anciens du STO, m'a apporté des renseignements précis.

7. En outre, un effort est demandé à Toulouse et à sa région pour envoyer des travailleurs, non plus en Allemagne, mais au service de l'organisation Todt ; il s'agit, on le sait, de construire le mur de l'Atlantique destiné à protéger le littoral d'un éventuel débarquement anglo-américain. Ce sont surtout des étrangers : 600 sont convoqués en mai 1943 et 211 Juifs raflés les 8 et 9 septembre.

8. Serge Ravanel, *L'Esprit de résistance*, Seuil, 1995, p. 295.

9. *Ibid.*, p. 296.

10. Goubet et Debauges, *op. cit.*, chap. 3, p. 61. Des détails dans le *Bulletin municipal*, octobre 1944, n° spécial consacré à la Libération, p. 45.

11. Serge Ravanel, *op. cit.*, p. 219, et Goubet, Debauges, *op. cit.*, p. 61.

Ce chapitre a essentiellement utilisé des sources d'archives car la question a relativement peu attiré les historiens.

Les rapports des préfets (Archives nationales et départementales se complétant) sont détaillés sur le départ pour la Relève et le STO.

Voir aussi Archives départementales : M 2266 (La Relève) ; 2008-45 (Relations franco-allemandes) ; 1960-6 (Réfractaires au STO) ;

Archives nationales : F1a 3978, F1a 3981 et F1a 3982 (documents de la France combattante) ; AJ 40 965 (documents allemands – évacuation de 1944) ; AJ 40 969 (doc. Allemands – STO, peu clair) ; AJ 41 1429 (Commission de contrôle de l'armistice) ; AJ 41 1510 (S Betriebe : très important).

Chapitre 8. Extrême droite et collaboration

1. Selon l'expression utilisée par Philippe Burrin, *op. cit.*, p. 8.

2. René Terrisse, *op. cit.*

3. Mathieu Milhau, *Culture et société à Toulouse, à la fin des années 1930 et sous le régime de Vichy*, maîtrise sous la direction de Pierre Laborie, Toulouse, 1989, t. II, p. 121 et suiv.
4. Mouvement à vocation culturelle destiné à répandre l'idée de collaboration, soutenu par le pouvoir à ses débuts.
5. Archives nationales, F1a 3978.
6. Cf. au même moment les conflits qui agitent la Résistance en voie d'unification.
7. AN F1a 3978.
8. Ces interprétations un peu divergentes figurent dans le rapport de la Résistance à Londres (AN F1a 3980).
9. J. Delpierré de Bayac, *Histoire de la Milice. 1818–1945*, Fayard, 1969, p. 228 et suiv. Cf. aussi Pascale Froment, *op. cit.*, p. 420 et suiv.
10. Pascale Froment, *op. cit.*, p. 424.
11. D'après un informateur anonyme de la Résistance (Archives nationales F1a 3980).
12. Mathieu Milhau, *op. cit.*, p. 121 et suiv. Il est permis de douter de l'exactitude de ce chiffre.
13. D'après le témoignage d'une ancienne résistante toulousaine, arrêtée porteuse de lettres compromettantes par la Milice parisienne. Celle-ci fit son enquête sans en souffler mot à la Milice de Toulouse.
14. D'après le témoignage du fils d'un de ces fonctionnaires.
15. Renseignements assez détaillés sur Marty dans les comptes rendus de son procès, *La Dépêche du Midi*, 17 mai au 23 juillet 1948.
16. Témoignage oral.
17. Archives nationales F1a 3980.
18. Archives nationales, documents allemands, AJ 40 965.

Documents utilisés :
– Rapports des préfets (Archives nationales et départementales).
– Archives départementales :
Sur le PPF : 1896-111. Sur la Milice : 1912-117, 1912-118, 1912-119, 1912-122. Relations avec les Allemands : 2008-43 et 2008-44. Mesures exceptionnelles : 2008-190 (archives de la 35e brigade). Arrestations par les Allemands : 1831-32 et 1867-66. Journaux : M 1510 et 1896–81. Intendance de police : 3578/1.
– Archives nationales :
Informations de la Résistance : F1a 3978 et 3980. Documents allemands AJ 40 965. Commission de contrôle de l'armistice : AJ 41 1429.

Chapitre 9. L'essor de la Résistance. 1942-1944

1. Dominique Bessoles, *L'Opinion publique à travers les rapports des Renseignements généraux dans le Midi toulousain (avril 42-juin 44)*, maîtrise, Toulouse-le Mirail, 1984. Cet auteur montre les nombreux signes du déclin du prestige de Pétain à Toulouse en 1943.
2. Pierre Laborie, *Résistants, Vichyssois et autres, op. cit.*, p. 290.
3. M. Goubet et Debauges, *op. cit.*, chap. 4, et Céroni (général M.), *Le Corps franc Pommiès*, Amicale du CFP-49e RI, 1980–84.
4. Archives départementales, M 1520, novembre 1943.
5. Marcel Thourel, *L'Itinéraire d'un cadre communiste 1935–1950. Du stalinisme au trotskisme*, Privat, Toulouse, 1980, p. 160 et suiv. ; Goubet, Debauges, *op. cit.*, p. 4.
6. Marcel Thourel, *op. cit.*, p. 207.
7. Goubet, Debauges, *op. cit.*, chap. 4.
8. Claude Lévy, *Les Parias de la Résistance*, Calmann-Lévy, 1970 ; Rolande

Trempé, « Le rôle des étrangers : MOI et guérilleros », dans *La Libération dans le midi de la France*, Éché et PUM, 1986, édition préparée par Rolande Trempé, p. 63 ; Goubet, Debauges, *op. cit.*, chap. 4 ; Adam Rayski, *Le Choix des Juifs sous Vichy entre soumission et résistance*, La Découverte, 1992 ; Adam Rayski, *Nos illusions perdues*, Balland, 1985.

9. Archives départementales 2008-10.
10. Claude Lévy, *op. cit.*
11. Albert Lévy, *Schwarzenmurtz ou l'esprit du parti*, roman, livre de poche, 1977.
12. Claude Lévy, *op. cit.*
13. Laurent Douzou, *op. cit.*, p. 365 et suiv.
14. Goubet, Debauges, *op. cit.*, chap. 4.
15. *Ibid.* et *La France des années noires*, sous la direction de Jean-Pierre Azéma et de François Bédarida, *op. cit.*, t. I, « Les réseaux de résistance » par Dominique Veillon, p. 401.
16. *La France des années noires*, *op. cit.*, p. 408.
17. Goubet, Debauges, *op. cit.*, chap. 4.
18. *Ibid.*, et Rémy, *op. cit.*
19. S'agissait-il d'interrogatoires « renforcés » ? Je ne sais pas.
20. Rémy, *op. cit.*
21. Cette liste est très incomplète. Il faudrait aussi citer le réseau polonais F2, le réseau Brutus-Boyer (socialiste) avec Jean Chaubet, les réseaux britanniques Prunus et Pimento, les réseaux militaires Maurice et Martial, etc. Liste et explications très précises dans Goubet, Debauges, *op. cit.*, chap. 4.
22. Henri Frenay, *op. cit.*
23. Hauriou devint vice-président du Conseil consultatif.
24. Henri Frenay, *op. cit.*, p. 83.
25. Laurent Douzou, *op. cit.*, p. 188, 246 et suiv.
26. Goubet, Debauges, *op. cit.*, p. 73 et suiv., et Michel Goubet, « La Résistance toulousaine. Structures, objectifs (printemps-été 1944) », *Revue d'Histoire de la Deuxième Guerre mondiale*, n° 90, juillet 1975, p. 25 : ce remarquable article a été constamment utilisé à propos de l'unification de la Résistance.
27. Henri Frenay, *op. cit.*, p. 438.
28. Pierre Degon (Bouconne) représente Franc-Tireurs, Pierre Sousquières (Marin) Libération et Camille Souyris (Florian) Combat.
29. En R4, l'étape transitoire des CFL concerne seulement les MUR-MLN. Il s'agit de regrouper toutes les formations armées spécialisées dépendant des MUR : l'Armée secrète, les maquis, les groupes francs, l'action ouvrière. C'est Ravanel qui en est chargé pour R4 au début d'avril 44. Cette unification préalable nécessaire à l'unité totale de la Résistance armée ne se fit pas sans mal car elle se heurta à de délicates questions de personnes. L'état-major CFL est formé pour R4 le 6 mai 1944. J.-P. Vernant est chef départemental des CFL et lance des consignes d'action immédiate dès le mois d'avril (Cf. Goubet, art. cit.)
30. Sur Ravanel, Claude Bourdet, *op. cit.*, p. 166, 202, 205, 224, 244, 396, 400 ; Laurent Douzou, *op. cit.*, p. 118-119, 143-144, 218-219, 221-222, 377-378 et, surtout, Serge Ravanel, *op. cit.* (souvenirs de résistance très intéressants).
31. Serge Ravanel, *op. cit.*, p. 261.
32. *Ibid.*, p. 258 et suiv, et Michel Goubet, « La Résistance toulousaine. Structures, objectifs (printemps-été 1944) », art. cit., p. 31 et suiv.
33. Jean Cassou, *Une vie pour la liberté*, *op. cit.*, p. 201 et suiv.
34. Important réseau de zone sud animé en particulier par André Boyer et Gaston Defferre, plus tard homme politique bien connu.
35. Pierre Laborie, *Résistants, Vichyssois et autres, op. cit.*
36. Michel Goubet, art. cit., p. 27, et Thierry Ginestous, *op. cit.*
37. J.-P. Pignot, *op. cit.*.

38. Libérer et Fédérer obtiendra un siège au CDL après la Libération.
39. Cf. les divers ouvrages d'Émilienne Eychenne, en particulier *Les Pyrénées de la liberté, les évasions par l'Espagne, 1939-1945*, ed. France-Empire, 1983.
40. Témoignages oraux.
41. Goubet, Debauges, *op. cit.*, p. 138.
42. Archives nationales, F1a 3978, 4028, 4029 : information destinée au commissaire de la République; F1a 3980 et 3981 : information envoyée au BCRA.
43. BDIC *France Zone Handbook*, F 2035/22 : fascicule du War Office.
44. Serge Ravanel le signale dans *L'Esprit de résistance*, *op. cit.*, p. 278 : l'officier américain Fuller qui fournit des armes au maquis d'Aspet était un expert pétrolier et s'intéressa de près au gisement après août 1944.
45. Archives départementales 2 008-10.
46. Claude Lévy, *op. cit.*
47. Archives nationales, Témoignage dactylographié de Sarda de Caumont 72 AJ 63; Mémoires de guerre de Pacha (dact.) 72 AJ 127. Sarda de Caumont fait partie de la direction des MUR, Pacha Guillermin est délégué par la France libre. Leurs statuts sont donc assez différents, mais leurs actions d'organisation se ressemblent beaucoup.
48. Serge Ravanel m'a affirmé que Sarda de Caumont n'avait pas été chef militaire de la région (note ajoutée après rédaction de ce texte).
49. Cf. témoignage de M. Latapie.
50. Dominique Bessoles, *op. cit.*, p. 18.
51. Rémy, *op. cit.*, p. 230.

Ce chapitre doit beaucoup aux travaux antérieurs, en particulier à ceux de M.M. Goubet et Debauges. Je les ai complétés avec les rapports des préfets et avec les documents suivants :

– Archives départementales : 1831-16 (Arrestations – le NAP), 1867-66 (Arrestations-affaire Lespinasse), 1912-118 et 119 (La Milice, activités), 2008-190 (mesures exceptionnelles – documents saisis à la 35e brigade).

– Archives nationales : F1a 3978, 3980, 3981, 3982, 4028, 4029 (informations de la Résistance transmises à Londres), 72 AJ 281 (camps et prisons), 72 AJ 63 (Sarda de Caumont, 72 AJ 127 (Pacha).

– BDIC : France zone Handbook, Toulouse région.

Chapitre 10. Le martyre des Juifs de Toulouse

1. Sur la population juive toulousaine, cf. Florence Lohou, *Approche de la communauté juive de Toulouse entre 1900 et 1940*, maîtrise, Toulouse, 1992.
2. Annie Weidknett, *op. cit.*
3. Jean Estèbe, « La confiscation des biens juifs » dans *Les Juifs et l'économique*, PUM, Toulouse, 1992.
4. Marianne Liberos, *Le Sort des Juifs à Toulouse pendant l'Occupation*, maîtrise, Toulouse, 1990.
5. Pierre Laborie, *L'Opinion française sous Vichy*, *op. cit.*
6. Cf. chap. 5 d'Éric Malo, « Les camps de la région toulousaine 1940-1944 » dans *Les Juifs à Toulouse et en Midi toulousain au temps de Vichy*, dirigé par J. Estèbe, *op. cit.*
7. Éric Malo, *Les Camps du sud-ouest de la France. Exclusion, internement et déportation*, Privat, Toulouse, 1994. Chap. 12 par Gérard Gobitz, p. 175.
8. Il faut alors exciper de l'une des conditions suivantes :

a) Être titulaire de la carte de combattant 1914-1918 ou avoir été cité au cours de la campagne 1914-1918;

b) Avoir été cité à l'ordre du jour de la campagne 1939-1940;

c) Être décoré de la Légion d'honneur à titre militaire ou de la médaille militaire.

9. Claude Singer, *Vichy, l'Université et les Juifs*, les Belles-Lettres, Paris, 1992, p. 148; + Entretien avec Mme Petitgirard.

10. Isabelle Raymondis, *Le Commissariat général aux questions juives à Toulouse 1941-1944*, maîtrise, Toulouse, 1990.

Lécussan sera fusillé après la Libération.

11. Isabelle Raymondis, *op. cit.* Joseph Billig, *Le Commissariat général aux questions juives (1941-1944)*, Éditions du Centre, Paris, 1957, p. 68, 100, 143-145.

12. J. Estèbe, *Les Juifs à Toulouse, op. cit.*, p. 43-44.

13. Sur toutes ces questions, voir le grand classique Michaël R. Marrus et Robert O. Paxton, *Vichy et les Juifs*, Calmann-Lévy, Paris, p. 77 et suiv.

14. Joseph Billig, *op. cit.*, t. III, p. 61 à 180; J. Lubetsky, *La Condition des Juifs en France sous l'Occupation allemande*, CDJC, 1945, p. 88-89; Jean Estèbe, « La confiscation des biens juifs », *op. cit.*

15. Maurice Rajsfus, *Des Juifs dans la collaboration. L'UGIF. 1941-1944*, EDI, 1980, insiste sur le rôle, selon lui fondamentalement néfaste, de l'UGIF.

16. Il semble que plusieurs mobiles concordants aient poussé Laval :

1° Le désir de ne pas heurter l'opinion choquée par le spectacle déchirant des familles séparées;

2° Un problème bureaucratique : avec quel crédit, dans quels locaux accueillir ces enfants?

17. Cf. Éric Malo, *Les Juifs à Toulouse... op. cit.*, chap. 4 : « 1942, les camps antichambre d'Auschwitz », et Pascale Froment, *op. cit.*, p. 205 et suiv.

18. Sur le nombre et la composition des convois, voir le livre, essentiel, de Serge Klarsfeld, *Vichy-Auschwitz*, *op. cit.*, t. I, p. 158-159.

19. Hélène Régnier, *op. cit.*

20. Jean-Louis Clément, *Mgr Saliège archevêque de Toulouse. 1929-1956*, Beauchesne, 1994; et Sylvaine Guinle-Lorinet, chap. 7, « Les Chrétiens au secours des Juifs » dans J. Estèbe, *Les Juifs à Toulouse et en Midi toulousain...*, *op. cit.*

21. Texte initial dans P. Laborie, *Résistants, Vichyssois et autres, op. cit.*, p. 244. Texte retouché et commentaire dans Serge Klarsfeld, *Vichy-Auschwitz*, t. I, p. 354-355.

22. Cité dans Serge Klarsfeld, *Vichy-Auschwitz*, *op. cit.*, t. I, p. 406.

23. *Ibid.*, p. 369.

24. *Ibid.*, p. 408.

25. Lucien Lazare, *La Résistance juive en France*, Stock, 1987, p. 267.

Sur l'action de la Gestapo, documents du procès du KDS de Toulouse, Bordeaux, 1953, conservés aux archives de la justice militaire, Le Blanc.

26. Calculs faits d'après les chiffres donnés par Hélène Régnier, *op. cit.*

27. A une conférence faite à Toulouse par Serge Klarsfeld le 23 février 1994, cet auteur évalue à 6 400 les Juifs déportés de la XVIIe région, y compris du camp de Gurs.

28. Edgar Morin, *Vidal et les siens*, Seuil, 1989.

29. Adam Rayski, *Le Choix des Juifs sous Vichy entre soumission et résistance*, *op. cit.*

30. Cette démonstration m'a été faite par le Dr Goldberger au cours d'une entrevue très intéressante (M. Goldberger devait ensuite passer au maquis comme médecin).

31. La famille J. a vécu de cette façon; le père, la mère et les deux enfants ont survécu mais la fille en est restée psychiquement atteinte pour une dizaine d'années.

32. OSE = Organisation de secours à l'enfance. Bonne mise au point sur ces questions dans Lucien Lazare, *op. cit.*, et Adam Rayski, *Le Choix des Juifs sous Vichy entre soumission et résistance*, *op. cit.*

33. American Joint Distribution Committee = œuvre de secours américaine venant en aide financièrement aux Juifs d'Europe.

34. Et, pour finir, OJC : Organisation juive de combat.

Les sources utilisées dans ce chapitre sont énumérées en détails dans *Les Juifs à Toulouse et en Midi toulousain*, *op. cit.*, sous la direction de Jean Estèbe.

Chapitre 11. La fin des haricots

1. En revanche le « magret » était inconnu, son usage sera inventé après la guerre.
2. Cf. rapports préfectoraux et *France Zone Handbook* n° 22 Toulouse région, Foreign Office, 1943-1944, BDIC F. 2035/22.
3. Rapports préfectoraux et Goubet, Debauges, *op. cit.*, chap. 1.
4. Michel Cépède, *Agriculture et alimentation en France pendant la Deuxième Guerre mondiale*, M.-Th. Gerim, 1961, p. 367 et 383.
5. Marcel Thourel, *op. cit.*
6. Trente-huit chômeurs secourus à Toulouse en septembre 1941.
7. Sinon l'exemple de la guerre de 14-18 où l'inflation fut jugée extrême, ce qui, là encore, n'était pas le cas.
8. Analysé par Alfred Sauvy, *La Vie économique des Français de 1939 à 1945*, Flammarion, 1978.
9. Elle cacha dans ces poulets des pinces et des outils qui permirent à son mari de tenter une évasion ; malheureusement celle-ci échoua.
10. Alfred Sauvy, *op. cit.*

La source principale de ce chapitre se trouve dans les rapports préfectoraux mensuels aux Archives nationales et départementales, très précis sur tout ce qui touche au ravitaillement.

Voir aussi la presse et, à la BDIC, *France Zone Handbook.*

Chapitre 12. On ne vit pas seulement de pain

1. Mathieu Milhau, *op. cit.*, intéressante maîtrise d'histoire sous la direction de Pierre Laborie, Toulouse-le Mirail, 1989.
2. Sur le lycée : *La Résistance au lycée Pierre-de-Fermat*, par Philippe Viguier, ancien élève, documents Latapie G/15 ; Claude Laporte, *Les Enseignants dans la Résistance en Haute-Garonne*, maîtrise sous la direction de Rolande Trempé, Toulouse II, 1981 ; plusieurs entrevues ; Archives nationales F1a3978.
3. Michel Goubet, *Toulouse et la Haute-Garonne dans la guerre, la vie quotidienne en images*, Éd. Hovarth, 1987, p. 17 ; Archives nationales F1a3978.
4. La célébrité de Vernant deviendra beaucoup plus forte en août 44 lorsqu'on découvrira en lui le chef départemental FFI... et beaucoup plus tard lorsqu'il sera un helléniste reconnu, membre du Collège de France.
5. AN F1a3978.
6. Liste incomplète, ajouter par exemple les époux Séguelas, agents membres des FTP, et Hily, futur proviseur à la Libération.
7. Outre ce qui précède, voir M. Goubet et P. Debauges, *op. cit.*, p. 112 et suiv.
8. Comme Mlle Demongeot et Mme Manent.
9. AN F1a3978.
10. Entrevue avec Mylène Petitgirard, memore de *Témoignage chrétien.*
11. Mathieu Milhau, *op. cit.*, t. I, p. 52.
12. Sur toute cette question Mathieu Milhau, *op. cit.*, est très riche.
13. Cité par Mathieu Milhau, *op. cit.*, p. 30.
14. En moyenne six opéras et six opérettes rejoués cinq fois (Milhau, *op. cit.*).

15. Outre M. Milhau, *op. cit.*, voir *Toulouse en noir et blanc. Les années de guerre 1939/1944*, photographies de Germaine Chaumel, texte de Louis Destrem et Claude Llabres, Milan, 1994, p. 117.
16. Témoignage de Claude Chaigneau.
17. P. Bertaux, *op. cit.*, p. 239.
18. On peut les consulter à la BDIC de Nanterre.
19. Texte réalisé à la demande du Dr Barsony, militant communiste, recueilli par Daniel Latapie dans sa collection, sera publié par Jean Estèbe, *Les Juifs à Toulouse et en Midi toulousain*, *op. cit.*, Borne et Plandé ont aussi produit un projet de réforme de l'enseignement.
20. Sur la vie religieuse, une série d'ouvrages très complets : Jean-Louis Clément, *op. cit.* (à l'origine thèse) et les deux thèses de Jean Suzanne, *La JOC dans le Midi toulousain*, thèse de IIIe cycle, Toulouse, 1980, dact. et *Œuvres et Mouvements catholiques dans la Haute-Garonne pendant la première moitié du XXe siècle*, thèse d'État, 3 vol., Toulouse, 1989 (les deux thèses sous la direction de Rolande Trempé).
21. « Évêque rouge » à cause de ses déclarations sur la nécessaire disparition de la question ouvrière à la Libération. Mgr Saliège, à la fin de sa vie, prit enfin position en faveur de l'Algérie française.
22. Entretien avec M. Van Impe.
23. Sur la presse écrite, Archives départementales, Toulouse, 1986-81 et Archives nationales F1a4028-4029 et F1a3980.
24. Il y avait une certaine diversité parmi les journalistes. L'un d'entre eux renseignait la Résistance.
25. Cf. un très intéressant article d'Henri Sempéré, « La radio de la Libération à Toulouse » dans *La Libération dans le Midi de la France*, Éché et PUM, Toulouse, 1986, p. 347.
26. Jean Calvel, « La radio puissance politique, puissance sentimentale », *Cahiers d'histoire de la radiodiffusion*, n° 7-8, juillet 1985, cité par Henri Sempéré, art. cit., p. 349.
27. *Les Enfants du paradis*, projeté après la Libération, réalisé avant. Je regrette de n'avoir pas pu consulter la maîtrise d'Isabelle Dario, *Cinéma et société à Toulouse sous Vichy, 1940-1944*, Toulouse, 1988. La presse donne beaucoup d'informations sur le sujet.
28. Sur le Stade toulousain : Pierre Capdeville, Roger Surjus, *De la vierge rouge aux anges blonds*, Cepadues, Toulouse, 1984. Sur le rugby : Paul Voivenel, *Mon beau rugby*, Éd. Midi Olympique, Toulouse, 1962. Sur le rugby à XIII : Louis Bonnery, Raymond Thomas, *Le Jeu à XIII*, PUF, 1966. Que Sais-je ? ; le jeu à XIII fut rétabli en France en 1945.
29. *Toulouse en noir et blanc, op. cit.*, p. 112.
30. Jean Cassou, *Une vie pour la liberté, op. cit.*, p. 200. Jean Cassou, en compagnie de trois Juifs, fut interpellé par des Allemands qui le prirent pour un Juif, alors que, dans le groupe, lui seul ne l'était pas !
31. Ne pas oublier que outre ceux que nous avons cités, Raymond Naves, maire désigné, et Bertaux, commissaire de la République suppléant, étaient professeurs à la faculté des lettres.

Documents utilisés :
- Archives départementales : 1896-81 et M 1510 (presse).
- Archives nationales : F1a3980, F1a4028-4029 (presse et radio).

Chapitre 13. La Libération : phase militaire

1. Sur la composition et l'organisation de l'armée allemande dans le Midi, deux articles de David Wingeate Pike : p. 3-24 ; et « La Résistance vue par la Wehrmacht

(mai-septembre 1944) » dans *La Résistance et les Français*, colloque international université de Toulouse-le Mirail, Pré-actes dact., Toulouse, 1993, p. 313-324.

2. Et aussi Hongrois, Alsaciens-Lorrains et même des Indiens, surtout dans la région de Bordeaux.

3. Archives nationales AJ 40 965 : tout un dossier sur l'évacuation de 1944 (en allemand).

4. P. Laborie, *Résistants, Vichyssois et autres, op. cit.*, p. 321.

5. Serge Ravanel, *op. cit.*, p. 244.

6. Guy Labedan, « La Libération en R4 » dans *La Libération dans le midi de la France*, colloque édité par Rolande Trempé, Éché et PUM, Toulouse, 1986, p. 33; Goubet et Debauges, *op. cit.*, p. 173 et suiv.; Serge Ravanel, *op. cit.*, chap. 26 « Comment imaginions-nous la Libération ? », p. 294-304.

7. S. Ravanel, *op. cit.*, p. 298.

8. Goubet, Debauges, *op. cit.*, p. 160.

9. *Ibid.*, p. 179.

10. Roland Dorgelès, *Carte d'identité*, Albin Michel, 1945.

11. S. Ravanel, *op. cit.*, p. 285.

12. Goubet, Debauges, *op. cit.*, p. 163.

13. Roland Dorgelès, *op. cit.*; Goubet et Debauges, *op. cit.*, p. 170.

14. Sylvaine Guinle-Lorinet, *Pierre-Marie Théas*, AGM, GRHI, Tarbes et Toulouse, 1993, p. 118-119; Manolesco, *op. cit.*, sur le maire Haon.

15. Personnalités de la police et de l'armée : le colonel Lagarrigue, le général de gendarmerie Duin, les lieutenants-colonels Coutensou, Redon, Thiébeaux, Depaule, le contrôleur général de la police Jean, le commissaire central Soret. Responsables des transports : Sicard, sous-chef de gare, Guibert sous-chef des ateliers de réparation à la SNCF, Ladefroux, ingénieur en chef des Ponts-et-Chaussées.

M. Obez, directeur de cabinet du préfet régional.

L'archevêque d'Albi arrêté dans un premier temps fut ensuite libéré.

16. Claude Lévy, *op. cit.*; Francesco Nitti, *Chevaux 8, hommes 70*, Éd. Chantal, Toulouse 1944. Témoignage de M. Escat sur A. Lautmann.

17. Ravanel, *op. cit.*, p. 305 et Goubet, Debauges, *op. cit.*, p. 183.

18. Archives nationales, AJ 40 965.

19. Roland Dorgelès, *op. cit.*, p. 81.

20. *Le Patriote du Sud-Ouest*, 21 août 1944, cité par Pierre Bertaux, *op. cit.*, p. 28-29.

21. S. Ravanel, *op. cit.*, p. 306.

22. S. Labedan, « La Libération en R4 », art. cit., p. 43.

23. Bertaux, *op. cit.*, p. 25 et suiv.; S. Labedan, « La Libération en R4 », art. cit., p. 43.

24. Récit de J.-P. Vernant cité par P. Bertaux, *op. cit.*, p. 26.

25. Épisode souvent raconté : par Jean Cassou, *Une vie pour la liberté*, *op. cit.*, par Pierre Bertaux, *op. cit.*, p. 16.

Voir aussi Michel Goubet « Une République rouge à Toulouse à la Libération : mythe ou réalité ? », *Revue d'histoire de la Seconde Guerre mondiale*, 1983, p. 27.

26. P. Bertaux, *op. cit.*, p. 13.

27. Pierre Laborie « La Libération de Toulouse vue par le pouvoir central » dans *La Libération dans le midi de la France, op. cit.*, p. 157.

28. Labedan, « La Libération en R4 », *art. cit.*, S. Ravanel, *op. cit.*, p. 304-321.

29. Archives nationales, AJ 40 965.

30. Dans *La Libération dans le midi de la France*, article de Labedan, art. cit., p. 44, et témoignage de Casimir Lucibello, p. 59. Chiffre de 13 000 donné par S. Ravanel, *op. cit.*, p. 320.

31. Témoignage de Serge Ravanel, dans *La Libération dans le midi de la France*, *op. cit.*, p. 49-52.

32. Archives nationales, F1 CIII 1 204.
33. Archives nationales AJ 40 965.
34. Marcel Thourel, *op. cit.*, p. 176.

Outre les nombreux ouvrages sur la question, un éclairage intéressant dans les documents allemands aux Archives nationales AJ 40 965 et AJ 40 967.

Chapitre 14. La Libération : phase politique

1. Pierre Bertaux, *op. cit.*, p. 17 et suiv. Du même, récit dactylographié, Archives nationales 72 AJ 31. Dans ces deux textes l'auteur force un peu le trait, poussé par le désir (fort réussi) d'être drôle et non conformiste.
2. Bertaux, *ibid.*, p. 20.
3. *Ibid.* ; Goubet, Debauges, *op. cit.*, p. 190 et suiv. ; Michel Goubet, « Une " République rouge " à Toulouse à la Libération : mythe ou réalité », art. cit., p. 25-40, très solide et précis.
4. Pierre Laborie, « Opinion et Représentations : la Libération et l'image de la Résistance », *Revue d'histoire de la Deuxième Guerre mondiale*, 1983, p. 73.
5. Bertaux, *op. cit.*, p. 74 et Serge Ravanel, *op. cit.*, p. 352.
6. Goubet, « Une " République rouge " à Toulouse », art. cit., et, du même, « Enjeux et rapports politiques à la Libération dans la région toulousaine », *La Libération dans le midi de la France, op. cit.*, p. 223-136.
7. Jacques Soustelle, *Envers et contre tout*, t. II, *d'Alger à Paris*, Robert Laffont, 1950, p. 428, 442, 443.
8. Témoignage intéressant sur ce sujet dans Marcel Thourel, *op. cit.*, p. 228 et 233. Thourel, alors secrétaire fédéral adjoint du PC en Haute-Garonne, transmet avec beaucoup de réticences la consigne de Thorez : ce sera l'une des causes de son exclusion.
9. Pierre Gérard, « La presse à la Libération dans la région de Toulouse » dans *La Libération dans le midi de la France, op. cit.*, p. 331.
10. Jean Baylet réussit à faire reparaître *La Dépêche* sous le titre légèrement modifié : *La Dépêche du Midi*, le 22 novembre 1947. Deux quotidiens de la Résistance survivaient encore : *La République* qui disparut en 1950 et *Le Patriote* en 1956.
11. Henri Sempéré, « La radio de la libération à Toulouse » dans *La Libération dans le midi de la France, op. cit.*, p. 347.
12. Voir surtout l'article très intéressant de Rolande Trempé qui souligne l'importance des comités de libération d'entreprise : « Aux origines des comités mixtes à la production : les comités de libération d'entreprise dans la région toulousaine », *Revue d'histoire de la Deuxième Guerre mondiale*, 1983, p. 41-64.
13. Serge Ravanel, *op. cit.*, p. 370.
14. Pierre Bertaux, *op. cit.*, p. 194.
15. Intervention de R. Badiou, *La Libération dans le midi de la France, op. cit.*, p. 322.
16. M. Goubet « Une République rouge à Toulouse », art. cit., et Pierre Laborie, « La libération de Toulouse vue par le pouvoir central », *La Libération dans le midi de la France, op. cit.*, p. 149 : très intéressant.
17. P. Laborie, « La libération de Toulouse vue par le pouvoir central », art. cit.
18. J. Soustelle, *op. cit.*, t. II, p. 442.
19. Serge Ravanel, *op. cit.*, p. 390 et suiv.
20. S. Ravanel, *op. cit.*, et Bertaux, *op. cit.*, p. 87.
21. Bertaux, *op. cit.*, p. 91.
22. Intervention de François Bédarida, *La Libération dans le midi de la France, op. cit.*, p. 187.

23. Serge Ravanel, *op. cit.*, p. 395.
24. Robert Aron, *Histoire de l'Épuration*, Fayard, t. I, 1967; t. II, 1969; t. III, 1974 et 1975. Michel Droit, *Le Figaro Magazine* du 1er septembre 1984, cité par Pierre Laborie, art. cit., *La Libération dans le midi de la France, op. cit.*, p. 170.
25. Guy Labedan, « La répression à la Libération dans la région de Toulouse », *Revue d'histoire de la Deuxième Guerre mondiale*, n° 99, juillet 1975, p. 105-112. Voir aussi aux Archives départementales les listes des jugements de la cour de justice et de la chambre civique. L'ancien ministre de la Justice Barthélemy, arrêté à Toulouse, mourut d'un cancer en détention à l'hôpital.
26. Peter Novick, *L'Épuration française*, Balland, 1983, p. 239.
27. P. Bertaux, *op. cit.*, p. 199 et suiv.
28. Éric Malo, « De Vichy à la Quatrième République : le camp de Noé », *Annales du Midi*, juil.-déc. 1992, t. 104, p. 441.
29. Archives départementales de Haute-Garonne : jugements de la cour de justice.
30. Guy Labedan, « La répression à la Libération dans la région de Toulouse », art. cit.
31. Archives départementales de Haute-Garonne : jugements de la chambre civique.
32. Longs comptes rendus dans *La Dépêche du Midi*, juin-juillet 1953.
33. Procès du KDS de Toulouse, Archives de la justice militaire, Le Blanc.
34. Pierre Laborie, « Opinion et Représentations : la Libération et l'image de la Résistance », art. cit., p. 70.
35. Jean-Louis Promet, « L'école de cadres FFI de Lespinet », *La Libération dans le midi de la France, op. cit.*, p. 93.
36. Bertaux, *op. cit.*, p. 267.
37. Michel Goubet, « Une République rouge à Toulouse », art. cit.
38. Jean Estèbe, « De l'avant-guerre à la Libération. La stabilité du personnel politique toulousain », *La Libération dans le midi de la France, op. cit.*, p. 283 et suiv.

Parmi les documents utilisés, les plus intéressants sont les jugements de la cour de justice et de la Chambre civique conservés aux Archives départementales de Haute-Garonne.

Bilan, perspectives

1. Henry Rousso, *Le Syndrome de Vichy*, 1944-198..., Seuil, 1987.
2. Aragon, *La Diane française* et *En étrange pays dans mon pays lui-même*, Seghers, 1946.
3. G. Bixel, dans *Souffrance en Haute-Garonne, op. cit.*, établit un dénombrement qu'il faut compléter pour les Juifs par ceux de Hélène Régnier, *op. cit.*, de Gérard Gobitz, 1942, *Les Déportations de zone libre*, mars 1992, et de Serge Klarsfeld, *Le Mémorial de la déportation des Juifs en France*, Serge et Beate Klarsfeld, 1978.
4. Cf. *Le Mensonge raciste*, par Daniel Faucher, Étienne Borne et Vladimir Jankélévitch, document clandestin, 1944, 3e partie « Psycho-analyse de l'antisémitisme » par V. Jankélévitch (Documents Latapie, 6/14, archives municipales de Toulouse).
5. Nous savons qu'il existe des exceptions, comme les policiers membres du groupe Morhange et quelques autres.
6. Pour soutenir l'action de l'ancien maire auprès de Suhr, le préfet régional Sadon fit parvenir au chef de la Gestapo l'article pacifiste de Raymond Naves dans *Le Midi socialiste* censuré en février 1940 (cf. chap. 1) (AD-1867-66).
7. Pour l'essentiel car cette liste n'est pas limitative.
8. Serge Ravanel, *op. cit.*, p. 396.
9. Formule de Jean-Paul Sartre, *Situations, IV*, Gallimard, 1964, dans une tout autre situation.

Sources et bibliographie

I – Sources

Archives nationales

Rapports préfectoraux : F1 CIII 1154.
Informations de la Résistance envoyées à Londres : F1a 3980, F1a 3981, F1a 3982.
CGQJ, 15 boîtes concernant Toulouse . AJ 38.
Documents allemands : AJ 40 965 (évacuation de 1944), AJ 40 967, AJ 40 969, AJ 40 1429, 72 AJ 262.
Commission de contrôle de l'armistice : AJ 41 1429.
S Betriebe : AJ 41 1510.
Résistance : 72 AJ 59 (Bertaux), 72 AJ 63 (Sarda de Caumont), 72 AJ 127 (Pacha), 72 AJ 221 (camps et prisons).

Archives départementales de Haute-Garonne

Rapports préfectoraux : M 1510, 3578-2, 1303-70, 1960-51.
Police : 1278 W15, 1831-16, 1867-66, 1896-73, 3578-1, M 1460.
Journaux : 1896-81, M 1510.
PPF : 1839-41.
Légion : 1896-138.
Milice : 1912-117, 1912-118, 1913-119, 1912-122.
Résistance : 1947-74, 2008-90 (35e brigade, NAP).
Rapports avec les Allemands : 2008-9 (agents allemands en 1941), 2008-43, 2008-44, 2008-45.
Relève et STO : 1960-6, M 2266.
Dommages de guerre : 2008-49.
Statistique des étrangers : 3155-73.
Économie : M 2110, M 2844.
Ravitaillement : M 2038, M 2083.
CGQJ : 2008-41.
Camps : 1867-244, 2008-7, 1831-41, 1831-11, 1960-119.
Déportations : 1831-3, 1960-117, 132 W, 1302 115.
Fonds Latapie : documents rassemblés par Daniel Latapie concernant la Résistance et la période de Vichy, dossier sur la Gestapo.
Jugements du tribunal spécial, de la section spéciale, de la chambre civique, de la cour de justice, de la chambre de révision.

Centre de documentation juive contemporaine (CDJC)
CGQJ Toulouse : XVIII-2, XVIII-12.
Confiscations : XVIII-49 à 77.

Dépôt central d'archives de la justice militaire
(36300 Le Blanc PB 214)
Procès des membres du KDS (Gestapo) de Toulouse : sept caisses.

Journaux
La Dépêche, Le Midi socialiste, Le Grand Écho du Midi, Le Patriote du Sud-Ouest.

Témoignages
– Témoignages filmés :
Dr Barsony
Mme Basse
Mme Beck
M. Béjar
Mme Béjar
Mme Benzazon
Mme Bergon (sœur Denise)
M. Castoriano
Dr Golberger
Mme Petitgirard née Dupeyroux
Mme Pinhas
M. Slitinsky
M. Steiner

– Témoignages oraux :
M. Arditi
M. Axelrad
M. Badiou
M. Bloch
M. Castan
M. Chaigneau
M. Courrège
Dr Epstein
M. Escat
M. François-Martin
M. Gabel
M. Gerson
M. Granet
M. Grèzes-Rueff
M. Groc
M. Hahn
M. Laguerre
M. Lahana
Mme Lahana
Mme Lairy
M. Edgar Morin
M. Ourliac
M. Pradines
M. Réal
M. Rivière
Mme Roos
M. Schapira
Mme Stoléru
M. Suzanne
M. Szpielvogiel
M. Van Impe
Mme Viguier
M. de Vivie

II – ÉLÉMENTS DE BIBLIOGRAPHIE

Le lieu d'édition est Paris sauf indication contraire.

A. *Souvenirs et documents*

BARTHÉLEMY (Joseph), *Ministre de la Justice. Vichy 1941-1943*, Pygmalion, 1989.
BERTAUX (Pierre), *Libération de Toulouse et de sa région*, Hachette-Littérature, 1973.
BOURDET (Claude), *L'Aventure incertaine*, Stock, 1975.
CASSOU (Jean), *La Mémoire courte*, Éditions de Minuit, 1957.
– *Une vie pour la liberté*, Robert Laffont, 1981.
CÉRONI (général M.), *Le Corps franc Pommiès*, Amicale du CFP, 49e RI, 1980-84.
CROUZET (Paul), (sous la direction de), *Les Cahiers violets*, Privat Didier, 1941-1944
–, nº 1, Paul Crouzet, *La Vraie Révolution nationale dans l'instruction publique,* 1941.
–, nº 2. Charles Péguy, *Paroles aux éducateurs de France,* présenté par Jacques Bompard, 1942.

–, n° 3. Jules Véran, *Le Régionalisme et le redressement français,* 1943.
–, n° 4. Jacques Bompard, *Responsabilités littéraires d'hier et de demain,* 1943.
–, n° 5. Paul Crouzet, *L'enseignement est-il responsable de la défaite?*, 1943.
–, n° 6. Georges Bertier, *Une mystique pour les jeunes Français,* 1944.
–, n° 7 et 8. Paul Crouzet, *Du bon usage des lettres pour une France meilleure*, 1944.
DOCQUIERT (Henri), *Églantine et vert-de-gris, 1940-1944,* Impr. Fabre, Toulouse, 1970.
DORGELÈS (Roland), *Carte d'identité*, Albin Michel, 1945.
JANKÉLÉVITCH (Vladimir), *Une vie en toutes lettres, 1923-1980*, édition établie, préfacée et annotée par François Schwab, éd. Liana Levi, 1995.
LÉVY (Albert), *Schwartzenmurtz ou l'esprit du parti*, roman, livre de poche, 1977.
LÉVY (Claude), *Les Parias de la Résistance*, Calmann-Lévy, 1970.
MALRAUX (Clara), *La Fin et le commencement,* 4 vol., Grasset, 1976.
MORIN (Edgar), *Vidal et les siens*, Seuil, 1989.
– , *Autocritique,* Seuil, 1994.
NITTI (Francesco), *Chevaux 8, hommes 70,* Éd. Chantal, Toulouse, 1944.
SOUSTELLE (Jacques), *Envers et contre tout,* 2 vol., Robert Laffont, 1950.
RAYSKI (Adam), *Nos illusions perdues*, Balland, 1985.
RÉMY, *Morhange, les chasseurs de traîtres,* Flammarion, 1975.
SARTRE (Jean-Paul), *Les Carnets de la drôle de guerre*, Gallimard, 1983.
SOUM (Henri), *Chronique des bords de Garonne, la figassa*, Loubatières, Toulouse, 1992.
RAVANEL (Serge), *L'Esprit de résistance,* Seuil, 1995.
THOUREL (Marcel), *L'Itinéraire d'un cadre communiste 1935-1950. Du stalinisme au trotskisme*, Privat, Toulouse, 1980.
TRENTIN (Silvio), *Les Transformations récentes du droit public italien*, Giard, 1929.
– , *Aux sources du fascisme*, Marcel Rivière, 1931.
– , *Opere scelte di Silvio Trentin,* a cura di Norberto Bobbio, Marislio, Venezia, 1987 (avec introduction biographique de Norberto Bobbio).
VIGÉE (Claude), *La Lune d'hiver*, Flammarion, 1970.
VOIVENEL (Paul), *Mon beau rugby*, éd. Midi Olympique, Toulouse, 1962.

B. *Questions générales*

AZÉMA (Jean-Pierre), *De Munich à la Libération, 1938-1944,* Points, Seuil, 1979.
AZÉMA (Jean-Pierre) et BÉDARIDA (François), (sous la direction de), *Vichy et les Français,* Fayard, 1992.
– *La France des années noires,* Seuil, 1993.
BÉDARIDA (Renée), *Les Armes de l'esprit. Témoignage chrétien, 1941-1944,* éd. Ouvrières, 1977.
BILLIG (Joseph), *Le Commissariat général aux questions juives (1941-1944)*, Éditions du Centre, 3 vol., 1955, 1957, 1960.
BRILHAC (Jean-Louis), *Les Français de l'an 40*, Gallimard, 1991.
BURRIN (Philippe), *La France à l'heure allemande. 1940-1944*, Seuil, 1995.
CÉPÈDE (Michel), *Agriculture et alimentation en France pendant la Deuxième Guerre mondiale*, M.-Th. Gerim, 1961.
DELPIERRÉ DE BAYAC (Jean), *Histoire de la Milice, 1918-1945*, Fayard, 1964.
DOUZOU (Laurent), *La Désobéissance. Histoire du mouvement Libération-Sud,* Odile Jacob, 1995.
EVRARD (Jean), *La Déportation des travailleurs français dans le IIIe Reich*, Fayard, 1971.
FRENAY (Henri), *La nuit finira*, Robert Laffont, 1973.
FROMENT (Pascale), *René Bousquet*, Stock, 1994.
GERVEREAU (Laurent) et PESCHANSKI (Denis), *La Propagande sous Vichy 1940-1944*, BDIC, 1990.

GRYNBERG (Anne), *Les Camps de la honte. Les internés juifs des camps français. 1939-1944*, Ed. La Découverte, 1991.
HILBERG (Raul), *La Destruction des Juifs d'Europe*, 2 vol., en anglais 1985 ; en français Folio Histoire, 1988.
JÄCKEL (Eberhard), *La France dans l'Europe de Hitler*, Fayard, 1968.
KLARSFELD (Serge), *Vichy-Auschwitz, le rôle de Vichy dans la solution finale de la question juive en France*, 2 vol., Fayard, 1983-1985.
– *Le Mémorial de la déportation des Juifs de France*, édité et publié par Serge et Beate Klarsfeld, BP 137-16 75 763 Paris Cedex 16, 1978.
LAZARE (Lucien), *La Résistance juive en France*, Stock, 1987.
LUBETSKY (J.), *La Condition des Juifs en France sous l'occupation allemande*, CDJC, 1945.
MARRUS (Michaël) et PAXTON (Robert O.), *Vichy et les Juifs*, Calmann-Lévy, 1981.
NOVICK (Peter), *L'Épuration française*, Balland, 1983.
PAXTON (Robert O.), *La France de Vichy*, Points Histoire, Seuil, 1973.
RAISKY (Adam), *Le Choix des Juifs sous Vichy entre soumission et résistance*, éditions La Découverte, 1992.
RAJSFUS (Maurice), *Des Juifs dans la collaboration. L'UGIF 1941-1944*, EDI, 1980.
La Résistance et les Français. Histoire et mémoires. Le Midi et la France.
Colloque international. Université de Toulouse-le Mirail 16-17-18 décembre 1993. Pré-actes dact. à paraître (sous la direction de Pierre Laborie).
SAUVY (Alfred), *La Vie économique des Français de 1939 à 1945*, Flammarion, 1978.
SINGER (Claude), *Vichy, l'Université et les Juifs*, Les Belles-Lettres, 1992.
VIDALENC (Jean), *L'Exode de mai-juin 1940*, PUF, 1957.

C. *Ouvrages sur Toulouse et le Sud-Ouest*

ARRECGROS (Sandrine), *Ellen-Prévot*, maîtrise dact., université de Toulouse-le Mirail, 1991.
BESSOLES (Dominique), *L'Opinion publique à travers les rapports des Renseignements généraux dans le Midi toulousain (avril 42-juin 44)*, maîtrise dact., université de Toulouse-le Mirail, 1984.
BIXEL (G.), *Souffrance en Haute-Garonne, 1940-1944*, dact., BM Toulouse s.d.
Jean Cassou (1897-1986), notice pour l'exposition de la Bibliothèque nationale, mars 1995.
CAPDEVILLE (Pierre) et SURJUS (Roger), *De la vierge rouge aux anges blonds*, Cepadues, Toulouse, 1984.
CHARNAY (Annie), « Les sources de l'histoire de la Seconde Guerre mondiale aux Archives départementales de Haute-Garonne », *Annales du Midi*, numéro spécial sur « Les années 40 dans le Midi » sous la direction de Pierre Laborie, juillet-décembre 1992.
CLÉMENT (Jean-Louis), *Mgr Saliège archevêque de Toulouse. 1929-1956*, Beauchesne, 1994.
COHEN (Monique-Lise) et MALO (Éric), (sous la direction de), *Les Camps du sud-ouest de la France. Exclusion, internement et déportation*, Privat, Toulouse, 1994.
COPPOLANI (Jean), Toulouse. *Étude de géographie urbaine*, Privat, Toulouse, 1954.
DELPOUX (Yannick), *Étude sur la scission de la CGT et la naissance de la CGT Force ouvrière en Haute-Garonne, janvier 1936-décembre 1948*, thèse dact. 3 vol., sous la direction de Rolande Trempé, université de Toulouse-le Mirail, 1990.
DESTREM (Louis) et LLABRES (Claude), *Toulouse en noir et blanc. Les années de guerre 1939/1944.* Photographies de Germaine Chaumel, Milan, Toulouse, 1994.
ESTÈBE (Jean), « De l'avant-guerre à la Libération. La stabilité du personnel politique toulousain », dans *La Libération dans le midi de la France*, sous la direction de Rolande Trempé, *op. cit.*

–, « La confiscation des biens juifs à Toulouse (1941-1944) », *Les Juifs et l'économique. Miroirs et mirages*, PUM, Toulouse, 1992.

–, « Les Juifs en Midi toulousain pendant la Seconde Guerre mondiale : État de la question », *Annales du Midi*, juil.-déc. 1992, n° spécial sur « les années 40 dans le Midi » sous la direction de Pierre Laborie.

ESTÈBE (Jean) et MALO (Éric), « Les Juifs de la région toulousaine sous le régime de Vichy », *Les Juifs dans le regard de l'autre*, PUM et Vent Terral, Toulouse et Valdurias, 1988. (Sous la direction de Chantal Benayoun.)

ESTÈBE (Jean), (sous la direction de), *Les Juifs à Toulouse et en Midi toulousain au temps de Vichy*, PUM, Toulouse, 1996.

EYCHENNE (Émilienne), *Les Pyrénées de la liberté, les évasions par l'Espagne, 1939-1945*. Éd. France-Empire, 1983.

FABRE (Robert et Diana), « La main-d'œuvre au service de l'Allemagne dans la région de Toulouse », *Revue d'histoire de la Deuxième Guerre mondiale*, n° 131, 1983.

FAULET (Pierre), *Le Camp de Noé de novembre 1942 à sa dissolution*, maîtrise dact., université de Toulouse-le Mirail, 1991.

FERNANDEZ (Martine) et GOURRAT (Florence), *Les Internements administratifs dans le Midi toulousain sous Vichy. 1940-1944*, maîtrise dact., université de Toulouse-le Mirail, 1985.

GÉRARD (Pierre), « La presse à la Libération dans la région de Toulouse », dans *La Libération dans le midi de la France*, sous la direction de Rolande Trempé, *op. cit.*

GINESTOUS (Thierry), *Le Parti socialiste toulousain pendant la Deuxième Guerre mondiale*, maîtrise dact., université de Toulouse-le Mirail, 1987.

GOUBET (Michel), « La Résistance toulousaine. Structures, objectifs (printemps-été 1944) », *Revue d'Histoire de la Deuxième Guerre mondiale*, n° 90, juillet 1975.

–, « Une République rouge à Toulouse à la Libération : mythe ou réalité ? », *Revue d'histoire de la Seconde Guerre mondiale*, 1983.

–, « Enjeux et rapports politiques à la Libération dans la région toulousaine » dans *La Libération dans le midi de la France, op. cit.*, sous la direction de Rolande Trempé.

–, *Toulouse et la Haute-Garonne dans la guerre, la vie en images*, Éd. Hovarth, 1987.

GOUBET (Michel) et DEBAUGES (Paul), *Histoire de la Résistance en Haute-Garonne*, Milan, Toulouse, 1986.

GUINLE-LORINET (Sylvaine), *Pierre-Marie Théas*, suivi de « Mes prisons et leurs premiers lendemains, juin-décembre 1944 », par Mgr Théas, AGM, GRHI, Tarbes et Toulouse, 1993.

LABEDAN (Guy), « La répression à la Libération dans la région de Toulouse », *Revue d'histoire de la Deuxième Guerre mondiale*, n° 99, juil. 1975.

–, « La Libération en R4 » dans *La Libération dans le midi de la France, op. cit.*, sous la direction de Rolande Trempé.

LABORIE (Pierre), « La Libération vue par le pouvoir central » dans *La Libération dans le midi de la France, op. cit.*, sous la direction de Rolande Trempé.

–, « Opinion et représentations : la Libération et l'image de la Résistance », *Revue d'histoire de la Deuxième Guerre mondiale*, 1983.

–, *Résistants, Vichyssois et autres. L'évolution de l'opinion et des comportements dans le Lot de 1939 à 1944*, CNRS, Toulouse, 1980.

–, *L'Opinion française sous Vichy*, Seuil, 1990.

LAPORTE (Claude), *Les Enseignants dans la Résistance en Haute-Garonne*, maîtrise dact. sous la direction de Rolande Trempé, université de Toulouse-le Mirail, 1981.

LEO (Gerhard), *Un train pour Toulouse*, Messidor, 1989.

LERNER (Henri), *La Dépêche*, 2 vol., PUM, Toulouse, 1978.

LIBEROS (Marianne), *Le Sort des Juifs à Toulouse pendant l'Occupation*, maîtrise dact., université de Toulouse-le Mirail, 1990.

LOHOU (Florence), *Approche de la communauté juive de Toulouse entre 1900 et 1940*, maîtrise dact., université de Toulouse-le Mirail, 1992.

MALO (Éric), *Le Camp de Noé, des origines à novembre 1942*, maîtrise dact., université de Toulouse-le Mirail, 1985.

–, « De Vichy à la IVe République : le camp de Noé. 1943-1945 », *Annales du Midi*, n° spécial sur « les Années 40 dans le Midi » sous la direction de Pierre Laborie, juillet-décembre 1992.

MANOLESCO (Marie-Françoise), *La Municipalité de Toulouse (1940-1944)*, maîtrise dact., université de Toulouse-le Mirail, 1987.

MAURIÈS (Henri), *Manifestations publiques de la Légion française des combattants. 1940-1944*, maîtrise dact. sous la direction de Pierre Laborie, université de Toulouse-le Mirail, Toulouse, 1987.

MILHAU (Mathieu), *Culture et société à Toulouse à la fin des années 30 et sous le régime de Vichy*, maîtrise dact., 2 vol., sous la direction de Pierre Laborie, université de Toulouse-le Mirail, 1989.

PAMBENEL (pseudonyme collectif), *Politique en Midi-Pyrénées*, Éché, Toulouse, 1987. Édité et dirigé par Jacques Poumarède.

PECH (Rémy), « L'évolution économique du Midi toulousain et pyrénéen en 1944 et 1945 » dans *La Libération dans le midi de la France, op. cit.*, sous la direction de Rolande Trempé.

PICHON (Muriel), *L'Image des Juifs et du problème juif à la Libération à Toulouse*, maîtrise dact. sous la direction de Pierre Laborie, Toulouse-le Mirail, 1986.

–, « L'extermination des Juifs : silence et distorsion. De la mémoire à la Libération », dans *Les Juifs dans le regard de l'autre*, PUM et Vent Terral, Toulouse et Valdurias, 1988, sous la direction de Chantal Benayoun.

PIGNOT (Jean-Pierre), *Aspects de la Résistance à Toulouse et dans sa région, Libérer et Fédérer*, maîtrise dact. sous la direction de Rolande Trempé, université de Toulouse-le Mirail, 1976.

POUMARÈDE (Jacques), « La tentative de régionalisation », dans *La Libération dans le midi de la France, op. cit.*, sous la direction de Rolande Trempé.

PROMET (Jean-Louis), « L'école de cadres FFI de Lespinet », dans *La Libération dans le midi de la France, op. cit.*, sous la direction de Rolande Trempé.

RAYMONDIS (Isabelle), *Le Commissariat général aux questions juives à Toulouse, 1941-1944*, maîtrise dact., université de Toulouse-le Mirail, 1990.

RÉGNIER (Hélène), *La Déportation des Juifs en Haute-Garonne de 1942 à 1944.* DEA, dact., université de Toulouse-le Mirail, 1990.

ROSENGARTEN (Frank), *Silvio Trentin dall'interventismo alla Resistenza*, Feltrinelli, Milan, 1980.

SEMPÉRÉ (Henri), « La radio de la Libération à Toulouse », dans *La Libération dans le midi de la France, op. cit.*, sous la direction de Rolande Trempé.

TERRISSE (René), *Bordeaux 1940-1944*, Perrin, 1993.

TREMPÉ (Rolande), « Aux origines des comités mixtes à la production : les comités de libération d'entreprise dans la région toulousaine », *Revue d'histoire de la Deuxième Guerre mondiale*, 1983.

–, (sous la direction de), *La Libération dans le midi de la France.* Actes du colloque organisé par les universités de Toulouse-le Mirail et Paul-Valéry de Montpellier à Toulouse les 7 et 8 juin 1985, Éché et Services des publications UTM, Toulouse, 1986.

–, « Le rôle des étrangers : MOI et guérilleros » dans *La Libération dans le midi de la France, op. cit.*, sous la direction de Rolande Trempé, Éché et publications de l'UTM, Toulouse, 1986.

–, « La région toulousaine » dans RIOUX (Jean-Pierre), PROST (Antoine) et AZÉMA (Jean-Pierre), *Les Communistes français de Munich à Châteaubriand*, Presses nationales de la fondation des sciences politiques, 1987.

WEIDKNETT (Annie), *Aspects du cinéma non commercial à Toulouse, un ciné-club, 1933-1937*, maîtrise dact., Toulouse-le Mirail, 1987.
WINGEATE PIKE (David), « Les forces allemandes dans le sud-ouest de la France, mai-juillet 1944 », *Guerres mondiales et conflits contemporains*, n° 152, 1988.
WOLFF (Philippe), (sous la direction de), *Histoire de Toulouse*, Privat, Toulouse. Voir le chap. 12 dû à Jacques GODECHOT, p. 501 et suiv.

Index

Remerciements

Ce livre n'aurait pas vu le jour sans l'aide efficace de Rolande Estèbe et de Madeleine Dimeglio, qui ont consacré beaucoup de temps et de soin à en relire le texte. Madame Suau, directrice des archives départementales de Haute-Garonne, et sa collaboratrice Madame Douillart ont facilité mon travail de recherche avec une compétence et une gentillesse que je n'oublierai pas. Enfin, que tous ceux qui m'ont fourni des informations : témoins de l'époque ou étudiants chercheurs de l'université de Toulouse Le Mirail soient cordialement remerciés ! Leur nombre est trop grand pour que je les cite ici, mais leurs noms figurent dans la liste des sources et la bibliographie.

Table

PREMIÈRE PARTIE

La zone libre (1940-novembre 1942)

DEUXIÈME PARTIE

L'Occupation (novembre 1942-printemps 1944)

TROISIÈME PARTIE

Continuités et permanences

QUATRIÈME PARTIE

La Libération

Cet ouvrage a été composé et réalisé
par la Société Nouvelle Firmin-Didot *(Mesnil-sur-l'Estrée)*
pour le compte de La Librairie Académique Perrin

Achevé d'imprimer en mai 1996

Imprimé en France
Dépôt légal : mai 1996
N° d'édition : 1216 – N° d'impression : 34562